幽黯國度

記憶與現實交錯的印度之旅

An Area of Darkness

V. S. Naipaul

V. S. 奈波爾｜著　李永平｜譯

導讀

既近又遠的原鄉

——我讀《幽黯國度》

王瑞香

台灣第一次將文學目光投向加勒比海區域，應是一九九二年瓦科特（Derek Walcott，出生於聖露西亞的詩人暨劇作家）獲得諾貝爾文學獎時。設若當時（甚或更早）得獎的不是瓦科特，而是奈波爾（長年來奈波爾屢屢被認為有望得到諾貝爾獎），那麼台灣必定早已有許多奈波爾的中譯作品問世；因為奈波爾的著作量豐碩，品質也都在水準之上。有人認為，若非奈波爾在作品中透露對第三世界那樣無情的嘲諷與鄙夷，諾貝爾文學獎很可能早就落在他身上。不過話說回來，奈波爾的憤世嫉俗和譏諷挖苦畢竟是他的真情流露；因此，這樣一位作家的頭頂若加上諾貝爾獎光環，反而會有點不搭調吧。

奈波爾於一九三二年出生於千里達，祖父於一八八〇年代以契約勞工的身分來到這個英屬殖民地，從此在那裡定居；父親是一家報社的記者，並從事少許的創作。奈波爾的家族到他這一代共出了四位作家，他是當中最傑出的　個。奈波爾於一九五〇年前往牛津大學就讀，一九五四年開始寫作，未幾即嶄露頭角，幾十年來在英語世界文壇上的地位屹立不搖。

奈波爾的早期寫作生涯以經營小說（先短篇，而後長篇）為主，八〇年代之後則主要投注於旅遊寫作，至今他共出版了二十二本書，其中小說和遊記約各占半（各為十本與八本），兩者所受的評價均極高。儘管一再與諾貝爾獎緣慳，奈波爾卻榮獲不少其他文學獎項，包括英國最富聲望的布克獎（Booker Prize），以及英國獎金最高的大衛．柯衡英國文學獎（David Cohen British Literature Prize），此外還於一九九〇年受英國女王冊封為爵士。無論是小說還是遊記，奈波爾的作品往往將讀者帶到第三世界的最遠處，而他對第三世界的描寫向來是不留情面的冷嘲熱諷兼帶深沉的無奈，這頗迎合歐美知識分子的胃口，但卻相當地激怒了第三世界的讀者，甚至引起廣泛的爭議，就這一點而言，《在信徒的國度：伊斯蘭世界之旅》（*Among the Believers: An Islamic Journey*, 1981）一書所導致的情況最為激烈，以《東方主義》一書馳名世界的學者薩依德（Edward Said）即對奈波爾做了嚴厲的批判。但即使是薩依德這樣的「敵人」亦不能不折服奈波爾在寫作上的功力。事實上，奈波爾雖然在文學上享有至高的聲譽，他孤傲尖酸的個性卻為他樹敵無數，有些記者即不掩其對奈波爾傲慢態度的厭惡；甚至奈波爾過去亦師亦友的著名旅遊作家索魯（Paul Theroux）也與他反目。不管討不討人喜歡，奈波爾這個特點為他造就了寫作上的正字標記，不過在八〇年代末期以來他的作品逐漸出現了較為溫和的色調，這為他贏得了另一種讚賞的聲音。

雖然到牛津求學後即以英國為主要居住地，奈波爾的心靈卻一直漂泊無所寄託，甚至軀殼也長年來游移於英國、千里達、印度、非洲、美國之間。所有這些旅行經驗都化作文字，他也成為當今世界上旅遊文學的翹楚。除了遊記報導之外，這些異地經驗也提供奈波爾豐富的小說素材。他的小說多半在探討第三世界的政治動盪和社會逆境，以及個人的流亡經驗，內容亦虛亦實，有時帶有自傳色彩，不論在技巧或見解上都極具有可讀性，其中以《畢斯華士先生的屋子》（*A House for Mr. Biswas*, 1961）、《模仿人》（*The Mimic Men*, 1967）、《大河灣》（*A Bend In the River*, 1979）享譽最高。在他的遊記報導中，有關印度的作品無疑是最具個人意義也最值得重視的。在這方面奈波爾共有三本著作，這本《幽黯國度》是其中的第一本。

奈波爾最早的作品是以千里達為背景的小說，雖然獲得好評，但由於意識到這樣的作品有局限性，他於一九六〇年開始旅行，刻意博得更多的讀者，擴大他的文學版圖。一九六二年，他首次踏上印度土地，探訪他祖父輩的家園。這時他才三十歲，卻已有豐富的寫作經驗，共出版了四本頗受肯定的關於千里達的小說，及一本記述他首度返回加勒比海區域的遊記報導。他為期一年的印度之旅從在孟買上岸開始，先到德里，然後在喀什米爾住了四個月，接著短訪西姆拉，往南到馬德拉斯，再到加爾各答，最後造訪他外祖父的家園。

加勒比海區域的居民都不是當地的「原住民」，而對被迫以奴隸或契約勞工移入的三大族群的後代（非洲裔、印度裔、華裔），重訪或重返原鄉的企望很自然成為重大的心願。比較而言，非洲裔的尋根之旅充滿回歸的喜悅，華裔很少在這方面訴諸筆墨，而印度裔對原鄉的態度則頗為曖昧。奈波爾面對印度時，除了曖昧之外，更帶著深重的失望。

在本書中他呈現各種令人不安的印度亂象，並對大英帝國做犀利的批判，讀者可以見識到奈波爾作品所慣有的尖酸刻薄與陰沉的無奈，及其令人佩服的寫作技巧。一開始的序曲即把印度的兩大問題點明了：令人窒息的官僚體系與令人沮喪的種姓制度。奈波爾為了索回在海關被沒收的兩瓶洋酒，來回奔波辦理那繁瑣得任誰都會發火的手續，女伴大約中暑，一時昏倒在衙門裡。奈波爾向機關職員大呼要水，卻毫無動靜，只換來幾聲輕笑。又叫，仍無人理睬。最後一個雜役慎重其事端了杯水過來，奈波爾才恍然大悟，「職員是職員，雜役是雜役，各司其職，不相混淆。」在印度傳統中，越是屬於勞力的工作越下賤。因此，一個速記員在上司（國外回來的）的逼迫下終於打出一封他速記的信時竟然哭了。他覺得很受辱，因為他是速記員，不是打字員。

官僚體制的瑣碎與荒謬有時令人不解。奈波爾曾發現一位「表格與文具視察員」，他的工作是機密的，就是到各個火車站「摸清屬下每一位站長的底細」，以查核其表格與文具申請單。他給奈波爾看一份某個站長的申請單，所申請的一百本便條紙被這位視察員刪除到剩兩份，他解釋，這位站長有六個孩子，這些便條紙有九十八份是要給他孩子用的。

成長於殖民地的奈波爾所關注的重點之一，很自然地，是印度後殖民情境的種種相貌。不論是對印度本身的罪惡，或英國在印度的所作所為，他的批評都不假辭色。他譏刺地說，全世界各色人種之中，印度人最具模仿天賦，但印度人模仿的並不是真正的英國，而是由俱樂部、歐洲大爺、印度馬伕和傭人組成的「盎格魯印度人」。而這些假英國人是那個玩夠了，感到無趣就拍拍屁股走人的騙子——英國——留下的。在他後來的一部小說《模仿人》裡，奈波爾對這種「假英國人」和大英帝國的禍害做了盡情的發揮。

身在印度，奈波爾始終有疏離感，總覺自己是個異鄉人、是個過客。他只能安於他想像中那個從「外祖母的屋子延伸出來的土地，跟周遭的異文化完全隔絕開來」的印度。儘管這趟旅程他並無歸鄉之感，並試圖以客觀的眼光去看印度，但他仍不可自已地感受到震驚、厭惡、絕望、憤怒、羞恥等種種情緒。印度舉國上下到處大解，人人對排泄物視若無睹，垃圾、人、牲畜、食物等堆在一起，司空見慣的孱弱小孩，一座座貧民窟……等令人怵目驚心的現象，令奈波爾招架不住。不過，在一段時間後他便找到了逃避的竅門。但對於他的認同他便無法輕易妥協了。

其實，在探訪印度的同時，奈波爾也在進行一個內心之旅：透過他的書他企圖探索自己歷史的各個面向。例如他的身分認同。他嘗試懷著觀光客的心態走訪印度，卻又對真正的遊客看不順眼。例如，看到年輕貌美的美國女子樂琳，他發議論：「這種美國人男女都有。他們雲遊四海、混吃混喝。」看到美國老太太施捨零錢給學童，他心裡起了無名火，一怒便將學童都嚇跑了。這樣的語帶譏刺、嫌厭與不屑正反映了他在認同上的掙扎。置身印度，奈波爾不止一次咀嚼童年時被一位同學（也是印度人）認出是「真正的婆羅門」的欣悅感覺，流露了他的階級優越感。或許他在火車上結識的錫克人就是他自己的化身。在本書中我們幾乎聽不見印度人的聲音（要到《印度：百萬叛變的今天》〔*India: A Million Mutinies Now*, 1990〕我們才能在他的文字裡聽見印度人的聲音），發聲最多的就是這位「對膚色存有偏見」而又尖酸刻薄、卻深深吸引奈波爾的錫克人。在此，奈波爾運用小說手法，藉著這名錫克人道出了自己對印度人的惡感和輕蔑。

他對印度真是吝嗇，即使在看到美好的事物想要讚美時，也要先挖苦一番。看到一位相當順眼的男子，他寫道：「髒亂、腐朽、視人命如草芥的印度，竟也能產生出那麼多相貌堂堂、溫文儒雅的人物。」一直到最後描寫到他外祖父的家鄉時，他的筆才溫柔起來，流露些許的情感。不過，等見到鄉親，看到他們對他有所求時，他卻又立即收起他的溫情，板起臉來，顯得被動、冷漠而寡情，甚至連一個小孩梳洗乾淨了想搭他一段便車，他都毫不思索地拒絕了。

奈波爾對印度會有這樣的反應，是因為他在心態上是個典型的「殖民地子民知識分子」，對自己所出身的殖民地、自己淵源所在的第三世界缺乏愛心與信心所致。

在這次的印度之旅之後，奈波爾每每在印度的召喚下回到它的懷抱，而於一九七七年出版《印度：受傷的文明》（*India: A Wounded Civilization*），記述一九七五至一九七六年間甘地夫人治下的印度，筆調仍和前一部一樣充滿憤怒、震驚、疏離與失落之情。《印度：百萬叛變的今天》是他的第三部印度遊記，在這部優美的記述裡，奈波爾陳述印度驚人的改變，以及他對印度較樂觀而同情的看法，此時的奈波爾成了一個溫和、熱情、寬諒的旅遊記述者，令人不禁覺得，這個漂泊者雖未必找到了他心靈的故鄉，卻至少收斂了他慣有的對第三世界的無情嘲諷與陰沉的不屑，而成為一顆較成熟、晶瑩的靈魂。這三本書都是一個旅遊者所寫的書，但不是寫給觀光客看的；而不管你喜不喜歡裡面所呈現的印度或奈波爾，你都必須承認它們是了解印度不可或缺的書。

身為旅遊作家，奈波爾從加勒比海區出發，在《幽黯國度》裡我們看到他到了先祖的印度，爾後他將走訪非洲、中東、非阿拉伯的回教國度（南亞、東南亞）、美國南部等地，並根據這些經歷寫出一部部擲地有聲且廣泛引起爭議的遊記，在旅遊報導上樹立了獨特而重要的典範。

在各方面似乎都離我們很遙遠的加勒比海區在文學上值得我們探究。雖然存在那裡的是一些蕞爾小國，沒有久遠的歷史或顯赫的國際地位，它在文學上卻不乏世界級人物。除了奈波爾與瓦科特之外，值得注意的尚有以英語寫作的藍明（George Lamming）、芮思（Jean Rhys），西班牙文方面則首先令人想到古巴的「國父」荷西．馬蒂（Jose Marti）。奈波爾是我們認識加勒比海文學一個很好的開始，而《幽黯國度》是我們見識其遊記作品魅力的最佳起點。

（王瑞香：文化工作者，著有《一個女人的感觸》。）

目錄

第二部

第三部

印度之旅序曲：申請一些證件

船上的檢疫旗剛降下，孟買港務局衛生處派來的最後一批打赤腳、穿藍色制服的員警剛離開我們這艘輪船，果亞人科賀[1]就立刻跑上船來，伸出一根長長的手指頭，朝向我招了招，把我引進船上的酒吧，悄聲問道：「您身上有沒有起士？」

科賀被旅行社派來協助我通關。他身材高瘦、衣著寒酸，臉上帶著一副緊張兮兮、焦躁不安的神情。我猜他說的「起士」是某種違禁品。我沒猜錯。他向我要乾乳酪。在印度，這可是尋常人家吃不起的珍貴食品。印度政府限制乾乳酪進口，而一般百姓還沒學會製作這種食物——說來挺有趣，直到今天，印度人也還沒學會漂白新聞用紙。但是，對於科賀的要求，我卻愛莫能助。這艘希臘貨船供應乘客的乾乳酪，實在不怎麼可口。從埃及亞歷山卓港（Alexandria）啟碇後，在三個星期的航程中，我常常向那位面無表情的侍應生領班抱怨，他們的乾乳酪實在難吃；如今，我怎麼好意思向他開口，要一些乾乳酪帶上岸去呢。

---

1 果亞（Goa）是印度西海岸一個地區，瀕臨阿拉伯海，距孟買約四百公里，原為葡萄牙屬地，一九六一年十二月被印度兼併，現為印度聯邦一個行政區。科賀（Colho）是葡萄牙姓氏。

「沒關係，沒關係！」科賀說。他不相信我的說詞，更不願意浪費時間聽我編造理由。他走出酒吧，躡手躡腳沿著一條走廊來回逡巡，查看嵌在艙房門上的每一個名牌。

我走進自己的艙房，打開一瓶蘇格蘭威士忌，湊上嘴巴，啜一小口，接著又打開一瓶梅達克薩斯白蘭地（Metaxas），同樣啜一小口。我打算把這兩瓶酒帶進禁酒的孟買市。在印度政府觀光局工作的一位朋友，事先提醒我：把整瓶酒原封不動帶上岸，肯定會被沒收。

稍後，我跟科賀在船上餐廳會合。他的神態和舉止自在多了，不再那麼緊張兮兮。他手裡抱著一個巨大的希臘洋娃娃。她身上穿著色彩鮮豔的民族服裝，在科賀那身寒傖的襯衫和長褲襯托下，顯得格外耀眼、亮麗；她臉龐上那兩塊紅撲撲的腮幫子和一雙湛藍的、一眨不眨的眼睛，使科賀那張瘦長的臉孔顯得更加陰鬱、浮躁。科賀看見我那兩瓶已經打開的洋酒，臉色登時一變。

「幹嘛把它打開呀？」

「法律規定的，不是嗎？」

「把它藏起來嘛？」

「這瓶梅達克薩斯白蘭地，瓶身太長，怎麼藏啊？」

「平著放，不就得了？」

「這種瓶子的軟木塞並不可靠哦！朋友告訴我，他們准許你帶兩瓶酒上岸，不是嗎？」

「我不知道，我不知道。幫我拿這個洋娃娃。把她抱在手上。告訴他們這是一個紀念品。你身上帶著『遊客介紹卡』（Tourist Introduction Card）吧？好！這份文件很重要喔！只要亮出這張卡片，他們就不會搜你的身。幹嘛還不把這兩瓶酒藏起來呢？」

科賀伸出雙手，猛一拍，霎時間，一個身材矮小、瘦骨如柴的漢子打著赤腳，不知從哪裡鑽出來，二話不說，拎起我們的行李就走。自從科賀上船以後，這傢伙就一直躲在一旁，靜悄悄等候著。我們懷裡摟著洋娃娃，手裡拎著那只裡頭裝著兩瓶洋酒的袋子，爬下船舷，跳進一艘汽艇中。科賀的隨從把行李放好，然後獨個兒在船尾蹲下來，整個身子蜷縮成一團；跟主人共乘一艘汽艇，讓他感到侷促不安，彷彿違反了什麼戒律似的。這位主子，只偶爾瞄了我懷裡的洋娃娃一、兩眼；在整個航程中，他只管睜著眼睛，凝視前方，臉上充滿不祥的預兆。

東方世界展現眼前

對我來說，早在好幾個星期以前，東方世界就已經展現在我眼前了。即使在希臘，我就已經感覺到，歐洲在我眼前逐漸隱沒、消失。希臘的食物甜膩膩的，充滿東方風味，有些我小時候曾經品嘗過；希臘的市街到處張貼著印度電影海報——據說，希臘觀眾最欣賞的是一位名叫娜吉絲（Nargis）的印度女明星；此外，值得一提的是，希臘人熱情好客，頗有東方人之風。對我來說，希臘之旅是為埃及之旅做準備。埃及——黃昏的亞歷山卓港，宛如一座亮晶晶、無比壯闊的大拱門矗立在冬季的海洋上；防波堤外，細雨霏霏，前任國王的白色遊艇悄沒聲息，幽然浮現碧波中[2]；驟然間，碼頭上響起一陣喧鬧聲，成群身穿髒兮兮無領長衫的男子彷彿聽見信號似的，

---

2 埃及國王法魯克一世（Farouk I，一九二〇～六五），一九三六年登基，一九五二年遜位。

紛紛拔起腿來，叫嚷著、爭吵著，嘰嘰喳喳，爭相爬上一艘已經滿載乘客的輪船。就在這樣的一個國家，而不是在希臘，東方世界正式展現在我眼前：髒亂、盲動、喧囂、突如其來的不安全感——你突然發覺，四海之內皆非兄弟，你的行李隨時都會被人摸走。

就在這種地方，你體會到嚮導的重要性。這種人了解本地習俗，能夠幫你擺平一切問題，連那些印刷粗糙、文法不通的表格和申請書，他都看得懂。「我教你怎麼填！」在海關大樓，嚮導指著表格對我說。偌大的一間屋子，擠滿了腳夫、導遊、官員、閒人、警察和觀光客，鬧哄哄的活像一座市場。一個希臘難民湊到我耳朵旁悄聲說：「聽著！他們打算今晚下手打劫觀光客。」他——我的嚮導——卻指著表格上那條標明「日期」的虛線，吩咐我說：「在這兒填寫『一部柯達照相機』。」然後他又指著「簽名」那一欄命令我：「在這兒填寫『未攜帶黃金、首飾或寶石』。」我提出異議。他說：「填！」從他口裡說出來，這個字聽在我耳中卻滿像阿拉伯文的。這位嚮導個頭高大、臉色陰沉，帶著幾分好萊塢式的邪氣。他頭上戴著一頂土耳其氈帽[3]，手裡握著一根藤杖，不停敲打著他的大腿。我遵照他的指示把表格填妥。他這一招還真管用。「現在——」嚮導脫下他頭上那頂繡著「旅行社」字樣的氈帽，換上另一頂代表「×旅館」的帽子，對我說：「現在咱們到旅館去吧。」

此後，一幅接一幅景象次第展現在我眼前，讓我看到了以前只在書本上認識的東方世界。在我心目中，每一幅景象都是一個新發現；頭一遭，看見那被無數照片和文章描繪得神祕兮兮的阿拉伯無領長衫，活生生地穿在街頭那些男人身上，對我來說，不啻是一種啟示。在那間年華老去、風光不再卻依舊充滿舊王朝遺風的旅館，我嗅到了印度種姓階級制度的氣息。那位年紀頗為老邁的法國侍應生，只負責招呼客人；替他跑腿打雜端盤送碗的是一群頭戴氈帽、腰纏束腹帶、眼神憂傷、一個勁兒繃著臉悶聲不響的黑人小廝。旅館大廳聚集著成群身穿花稍制服的黑人服務生，不停鑽進鑽出，忙得不亦樂乎。跨出旅館大門，來到街上，你所期待的那個東方世界豁然展現在你眼前：面黃肌瘦的兒童、髒亂、疾病、向觀光客討取小費（bakshish）的一聲聲哀喚、沿街叫賣的小販、四處兜售不知什麼票券的黃牛、一抬頭就可以瞥見的回教寺院尖塔。城中隨處可見帝國主義遺留的痕跡：黯沉沉、冷清清、四面嵌著玻璃的歐洲風格商店；在髮廊裡，滿臉哀傷的法國美容師壓低嗓門說，市面上再也找不到法國香水了，只好將就使用味道濃郁的埃及香水；市場上，一位來自黎巴嫩的商人以輕蔑的口吻，談論「在地人」——他說他不信任這幫人，除了他的助手，而後者卻背著他的主子悄悄告訴我，總有一天，黎巴嫩人和歐洲人全都會被驅逐出埃及這個國家。

一幅景象接一幅，你以前在書本上讀到的東方世界，如今，一一浮現在你眼前。在開往埃及首都開羅的火車上，坐在走道對面的那位先生忽然清起喉嚨來，一連咳了兩聲。他鼓起腮幫子，用他那根無比靈活的舌頭，把嘴裡那團濃痰捲成一顆小球，然後伸出拇指和食指，從嘴洞中撮出這顆痰球，湊上眼睛，仔細觀賞了好一會兒，才把它放在手心上緩緩揉搓著，直到它消失。這位男士身穿三件式西裝，身邊放著一架電晶體收音機，開得震天價響。開羅到了！東方市集的萬種風情霍然展露在眼前：堆滿垃圾的狹窄街巷即使在冬天也臭烘烘；櫛比鱗次的小店擺滿各種仿冒

---

3 土耳其氈帽（fez）是從前土耳其男人戴的一種紅色、帽頂飾有一條黑纓的無邊帽，現仍流行於埃及和北非各國。

品;熙來攘往的人群;滿街汽車喇叭齊鳴,讓原本已經夠刺耳的市囂聲,變得更加令人難以消受;頹敗的中古世紀建築物,一幢一幢,依舊矗立在瓦礫堆中,四處散布著青綠色和寶藍色磁磚,讓人聯想起那早已經消失的「美」和「秩序」的時代——一座座水晶噴泉旁進行的一樁樁風流韻事,唉,在那個其實也不怎麼講求秩序的時代,也許真的發生過吧。

市場中有一個補鞋匠。頭戴白色瓜皮小帽,鼻梁上架著一副鋼框眼鏡,頰下蓄著一部花白鬍鬚,臉龐上布滿皺紋——這位仁兄應該擺個姿勢,讓美國的《國家地理雜誌》拍張照片:雙手靈巧、一臉堅毅的東方匠人。我的鞋底鬆脫了,走起路來啪噠啪噠響。能不能幫我修補一下?他蜷縮著身子坐在人行道上,低頭幹活,聽我這麼一問才抬起頭來,瞇起眼睛瞄了瞄我的鞋子、長褲和雨衣,「五十披亞斯德[4]。」我說:「四十。」他點點頭,伸出手來脫下我的鞋子,然後拿起一把鐵鎚,二話不說,就開始把一根長達一吋的鐵釘敲進我的皮鞋。我慌忙伸手抓住鞋子;他笑了笑,一手舉起鐵鎚,一手揝住鞋子不放。我使勁一扯;他終於鬆手。

埃及的金字塔早已淪為公共廁所——這點,旅遊指南之類的書當然不會提起。四處人潮洶湧:導遊、「看守人」、駱駝伕和成群男孩(他們的驢子全都名為「威士忌加蘇打」)。討取小費的哀喚聲此起彼落:爸客施捨!爸客施捨!(Bakshish!Bakshish!)「進來喝杯咖啡吧!我可不是要你買東西哦。我只是想跟您聊聊。尼赫魯先生[5]是一位了不起的人物。咱們何妨坐下來談談,交換交換意見。我是大學畢業生耶!」我趕忙搭乘空蕩蕩的巴士回到亞歷山卓港,提早兩天,登上那艘希臘貨輪。

接下來就是一段煩悶而漫長的航程:一個又一個非洲海港,看起來就像遼闊的大陸邊緣一塊塊小空地。就在這兒，你終於領悟到，儘管埃及有很多黑人，但它並不是真正的非洲；儘管街上到處可見回教寺院的尖塔和阿拉伯男人的無領長衫，埃及畢竟不是東方——她是歐洲的最後疆界。在沙烏地阿拉伯的吉達港（Jeddah），男人們身上披著的無領長衫顯得乾淨許多；簇新的美國轎車滿街奔馳，十分拉風。當局不准我們登岸。我們只好待在船上，眺望吉達港碼頭上的風光。一隻隻駱駝和山羊，被一艘艘髒兮兮的不定期貨輪上的起重機和吊鉤，卸落到碼頭上，齋月即將結束，這些畜牲將被宰殺，讓人們解饞。高高懸吊在半空中，駱駝們驚慌失措，只管拚命伸張牠們那突然變得毫無用處的四肢；降落到地面時——有時輕輕地，有時砰然一聲——牠們趕緊蹲伏下身子，好一會兒才回過神來，朝向夥伴們跑過去，挨挨擦擦，互相撫慰。港中一艘汽艇突然失火。我們的輪船拉起警報。不到幾分鐘，好幾輛救火車就趕到現場。我們船上一個年紀輕輕的巴基斯坦學生說：「獨裁政府辦事可真有效率啊。」

我們已經接觸過非洲，但船上竟然有四位乘客還沒打黃熱病預防針。從巴基斯坦傳出的天花，這陣子正在英國蔓延；我們擔心，輪船抵達喀拉蚩（Karachi）港口，會遭受巴國當局刁難。進港後，一群巴國官員爬上船來，接受船長招待，幾杯酒下肚，檢疫的程序也就豁免了。然而，在孟買港口，印度官員卻滴酒不沾，連船長敬奉的一杯可口可樂也沒喝完呢。他們感到很抱

4 披亞斯德（piastre）是埃及、敘利亞、黎巴嫩、土耳其和蘇丹的貨幣單位，符號為P。

5 尼赫魯（Nehru，一八八九～一九六四），印度獨立運動領導人之一，一九四七年到一九六四年間出任印度共和國第一任總理。本書作者奈波爾，是出生於千里達的印度人。

歉，但那四位沒打預防針的乘客必須被送到聖克魯茲（Santa Cruz）的隔離醫院，否則，咱們這艘船就得停留在外港囉。這四個乘客中，有兩位是船長的父親和母親。這一來，我們只好待在外港啦。

這是一段非常緩慢的航程。我一路上的所見所聞所思，雖然挺複雜，卻也十分膚淺。但畢竟它是東方之旅的一段必要的序曲。見識過開羅的市場，喀拉蚩的街市風光就不會讓人感到格外驚訝；在這兩個城市，人們都管「小費」叫「爸客施捨」。氣候的轉變非常急遽——從地中海的冬天，驟然轉換成紅海的溽暑——其他改變則緩慢得多。從雅典到孟買，一路上你會察覺到，人與人之間的關係正逐漸轉變中；你會發現一種對你來說嶄新而陌生的權威和服從。歐洲人的身材容貌漸漸消失，取而代之的是非洲人的體型和五官，然後，經由閃族聚居的阿拉伯半島，融入亞利安人種控制的那一部分亞洲地區。一路上你看到的人類，彷彿縮小了、變形了；他們一路跟著你，伸出手來苦苦哀求你賞幾個錢。我的反應只能用「歇斯底里」來形容。生平第一次，我意識到自己是一個高尚的、具有完整人格的人，不容人侵犯，因此，在恐懼心理驅使下，我對那些人的態度頗為凶暴、殘忍。至於我究竟透過誰的眼光，看待東方世界，這一點都不重要；這會兒，我還沒有時間和工夫從事這樣的反省。

唉，膚淺的印象，過度的反應。這一段旅程中，倒有一樁事件永遠銘刻在我心版上。輪船停泊在孟買外港那天，我就想起這件事。那時，我佇立甲板上，眺望著泰姬瑪哈旅館（Taj Mahal Hotel）背後的落日，心裡想：如果孟買只是這段航程中我們經過的許多港口中的一個，高興時上岸走走、探險一番，不高興時就待在船上，不去理睬它，那該多好啊。

碼頭的馬車夫

那件事發生在埃及的亞歷山卓港。在這座城市，馬車四處出沒橫行，只管騷擾遊客。馬兒骨瘦如柴，車身破破爛爛，就像馬車夫身上那件衣裳。馬車夫向你打個招呼，然後把車子駛到你身邊，一路跟隨你，亦步亦趨如影隨形；直到另一名遊客出現在眼前，他才轉移目標，放過你。每回擺脫這幫傢伙的糾纏，逃回船上，我就會大大鬆一口氣。站在甲板上觀看馬車夫騷擾別的遊客，感覺上就像觀賞一部默片：受害者出現，馬車夫發現他的行蹤，驅趕馬車飛竄到他身邊，糾纏上他，比手畫腳，一路跟隨著他，配合他的步伐，最初健步如飛，然後誇張地放慢速度，最後不疾不徐、亦步亦趨。

一天早晨，偌大一個空曠冷清的碼頭，忽然熱鬧起來，感覺上，就像一部無聲電影變成一首寂靜的史詩。一長排又一長排的雙色計程車，絡繹不絕地開過來，停泊在碼頭大樓外；碼頭上四處散布著一輛輛黑色馬車，只等導演一聲令下，就大舉出動；右邊碼頭大門，更多計程車和馬車如潮水般不斷湧進。馬兒踢躂踢躂奔跑不停。馬車夫揚起右手，飛甩著馬鞭。但這股興高采烈勁兒只維持短短的一下子。很快的，每一輛馬車都各就各位，安靜下來。大夥兒期盼的訪客終於出現在眼前：一艘巨大的白色遠洋郵輪，船上運載的可能是多金的觀光客，但也可能是身上只帶十英鎊、準備遷居到澳洲的移民。郵輪緩緩地、悄悄地駛進亞歷山卓港。更多計程車闖進碼頭大門。更多馬車發狂也似地奔馳在碼頭上，到頭來，卻落得一場空，車夫閒著沒事，只好餵馬兒吃草。

郵輪一大清早靠岸。直到中午，第一批乘客才步出港務局大樓，走進那鬧哄哄、亂成一團的碼頭廣場。彷彿聽到導演一聲令下，馬車夫們從柏油地面上攫起草料，塞進駕駛座底下的箱子，然後蜂擁上前，把從船上下來的每一個乘客團團包圍住。這些乘客看起來活像一隻隻大肥羊：紅咚咚、怯生生，一副任人宰割的模樣兒。他們手裡提著籃子、拎著照相機，頭上戴著草帽，身上穿著光鮮亮麗的棉布襯衫，以抵禦埃及冬天的寒氣（一陣凜冽的朔風正從海上吹來）。但我們的同情心早已經轉移；我們現在站在亞歷山卓港馬車夫這一邊。他們乘興而來，意氣風發，卻被困在碼頭上，苦苦等候一整個早晨，所以，這會兒我們都想看到他們一擁而上，劫持這幫觀光客，把他們押上馬車，穿過碼頭大門揚長而去。

結果卻讓我們大失所望。就在郵輪乘客被馬車和計程車團團包圍、準備棄械投降束手就擒的當兒，兩輛簇新、亮閃閃的遊覽車卻駛進了碼頭大門。從船上俯瞰，這兩部車子看起來活像兩個精工打造、價格高昂的玩具。一前一後，兩輛遊覽車穿梭在成群馬車和計程車中，緩緩地兜了一圈，轉了一個大彎。轉眼間，碼頭上聚集的那群身穿五顏六色棉布襯衫的觀光客，全都消失無蹤，地面上空蕩蕩，只剩下冷清清的柏油。馬車夫眼睜睜看著肥羊跑掉，不甘心，紛紛追上前，但沒追上幾步就垂頭喪氣跑回來，守候在原來的位置上。馬兒張嘴啣起柏油地面上四處散落的草料，自顧自吃起來。

一整個下午，成排計程車和馬車依舊逗留在碼頭上，守候那些沒坐上遊覽車的郵輪乘客。這類乘客並不多。三三兩兩，走出碼頭大樓，他們舉手招呼計程車。儘管不受歡迎，馬車夫們的熱誠和鬥志卻依舊十分高昂。一有乘客露面，他們就跳上駕駛座，揮動馬鞭，催促馬兒快跑；這群身上披著破舊大衣、脖子上環繞著圍巾、懶洋洋無所事事的馬車夫，剎那間彷彿變了一個人，渾身充滿活力和意志。有時，他們纏上了落單的郵輪乘客，馬車夫們為了搶生意，一言不合就爭吵起來，把乘客嚇得直往後退縮。有時，一輛馬車跟隨一個乘客，亦步亦趨來到碼頭大門口。就在那兒，我們望見這位遠遠看起來身形十分渺小的乘客停下腳步，認命似的，嘆一口氣，乖乖爬上馬車。但這種情況並不常見。

天光漸漸沉暗下來。馬車不再奔馳追纏客人。它們緩緩地兜著圈子，在碼頭上閒蕩。北風越來越凜冽；碼頭陷入黑暗中。華燈初上。但那成排馬車卻依舊在碼頭上逡巡。直到郵輪燈光大亮，連煙囪都被照耀得宛如火樹銀花一般，馬車夫們才死了心，一個接一個悄悄溜走，把零零碎碎的草料和一堆堆馬糞遺留在碼頭上。

那天夜裡，我獨自走到甲板上。不遠處，街燈下孤伶伶停放著一輛馬車。從晌午到現在，它就一直待在那兒。早些時候，碼頭大樓周遭鬧得不可開交，馬車夫們爭相搶奪客人，它卻靜悄悄退隱到一旁。一整天，它沒載上一個客人，這會兒深更半夜，當然不會有客人出來叫車了。車上點著一盞燈，昏昏黃黃。馬兒把嘴巴伸到馬路中央一小堆乾草上，自管吃草。寒風中，車夫身上裹著大衣，手裡揝著一塊抹布，不停擦拭著晶亮冷清的車篷。擦完，他拿出一根撣子，拂拭車身上沾著的灰塵，然後又拿起抹布，在馬兒身上擦拭一番。不到一分鐘，他又鑽出馬車，重新擦拭起來。一整晚，他就這樣鑽進鑽出，只顧擦拭不停。馬兒只管低頭吃草；車夫身上的大衣閃閃發光；馬車亮晶晶。整天整夜沒等到一個客人。第二天早晨，郵輪駛離亞歷山卓港，碼頭又變成一片廢墟。

而今，坐在汽艇中，即將登上孟買碼頭——奇怪，岸上的起重機和建築物上的名字全都是英文——我心裡想的卻是那隻不吭聲、只管蹲伏在主人身後的動物。同樣讓我感到不自在的，是碼頭上的那群衣衫襤褸、身材瘦弱、與周遭的石砌建築物和金屬打造的起重機形成強烈對比的人物——這些異國人物可一點都不浪漫，不像通俗小說裡描寫的。我忽然領悟到，在孟買，就像在亞歷山卓港，權力並不值得驕傲；動輒發脾氣、擺架子，到後來只會讓你瞧不起自己。

申請許可證

當然，科賀——教我填寫各種表格、幫我擺平一切糾紛的嚮導——說的一點都沒錯。孟買果然實施禁酒令，雷厲風行。我那兩瓶已經打開的洋酒，被身穿白制服的海關人員沒收了；他們召喚一位臉色陰鬱、身穿藍色制服的男士前來，「當著我的面」查封這兩瓶酒。這位藍衣男子慢吞吞進行這項屬於勞力——因此下賤——的工作，彷彿把它當作一種享受似的。他的神態舉止告訴我們，他可是有身分、有地位的國家公務員，儘管這會兒他正在從事一項低級的勞力工作。海關人員交給我一張收據，告訴我，只要我申請到許可證，我就可以領回這兩瓶酒。科賀卻沒那麼樂觀。他說，洋酒一旦被查扣，總會莫名其妙被打破掉。但他自己的問題卻解決了。海關人員沒仔細搜查我們隨身攜帶的物品，連問都不問一聲，就讓科賀的希臘洋娃娃過關。他從我手裡抱過洋娃娃，收下嚮導費，掉頭就走進孟買市街，轉眼就消失無蹤。這一輩子，我沒再看見這個人。

待在孟買，挺累人的。天氣悶熱得讓人透不過氣來，整個人奄奄一息。磨蹭了幾天，我終於下定決心去領回我那兩瓶酒。早晨，我做出這個決定；下午，我準備出發。站在「教堂門車站」

（Churchgate Station）的陰影中，我心裡猶豫著，究竟要不要跨越那條曝曬在毒日頭下的大馬路，一路步行到觀光局。內心掙扎了好幾分鐘，我終於鼓起勇氣穿越馬路。眼前出現一排石階。我奮力爬上去，坐在一座風扇下歇息。比那兩瓶酒還要強烈的一股誘惑力，把我從昏睡中喚醒過來——樓上的辦公室開放冷氣。在那兒，印度可是一個井井有條、甚至稱得上富裕的國家。辦公室的裝潢還挺時髦的：牆上掛著一幅幅地圖和一幀幀彩色照片，木架上陳列著各式傳單和冊子。很快就輪到我了。我依依不捨站起身來，走上前，填寫表格。辦事員也得填寫表格，總共三份，而我只需填寫一張。接著，他打開好幾本各式各樣的帳冊，在上面不知書寫什麼。最後他把一疊闊頁紙遞到我手中——原來，這就是「持有洋酒許可證」。這位先生辦起事來乾脆俐落，待人彬彬有禮。我向他道謝。他說，不必客氣，只是一點文書工作而已。

一天只幹一件活兒——這是我的生活態度。直到第二天下午，我才搭乘計程車回到碼頭。身穿白制服的海關人員和身穿藍制服、從事低賤勞力工作的那位男士，看見我回來，頗感詫異。

「你來拿什麼東西？」

「兩瓶酒。」

「你搞錯了！我們從你身上查扣兩瓶酒，當著你的面查封的。」

「是啊，我現在打算把它們領回去啊。」

「可是，我們不會把查扣的洋酒留存在這兒呀。我們沒收和查封的每一件東西，都立刻送到『新海關大樓』（New Custom House）。」

離開碼頭時，他們竟然搜索我搭乘的計程車。

新海關大樓是工務局（PWD）興建的一幢龐大的雙層建築物。整棟房子瀰漫著政府機關特有的陰森氣氛；屋裡人潮洶湧、挨挨擠擠，熱鬧得就像一間法院。車道、走廊、階梯、通道——到處都是人。「酒！酒！」我一路嚷著，一路跟隨服務人員從一個辦公室走進另一個辦公室，走馬燈似地轉來轉去、鑽進鑽出。每一間辦公室都坐滿身穿白襯衫、鼻梁上架著眼鏡的年輕男子；他們坐在辦公桌後面，形容枯槁，一臉憔悴，面對桌上亂七八糟堆放著的各種文件。一位官員把我打發到樓上去。爬上樓梯，我看到一群打赤腳的漢子坐在石板地上。最初，我還以為他們在玩紙牌——那是孟買街頭人行道上隨處可見的休閒活動——仔細一瞧，才發現他們在整理包裹。其中一個人說，我走錯地方了，我應該到後面那棟樓房。這棟建築物樓下的一個房間擠滿衣衫襤褸的男女，看起來就像一座大雜院，但是，另一個房間卻堆滿布滿灰塵的破舊家具，乍看之下，讓人誤以為這是一間舊貨舖。無人認領的行李，就存放在這兒。我終於找對地方了。我走上樓，站在一列長長的隊伍後面，緩緩向前移動。隊伍盡頭，孤伶伶坐著一位會計師。

「你找錯人了！你應該找那位穿白長褲的先生。瞧，他就坐在那兒。他人很好。」

我朝向這位官員走過去。

「你的『持有洋酒許可證』帶來了嗎？」

我掏出那一疊簽過名、蓋過章的闊頁紙，遞到這位官員眼前。

「你的『運輸准證』帶來了嗎？」

這玩意，我倒是第一次聽說。

「你得去辦一張運輸准證。」

我滿身臭汗、筋疲力竭，一急之下險些迸出眼淚來。「但他們沒告訴我啊。」

這位官員滿有同情心的。「我們一再叮嚀他們，需要辦這個准證。」

我掏出身上所有文件，一股腦兒遞到他眼前：持有洋酒許可證、海關收據、護照、碼頭使用費收據和「旅客介紹卡」。

他煞有介事地把我的文件從頭到尾翻看一遍。「沒有。我一眼就可以看出來，這兒沒有我需要的運輸准證。從紙張的顏色一看就曉得。運輸准證是淺黃色的。」

「運輸准證到底是啥玩意？他們為什麼不發一張給我呢？這個准證到底有什麼用處？」

「我必須先看看你的運輸准證，才能夠把被查扣的東西交還給你。」

「拜託嘛。」

「對不起。」

「我馬上就投書報社，揭發這件事。」

「請便。我一再囑咐他們，記得叫那些領取查扣品的人申請一張運輸准證。不單是為了你！昨天，有個美國人到這兒來領取查扣品。為了這張准證，他氣得發誓，一領到被查扣的那瓶酒，他肯定會把它砸碎。」

「幫個忙，告訴我，我在什麼地方可以弄到這個什麼運輸准證。」

「發給你收據的人，應該同時給你運輸准證呀。」

「可是，我剛從他們那裡來呀。」

「我不知道。我們一再叮嚀他們。」

「回到舊海關大樓吧！」我告訴計程車司機。

這回，大門口的警衛認出了我們，不再搜索我們的車子。這座碼頭是我進入印度的大門。只不過幾天前，這兒的一切事物對我來說都是新奇的：黏答答的黑色柏油，旅客兌換外幣的小亭子，各式各樣的攤位，身穿白色、藍色和卡其制服的海關人員——我興致勃勃，仔細觀看碼頭上的這些人和這些景物，因為在我心目中，它們是碼頭大門外那個印度的縮影。如今，我卻懶得再看它們一眼了。然而，儘管麻木不仁，我內心深處卻感受到一股報復的快感：這幾個穿白制服的海關官員，和那個穿藍制服的低賤傢伙狼狽為奸、玩忽職守，被我當場逮著了，看他們還有什麼話說。

可是，他們卻裝出一副很無辜的樣子。

「運輸准證？」其中一位官員說。「你沒搞錯吧？」

「你告訴他們你打算離開孟買？」第二位官員問道。

「『運輸』准證？」第三位官員離開自己的辦公桌，朝向第四位官員走過去，問道：「你有沒有聽說過『運輸』准證啊？」

第四位官員倒是聽說過這玩意兒。「他們曾經行文通知我們。」

原來，運輸准證的作用，是讓人們把領回的查扣品，從海關大樓運送到一間旅館或民宅。

「拜託，發給我一張運輸准證，好嗎？」

「我們這兒不簽發運輸准證。你得去——」他抬起頭來瞄了我一眼，心腸軟了。「唔，我把地址寫給你吧！瞧，我把你的編號也寫在上面。這一來，你到新海關大樓後就不必再像沒頭蒼蠅那樣，四處亂找啦。」

計程車司機一副氣定神閒、見怪不怪的模樣。看來，這種場面他早就見多了。我把地址念給他聽；沒等我念完，他就猛踩油門，飛馳進晌午時分滿城洶湧的車潮中，一路穿梭蛇行，來到一棟外面懸掛著黑白兩色布告板的巨大磚造建築物前。

「去吧！」從司機老大的口氣，我聽得出他滿同情我的。「我在這兒等你。」

每一間辦公室門外都挨擠著一小堆人。

「運輸准證！運輸准證！」我一路叫嚷。

在幾個錫克教徒[6]指點下，我終於來到大樓後面一間低矮的庫房。旁邊有一扇門，門上標示著「禁區」。一群工人排列成一縱隊，魚貫走出門來，舉起雙手，讓把守在門口的武裝警衛搜身。

「運輸准證！運輸准證！」

我走進一條長長的走廊，看見那兒聚集一群錫克教徒。他們是貨車司機。

「洋酒准證！洋酒准證！」

好不容易，我終於找到了這間辦公室。它坐落在底層一間低矮的長方形房舍，躲開天上那一輪火熱的日頭；整間屋子陰陰暗暗的，就像倫敦城裡的地窖，但四處瀰漫著老舊紙張散發出的一股暖烘烘、灰撲撲的霉味——文件堆滿各個角落：在那一排排直伸到灰色天花板的架子上、在辦

6　錫克教徒（Sikhs）所信奉的錫克教（Sikhism）是印度教的一支，十五世紀期間，由上師那納克（Nanak）在旁遮普地區（Punjab）創立，拒絕承認種姓階級制度和婆羅門教士的權威，因此被認為是印度教的改革派。一般人印象中的錫克人身材魁梧、頭纏紅布巾、臉蓄絡腮鬍，以驍勇善戰聞名於世。

公桌和椅子裡、在辦事員和身穿卡其制服的信差手中。那一疊疊卷宗被翻閱過無數次，皺巴巴、軟趴趴的，幾乎每一頁都打起了摺角；許多檔案貼著早已褪色的粉紅紙條，一樣皺巴巴、軟趴趴，上面標示著「速件」、「急件」或「立即辦理」。在這一堆堆、一疊疊和一捆捆文件中，一群面無表情的辦事員不分男女四處散坐著。他們拱起肩膀、垂著頭，躲藏在辦公桌上堆疊的卷宗後面，臉色顯得十分蒼白——印度人特有的那種蒼白。一位戴眼鏡的老先生，獨自坐在房間角落一張辦公桌後面，臉龐有點浮腫——我猜，大概是消化不良的緣故吧。別看他這副德性，若不是這位老先生坐鎮在這間辦公室，說不定，他手下那群辦事員早就被堆積如山、無所不在的文件淹沒了。

「運輸准證？」

老先生慢吞吞抬起頭來，瞅了我一眼，臉上並沒顯出驚訝或惱怒的表情。貼著粉紅紙條的各種文件，散布在辦公桌上。一台桌上型電風扇靈巧地豎立著，不斷吹拂桌上的紙張，卻沒把它們弄亂。

「運輸准證。」他嘴裡喃喃地念著，彷彿在咀嚼這幾個冷僻的字眼；在內心中的檔案搜索了一會兒，他終於恍然大悟。「填寫一張申請表格吧！一張就夠。」

「您能不能給我一張表格？」

「這種表格，到現在都還沒印好呢。你就寫一封申請函吧！唔，把這張紙拿去，坐下來寫。寫給『孟買市間接稅務暨禁酒事務局局長』。你的護照帶來了吧？把護照號碼寫上去。哦，別忘了寫下『遊客介紹卡』號碼。我會立刻辦理這件事。」

我遵照指示，把「旅客介紹卡」號碼——TIO(L)156——抄錄下來。老先生果然立刻辦理這件事。他把我的文件遞交給一位女性職員，「德賽小姐，能不能請妳馬上填寫一張運輸准證？」在他的口氣中，我聽到一種難以言喻的驕傲。在這間辦公室待了一輩子，他依舊能夠體會和感受這份工作給他帶來的無窮樂趣，而且——儘管不動聲色——他也願意將這種樂趣傳遞給他的手下，讓他們分享。

不知怎的，我卻連最簡單的句子也寫不出來，連最普通的英文字都會拼錯。情急之下，我把辦公室主任給我的那張紙揉成一團。

主任抬起頭來瞄了我一眼，帶著責備的口氣，溫和地說：「一份申請書就夠啦。」在我身後，德賽小姐正在填寫表格。她使用的是前大英帝國政府機關普遍採用的那種粗鈍、無法抹除、字跡又難以辨識的鉛筆——這種書寫工具的唯一優點是，它能夠應用在複寫紙上，減少抄寫的麻煩。

好不容易，我終於把申請書寫好了。

就在這當口，我帶來的女伴忽然頭一垂、身子向前一傾，砰然一聲，整個人昏倒在椅子裡。

「水！」我對德賽小姐說。

她一面書寫、一面伸出另一雙手來，指了指架上一只滿布灰塵的空玻璃杯。

辦公室主任正皺著眉頭，批閱其他文件；這時他抬起頭來，望了望蜷縮在他前面那張椅子裡的女人。

「身體不舒服嗎？」他的口氣還是那麼的溫和、平穩。「讓她休息一會兒吧。」說著，他伸出手來，把桌上那台電風扇挪開。

「水呢？」我問道。

躲藏在文件堆後面的女職員們，紛紛抿起嘴唇，噗哧噗哧笑起來。

「水！」我扯起嗓門，朝向一位男職員呼喝一聲。

他站起身來，一聲不吭，朝向房間盡頭走過去，轉眼消失無蹤。

德賽小姐把表格填妥，抬起頭來，驚恐地望了我一眼，然後抱著厚厚的一本拍紙簿走向辦公室主任。

「運輸准證準備好了！」主任對我說：「你把申請書寫好，就過來簽個名吧。」

那位男職員回來了，兩手空空；他一聲不響，逕自朝向辦公桌走過去，一屁股坐下來。

「水呢？」

他瞅了我一眼，然後低下頭來自顧自處理他的文件。他沒開口，也沒像一般印度人那樣聳聳肩膀，但眼神中卻流露出一股厭惡。

這種態度比不耐煩還要令人難以忍受。這簡直就是粗魯、沒教養、忘恩負義。就在這當口，一個身穿制服、驕傲得就像一位軍官的雜役，趾高氣揚的走進辦公室。他手裡端著一個盤子，上面放著一杯水。我現在總算弄清楚了：職員是職員，雜役是雜役；各司其職，不相混淆。

危機宣告結束。

我在表格上簽下三個名字，終於領取到運輸准證。

主任打開另一個卷宗。

「納德卡尼！」他柔聲呼喚一位男職員，「這份備忘錄我看不懂耶！」

他早就把我忘得乾乾淨淨。

計程車內悶熱不堪、座位火燙。我和女伴來到朋友的公寓，一直待到天黑。朋友的朋友走進屋裡來。

「怎麼啦？」

「我們去申請運輸准證，她昏倒了。」我故意輕描淡寫，免得讓朋友難堪。隨後我又補上一句：「也許是因為天氣太熱的緣故吧。」

「這跟天氣毫無關係。你們這些從國外來的人，老是怪罪這裡的天氣和水。這位小姐根本就沒事！來到這個國家之前，你們就對印度存有成見。你們讀了太多西方人寫的、對印度充滿偏見的書。」

最後一道手續

打發我去申請運輸准證的那位官員，看見我回來，顯得非常開心。但這還不夠。我必須去找庫爾卡尼先生，向他查詢繳交倉庫費用的手續。問清楚該繳多少錢後，我得馬上趕回來，跟身穿藍色制服的那位職員接頭，然後到出納室走一趟，把倉庫費用付清，再回頭去找庫爾卡尼先生，領回我那兩瓶酒。

我找不到庫爾卡尼先生。我手裡握著一疊文件。有人想把它拿走。我曉得他只是好奇，想看看上面寫的是什麼東西。我不肯放手。他瞪著我，我瞪著他。我終於放手。他翻了翻那疊文件，然後斬釘截鐵地說，我走錯地方了。

我扯起嗓門尖叫一聲：「庫爾卡尼先生！」

周圍的人全都嚇了一大跳。有人跑過來安撫我，把我帶進隔壁一個房間。原來，庫爾卡尼先生就一直躲在這兒！一群民眾正在排隊等候。我衝到隊伍前頭，高高舉起那疊文件，一面揮舞，一面朝向庫爾卡尼先生大聲叫嚷。他趕忙伸出手來，奪下我手裡的文件，匆匆瀏覽一番。隊伍中的幾個錫克人開始抱怨。庫爾卡尼先生哄他們說，我是一位大人物，我有急事，而且我比他們年輕。說也奇怪，聽到這番說詞，那幾個錫克人登時就安靜下來了。

庫爾卡尼先生吩咐手下，把相關帳冊全都搬過來，堆放在他辦公桌上。他低著頭，一面翻閱帳冊，一面舉起手裡拈著的那支黃鉛筆，做出一個靈巧而優雅的手勢。聚集在辦公桌前的那群錫克人，立刻向兩旁退開。庫爾卡尼先生拿起眼鏡，架在鼻梁上，抬起頭來瞄了瞄對面牆上掛著的日曆，扳起手指頭，計算一番，然後摘下眼鏡，又低下頭來查看帳冊。他舉起黃鉛筆，又做了一個抽象的手勢。錫克人又聚集到他的辦公桌前，把牆上的日曆遮蓋住。

接著，我又回到樓上。身穿藍色制服的職員拿起印章，在庫爾卡尼先生交給我的那張紙上蓋個印，然後打開兩本帳冊，把這筆帳登錄進去。出納員又在文件上蓋個章。我掏出錢來，把倉庫使用費付清。出納員把這筆收入登錄在另外兩本帳冊中。

「唔，辦好了。」海關官員接過那份蓋著兩個官防大印、外加三個簽名的文件，匆匆瀏覽一番，然後在上面簽下自己的大名。「手續完備，你可以領回你那兩瓶洋酒了。趕快到樓下去找庫爾卡尼先生吧！辦公室快打烊了。」

第一部

第一章 想像力停駐的地方

南太平洋的對蹠群島（Antipodes）使我們想起孩提時代對這個世界的好奇和疑問。只不過幾天前，我還期盼，這一座蕩漾在大海中、虛無縹緲的堡壘會成為我們返鄉航程中的一個定點，但是，現在我卻發覺，就像我們的想像力停駐的每一個地方，它其實只不過是一個陰影——向前邁進的人永遠捕捉不到的東西。

——達爾文《小獵犬號航海記》（*Voyage of the Beagle*）

那位做生意的朋友批評我：你讀了太多西方人寫的、對印度充滿偏見的書。這麼說對我並不公平。他認為正確、值得一讀的書，我讀過不知多少本。況且，在一種非常特殊的層次上，印度一直存留在我童年生活的背景中。我外祖父來自印度，但他從不曾向我們描述這個國家的山川文物，因此，對我們來說，印度並不是真實的——它只不過是存在於千里達這個小島外面的茫茫太虛中的一個國家。離開印度後，我們家族的旅程就算終結了。印度是虛懸在時間中的國家。它跟我後來發現的那個國家——透過「戈蘭奇出版社」（Gollancz）和「艾倫與安文公司」（Allen and Unwin）出版的許多立論「正確」的書籍，以及《千里達衛報》（*Trinidad Guardian*）刊載的發自印度的電訊——實在連接不起來。在我心目中，印度依舊是一個特殊的、與世隔絕的地方；它哺育過我外祖父和其他出生在印度、以契約勞工身分來到千里達的鄉親，但即使是這段歷史，後來也湮沒在茫茫太虛中（就像印度這個國家），因為在這些人身上，我們看不到賣身契約遺留下的痕跡，甚至看不出他們當過勞工、幹過苦力工作。

童年回憶

如今，回想起千里達島上的童年生活，我頂記得一位老太太。她是我母親娘家的朋友，皮膚白皙，滿頭華髮，平日喜歡穿金戴銀，顯得十分闊氣。她只會講印地語[1]。她那優雅的舉止言談，配合她丈夫的翩翩風采——他唇上留著濃密、花白的八字鬍，身上總是穿著一套纖塵不染的印度服裝，個性卻十分沉默，跟他妻子的聒噪形成鮮明的對比——一開始，就在我幼小的心靈裡留下深刻的印象。在我心目中，這對夫婦簡直就是高不可攀的外國人，雖然他們跟我們家非常親近，平日往來十分密切（他們經營的那間小舖子，就在我外祖母的商店附近）。他們來自印度。這樣的出身和背景賦予他們一種神祕而迷人的魅力，但這份魅力到後來竟也變成一種障礙。他們漠視千里達——不，應該說，他們自絕於千里達；這對老夫妻根本不想學英文，而英文正是孩子們日常使用的語言。老太太嘴裡有兩、三顆金牙，因此，人人都管她叫「金牙婆婆」（Gold Teeth Nanee）。這個混合美語和印地語的稱呼顯示，她所屬的那個世界，如今已經漸漸消退，隱沒了。金牙婆婆一輩子沒生養過兒女，也許就是為了這個緣故，她常來我們家走動，在孩子們面前扮演祖母的角色。這份苦心並沒得到回報。大夥兒還是不怎麼喜歡她。此外，她老人家還有一個缺點：貪吃，就像一個小孩，常常不請自來，到我們家吃飯。你若想整她老人家，很簡單，只要拿一塊巧克力通便劑請她吃。有一天，她在我們家發現一大玻璃杯看起來像椰乳的東西，二話不說，拿起來就往嘴裡直灌，一口氣喝個精光，結果卻生病了，躺在病榻上，她老人家終於懺悔了——但她那種悔悟聽起來卻像是責備。原來，她喝了一大杯白顏料。令人訝異的是，她老人家竟然硬著頭皮把它喝光，眉頭也不皺一下。在飲食方面，金牙婆婆倒是喜歡嘗新、充滿實驗精神，可一點都不像印度人。這個恥辱一輩子跟隨著她，直到她逝世那天。就這樣，一個「印度」在我們眼前垮掉了。長大後，我們搬進城裡，而金牙婆婆在我們心目中的形象和地位漸漸縮小了、貶低了，變成一個古怪的鄉下老太婆，不值得我們交往。那時她的世界顯得那麼遙遠、那麼的充滿死亡氣息，然而，事實上，時間並沒把我們跟她老人家分開。

我還記得一個名叫巴布（Babu）的人。他也留八字鬍，個性十分嚴肅、沉默，平日不苟言笑，一如金牙婆婆的丈夫。在我外祖母的家庭中，巴布占有一個特殊的位置。他也是在印度出

1 印地語（Hindi），印度北部的方言，屬印歐語系，為印度的公用語，猶如中國的國語或普通話。

生，但他為什麼會待在我們家，獨個兒居住在廚房後面的一個房間裡，到現在我還不明白。我們小時候居住的那個世界實在很窄小、閉塞。關於巴布，我只知道他出身武士階級（Icshatriya）：如今，這個雄赳赳的大男人，每天黃昏卻孤伶伶蹲在陰暗的房間裡，給自己弄一頓簡單的晚餐——擀麵，切菜，做一些在我心目中只有女人才應該幹的活兒。難道，這位印度武士也當過勞工？在我們小時候，這是難以想像的，但後來卻被證實了，只不過到了這個時候，我們已經不在乎這種事情了。我們已經搬家，外祖母要找人幫我們挖一口井。巴布從他繼續居住的那個小房間來了。井越挖越深。巴布乘坐吊床進入井中，把挖掘出來的泥土堆放在吊床上，讓人們拉上去。有一天，吊床沒有運載泥土上來。巴布挖到了石頭。最後一次，他搭乘吊床回到地面上，隨即收拾行囊，返回他來自的那個太虛幻境中。往後，我再也沒看見過他；偶爾看到板球場邊緣那個深洞，我才會想起這位印度武士。井口已經鋪上木板，但每回看到精力過人的守場員奮勇追逐邊線球，我就會感到心驚肉跳，生怕他們一腳踩進坑洞中。

薪火相傳

嚴格說，在千里達，「印度」並不是顯現在我們周遭那些人物身上，而是存在於我們家中的一些器物，諸如：一兩張破舊不堪、髒兮兮、不再能夠睡人的繩床，這些年來一直不曾修補過，只因為在千里達實在找不到擁有這種技能的工匠，但我們還是把繩床保存下來，讓它占據家中一點空間；幾張用稻草或麥稈編織成的草蓆；各式各樣的黃銅器皿；好幾台木製的傳統手工印染機，早已經報廢，因為現代工廠生產的印花棉布花樣又多、價格又便宜，況且，印染技術也早已經失傳了，在千里達再也找不到一位印染師傅；大本大本的書籍，紙張粗糙酥脆，油墨濃濃膩膩；大大小小的皮鼓和一只殘破的簧風琴；一幅幅五顏六色的圖片，畫中的印度神祇坐在粉紅蓮花座上，背對著白雪皚皚的喜馬拉雅山；琳瑯滿目的祈禱用具——銅鈴、銅鑼、模樣很像羅馬油燈的樟腦爐、用來舀取和分配「神酒」的長柄湯匙（印度農民的神酒：平日喝的是紅糖和水，加上幾片菩提樹葉，節日喝的則是加糖的牛奶）、各式各樣的神像、一顆顆光滑圓潤的鵝卵石、用檀香木削成的棒子。

我們家族的旅程已經終結了。如今，在我個人的這趟印度之旅中，我會發覺，我們家族的遷徙和轉變——從印度北方邦（Uttar Pradesh）東部，漂洋過海來到千里達——到底有多徹底，究竟能不能再回頭。當初，我外祖父從老家的村莊出發，走好幾個鐘頭的路，來到最近的鐵路支線車站，搭一天一夜的火車來到港口，然後搭船在海上度過三個月，最後才抵達千里達。而今，「印度」只存在於我們家的一些器物中。但我們的印度社區，表面上看起來自給自足，卻也存在著一些缺陷。很快的，我們就不再使用傳統的掃帚。木匠、泥瓦匠和補鞋匠的技藝，本地人可以提供，但我們到哪裡去找織工、印染師傅、製作黃銅器皿和印度繩床的工匠呢？因此，我外祖母屋裡的許多東西是無法替換的。這些東西受到珍惜，因為它們來自印度，但外祖母繼續使用它們，直到這些東西全都殘破了、腐朽了，而她老人家並不會因此感到懊惱、悔恨。後來我才領悟到，這就是印度人的生活態度和人生觀。習俗必須保持，因為它是古老的東西。這就是薪火相傳。至於究竟有沒有一個古老的過往文明支撐這種傳承，卻不是挺重要的。古老的東西，無論它是一幅笈多王朝[2]神像或是一張繩床，不管它有多神聖崇高，都必須讓人使用，直到它殘破腐朽、不堪使用為止。

小時候，對我來說，哺育過我周遭許多人、製造出我家中許多器物的印度，是面貌十分模糊的一個國家。那時，在我幼小的心靈裡，我把我們家族遷徙的那段日子看成一個黑暗時期——從大海伸展到陸地的那種黑暗，就像傍晚時分，黑夜包圍一間小茅屋，但屋子四周還有一點光亮。這一圈光芒、這一個時空，就是我的經驗領域。即使到了今天，儘管時間擴展了、空間收縮了，而我也已經在那個曾經被我看成黑暗的地區，神志清明地旅遊過了，但那團黑暗依舊殘留著——殘留在今天的我再也無法接受的那種人生態度、那種思維和看待世界的方式中。當年，我外祖父鼓起勇氣，從事一趟險阻重重的航程。生平第一次離鄉背井，他面對的是一個嶄新、令人驚愕的世界，包括那個距離他那座村子好幾百哩的大海；可是，不知怎的，我總覺得，一旦離開家鄉，他老人家就不再觀看這個世界了。後來，他曾經返鄉，但只是為了帶回更多印度的東西。在千里達，為我們家興建一棟住宅時，他拒絕參照島上各式各樣的殖民地建築物，而是自己動手設計藍圖，建造出一間笨重、平頂、怪模怪樣的屋子，而這種房舍，日後我在印度北方邦那些殘破的小鎮會一再看到。外祖父他老人家遺棄了印度，然而，就像金牙婆婆，他也棄絕千里達。可是，他卻能夠腳踏實地的活著。他那座村子外面的任何事物，都打動不了他的心；沒有人能逼迫他走出他的內心世界；不論到哪兒，他都隨身攜帶著他的村莊。一小群親友，加上幾畝土地，就足夠讓他老人家在千里達這座島嶼中央，心滿意足地重新建立一座東北方邦村莊；在他心目中，這兒就是遼闊浩瀚的印度大地。

身為他的子孫，我們卻無法棄絕千里達。我們家那棟房子外觀很奇特，但也不比島上其他房屋獨特多少。從小我們就察覺到，我們這座島嶼聚居著各色人種、匯集著各式各樣的房屋。毫無疑問，他們也有自己的一套器物和習俗。我們吃某種食物、舉行某種儀式、遵守某種禁忌；我們了解到別的種族也有他們自己的一套生活方式和信仰。我們不願分享他們的東西，也不想讓他們分享我們的東西。他們是他們，我們是我們。沒有人教導，但從小我們就體會到這點。我們從不刻意去想，身為印度人，我們在這個多元種族社會的處境。別的種族難免會批評我們——長大後，我才領悟到這點——但這些話不會傳進我們家裡，而就我記憶所及，小時候我們家從不討論種族問題。儘管生活在一個充滿種族差異的社會中，說也奇怪，我在這方面卻能夠一直保持赤子之心，純真得不得了。記得，在學校念書時，我最喜歡的一位老師卻讓我感到很迷惑，因為他有一頭糾結成一窩的鬈髮；百思不得其解，我竟然做出這樣的結論：這位老師跟我一樣，這會兒還在長大中，再過幾年，頭髮自然會長得又長又直。我們家裡從不討論種族問題，但不知怎麼回事，從小我就覺得，回教徒比其他族群更特別。他們不值得信任，他們會陷害你。回教徒一走近我外祖母的屋子，大人們就會指點著他那與眾不同的帽子和灰白鬍鬚，警告我們，可千萬要小心，莫招惹這種人。在我們眼中，我們家族之外的每一個族群所具有的特徵，在其他印度人——尤其是印度教徒——身上比較容易察覺，因此也比較讓人放心。種族意識遲早會進駐我們這些小

---

2 笈多（Gupta），西元三二〇年到五四〇年間統治印度北部，文治武功極為昌盛，是印度歷史上一個黃金時代。印度古典文學和藝術在這個時期中發展至顛峰。

孩的心靈，但在這之前（一直到最近）我們憑藉古老的、印度式的階級區分，面對社會上那種能夠為我們的生活增添些許情趣和風味的族群敵對關係，儘管這種區分，在今天的千里達早已經變得毫無意義。

與眾不同的生活

我們家庭外面的每一件事物都具有這種歧異性。離家時，我們得面對和接受這種差別，但有時也可以把它忘掉，譬如在學堂裡。然而，每回跟別人交往，一旦發現對方咄咄逼人，侵犯到我們的信仰和習俗，我們就會開始退縮，跟他們保持一個距離。記得有一回——其實這件事是後來發生的，那時我們的家庭生活已經產生很大的變化——我被帶去探訪一家人。他們跟我們家並沒有親戚關係，這使得我們的造訪讓人覺得有點突兀。不知為了什麼緣故（也許是聽別人說的吧）我心裡早就認定他們是回教徒，因此，在我眼中，這家人的生活方式確實與眾不同，簡直就是非我族類。這種差異顯現在他們的外表、衣著、房舍和——這是我最擔心的——食物。他們請我們吃一種又硬又脆、跟牛奶攪拌在一起的細麵條（vermicelli）。不知怎的，我就是相信，這種食物肯定跟某種神祕詭異的儀式有關。望著手裡的一碗麵條，我實在吃不下。後來我才曉得這家人是印度教徒。我們這兩個家庭，後來還成為親家呢。

無可避免的，像我們這樣的家庭和生活方式到頭來總會漸漸凋萎、變質；我們搬到千里達首府後，由於城裡印度人很少，這種改變進行得更快了。外面的世界大舉入侵。我們變得越來越退縮，遮遮掩掩躲躲藏藏，彷彿見不得人似的。然而，有一回，我們卻公開向這座城市提出挑戰。我外祖母想在一株菩提樹下舉行一種名叫「卡塔」（katha）的印度教誦經法會。整個千里達島，只有一株菩提樹，而這棵樹生長在府城的植物園。我們向有關單位提出申請。出乎我們意料，許可證竟然發下來了。於是，一個星期天早晨，我們一家子圍坐在菩提樹下——樹身上掛著植物園的標籤，聆聽印度教博士念誦卡塔經文。燃燒供品的火堆，噼噼啪啪響個不停，整座植物園瀰漫起松脂、紅糖和印度奶油的氣味；銅鈴、鑼鼓和海螺等法器，吹吹打打震天價響。早晨在植物園中散步的市民，男女老少，紛紛停下腳步駐足圍觀。一位謹守星期六為安息日的耶穌再生教派信徒（Adventist）只管瞪著我們，顯然把我們當成異端看待。在幽靜的植物園中，一場古老的、源自另一個大陸的、屬於亞利安人種的宗教儀式，正在一株菩提樹下舉行，距離千里達總督的官邸只不過數百碼之遙。整個場景充滿田園風味，宛如一首牧歌。但直到長大後，我們才體會這一點。那時，我們還在學校讀書；對我們這些孩子來說，眾目睽睽之下參加這種儀式，實在讓人覺得很難為情。我們羞答答怯生生，端坐菩提樹下，忍受別人異樣的眼光。我們那個原本隱密的世界，很快就縮小了，漸漸消失了。儘管如此，千里達首府西班牙港（Port of Spain）的少數幾位虔誠的印度教徒，偶爾還會供養婆羅門，而我們這一家正巧屬於婆羅門階級，於是我們就去接受供養，大吃大喝，臨走時還接受主人的餽贈——幾匹布和一個紅包。我們從不懷疑自己的好運。高高在上接受供養，確實是一種好運道；吃完一頓大餐後回家，穿著普通的襯衫和長褲走在街上，我們又變成普通的孩子，跟城中其他男孩沒啥兩樣。

在我看來，這樣的好運道難免具有些許詐欺色彩。我的家族栽培過無數梵學大師（pundits）

——印度教的智者和賢人，但我是天生的懷疑論者，從小就不信宗教。我對宗教儀式毫無興趣。這些活動往往拖得太長，沒完沒了，而食物到最後才端上來。我聽不懂印度教祭典使用的語言（家中的長輩似乎以為，憑著本能和直覺，小孩子應該聽得懂這種語言）；從沒有人向我解釋儀式和禱詞的意涵。在我眼中，每一場儀式都是一樣的。神像對我毫無吸引力；我不想花心思探索祂們的來歷和意義。我不信宗教、厭惡儀式、沒有能力從事玄學上的思考——這似乎違背了我的遺傳，因為我父親天生喜歡思索宗教（尤其是印度教）的問題。由於這個緣故，生長在正統印度教家庭的我，對印度教幾乎一無所知。儘管如此，我畢竟受過印度教薰陶。那麼，印度教對我的影響究竟是什麼呢？或許，印度教提供我一套修身養性、待人處世的哲學吧。我不清楚。叔叔常對我說，我的棄絕其實是另一種形式、可以被容許的印度教精神。搜索自己的內心，我只找到印度教對我的三種影響：人類的差異性（這點我在上文中已經解釋過）、模糊的種姓階級意識，以及對一切不潔事物的排斥。

直到今天，每回看到有人用自己的盤子裝食物餵養貓狗，我就會感到不寒而慄。對我來說，這是一種不潔的行為——就像小時候在學校，看見同學們分享一支冰棒，你吮一口我舔一下；就像在別人家裡，看到婦女們手裡拿著一根長柄杓，一面攪動鍋子，一面舀取食物往自己的嘴裡送。這樣的情景總是讓我感到噁心。這不僅僅是族群的差異性；它牽涉到的是印度教的一大禁忌：不潔。說也奇怪，在形形色色的食物禁忌中，只有甜食被豁免。我們在街邊攤購買樹薯糕，吃得津津有味，但黑人群眾逛街或看球賽時最愛吃的黑布丁和各種醃製食物，我們打死都不敢嘗一口，你也許會以為，我們家裡吃的食物，千百年來從不曾變換過，吃來吃去總是那幾樣東西。

事實不然。族群之間的食物交流究竟是如何進行的，我並不清楚，但我知道，我們家族不斷採納其他族群的烹調方式，諸如葡萄牙人的番茄和洋蔥燉鍋（裡頭幾乎可以加入任何佐料）和黑人用山藥、大蕉（plantains）、麵包果和香蕉製作的各種食品和點心。其他族群的菜式一旦被吸收，就變成我們家庭食物的一部分，但外面餐館和路邊攤賣的東西，我們還是不敢品嘗；我的偏見是那麼的深，以致十八歲生日前幾天離開千里達時，我只在餐館吃過三次飯。從千里達出發，轉眼就抵達紐約市，但這段旅程對我來說簡直就是一場夢魘。我在這座城市，度過又餓又怕的一天。搭船前往英國的南安普敦港（Southampton），一路上，我只吃甜點和糖果。打賞服務生小費時，他忍不住對我說：「別的客人拚命大吃大喝，就像豬一樣，先生您只吃冰淇淋，難得啊。」

種姓階級制度

食物是一回事，種姓又是另一回事，兩者可不能相提並論。年紀稍長，我很快就發現，種姓階級制度在千里達，其實只是我們關起門來玩的一種私人的家族遊戲，但有時候，在某些場合，它卻能夠影響我們對外人的態度和看法。有一位遠親結婚了。聽人家說，她丈夫出身「查瑪爾」（chamar）階級——所謂查瑪爾就是皮革工人。這個男人很有錢，交遊廣闊，見過世面，在他那一行中稱得上是有頭有臉的人物。但他畢竟是個「查瑪爾」。也許，這只是個謠言（印度人的婚禮總會出現這種毫無根據的指控和譭謗），但往後每次見到這對夫妻，我心中就會不自主地浮現起這個謠言。這一輩子，只有這一次，我用種姓階級的眼光看待一個人。這場婚禮是在我很小的時候舉行的。在印度，一般人也會被他們所屬的階級染上特定的色彩，尤其是在婚禮舉行前，宣布新郎或新娘的階段，不管這樣做是出於善意或惡意。然而，同樣是種姓階級制度，在印度和千里達，它給我的感覺卻截然不同。在千里達，種姓並不會影響我們的日常生活；偶爾，我們提到種姓，也只不過用它來彰顯一個人的潛在特質——它傳達出的訊息，跟一位手相家或字跡鑑定專家的見解，實在沒什麼兩樣。在印度，種姓卻蘊含一種強制且殘酷的勞力分工；它可以把一個打掃廁所的人貶到社會最底層，讓他受盡屈辱，而這是我在千里達時從沒想到過的。在印度，種姓可不是好玩的東西。待在印度那段日子，我從來不想知道我遇到的那些人出身什麼階級。

我沒有信仰；我不喜歡參加宗教儀式；在這種活動中，我總是看到荒謬的一面。我拒絕跟堂兄弟和表兄弟們參加「賈內瓦」（janaywa）——新生兒生命線儀式。典禮結束時，接受啟蒙的小伙子頂著一顆大光頭，拿起一根簇新的絲線，撿起行囊和手杖，向族人們宣布，他準備前往聖城貝那拉斯（Kasi-Banaras）[3]求學。（兩千年前，住在印度鄉村的小伙子就是這麼做的。）他母親哭哭啼啼，哀求他別走；他堅持要去聖城求學。就在這當口，家族中一位長輩被召喚前來，勸導這個小伙子。小伙子心一軟，終於放下手裡的行囊和手杖。這齣戲看起來還挺精采的。但我沒忘記，此刻我們身在千里達島上，距離南美洲海岸只有十哩，而我也知道，如果我的一位學業成績並不頂好的堂兄弟，打扮成印度教托缽僧的模樣兒，光天化日之下出現在西班牙港街道上，假裝前往印度聖城貝那拉斯求學，那肯定會引起路人圍觀，指指點點，我才不想蹚這渾水。如今回想起來，我卻覺得，在千里達島上一座庭院中演出的這齣古老印度戲劇，乍看之下荒誕不經，實際上倒是滿感人、滿有意義的。

我拒絕參加這類活動，不過，話說回來，童年時代有關印度教的記憶，卻也並不全然是負面的。有一天，學校上自然科學課，老師要我們用虹吸管做實驗。這項實驗的目的，我現在忘了，只記得老師拿出一只燒杯和一根管子，要全班同學依序傳遞；接到燒杯和管子的同學，必須湊上嘴巴，吮一吮管子，觀察燒杯裡的化學反應。傳到我手裡時，我沒吮那根管子，就把它傳到下一位同學手中。我以為沒人發覺，但卻聽到後排一位同學壓低嗓門悄聲說：「這傢伙是真正的婆羅門。」這位同學也是印度人，家住西班牙港，是班上最難纏的男孩，大夥兒都怕他，但他說這話時口氣卻相當友善，甚至還帶著幾分讚許。這讓我感到有點驚訝。我原以為出身西班牙港的男孩，對印度教的傳統一無所知，沒想到他卻一眼看出我的身分和階級。同樣讓我感到詫異的是，他竟然在公開場合，把我們的另一半生活（隱密的那一半）揭露出來。但聽到他那句話，我卻也覺得很開心。從此，我對這個印度男孩有了好感，對他格外親切，但同時也感受到一種共同的悲哀、共同的失落：我的失落（他並未察覺到）是我自己的個性造成的，可說咎由自取；而他的失落，從他的行為看來，卻是歷史和環境造成的。這種感覺，日後在另一個完全不同的時空，又會強烈地湧上我的心頭——那時我客居倫敦，整個人迷失了。

西印度群島的一些作家，尤其是喬治．藍明（George Lamming），對我的作品頗有微詞；他們覺得，我不夠關注千里達島上的其他非印度族群。根據藍明的說法，社區衝突和對立是西印度群島最根本的經驗。這話沒錯。西印度群島的族群問題越來越嚴重。然而，把我童年時代那個文

---

3 貝那拉斯即 Varanasi，瓦拉那西。

化的衰微，看成是族群鬥爭所產生的結果，卻不免會扭曲事實。在我看來，各個族群的文化在西印度群島並存，互相排斥，壁壘分明。其中一個文化日愈萎縮、凋零。這是無可避免的趨勢，因為生活在這個文化中的人只依靠記憶過活；表面看來，這個文化依舊完整，但那只是個假象。它衰頹了，並不是因為遭受外力攻擊，而是因為它不斷遭受另一種文化的滲透。我只能根據自身的經驗，提出我的看法。我在這本書中描述的家庭生活，事實上，在我六、七歲那年就已經開始消散；我十四歲時，它就已經不存在。我弟弟雖然只比我小十二歲，但我們之間卻存在著一道比尋常代溝還要難以跨越的鴻溝。對我們家族那個隱密的、苟延殘喘的、一直撐到二十五年前才崩塌的世界和文化，我弟弟毫無記憶，而這樣的一個世界和文化，是從東半球一個神祕、幽黯的國度——印度——一路延伸到西半球的千里達。它日漸衰弱、呆滯，終至於敗亡。

對我來說，這樣的世界能夠存在於千里達（即使只是在一個小孩的意識中），簡直是不可思議的事，而更令人訝異的是，我們居然能夠接受兩個分離而並存的世界，一點也不覺得扞格不合。在其中一個世界中，我們彷彿戴上眼罩，只看得見我外祖父的村莊；一旦走進外面的那個世界，我們才會有充分的知覺、才會有完整的自我意識。而今來到印度，我會發覺，我那個比較新的、現在也許比較真實的自我所排斥的許多東西——自以為是、對批評漠然無動於衷、拒絕面對事實、說話含混其辭、思想混淆矛盾的習性——在我的另一個自我中都能夠找到回應，而我卻以為，這個自我早已經被埋葬了，想不到，一趟印度之旅就足以讓它復活。我了解的比我願意承認的還要多、還要深。我在這本書中描述的成長經驗，雖然很早就被切斷了，但卻能夠在我心靈中留下難以磨滅的印象。這不能不算是一樁奇蹟。印度人是古老的民族；也許，他們會永遠屬於古老的世界。印度人對已經確立的、歷史悠久的事物，懷抱著一種莫名的敬畏。在外人看來，這樣的態度固然顯得有點笨拙、荒誕、令人難以理解，但卻會讓人聯想起古羅馬的喜劇——滑稽而認真——甚至讓人聯想起聖母懷抱著基督屍體的哀戚畫像。我早已棄絕傳統，然而，當我聽說，在孟買舉行的印度教「光明節」（Diwali）慶典上，現在使用蠟燭和電燈泡，取代我們在千里達仍舊使用的那種用陶土製造的古老油燈，我心裡就感到非常氣憤。這又是為什麼呢？我是一個天性不信宗教的人呀。可是，當我聽到那位同學悄聲說「這傢伙是真正的婆羅門」，我心裡感到莫名的悲哀——我是為了古老習俗的衰微和宗教信仰的淪喪而哀傷啊。多年後，在倫敦，當我接到拉蒙的死訊時，我再一次感受到這種悲哀。

青年拉蒙的故事

拉蒙約莫二十四歲。他死於一場車禍。這樣的下場倒也在人們意料之中。他玩車玩了一輩子；為了汽車，他跑到倫敦，把他的父母和妻小丟棄在千里達。拉蒙剛抵達倫敦，我就結識他。第一次見面是在赤爾夕區[4]一間髒兮兮黯沉沉的出租公寓。這棟樓房的正面，看起來跟這條體面的、欣欣向榮的街道上的其他房子一模一樣：白色的牆壁，黑色的圍籬，色彩明豔的長方形門戶。若不是門口散置的牛奶瓶和窗口懸掛的廉價窗簾，我們根本看不出這是一間出租公寓。就在

4 赤爾夕（Chelsea）是倫敦的文化區，位於倫敦市西南部，泰晤士河北岸，藝術家與作家多居於此。

屋裡的一條走道上，一顆昏黃迷濛的四十燭光電燈泡底下，我第一次看到拉蒙，他個頭矮小、頭髮濃密、髮梢翹起，臉上的五官剛硬粗糙，就像他手上那十根又粗又短的手指頭。他嘴唇上留著兩撇八字鬍，下巴布滿鬍渣子，看起來好幾天沒刮過臉了。他身上那件套頭毛衣，顯然是借來的。這件衣服原來的主人，可能是一個前不久來過倫敦、把毛衣帶回家去、向親友誇示他到過溫帶國家的千里達人。拉蒙上身裹著這件套頭毛衣，整個人看起來邋裡邋遢，十分寒傖。

他這個人的形象，跟這間出租公寓的陳設倒是挺相配的：髒兮兮的綠色牆壁，黏膩膩的油氈；門把子四周的一圈汗漬，廉價椅子上早已經褪色的椅套和座墊，污痕斑斑的壁紙。無數過客住過這間公寓，但從沒有一位肯花心思把房間打掃、整理一番：窗台底下堆集著一層煤灰；天花板被煙火熏得黑黝黝；冷清、空洞的壁爐，殘留著很久以前一位房客遺留下的一堆灰燼，讓人想起野外的露營地；破舊的地毯散發出陣陣惡臭。沒錯，拉蒙看起來跟這間公寓挺相配，但不知怎的，卻又顯得格格不入。畢竟他是個外國人。千里達島上那一座座沒有籬笆的後院，和一間間在主屋旁邊加蓋的小屋，才是他安身立命的地方。他應該脫下套頭毛衣、打著赤膊，黃昏時分迎著沁涼的晚風，漫步在終年蒼翠欲滴的千里達鄉野中，觀賞那一群群嬉戲了一整天、終於闔上眼睛打盹的小雞，眺望鄰家院子裡裊裊升起的炊煙。而今，同樣是黃昏時分，他卻身上裹著別人的套頭毛衣，呆呆地坐在一張低矮的床鋪上——這張床多少人睡過啊、多久沒清理過啊！它坐落在倫敦市赤爾夕區一棟出租公寓裡的一個附有家具的房間，燈光昏黃，迷迷濛濛；屋裡的那部電熱器，被人吐了不知多少泡口水，奄奄一息，根本抵禦不了倫敦的潮濕和酷寒。拉蒙的夥伴們早已經溜出公寓，找樂子去了。他不像這幫人那麼機靈；他不在乎衣著；他不能體會他們那興高采烈的勁兒。

拉蒙很害羞，一天到晚悶聲不響，你問一句他答一句——瞧他回答問題的口氣，你會以為他是一個坦蕩蕩、沒有任何祕密、從不想未來（反正未來也沒什麼目標）的一條漢子。他離開千里達，只因為他失去了駕駛執照。他的犯罪生涯很早就開始了。那時，他只不過是個孩子。第一次被捕，是因為無照駕駛；第二次落網，是因為故態復萌，在禁令猶未解除的情況下私自開車。一樁罪行導引出另一樁，直到後來，他在千里達再也待不下去，必須走人。拉蒙得找個地方繼續玩他的汽車。他的父母親四處張羅，湊了一筆錢，把他送去英國。兩位老人家這麼做，只因為拉蒙是他們的兒子，而他們一直很疼他。然而，每當拉蒙談到父母親為他所做的犧牲，他的口氣總是淡淡的，彷彿那是他們該做的事情。

拉蒙這個人，不懂得如何評估行為的道德價值和意義；對他來說，事情就這麼發生了，他還能怎樣。他把妻子留在千里達；她為他生了兩個孩子。「我想我總可以在別的地方混出一點名堂來。」說這話時，他的口氣卻絲毫不帶千里達黑街好漢的那股傲氣。他只是陳述一個事實；他不想對自己的行為——不管你把它看成懦弱還是勇敢——做出任何道德上的評斷。

「拉蒙」（Ramon）是西班牙名字。他取這個名字，因為他母親是委內瑞拉混血兒；他曾經在委內瑞拉待過一陣子，後來被當地警察驅逐出境。但他是印度教徒，根據印度教的習俗和禮儀迎娶他現在的妻子。我看得出來，他跟我一樣，並不把這些習俗看在眼裡，甚至比我還要輕視這些玩意兒，因為他從小就在外面闖蕩，年紀輕輕，就被迫接受一個陌生的、對他來說跟倫敦市赤爾夕區一樣怪異的文化，哪像我，從小受到家庭的保護，在溫室中長大成人。

拉蒙很純真。他是個迷失的靈魂。若不是他對汽車有一份強烈的感情，他和一般動物實在沒有兩樣。人類的心靈，分成好幾個部門，其中一個部門專司評斷和感受。如果真的有這樣的部門存在於拉蒙的心靈，那麼，它肯定是一張白紙，任何人都可以在上面塗寫。他想開車就開車。他看上一輛汽車，二話不說，就立刻動手把車門弄開，把車子開走。他偷車的本領可是一把罩。早晚他會被逮到。這點他倒不懷疑，但他看得很開。你跟他說一聲：「我的車子需要一個輪軸蓋。你能不能幫我弄一個？」他立刻走到街上，四面望望，二話不說，就從一輛汽車身上卸下他看中的第一個輪軸蓋，大大方方拎回家。他果然被逮到，但他從不責怪別人。這種事情早晚會發生，責怪別人也沒用。他的純真──你別以為拉蒙只是個頭腦簡單的人──令人不寒而慄。他像一部複雜的機器一樣純真。這樣的人，竟然也有溫柔的一面。出租公寓裡住著一位未婚媽媽。在拉蒙無微不至的呵護和照顧下，這對母子才不會遭受別人的欺凌。

但他的最愛卻是汽車。在這方面他是個天才。消息很快就傳出去。來到倫敦才幾個星期，就有人看見他穿著沾滿油污的衣裳，埋頭修理一部破舊的汽車；一個身穿厚斜紋布制服的男子站在他身邊，跟他講價錢。拉蒙大概賺了一些錢。但他掙的錢全都花在購買新車和繳付罰款上──為了幫客戶修車，三不五時他就跑到街上，偷一盞車頭燈或其他零件，結果給逮到好幾回，被判罰款了事。其實他大可不必偷東西，但他還是偷了。儘管如此，街坊鄰里很快就傳揚開來，這個千里達人修車還真有一套。找他修車的人越來越多。拉蒙一天到晚忙個不停。

然後，我聽說他給自己惹上了一個大麻煩。住在出租公寓的一個朋友，央求他幫忙燒一部速克達機車。在千里達，如果你想燒一輛汽車，就把它開到渾濁的卡羅尼河（Caroni）河畔，放一把火，然後把燒成一堆廢鐵的車子推進河中，神不知鬼不覺。倫敦也有一條河流。一天傍晚，拉蒙把速克達抬進他當時擁有的一輛廂型車中，然後把車子開到河堤上。還沒來得及放火，一個警察就突然冒出來——這就是拉蒙的命：條子總是在節骨眼上出現在他眼前。

我本來以為，既然這部速克達機車還沒被放火燒掉，事情應該不會鬧大吧。「你別想得太天真！」住在出租公寓的一位仁兄說，「我們犯的可是陰——謀——罪哦！」他帶著敬畏的口氣，把那兩個字從他嘴巴裡吐出來。這位仁兄也被起訴，罪名是共謀犯罪。

拉蒙的案子在巡迴裁判所審理。我特地去旁聽。這間法庭可真不好找。一位警察問我：「先生，您可是收到傳票前來應訊？」這個英國條子的問題和禮儀，一樣令人感到迷惑。好不容易找到巡迴裁判所，感覺上，我彷彿回到了千里達首府西班牙港聖文森街（St Vincent Street）。「共謀者」全員到齊。排排站，模樣像煞一群做壞事被逮到的學生。他們全都穿上西裝，彷彿準備接受未來的雇主面談似的。這幫平日喜歡喧鬧、把赤爾夕街的鄰居吵得雞犬不寧的小伙子——星期天早晨，他們聚集在屋前人行道上，互相修剪頭髮，就像在西班牙港那樣，而這個時候鄰居都在街上洗車子——這會兒卻乖乖坐在法庭裡，噤若寒蟬。前後簡直判若兩人。

拉蒙站在一旁，離夥伴們遠遠的。他也穿上西裝打上領帶。光看他臉上的表情，光聽他打招呼的口氣，你會誤以為我們是在出租公寓見面。一個女孩依偎在他身邊。她是個單純的姑娘。看她那身裝扮，你會誤以為她正準備去參加舞會呢。他們倆臉上都沒有表情，彷彿一點都不為他們的處境擔憂——這個女孩跟拉蒙一樣，常常莫名其妙給自己惹上麻煩。拉蒙的雇主比他們倆還著急。他是開修車廠的。今天他特地穿上硬梆梆的咖啡色粗呢西裝，上法庭來為拉蒙的「品德」作證。他那張臉膛紅撲撲，有點浮腫，顯示他的心臟有毛病。作證的當兒，他那兩隻眼珠閃爍在他那副粉紅框眼鏡後面，只管眨個不停。他站在拉蒙身邊。

「他是個好孩子，好孩子。」修車廠主人一個勁的說，眼淚奪眶而出。「千不該萬不該，他交上一幫壞朋友。」我做夢也沒想到，單純的男人之間的單純關係會具有那麼大的力量、那麼的感人。

這場審判到頭來卻落得雷聲大雨點小的結局。開始時還煞有介事：證據呈堂，交叉訊問。（控方引述拉蒙被逮捕時說的一句話：「喂，條子，你終於把我逮著了！這次我認栽，長官。」我可不相信拉蒙會講出這種話。）替拉蒙辯護的是法院指派的一位年輕律師。這小伙子穿著時髦，一走進法庭就興奮得像一隻公雞。他比他的當事人拉蒙還要起勁，在審訊的過程中不斷回頭來替拉蒙加油、打氣。有一回，他發覺主審法官的某一個動作違反了法庭禮儀，霍地站起身來，嚴正地提出責難。庭上竟然不以為忤，笑咪咪聆聽他的指責，然後鄭重地提出道歉。感覺上，我們彷彿置身在幼稚園：拉蒙的辯護律師是全校鋒頭最健的學生，法官是幼稚園園長，至於坐在旁聽席的我們，則是一群驕傲的家長。法官清清喉嚨，開始以他那法院式的洪亮嗓音，緩緩做出他的總結陳述。霎時間，法庭內的冷肅氣氛消散了。顯然，這位英國法官並不了解千里達人的心態和作風。他說，在他看來，一群年輕人聚集在河堤上，企圖放火焚燒一部速克達機車，實在不值得大驚小怪，充其量，那也只是一群少不更事的學生閒著沒事，惡作劇；不過，如果這幫人企圖欺詐保險公司，訛取保險費，情況就非常嚴重啦……旁聽席上坐著一位美豔絕倫的印度少婦。她臉上一逕掛著微笑；每次法官嘴裡冒出一句俏皮話，她就得回過頭來，安撫她身邊那個吃吃笑的小女兒。法官顯然早就注意到她。他的總結陳述，聽起來就像兩人之間的一場對話——這雙男女，一個是白髮蒼蒼、自信滿滿的英國紳士，一個是溫柔端莊的印度婦人。陪審團的緊張情緒——一位戴著帽子和眼鏡的女士把身子傾向前，雙手緊緊攫住陪審席的欄杆，臉上流露出痛苦的表情——和庭上的氣氛顯得有點格格不入。法官宣判被告無罪，當庭開釋。對這項判決，連警方在內，都沒有人感到意外。拉蒙的辯護律師得意極了。拉蒙卻還是那副德性：面無表情愛理不理。他那群夥伴——共謀者——聽到判決，一個個都癱倒在被告席上，渾身虛脫。

沒多久，拉蒙又給自己惹上麻煩，但這回可沒有一位修車廠主人出面，替他辯解。聽說，這次他偷竊一輛汽車——也有人說，他把車子的引擎破壞得不堪修復——反正，他被送進牢裡蹲了一陣子。出獄後他告訴人家，他在布立克斯頓（Brixton）待了幾個禮拜。「然後，我到肯特郡（Kent）的一個地方走了一趟。」這是出租公寓一個房客轉告我的（在那樁焚燒速克達的案子中，這傢伙是共同被告）。在出租公寓，拉蒙變成了大夥兒消遣的對象。再過一陣子，我就聽說，拉蒙死於一場車禍。

他是一個孩子、純真的男人、另類創作家；在他看來，世界既不美麗也不醜惡，人生雖然不算美好但也不值得悲哀。我們的世界並沒有一個地方，可以讓這種人安身立命。「然後，我到肯特郡的一個地方走了一趟。」他不懂幽默，也不會假裝。對他來說，這個地方就像另一個地方、沒啥分別；世界充滿這種地方，而我們就在這樣的地方過生活，對周遭的世界視若無睹。拉蒙死了。我必須替他講幾句公道話。他是我們家族信奉的那個宗教的一分子；我們都是這個宗教的不肖子孫，但我卻覺得，這種沉淪把我們倆結合在一起。我們是那個巨大的、朦朧的、神祕的國家的一部分——小小的但非常特殊的一部分——只有在我們想到她的時候，這個國家才會對我們產生意義，而即使在這樣的時候，我們也只是她的一群遠房子孫。我希望，拉蒙的遺體會受到應有的尊敬；我期盼，他們能夠依循古老的印度教禮儀，讓他安息，只有這樣做，才能賦予他的生命些許尊嚴和意義。也許，當年流落在卡帕度西亞[5]或不列顛群島的羅馬人，也有同樣的感受吧。今天的倫敦，距離我們那個世界的中心十分遙遠。佇立在格洛斯特郡[6]一座羅馬別墅的廢墟，羅馬人肯定會感覺到，英國距離家鄉十分遙遠；這個國家，一如那幅象徵性的、有許多圖象、四周有摺角的古老地圖所顯示的，部分地區被普智天使[7]吹出的雲朵所覆蓋，顯得十分陰冷、迷濛、荒涼，流落在這兒的旅人都渴望趕快回到溫暖而熟悉的南方家園。可是，對我們這種人來說，這樣的家園並不存在。

我沒參加拉蒙的葬禮。他的遺體沒被火化。他們把拉蒙安葬在墓園。主持葬禮的是一位來自千里達的學生；他出身的階級，使他有資格主持這類儀式。他讀過我寫的書；他不想在葬禮上看到我。出席的權利遭剝奪，我只好憑空想像葬禮的情景：腰纏白布的一個男子，站在拉蒙遺體旁，嘰哩咕嚕不知念誦什麼經文；四周矗立著一座墓碑和一支支十字架（晚近興起的一個宗教的表徵），遠方蹲伏著倫敦郊區一堆堆低矮的房子，天空灰濛濛，瀰漫著無數工廠排放出的廢氣。

我們應該感到悲傷嗎？拉蒙死得其所，他的葬禮也夠體面。而且，他的葬禮是免費的——替拉蒙辦理後事的那家殯儀館，車子在半路上拋錨，拉蒙碰巧路過那個地方，自告奮勇，幫助他們把車子修好。幾天後，拉蒙遭遇車禍，死了。

消逝的神話國度

就這麼樣，小時候，印度存活在我心靈中，是我的想像力駐留的地方。它並不是後來我在書本和地圖上認識的真實的印度。我變成了民族主義者；連比佛莉．尼柯斯（Beverley Nichols）寫的那本書《審判印度》（*Verdict on India*）都會讓我感到很生氣。這種民族主義情緒，維持不了多久。第二年，印度獨立了，而我對印度的興趣也隨著消散。我學會的一點印地語，如今幾乎忘得一乾二淨。然而，把我跟我認識的那個印度分隔開來的，不僅僅是語言而已。在我看來，印度電影太過冗長、沉悶，但卻又讓人深深感到不安——他們總是喜歡描寫腐敗的生活、痛苦的經驗和死亡，連葬禮上的一首輓歌或一個盲人的悲嘆，都可以改編成電影，風靡一時。誠如「戈蘭奇出版社」旗下一位作家指出的，印度人全都沉迷在宗教中（這位作家對這種現象似乎頗為讚許）。我既沒有宗教信仰，對信仰本身也毫無興趣；我無法崇拜上帝或聖人。由於這個緣故，我沒有機會接觸到印度文化中的一個極為重要的層面。

然後，從印度又湧來一波新移民，但這個印度可不是金牙婆婆和巴布來自的國家，而是另一

5 卡帕度西亞（Cappadocia）是小亞細亞東部一個古國，西元十七年被羅馬征服，成為羅馬帝國的行省。

6 格洛斯特郡（Gloucestershire）位於英格蘭西南部，羅馬古蹟處處可見。

7 普智天使（Cherub），或譯「基路伯」，是基督教神話九級天使中的第二級天使，掌管知識，常以有翅的兒童姿態顯現，十分可愛討喜。

個不同的、在我看來跟我毫無瓜葛的印度。在我們眼中，這批來自古加拉特[8]和信德[9]的商人簡直就是外國人，跟敘利亞人沒啥兩樣。他們關起門來，過著與世隔絕的生活——那時我真擔心，他們這樣活下去總有一天會窒息死掉。這幫人成天只管拚命工作、賺錢，難得出門走一走透透氣；他們家中那些皮膚白皙、面無血色的婦女，終年足不出戶；淒厲、哀怨的印度電影歌曲不斷從他們屋裡傳出來，吵得左鄰右舍不得安寧。他們對千里達的社會毫無貢獻，也從不參加印度社區的公益活動。在我們心目中，他們是一群精明狡黠的生意人。如今回想起來，我發覺，當時我們對他們的看法，其實也正是島上其他族群對我們的觀感。然而，與我們不同的是，他們的旅程還沒終結，他們的私密世界還沒開始凋零、萎縮。三不五時，他們就回鄉一趟，從事買賣、嫁娶，帶來更多新移民，我們之間的鴻溝日漸擴大。

我來到了倫敦。這座城市變成我的世界中心；經過一番艱苦的奮鬥，我才來到這兒。但我迷失了。倫敦並不是我的世界中心。我被哄騙了，而我沒別的地方可去。倫敦倒是一個讓人迷失的好地方。沒有人真正認識它、了解它。你從市中心開始，一步一步向外探索，多年後，你會發現你所認識的倫敦，是由許多個社區亂七八糟拼湊而成的城市，社區與社區之間，阻隔著一片又一片陰森森、只有羊腸小徑蜿蜒穿過的神祕地帶。在這兒，我只是一座大城市中的一個居民，無親無故。時間流逝，把我帶離童年的世界，一步一步把我推送進內心的、自我的世界。我苦苦掙扎，試圖保持平衡，試圖記住：在這座由磚屋、柏油和縱橫交錯的鐵路網構築成的都市外面，還有一個清晰明朗的世界存在。神話的國度全都消退了、隱沒了；在這座大城市中，我困居在比我的童年生活還要窄小的一個世界裡。我變成了我的公寓、我的書桌、我的姓名。

印度越來越近了。近鄉情怯。儘管我極力克制，儘管我熬過了許多個年頭、熬過了倫敦和各種各樣的恐懼、熬過了亞歷山卓港那位馬車夫的影像和記憶——印度，我童年生活中的神話國度，我對它的一點情感，這會兒又在我心中甦醒過來。我知道這是很愚蠢的感覺。我現在搭乘的這艘汽艇夠堅實，也夠骯髒；好天氣和壞天氣，各有一套收費標準；熱浪一波一波襲來，令人渾身不適；放眼眺望，我們看見漫天迷濛的熱浪中幽然浮現出一座巨大的、繁忙的城市；它的居民，成群攀附在海港中其他船隻上，看起來非常瘦小，預示我們即將面對的那些可怕的事物。岸上的建築物逐漸逼近我們眼前。碼頭上的幢幢人影，漸漸變得清晰起來。那一排排建築物洋溢著倫敦風情，散發出英國工業城市特有的氣息；儘管心裡早有準備，這幅情景乍然出現在我眼前，雖然有點眼熟，卻也顯得無比的怪誕、突兀！也許，所有的神話國度都是這個模樣：陽光燦爛耀眼，景物灰暗破敗，海濱水湄亂糟糟散布著一堆堆廢棄物——直到我們離開的那一天。

不再與眾不同

生平第一次，我發現自己變成了街頭群眾的一分子。我的相貌和衣著，和那一波一波不斷湧進孟買市「教堂門車站」的印度民眾相比，看起來簡直一模一樣。在千里達，印度人是一個獨特

8 古加拉特（Gujarat）是印度半島西部一個地區，瀕臨阿拉伯海。
9 信德（Sind）位於印度河下游，現在是巴基斯坦的一部分，首府為喀拉蚩。

的族群。在那座島嶼上，每一個族群都是獨特的；「與眾不同」變成了那兒每一個人的屬性和特徵。在美國，印度人是與眾不同的；在埃及，印度人顯得更加獨特。如今在孟買，每回走進一間商店或餐館，我總會期待一種獨特的、與眾不同的反應和接待，但每回都大失所望。感覺上，就好像被人剝奪了一部分自我似的。我的身分一再被人識破。在印度，我是個沒臉的人。只要我願意，我可以隨時遁入街頭洶湧的人群裡，霎時間消失得無影無蹤。我是千里達和英國製造的產品；我必須讓別人承認和接受我的獨特性。在印度，我渴望重振我的獨特性，但我不曉得如何著手。

「您需要一副墨鏡？先生，聽您的口音，我猜您應該是剛從歐洲回國的留學生。因此，您一定能夠理解我說的話。您瞧，這些鏡片能夠調和陽光、提升色彩。由於這種鏡片的發明與問世，先生，我敢向您保證，人類光學史上最新的一章已經寫成了。」

原來，在這幫人眼中，我是剛從歐洲留學回來的印度學生。我跟這位店主人東拉西扯，聊得還挺開心，但我沒買他推薦的那種鏡片。我向他買了一副「克魯克斯牌」（Crookes）太陽眼鏡，貴得嚇人。它的夾式鏡框是印度製造的；我前腳才跨出店門，它就破裂了。我實在太疲累了，不想回到店裡，操著連我自己都覺得荒謬刺耳的歐式英語，跟店主人理論。躲藏在墨鏡後面——鏡片在破裂的鏡框中喀嗒喀嗒響個不停。孟買市的街道白花花，在我眼前一個勁閃爍搖晃——我覺得自己彷彿變成了一縷遊魂，悄沒聲息，一路走回到旅館，經過那個身材豐腴、態度傲慢的英印混血兒女郎，經過那位獐頭鼠目、身穿黃褐色絲質西裝的英印混血兒旅館經理，鑽進自己的房間，一頭撲倒在床上。頂頭，天花板上一部電風扇兀自旋轉不停。

第二章 階級

他們告訴我那個錫克人的故事。聽說，離鄉多年後他回到印度，一個人坐在孟買碼頭上守著他那一堆行囊，哀哀哭泣。他已經忘記印度到底有多貧窮。這是一個典型的印度故事——它的人物和情節安排、它的通俗劇色彩以及它的感傷，在在流露出印度特有的風味和情調。然而，在這個故事中，最能夠體現印度精神的卻是它對貧窮的態度：對成天忙著其他事情、偶爾思索貧窮問題的印度人來說，貧窮能夠在他們心中引發出最甜美的情感。哦，這就是貧窮，我們國家特有的貧窮，多悲哀啊！貧窮激起的不是憤怒或改革，而是源源不絕的淚水，而是最清純的一種情操。「那年，這家人變得那麼的貧窮，」備受讀者愛戴的印地語小說家普林禪德（Premchand）在作品中寫道，「以至於，連乞丐都兩手空空離開他們家門口。」這就是我們的貧窮：讓人感到悲哀的倒不是乞丐本身，而是這群叫化子竟然兩手空空離開我們家門口。這就是我們的貧窮：以印度各種語言文字寫成的無數短篇小說中，這種貧窮逼迫一個又一個清純美麗的姑娘，出賣身體，賺錢償付家人的醫藥費。

印度是全世界最貧窮的國家。因此，對它的貧窮感到憤怒是沒有用處的；在你之前，多少初履斯土的外國人像你一樣，看到了印度的貧窮，說出了你現在說的那些氣話。不只是外國人而已，我們自己的子女，從歐洲和美國回來時，看到家鄉的貧困，肯定也會說出同樣的氣話。別以為，只有你才會感到憤懣和不屑，只有你才會那麼敏感。你也許看得更多。你也許看過街頭那一群群小叫化子臉龐上綻露的天真笑靨。在孟買市區人行道上，滿街席地而臥的人群中，你也許看見過一家人——父親、母親和小嬰兒——相擁而睡，自成一個天地，自給自足，彷彿有一堵牆把他們跟外界（包括你在內）阻隔開來似的。在沁涼的孟買早晨中，一家三口睡醒過來，看見你正睜著眼睛，瞪著他們瞧，心裡肯定會覺得很彆扭——你的凝視侵犯了他們的隱私；你的義憤和不平惹惱了他們。你也許看見過那個獨自在孟買街頭過活的小男孩。他拿起一根掃帚，把他在人行道上的地盤打掃乾淨，鋪上草蓆，然後躺下來。在他那瘦小的身軀和枯萎的臉龐上，你看見營養不良和過度勞累的生活遺留下的斑斑烙痕。但他只管仰躺在地面上，自顧自地把玩著一支細小的藍色塑膠手槍。那成群穿梭在草蓆之間，川流不息，走過街邊一棟棟閃爍著廣告和競選標語的房屋，行色匆匆的路人（包括你在內），他視若無睹、不瞅不睬。置身在孟買城中那濃濁的、熱烘烘的空氣中，這個小男孩竟能自得其樂。你的驚訝、你的憤怒和不平，反而剝奪了他身為人所應該享有的生活權利。別急，你在這兒再待六個月看看。隨著冬天的來臨，會有新的一群觀光客湧進孟買城。跟初來乍到的你一樣，他們也會談論印度的貧窮，也會表現他們的義憤。你會同意他們的看法，然而，內心深處，你卻會感到莫名的惱怒，因為那時你會覺得，他們看到的也只是表面的現象而已。發現自己的感覺被別人抄襲，你是不會感到開心的。

初抵印度的印象

十個月後，我重訪這座城市，對自己當初抵達孟買時所表現的歇斯底里，感到頗為驚訝。天氣比較涼爽了。在科拉巴區（Coloba），家家庭院張燈結綵，五顏六色的耶誕燈飾從窗口探伸出來，繁星一般，閃閃爍爍映照著孟買城上那一片黑漆漆的天空。這座城市並沒改變。我自己的一雙眼睛卻改變了。我已經看過印度的鄉村：狹窄殘破的巷弄；流淌著綠色黏液的排水溝；一間挨著一間、狹小湫隘的泥巴屋子；亂糟糟堆擠在一起的垃圾、食物、牲畜和人；肚腩圓鼓鼓，沾滿黑蒼蠅，身上佩戴著幸運符躺在地上打滾的小娃兒。我親眼看見過一個小孩，蹲在路旁大便，身邊佇立著一隻癩皮狗，虎視眈眈。在安德拉邦[1]，我發現那兒的居民個頭非常瘦小、身體十分孱弱，讓人懷疑大自然是不是在開玩笑，把印度人的進化過程往後推。在這樣的地方，悲憫和同情實在派不上用場，因為它代表的是一種精緻高雅的希望。我感受到的是莫名的恐懼。我必須抗拒內心湧起的一股輕蔑，否則，我就得拋棄我所認識的自我。也許，到頭來，我感受到的只是深沉的疲倦，就在歇斯底里的當兒，驟然間，我心中感覺到一種寧靜、祥和；我終於學會了把自己和

---

1 安德拉（Andhra），印度東南部的一個邦，全名為安德拉邦（Andhra Pradesh）。人口十分稠密，二十七萬平方公里的土地上居住著四千八百萬人。

周遭的世界分隔開來。如今，我終於懂得，如何區分美好的和醜惡的事物；如何區分彩霞滿天的蒼穹和那一群群在夕陽下幹活、身形顯得格外渺小的佃農；如何區分美麗、高貴的手工藝品——黃銅器皿與絲織物，和製作這些東西的一雙乾癟且瘦小的手；如何區分雄偉、壯觀的歷史遺跡和蹲在廢墟中大便的小孩兒；如何區分「物」和「人」。我終於領悟，在印度這個國家，你隨時可以找到逃避的竅門；幾乎每一座城鎮都有一個比較祥和且乾淨的角落，讓你躲藏在那兒，療傷止痛，恢復你的自尊心。在印度，最容易也最應該被視若無睹的東西就是現實。由於這個緣故，儘管行前閱讀過許多有關印度的書，但抵達這個國家後，我卻發覺，這些著作並不能幫助我做好心理準備。

初抵印度，令人怵目驚心的現實宛如排山倒海一般，直向我逼近過來，而我卻不能像在亞歷山卓港、蘇丹港[2]、吉布地港[3]和喀拉蚩時那樣，逃躲回船上去。那時我做夢也沒想到，竟然可以把醜惡的現實從美好的東西——從自尊和自愛的領域——分隔開來，在中間畫一條界線。孟買：濱海大道、瑪拉巴爾丘（Malabar Hill）、從卡瑪拉・尼赫魯公園（Kamala Nehru Park）眺望到的滿城華燈、城中矗立的一座座帕爾西寂靜塔[4]——這些景點是印度觀光局所推銷的孟買市，也是一連三天，我們被三位熱心的友人帶去遊覽的地方。然而，另一個孟買、令人心悸的孟買，卻隱藏在這些觀光勝地背後。這才是真正的孟買：裡頭居住著數百萬身穿白衣裳，宛如白色潮水般，不斷湧進和鑽出「教堂門車站」，就像參加一場無休無止的足球賽似的。這就是即將顯現在我們眼前的孟買城：郊區那一條條寬廣、壅塞、縱橫交錯的馬路；路旁亂糟糟挨擠在一起的店舖、高聳的廉價公寓大樓、破落的陽台、密如蛛網的電線和四處張貼的廣告；戲院門口的印度電影海報，比英國和美國的電影海報還要清涼、性感；劇照中的印度女明星，展示著比好萊塢姊妹們還要豐碩的臀部和乳房，渾身洋溢著無比旺盛的生殖力。隱藏在大馬路背後的一戶戶人家、一座座庭院：密不通風，悶熱不堪，靜止的空氣瀰漫著各種各樣、不知名堂的臭味，窗口顯示的不是一窗橢圓形的燈光，而是滿院子的晾衣繩、衣裳、家具和各式箱子，堆堆疊疊亂成一團。通往北部的道路兩旁，散布著一棟棟被花園環繞的紅磚建築物。這些工廠令人聯想起英國的中塞克斯郡[5]，唯一不同的是，依附在工廠旁的並不是一排排半獨立式或連棟住宅，而是一座貧民窟和一堆堆垃圾。娼妓——印度報紙管她們叫「歡樂姑娘」（gay girls）——四處出沒。可是，在這些大雜院——一棟建築物開設三家妓院，陰溝和廁所臭烘烘，連勒克瑙[6]出產的檀香油都遮蓋不了——哪兒去尋找歡樂呢？情欲就像憐憫，是挺高雅的一種希望。面對這種情欲，你只會感受到你的性衝動究竟有多脆弱。你猶豫不決、逡巡不前，不敢貿然探索；你把全副心神集中在你的厭惡上。手握棍棒的男子把守在妓院門前。這幫人究竟在防備誰、保護誰呢？黯沉沉、臭氣瀰漫的走

2 蘇丹港（Port Sudan）位於蘇丹共和國東北部，瀕臨紅海。

3 吉布地（Djibouti）是東非吉布地共和國（Republic of Djibouti）港口，瀕臨亞丁灣（Gulf of Aden）。

4 帕爾西教徒（Parsi）是西元第七、第八世紀從波斯逃亡到印度以躲避回教迫害的祆教徒（拜火教徒）後裔。「寂靜塔」（Towers of Silence）高約三十呎，是帕爾西人遺留親人屍體、讓兀鷹啄食的地方。帕爾西人稱之為「達克馬」（dakhma）。

5 中塞克斯（Middlesex）原為英國東南部、包含倫敦西北部的一個郡，一九六五年被併入大倫敦（Greater London）。

6 勒克瑙（Lucknow）是印度北部一座大城，北方邦首府，以生產香水聞名。

廊裡，呆呆坐著一群非常蒼老、非常骯髒、整個身子萎縮得不成人樣的婦人。這時你會覺到，有些人是微不足道的。這群婦人是清潔工——講得白一點，就是專門服侍妓女（孟買市普羅大眾心目中的「歡樂姑娘」）的傭人。她們還算幸運，總算還有一份工作可做。就在妓院門口，你窺見到了印度那令人驚悸的、一個層級一個層級不斷倒退的墮落。

我說「層級」，因為漸漸地我們會發現，在印度，人類的墮落是經過縝密的測量和界定的，就像繪製地圖一樣，儘管表面上看起來，印度的億萬普羅大眾——那一波波身穿白衣、有如潮水般洶湧在街頭的人群——是不可能被分類、被評定等級的。這種情形就像印度的土地。儘管從火車上眺望，印度那廣袤無垠的鄉野是由一小塊一小塊不規則的、雜亂無章的田地所組成（官方睜一隻眼閉一隻眼，任由百姓隨意處置他們的田地），事實上，這些土地全都已經被徹底勘察、測量、繪成圖籍，保藏在政府屬下的各個檔案局——在那兒，一綑一綑包紮在紅布或黃布中的地契資料，堆集如山，從地板一直堆疊到天花板上。這得歸功英國人。他們不辭辛勞，從事這項艱鉅的工作，為的是滿足印度人一個根深柢固的心理需求：界定（definition）和區分（distinction）。界定自己，你就能夠把你的自我從周遭人群中抽離出來，你就能夠確定自己在社會的位置，你就能夠擺脫印度那無所不在、隨時會吞噬你的亂象——莫忘了，印度是一個無底洞，而「歡樂姑娘」的傭人就坐在深淵邊緣，等著你。戴某種特定樣式的帽子或頭巾、留某一種型款的鬍子、穿西裝或穿政客們最喜歡穿的手織棉布服裝、身上佩戴喀什米爾印度教徒或馬德拉斯婆羅門的階級標誌——這些東西全都是一個人的表徵，證明你屬於某一個社群，證明你是一個有價值、有正當職業、對社會有貢獻的男人，就像保藏在檔案局裡的地契，證明你擁有某一塊土地。

這種需求是普世的、全人類共通的，但印度人的作法卻是舉世獨一無二。「做你份內的事，即使你的工作低賤；不做別人份內的事，即使別人的工作很高尚。為你的職守而死是生；為別人的職守而生是死。」這是《薄伽梵歌》[7]的一段經文。早在荷馬的尤利西斯（Ulysses）之前一千五百年，印度的史詩已經在倡導階級觀念了，而它的影響力一直維持到今天。在旅館負責整理床鋪的服務生，若被客人要求打掃地板，他肯定會覺得受到侮辱。在政府機關辦公的文員，絕不會幫你倒一杯開水；就算你昏倒在他面前，他也無動於衷。你如果要求一個建築系學生畫圖，他肯定會把它當作奇恥大辱，因為在他看來，身為建築師卻從事繪圖員的工作，不啻是自甘作賤。就因為這個緣故，藍納士（Ramnath）——根據他辦公桌上豎立的一塊三角形木牌，他的正式職稱是「速記員」——才會拒絕上司的要求，把他用速記法寫下來的一封信函，用打字機打出來。

階級與職責

藍納士是在政府機關中服務的文員，月薪一百一十盧比，覺得非常滿足，直到月薪六百盧比的公務員馬賀楚（Malhotra）被調到他的部門，擔任他的上司，情況才改變。馬賀楚出身東非共

7 薄伽梵歌（Gita，即 Bhagavad Gita），或譯《福者之歌》、《世尊歌》、《主之歌》、《聖歌》。這是印度史詩《摩訶婆羅多》（*Mahabharata*）的關鍵部分：訖里什那（Krishna）說服畏縮不前的有修（Arjuna）投入俱盧之野（Kurukshetra）的戰役，告訴他必須盡忠職守、色即是空。這一系列梵歌是印度教教義中最神聖的經文。

和國一個印度家庭，在美國大學受教育，後來奉派到歐洲工作，最近才回到印度。藍納士和他那夥月薪一百一十盧比的同事，私底下很瞧不起從歐洲回來的印度人，但對馬賀楚這位長官，他們卻頗為敬畏，因為他們聽說這個人很厲害。據說，馬賀楚熟讀「公務員服務法」的每一個篇章、每一項條文；他了解自己的職責，也知道自己享有哪些特權。

新官上任沒多久，馬賀楚就把藍納士召喚進辦公室，以很快的速度向他口授一封信。這難不倒藍納士。他把上司講的每一句話記錄下來，得意洋洋，回到他那張標示著「速記員」的辦公桌。那天，長官沒再召喚他，但隔天早晨他一進辦公室，馬賀楚就把他叫進去。藍納士進得門來，看見上司鐵青著一張臉孔，氣咻咻，兩撇修剪得十分整齊的小鬍子直往上翹，兩隻眼睛只管瞪著他。馬賀楚剛洗過澡、刮過鬍子。藍納士望望長官身上穿著的那套歐洲剪裁、訂製的灰色西裝，再看看他脖子上繫著的那條英國大學領帶，然後低下頭來，瞧瞧自己那身寬寬鬆鬆的白色長褲和領子敞開、下襬拖得長長的藍色襯衫，心裡不免感到有點自慚形穢，然而，表面上，他卻依舊裝出一副泰然自若的模樣兒。在藍納士看來，長官向下屬發脾氣，不管為了什麼原因，都是挺自然的事——他自己也常常無緣無故，責罵每天兩次前來孟買市瑪希姆區（Mahim）幫他打掃公寓廁所的清潔工。在這樣的人際關係中，發發脾氣、罵罵下人只不過是小事一樁，根本不值得放在心上；它只是在顯示兩人之間身分的差別、階級的不同。

「你昨天記下的那封信，到底怎麼了？」馬賀楚劈頭就問，「昨天，你為什麼不把這封信打好，拿進來讓我簽名呢？」

「還沒讓您簽名嗎？真對不起，我馬上就去查查看。」藍納士出去一會兒，然後回來向上司報告：「長官，我已經催過打字員奚雷拉爾（Hiralal），但他這幾天實在很忙，手頭上有一大堆信件要打。」

「奚雷拉爾？打字員？難道你不會打字嗎？」

「哦，不，長官，我是速記員。」

「你以為速記員是幹啥的？從今天起，我向你口授的信函，你都得自己動手打出來，明白嗎？」

藍納士的臉色颼地一白。

「聽到沒？」

「長官，那不是我的工作。」

「不是你的工作？好！現在我就向你口授一封信。午餐之前你把它送回來，讓我簽名。」

馬賀楚開始口述。藍納士顫抖著手，握住鋼筆，歪歪斜斜記下長官口授的內容。口述完畢，藍納士朝向馬賀楚一鞠躬，轉身走出上司的辦公室。下午，馬賀楚按了按桌上的蜂音器，召喚藍納士進來。

「你今天早晨記下的那封信，在哪裡啊？」

「還在奚雷拉爾那兒，長官。」

「昨天那封信，現在也還在奚雷拉爾那兒。我不是吩咐過你，從今天起，我向你口授的每一封信，你都得自己動手打出來？」

藍納士不吭聲。

「那封信在哪裡？」

「報告長官，那不是我的工作。」

馬賀楚舉起拳頭，猛一敲桌子。「今天早晨，我們不是講清楚了嗎？」

藍納士也以為事情早已經講清楚了。「長官，我是速記員，可不是打字員哦。」

「藍納士，聽著，我要向上頭舉報你抗命。」

「那是您的權利，長官。」

「別用那種口氣跟我說話！你不肯幫我打字，對不對？讓我聽你親口說一次。你說『長官，我不願意幫您打字。』」

「我是速記員，長官。」

馬賀楚把藍納士打發出辦公室，然後自己去見部門主管。長官讓他在接待室等候好一會兒，才把他叫進去。這位老先生今天已經夠累的了，但他還是打起精神，接見馬賀楚。他知道，像馬賀楚這種剛從歐洲回來的留學生，個性都有點毛躁，求好心切嘛。可是，在他這個部門，以前從沒有人要求速記員打字呀。當然啦，從寬解釋，速記員的職務或許也包括打字。但這樣的解釋未免太寬了點。何況，這兒是印度。在這個國家，無論做什麼事情，你都得考慮考慮對方的感受嘛。

「報告長官，如果這真是您的看法，對不起，我只好把這樁案子呈報『聯邦公共服務委員會』，讓他們來處理。我現在向您舉報藍納士抗命，然後透過您，要求委員會對速記員的職務展開全面的調查和檢討。」

主管嘆了口氣。馬賀楚簡直在拿自己的前程開玩笑。這小子偏要把事情鬧大，也只好由他了。展開這樣的一項調查，肯定會給他這個部門帶來一大堆麻煩：文件、查詢、報告。

「馬賀楚，你就勸勸他吧。」

「請問長官，這就是您對這件事情的結論？」

「結論？」主管支支吾吾，「我的結論是……」

電話鈴響了。主管伸出手來一把抓起電話，回頭朝馬賀楚笑了笑。馬賀楚立刻起立，告退。回到自己的辦公室，馬賀楚發現藍納士並沒遵照他的吩咐，把打好的信擺在他桌上，讓他簽名。他立刻按了按桌上的蜂音器，把藍納士召喚進來。藍納士應聲出現在長官面前。他繃著臉、弓著腰，把拍紙簿緊緊摟在穿著藍襯衫的胸前，眼睛只管瞪著腳上那雙鞋子。這副恭順嚴肅的德性卻也遮掩不住他臉上流露出的那股得意和興奮。原來，他已經知道馬賀楚去看過主管，而且，他也曉得，主管根本不吃馬賀楚那一套。他沒受到任何懲處，連一句申誡也沒有。

「藍納士，我現在向你口述一封信，記下來。」

藍納士打開拍紙簿，掏出鋼筆，開始在畫線紙上歪歪斜斜塗寫起來。他越寫心裡越慌，背脊忍不住冒出冷汗。原來，馬賀楚要他記下的這封信，是要求主管把他開除，罪名：抗命、未能勝任速記員的工作、頂撞上司。把一件事情記錄在文件上，已經夠嚴重的了，更糟的是，這封信會交到奚雷拉爾手裡，讓他用打字機打出來。藍納士這不肯定要受羞辱了。他咬緊牙關、強作鎮定，把長官口授的信函一字一字記錄下來，然後垂著頭，等待長官開釋。馬賀楚終於把他打發出辦公室。藍納士如逢大赦，立刻逃到主管那兒。他在接待室苦苦等候了好長一段時間，才被傳喚進去見主管，但不一會兒，他就出來了。

那天下午五點鐘，藍納士伸手敲了敲馬賀楚辦公室的門，然後恭恭敬敬站在門口，等待召喚。他手裡捏著一疊打好的信函，哆哆嗦嗦，一個勁顫抖不停。馬賀楚抬起頭來，看見藍納士眼眶裡蓄滿淚水。

「喲！」馬賀楚說：「奚雷拉爾終於加把勁，把我的信全都打好了。」

一聲不吭，藍納士跑到馬賀楚辦公桌旁，把手裡那疊信函放在桌面那塊綠色的吸墨紙板上，噗通一聲，雙膝下跪，整個人趴在地上，雙手合十，觸摸馬賀楚腳上那雙油光水亮的皮鞋。

「起來！起來！這些信是奚雷拉爾打的吧？」

「我打的！我打的！」藍納士跪伏在地板上鋪著的那張破舊的草蓆上，只管哀哀啜泣起來。

「把你們當人看待，你們就上臉了，開始作怪了。把你們當畜生看待，你們就乖了，趴在地上像狗一樣。」

藍納士一面啜泣，一面伸出手來不停撫摸、擦拭馬賀楚的皮鞋。

「從今天起，你願意幫我打字了？」

藍納士伸出額頭，一個勁碰撞馬賀楚的皮鞋。

「好吧！咱們現在就把這封信給撕掉。在我們這個部門，要想提高辦事效率，也只好用這個方法囉。」

藍納士淚眼汪汪，不停地在馬賀楚鞋子上磕頭，直到那封信的正副本全都被撕成粉碎，扔進廢紙簍，他才站起身來，擦乾眼睛，跑出辦公室。這一天的工作終於結束了。現在，他跟隨滿街推推擠擠的人群踏上歸途，回到他那間坐落在孟買市瑪希姆區的公寓。一時間，他還不習慣面對這個新世界給他帶來的恥辱。他心靈中最敏感、最脆弱的部位——他的自尊——被人侵犯了；若不是擔心他會一頭栽進那個無底深淵，他怎會容忍這種侵犯呢？這是人生中小小的一齣悲劇。他已經學會服從；他應該能夠存活下去。

類似的悲劇在孟買不斷上演著，在無數男人——就是我們在街頭看到的那一群群身穿白衣、步履輕快的上班族——心中烙下難以磨滅的傷痕。就像世界上每一座城市的上班族，朝九晚五，這些男人每天匆匆出門、匆匆回家。媒體上的廣告全都是為這些男人設計的，電車為他們按時行駛，電影海報把目標指向他們。瞧，海報中的女明星，一個個濃妝豔抹、搔首弄姿，爭相向這些男人展示她們的豪乳豐臀——她們是古代印度雕像中那些女神的後裔，而這些女神像，直到她們跟創造她們的人分開，一直代表印度普羅大眾內心中那股卑微的悲劇性渴望。

返鄉遊子成異客

印度社會和它所遭受的褻瀆，對身穿義大利式西裝、打著英國大學領帶的馬賀楚來說，也是一樁嶄新的經驗。在東非、英國大學和歐洲待了這麼些年，他帶著殖民心態回到印度，難免覺得格格不入，恍若一個異鄉人。在自己的祖國，馬賀楚舉目無親。他只是一個月入六百盧比的男人，因此，平日他也只能夠跟月入六百盧比的其他男人交往。但在這個階層，像馬賀楚這種刻意揚棄階級標誌——食物、種姓和服裝——的「外人」，畢竟不多。他很想結婚，而這也是他父母親的願望。但他抱著殖民者的心態求親，眼界未免太高了些。「別打電話來；我們會打過去給你。」「謝謝你對這門親事感興趣。等我們把應徵者的資料處理完畢，我們會通知你。」「我們並不覺得，月入六百盧比有什麼了不起哦。」最後這句話可是女方家族的長子說的。馬賀楚覺得，如果再降低標準，那就只好到鄉下找老婆了。就這麼樣，馬賀楚的終身大事一再蹉跎；久了，連他父母親也灰心了。馬賀楚滿肚子怨氣，但也只能向朋友們發發牢騷。

馬立克（Malik）就是常常聽他訴苦的一位朋友。在印度，馬立克也是一個「新鮮人」。身為工程師，他月入一千兩百盧比，比馬賀楚多一倍，但兩人同病相憐、惺惺相惜，經常聚在一塊互吐苦水。他居住在孟買高級住宅區一間設備完善的公寓。以倫敦的標準來衡量，他的日子過得還算可以，但在孟買在地人眼中，他的生活非常優渥奢華，令人豔羨。可他一點也不快樂。學經歷都不如他的歐洲籍工程師，在印度人經營的公司充當專家顧問，月薪高出他三倍，只因為他們是歐洲人。這就是馬立克的遭遇。遊子返鄉，但在孟買，他卻永遠是個異鄉人，甚至比那幫應聘前來擔任客卿的歐洲技師，還要像一個外人——印度公司的大門，永遠為這些老外敞開。憑馬立克的學經歷，他絕對有資格晉升「管理階層」，擔任初級行政主管，但第一次見面他就告訴我，好幾回他向別的公司試探，結果卻都碰了一鼻子灰。他是一位工程師，很好。他從北歐留學回國，那更好。他現在服務於一家有名望的、跟歐洲關係密切的印度公司，這更讓人刮目相看。然後對方問他：「你有車子嗎？」馬立克沒有車子。事情就這麼樣吹了。對方甚至還沒問起他的家世和出身呢。

坐在他那間過時的現代主義風格公寓裡，馬立克只顧哀哀訴說著。最近這陣子，他心灰意冷，實在提不起勁來把屋子好好收拾、整理一下。整間公寓亂糟糟：橫七豎八的書架、四處擺放的陶藝品、堆滿雜物的咖啡桌。訪客稀落，把屋子收拾得再整齊，給誰看呀——就像一個沒有人會注意到的女孩，花了一番工夫細心打扮，準備出門。時髦的家具就如同時髦的衣裳：沒有人注意，沒有人讚賞，只會讓你感到更加悲傷。凌亂的咖啡桌上擺放著一張鑲在鍍金框子裡的巨大照片。照片中的女孩是白種人，長得滿漂亮，一頭褐髮披肩，臉頰兩旁的顴骨高高凸起。我沒問他這女孩是誰，但馬立克後來主動告訴我，這女孩早已經死了——多年前，在北歐家鄉。我們一面喝咖啡一面聊天。錄音機播放馬立克在歐洲留學時錄下的歌曲（天哪，這些歌曲連我都覺得有夠古老）。就這樣，我們坐在孟買城中一間公寓裡——周遭環繞著一個又一個光影迷離的街廓，底下閃爍著宛如珠鍊般的濱海大道燈光——就這樣，我們坐在中央擺放著北歐姑娘遺照的客廳，一面聆聽那一首又一首哀傷而古老的歌謠，一面翻看那幾本不知被人翻了多少次的相簿：披著大衣的馬立克、馬立克和朋友們、馬立克和那個女孩。照片的背景不外乎是白雪皚皚或松樹叢生的高山，再不然就是露天咖啡座。馬立克和馬賀楚哥倆，一個月入六百盧比，一個月入一千兩百盧比，這會兒聚在一塊，相濡以沫（書架上擺著幾部原文易卜生劇作），暫且忘掉他們在現實生活中遭受的恥辱，暫且沉湎在回憶裡——遙想當年，在北歐留學，身為一個男人和學生就已經足夠被社會接受，而身為印度人，更為他們的身分增添些許神祕的魅力和光彩。

成功不是偶然

十三、四歲那年，吉凡（Jivan）離開家鄉的村子，到孟買找頭路。在這座大城市，他舉目無親，晚上只好在人行道上打地鋪。好不容易，他終於在堡壘區（Fort）一家印刷廠找到工作，月薪五十盧比。他沒找房子，晚上依舊睡在人行道上——根據孟買的習俗，你只要在人行道上同一個地方一連睡幾天，這個地盤就歸你所有，別人不得侵占。吉凡能讀能寫、天資穎悟、待人慇懃；在孟買混了幾個月後，他就開始幫他那間印刷廠承印的一家雜誌拉廣告。老闆一再給他加薪。這小子如果好好幹下去，廠長的寶座早晚是他的。突然，有一天，他跑進老闆的辦公室，向他提出辭呈。

「我總是留不住好員工！唉，這是我的命。」老闆說：「我苦心栽培他們、訓練他們。把本領學到手，他們就離開我了。你找到什麼樣的新工作啊？」

「老闆，我還沒找到新工作。我想請你老人家幫我找找看，可不可以呢？」

「嗬嗬！原來你要求我給你加薪。」

「您誤會了，老闆。我不是來向您要錢。這陣子每天騎著腳踏車在街上跑，我覺得有點累，而且我也不再年輕了。我希望能找到一份辦公室的工作。我希望擁有一張自己的辦公桌。只要能在辦公室工作，薪水少一些也不打緊。老闆，您能不能幫我留意一下？」

吉凡已經拿定主義。老闆心腸很好，二話不說，就把這個得力助手推薦給另一家公司。晉升為辦公室職員的吉凡，工作十分勤快，對老闆忠心耿耿，一如當初他在印刷廠工作時那樣。老闆十分器重他，沒多久，就把整個公司交給他管理和經營。吉凡省吃儉用，存下八千盧比，約莫相當於六百英鎊。他利用這筆錢購買一部計程車，以每天二十盧比的租金——馬賀楚一天的薪水——把它租給別人開。他繼續在公司工作，但他依舊睡在人行道上。吉凡今年二十五歲。

華桑特（Vasant）在孟買一座貧民窟長大。小小年紀，他就離開學校，出外找工作。一大早他就跑到孟買市證券交易所徘徊、逡巡。廝混久了，所裡的交易員都認得他，三不五時差遣他到外面去辦點事，幫他們跑跑腿。漸漸地，華桑特變成了交易員們專用的信差，替他們送電報。一天，一位交易員把一封電報交給華桑特，要他拿到電信局拍發，但沒給他錢。「沒問題！」交易員告訴華桑特：「月底他們會跟我結帳，把帳單寄給我。」就這樣，華桑特發現了一個重大的商業機密：如果你每個月拍發的電報超過一定的數量，電信局就會讓你賒帳。於是靈機一動，他向證券交易員們提議：每天，他到交易員辦公室收取電報，拿到電信局拍發，月底結帳。他只收些許服務費，但集腋成裘，沒多久他就存了一筆小錢，租下一個小房間，充當「電報收發室」。收進來的每一封交易員電報，他都仔細看過一遍；沒多久，他對證券市場的運作就瞭如指掌。他開始進場買賣股票，著實賺了一筆錢，變成一個富翁。如今他年紀老了，在孟買商界也有了一點地位，他在高級商圈擁有一間裝潢頗為高雅的辦公室，僱用一批接待員、祕書和職員，但這只是充門面而已。重要的工作，他都拿到那間狹小擁擠的「電報收發室」去做，因為在別的地方，他實在沒辦法靜下心來思考。當初過窮日子時，華桑特白天從不進食；發跡後，他依舊保持這個習慣。白天吃東西，會讓他覺得昏昏欲睡，提不起勁來做任何事情。

在印度，製作皮革的工人是最低賤、最污穢的一種人；因此，在階級意識十分強烈的印度半島南端，發現有兩位出身婆羅門階級的兄弟，竟然從事這一行，心裡難免會感到非常詫異。他們的工廠規模不大，但卻也自給自足：住家、工作坊和占地四英畝的菜園。兄弟倆，一個身材比較高瘦，渾身充滿精力，成天在城中各處奔走拉生意，爭取訂單；他的眼光十分敏銳，對外國皮革製品——公事包、日記簿封面和照相機皮套——的最新型款和設計，瞭如指掌。另一位兄弟身材比較肥胖，個性沉穩，負責管理工廠，監督工人幹活。哥倆感到最得意的是，三不五時就會有一位顧客對他們說：「這真的是你們自己做的嗎？看起來像舶來品哦！我敢打賭這肯定是美國貨。」每回聽到這種讚美，兄弟兩個就會樂得一個勁扭動身子，吃吃笑個不住。對於「勞資關係」——這是身材比較高瘦、星期天早晨穿著汗衫和卡其短褲的那位兄弟的用語——他們兩人的看法倒是滿開通、滿進步的。「你必須想法子，讓他們高高興興的工作。我不能做這種工作。我也不能讓我的兒女做這種工作。所以我必須想法子，讓工人們開心。」從街上找來的一個「流浪兒」，剛開始在皮革工廠幹活，日薪一盧比，幹到十四、五歲，薪水調高到每天四個盧比；製作皮革的「師傅」，月薪一百二十盧比，外加一筆年終獎金，約莫兩百四十盧比。「對！」另一位兄弟接口說，「你必須想法子讓他們開心。」這間工廠生產的皮件全都是手工製造的。為此，兄弟倆感到頗為自豪，但他們一生最大的願望，卻是創建一座以他們的姓氏為名的「工業園」。他們出身一個貧窮家庭。剛開始時，他們製作信封。今天，他們的工廠除了生產皮件，也製造信封。在工廠一個角落，一個男孩站在堆集得十分整齊的一疊信封紙上頭。一位「師傅」揮舞著一把寬刃大刀，把男孩腳趾旁的紙張剁成一塊塊。其他男孩蹲在另一個角落，把依照規定樣式切割好的紙張，摺成一個個信封。這兩位兄弟的身家財產，總值七萬英鎊。

西風東漸下的階級體制

在印度的階級體制中，稍稍逸軌、出外冒點險兒是被容許的，但階級意識早已根深柢固，沒有一個印度人能夠徹底擺脫他的種姓根源。它就像一種肉體的渴望：商場大亨一天到晚窩在他那間狹小簡陋的辦公室，捨不得離開；崛起中的年輕企業家，依舊睡在人行道上；出身婆羅門階級的皮件製造商，不讓兒女介入這個行業，以免遭受污染。後西方世界輸入的現代商業機制——股票買賣、電報、勞資關係、廣告等等——表面上看起來跟印度社會格格不入，但實際上，這些玩意全都已經被吸納進階級制度中，融為一體。很少印度人能夠自外於階級體制。馬立克和馬賀楚是例外。對印度社會所能提供、所能容忍的那種冒險，他們不感興趣，但他們的願望和野心，卻不能見容於印度社會，因為它會帶來紛擾不安，破壞社會的穩定。排斥階級標誌——服裝、食物和職業——就等於排斥階級制度本身，結果，馬立克和馬賀楚發現，他們被這個社會遺棄了。在這樣的一個社會中，他們竟然尋找積極進取的、法國小說家巴爾札克式的冒險，難怪會到處碰壁。

「不義的混亂一旦在社會蔓延開來，女人就會犯罪，變得不貞潔；女人一旦失貞，訖里什那（Krishna）啊，種姓就會混淆，社會就會紊亂。」這句話也是出自印度教經典《薄伽梵歌》。但你大可不必擔心。即使在今天的印度，也不可能發生種姓混淆、社會紊亂的現象，更不可能讓老百姓恣意越軌、冒險犯難，儘管每個星期天早晨，老舊的英國俱樂部都會舉行賓果遊戲；儘管街上到處可以看到英國八卦報紙《每日鏡報》（*Daily Miror*）黃色封面的海外版（身穿紗麗裝的印度女士伸出玉指，爭相購閱）和《女性雜誌》（*Woman's Own*）的亮麗封面（上街購物的美豔少婦，把它當作階級標誌摟在懷裡，身後跟著手挽菜籃、亦步亦趨的傭人）；儘管在孟買、德里和加爾各答的夜總會，你可以聽到樂隊彈奏哀傷的樂曲，英印混血女歌手握著麥克風演唱哀傷的歌謠，舞客們操著過時的英國俚語高聲談笑：「哦，把你的外套脫下來，扔到那兒去吧。」「喲，我的媽呀！」在這種場所大夥兒都使用英國名字：邦提（Bunty）、安迪（Andy）、佛雷迪（Freddy）、吉米（Jimmy）和邦尼（Bunny）。這些人可都是真實的哦。他們身上的裝扮——外衣、領帶和領子——以及他們嘴裡操的英語，使他們看起來和聽起來都像極了英國的邦提、安迪和佛雷迪。但那只是表面而已。實際上，安迪也是安南德（Anand），丹尼（Danny）也就是丹德華（Dhandeva）——典型的印度名字。他們的婚姻是父母安排的；將來他們子女的婚姻也得聽從父母之命、媒妁之言。在生命中遭遇任何疑難，他們都會去找占星家，請求指點迷津。舞池中每一對翩翩起舞的男女，都受命運之神眷顧。度完假，搭乘郵輪從果亞返回孟買的帕爾西教徒（可能是佛雷迪的朋友或遠親），也許會聚集在船艙中，旁若無人，引吭高唱英美流行歌曲〈芭芭拉·艾倫〉（Barbara Allen）、〈白楊樹叢〉（The Ash Grove）和〈我不是鐵石心腸〉（I Don't Have a Wooden Heart）。但他們在孟買創造的那個歡樂的小英國，卻具有強烈的神巫色彩。他們崇拜火；他們的教義褊狹而詭祕。在他們人生旅程的終點，矗立著陰森森的「寂靜塔」，門口鐫刻著古代圖徽，牆後舉行令人毛骨悚然的儀式。

與千里達島上的印度人不同的是，對這兒的印度人來說，內在和外在世界是分不開的。兩個世界和平共存。印度只是假裝成殖民社會，因此，它的荒謬很容易顯露出來。它的模仿既是殖民地式的模仿，但也不純然是殖民地式的模仿。那是一個古老的國家特有的一種模仿——這個古國，在過去一千年間，並未擁有自己的王室和本土貴族統治階層；它早已經學會挪出一些空間（但那也只是在社會的頂層）容納外來的入侵者。在這一千年中，外在的模仿對象不斷變換，但內在世界永遠保持不變，而這正是印度人生存的祕訣。由於這個緣故，像奧文頓（Ovington）這樣的一位十七世紀末期旅行家，他所撰寫的旅遊指南，直到今天，在很多方面仍舊適用於印度大地區。以前，印度人模仿的對象是蒙兀兒人[8]；未來他們也許會模仿俄國人或美國人。今天，他們模仿英國人。

「模仿」（mimicry）也許是太苛刻的一個字眼，不太適合用來描述影響印度社會那麼深遠、那麼廣泛的那些個東西：建築物、鐵路、行政體系、公務員的培訓和經濟學家的養成。描述一位印度科學家特有的行為——就任新職位之前，他會事先央請占星家替他選個良辰吉日——比較適當的字眼也許是「精神分裂」（schizophrenia）。但我還是堅持要用「模仿」這個詞，因為我們看到的現象，有太多只是單純而荒謬的模仿，令人啼笑皆非，而根據我的觀察，在全世界各色各樣的人種中，印度人最具模仿天賦。第一次跟我見面的那位印度陸軍軍官，乍看起來，跟英國陸軍軍官簡直一模一樣。他刻意把自己裝扮成英國人：舉手投足、一言一行全都是英國式的，連喝酒也講求英國品味。擺在印度這樣的一個社會，這種印度式英國模仿簡直就像一首狂想曲。越看，

---

8 蒙兀兒人（Mogul）是十六世紀征服並統治印度的蒙古族及其子孫。他們在印度半島建立的回教帝國，一八五七年被英國消滅。

你就會覺得越荒謬。你剛抵達印度時的感覺，漸漸獲得了確認和證實：印度人模仿的並不是真實的英國，而是由俱樂部、歐洲大爺、印度馬夫和傭人組成的童話式國度——「盎格魯印度」（Anglo-India）。整個印度社會彷彿被一個漫不經心的騙子玩弄於股掌之上。我說他漫不經心，因為這個騙子玩夠了、不感興趣了，拍拍屁股走人了，留下那幫「盎格魯印度人」，每個星期天早晨，成群蜂擁進加爾各答的教堂，膜拜早已經被祂的歐洲子民遺棄的神祇；留下佛雷迪和他那滿口英國俚語：「安迪，把你的外套脫下來，扔到那兒去吧！」留下那個同樣滿口怪腔怪調的印度陸軍軍官：「唉，我的天！今兒個我感到好累喲！」這個騙子還留下一大堆詞彙，諸如「民防線」、「兵營」和「開小差」——這些充滿魔幻色彩的字眼，如今已經被印度人全盤吸收，變成「印度化的盎格魯印度」日常語言的一部分。在這個國度，主宰大眾品味的是瑣碎無聊、充斥著八卦新聞的《女性雜誌》和《每日鏡報》。

社會頂層倒還存留著一些空間。在這一股模仿風潮中，一個新貴族階級漸漸形成了、崛起了，但它的成員並不是政客和公職人員，而是那群在外國（主要是英國）公司服務的企業主管。印度人管這幫新貴叫「箱販」（box-wallahs）。當初保留給外國人和征服者的特權，如今全都歸屬他們。這個新興商業階級，也正是馬立克（每月「支領」一千兩百盧比的工程師）和馬賀楚（月薪六百盧比的公務員）全心全意追求的目標，卻不得其門而入。哥倆失望之餘，就開始譏笑起這批新貴來。我們現在的社會地位，比他們高一等哦，就像他們比藍納士高一等那樣——記得藍納士嗎？那個身穿印度式寬鬆白棉褲、下班後趕搭通勤火車回到瑪希姆區公寓房間的速記員——而藍納士又比佛雷士街（Forras Road）那位「歡樂姑娘」的傭人高一等。至於低賤的帕爾西教徒，那就更不用說啦。度完假，搭乘郵輪從果亞返回孟買，同乘一艘船，我們卻根本聽不到他們引吭高歌〈青溪水慢慢流〉（Flow Gently, Sweet Afton）。

歐化的印度人

邦提（Bunty）是一位「箱販」。全印度的人都羨慕他、嘲笑他。「箱販」這個名稱的來歷眾說紛紜、莫衷一是。身為企業新貴的邦提，有時也會半開玩笑地說，這個名稱肯定跟街頭小販的箱形攤子有關，但比較可靠的一種說法是，它源自英印時代僕人身上背的文件箱——英國小說家吉卜林（Kipling）在《自述》（*Something of Myself*）中曾經以感性的語氣提到這種箱子。別人都羨慕邦提擁有公司提供的一間豪華公寓、一份高得離譜的薪水和一種特殊的本事：他能夠跟現實的印度（獨立後的印度）保持一個距離，心裡卻不會感到愧疚。這種疏遠也引起別人的不諒解，讓他飽受奚落。他是個好靶子。在商賈階級中，邦提是新入門的人，而這個階級非常古老，雖然從事買賣，但受過征服者的提攜、獎勵，儼然變得高貴起來。邦提就是受到這兩樣東西吸引——征服者的光環和做生意的利潤——才決心加入這個階級。

邦提是「好人家」的子弟，祖上當過兵、幹過公務員，甚至有人說他們家擁有貴族血統。他們家脫離真正的、純粹的印度已經有兩三代了。跟他父親一樣，邦提可能就讀過印度語或英語公立學校，上過英語大學（本地有兩所英語大學），在那兒學會了英國腔調的英文——這種口音，到現在他還努力保持著，儘管他沒辦法完全擺脫印度人講英文特有的怪腔調。他一身結合東西方兩種文化，自認「心胸開闊」。他讓他的印度名字轉化為最近似的英文名字，就像征服者口中的印度地名。佛道斯（Firdaus）變成了英文中的佛雷迪（Freddy）；詹姆謝德（Jamshed）變成了吉米（Jimmy）。至於昌德拉謝卡爾（Chandrashekhar）這個典型的印度名字，實在沒辦法轉化為近似的英文名字，只好變成最普通的英文名字「邦提」或「邦尼」了。邦提知道，身為旁遮普省的印度教徒，如果他敢娶孟加拉省的回教徒或孟買市的帕爾西女子為妻（雖然在目前這個階段，這樣做需要一點點勇氣），對他的前程肯定大有幫助，因為大夥兒都會說，他自詡「心胸開闊」，可不是蓋的。邦提擺脫了一個禁忌，卻不能不遵守另一條戒律：你千萬不能把吉米（他那間陳設簡單的冷氣辦公室，是跟別人共用的）帶到安迪家做客（他那間陳設豪華的辦公室，可是一個人專用的）否則就會觸霉頭，犯下不可饒恕的過錯。

邦提的祖父做生意，也許是在一個髒兮兮的房間——他老人家斜躺在長枕上，手裡握著一支水煙筒，一面吸一面跟客人談買賣。邦提做生意，則是在俱樂部跟客戶邊喝邊談，或是在高爾夫球場上邊揮桿邊談。「箱販」的圈子很小，對高爾夫球也沒啥興趣，但雇主卻要求他們學會打高爾夫球，以便建立「人脈」；因此，在全印度的鄉村俱樂部，你常會看到邦提和安迪哥倆，鬱鬱寡歡，徜徉在高爾夫球場上，陪客戶揮桿——每回走進南印度邦加羅爾城（Bangalore）的濛濛細雨中，安迪總會懷念起英國的雨季。他們這個圈子還保存著其他一些傳統，因城市而不同。在加爾各答，每個星期五下午，他們聚集在周林希區（Chowringhee）一家名叫費爾波（Firpo）的餐館，舉行狂歡派對，痛飲一番。英人統治印度的時候，他們舉行這種派對是為了送別啟碇航向英國的郵輪，順便慶祝週末的來臨（那時每週工作四天半）。如今，寄往英國的郵件都是飛機運送，但階級意識強烈的邦提卻堅持保留這個傳統，儘管在一般印度人心目中，它的起源並不怎麼光彩。邦提可一點都不會感到尷尬。

一般印度人覺得邦提這個人很滑稽、很可笑，因為在他們眼中，邦提的行徑和作風實在有點怪誕：他讓他那從小講英文的兒女們喊他「爹地」；他刻意模仿西洋人的禮儀，一看到婦道人家走進房間，就霍地站起身來；他講究室內裝潢，強調西方品味；他把浴室收拾得乾乾淨淨、一塵不染；他準備一大堆毛巾，讓如廁的客人隨時取用（在印度，這可是打掃廁所的傭人幹的活兒──印度家庭的廁所和廚房，是訪客心目中的最大夢魘）。但邦提可不是一個小丑。他刻意和現實的印度保持一個距離，但他可也不願意把自己變成一個歐洲人。他欣賞歐洲的迷人光彩和魅力，然而，天天跟歐洲人接觸，基於民族自尊，他不得不在這幫老外面前保持印度人的身分。他努力融合東西方的文化傳統──也許太過努力了，以致他對印度藝術和手工藝品的贊助，在別人眼中，跟外國遊客的品味實在沒啥兩樣。他家客廳牆上懸掛著當代印度織錦和好幾幅來自康格拉（Kangra）、巴索里（Basohli）和拉賈斯坦（Rajasthan）的古怪素描畫；印度畫家賈米尼．羅伊（Jamini Roy）的一幅色彩鮮豔、充滿東方市集風情的作品，豎立在畢卡索的石版畫和法國畫家希斯里（Sisley）的複製作品旁邊。邦提家日常吃的食物，揉合印度和歐洲風味，但他平日只喝歐洲酒。

邦提家中的這些揉合東西方風格的陳設，反映出來的是這個人更深層的自我，而這是他的朋友和敵人從不曾察覺到的。事實上，邦提只是假裝成一個殖民者。在他自己心目中，他跟每一個人都平等，但同時卻又高出大多數人一等；在他心靈中，就像在每一個印度人心靈中，內在世界依舊保持完整，不曾遭受任何侵犯。邦提也許會欣賞他妻子和兒女的一身白皙誘人的肌膚，甚至會為它感到自豪。他也許會努力裝出一副輕率、不屑的態度和口吻，要求你仔細觀察他子女的膚色。你會發覺，他們的白皙並不是歐洲人的那種白皙（在邦提看來，歐洲人的白皙就像罹患白化症的印度人，顯得很不健康）。事實上，儘管歐洲人備受榮寵和嫉妒，人人都以模仿歐洲人為榮，但在印度人心目中，歐洲人卻是「不潔」（mleccha）的民族。邦提和客居印度的歐洲人同屬一個社會階層，但內心深處，邦提卻隱藏著一股強烈的、排他的古老亞利安人種意識。由於這個緣故，英印混血兒皮膚再白皙、思想再英國化，也不可能打進邦提的社交圈子，除非他們擁有顯赫的家世。在印度，英印混血兒只能以外人的身分存活在社會的下層。（事實上，他們也不想永遠待在印度。他們的最大夢想是移民到英國。果然，他們來到了英國——皮膚比較白皙的則移民到白色的澳洲。來到倫敦後，他們聚居在「翠林山」（Forest Hill）這類地方，形成一個個閉塞且哀傷的小社區。每個星期天，他們穿著很短的衣裳上教堂做禮拜——這身裝扮在印度會被視為「反印度」，在英國則被看成「非英國」，充滿殖民地風味。《女性雜誌》和《每日鏡報》一上市，他們就爭相購閱。他們的浪漫夢想總算實現了。）邦提對待歐洲的態度，就像一位好色的清教徒：他瞧不起被他誘姦的女人。

禮拜天早晨，邦提總會邀請朋友到他的公寓喝酒。如果他住在孟買，這間公寓肯定坐落在馬拉巴爾山（Malabar Hill）；如果他住在加爾各答，他的寓所肯定遠離為他的工廠提供勞力的貧民窟。

「昨天，我陪副局長打了幾洞高爾夫球……」這是安迪說的。

「唔，局長告訴我……」

班提和安迪說的可不是生意。他們討論的是中國軍隊入侵的事[9]。在這種時候，他們竟然感到沾沾自喜，因為他們在高爾夫球場上結識了一位權貴人物。他們的談話讓人感到不安，倒不只是為了這個原因。我們聽到的是一種非常奇特、非常詭異的閒談。我們應該怎樣描述這種談話呢？它不偏不倚；它只陳述事實，不做任何結論。聽到這種談話，你會恨不得站起身來，走到邦提和安迪面前，抓住他們的肩膀，使勁搖一搖，對他們說：「說出你自己的意見，告訴我們你對這場戰爭的看法！至少你應該說：『如果我是國防部長，我會怎樣怎樣。』告訴我們，你究竟站在誰那邊。不要老是裝出一副漠然無動於衷的模樣，彷彿在談論跟你們無關的一些小災禍似的。生氣呀，激動呀，為印度的安全擔憂呀，設法把你們那零零碎碎的閒聊串連起來，理出一個脈絡，好讓我們了解你的看法和立場，就算你的看法非常偏頗、充滿偏見，也沒關係。瞧你們現在這副德性！就好像在談論古早的歷史事件似的。」

聽了他們之間的閒談，我們不免開始懷疑邦提和安迪哥倆，表面裝的是一套，心裡想的卻是另一回事。我們開始察覺，他們內心中有一個隱密的世界，隨時可以讓他們退縮進去，躲藏起來。霎時，這棟公寓彷彿懸浮在一個太虛幻境中。真實的印度就在大門外，近在咫尺，然而，住在這棟公寓的人卻拒絕承認它的存在，眼不見心不煩：滿街出沒的乞丐；縱橫交錯的臭水溝；骨瘦如柴、面有菜色的大人；肚腩鼓脹、身上爬滿黑蒼蠅、躺在垃圾堆中悲傷哭泣的小孩；市場中

9 這裡指的是一九六二年的中印邊界戰爭。

滿街堂散布著的一坨坨牛糞和人屎；成群髒兮兮瘦巴巴怯生生、隨時齜起牙來撲向同類的癩皮狗——就像牠們周遭的人類。公寓裡的裝潢非常時髦、非常西方化，但裡頭許多裝飾品卻是印度式的。整個陳設給人的感覺是虛無縹緲、欠缺根基。書架上陳列的那些小說，跟其他國家書架上陳列的幾乎一模一樣——看來，通俗的品味是沒有國界的，而且流通得很快。但小說講的畢竟是人的故事，而住在這間公寓裡的人，卻一點都不關心人類遭遇的問題。瞧，那個受過高深教育的婆羅門，這會兒，手裡不正捧著英國通俗作家丹妮絲・羅賓斯（Denise Robins）的言情小說，讀得津津有味嗎？（他把羅賓斯女士的作品擺在書架上，跟印度馬德拉斯省政府出版的一卷卷厚重的古代占星學文獻資料，並列在一起。）瞧，那個目前在旁遮普大學就讀的小伙子，手裡不正捧著「女學生文庫」（Schoolgirl's Own Library）出版的平裝書，讀得頭頭是道嗎？邦提的太太每次到俱樂部，不是搶著閱讀《每日鏡報》和《女性雜誌》嗎？她不也常常去找占星家，央求他指點迷津？

顯然，在某一個環節上，溝通出了問題，但大家都沒察覺到，因為表面看來溝通的管道早已經建立。成群年輕人聚集在咖啡館，熱誠地、急切地討論如何將「劇場」引進「群眾」中。乍看之下，你會誤以為你在孟買撞見一群英國劇場人物；就像印度軍官模仿英國軍官，在裝扮上、在舉止談吐上，印度戲劇工作者師法英國戲劇工作者。就像他們在英國的對手，印度戲劇工作者心目中的「劇場」，只不過是〈怒目回顧〉（Look Back in Anger）這齣戲[10]，唯一不同的是，他們憑著專業知識把劇名減縮成〈回顧〉（Look Back）兩個字。他們張開雙臂接納西方的東西，但內心深處卻不自覺地排拒這些東西蘊含的價值觀。於是，在邦提的公寓裡，閒談繼續進行著，沒完沒了，而就在這一刻，中國軍隊即將突破印度防線，長驅直入阿薩姆（Assam）平原。這個時候，你不會再覺得這幫人的模仿滑稽可笑——不像剛抵達孟買時，身心交瘁，你在骯髒酷熱的街道上看到一幅巨大的海報，錯愕之餘，直想捧腹大笑。原來，這幅海報告訴印度民眾，牛津和劍橋劇團即將在孟買市公演英國經典名劇〈不可兒戲〉[11]。

王子與賤民

退縮、排拒、價值觀的混亂——這些都是非常抽象含糊的字眼。我們需要更具體直接的證據。一九六三年倫敦哈米希．漢密頓出版社（Hamish Hamilton）印行的一部印度小說，曼諾哈爾．馬岡卡爾（Manohar Malgonkar）的《王侯》（*The Princes*），在這方面倒能提供我們一些具體的例證。這齣中古世紀式的悲劇，講的是一個印度小王侯的故事：印度獨立後，他驟然喪失權力，飽受屈辱，一時想不開，竟然赤手空拳跑去追捕一隻受傷的老虎，結果慘死在畜生爪子下。這是一本非常坦誠的小說，作者的寫作技巧也頗有可觀之處。馬岡卡爾對當時印度貴族的戶外生

10 英國當代劇作家約翰．奧斯本（John Osborne，一九三〇～一九九四）的代表作，一九五六年首演，轟動一時，被視為戰後英國戲劇的里程碑。這齣戲道出年輕一代的心聲，英國劇作家競相仿效，形成所謂的「憤怒青年」（Angry Young Men）運動。

11 英國劇作家王爾德（Oscar Wilde，一八五四～一九〇〇）的喜劇作品。劇名原文為The Importance of Being Earnest（熱誠的重要）。

活，顯然相當了解，描寫起來頭頭是道，連對狩獵不感興趣的讀者，也能感受到它那魔幻般的迷魅氣氛。

這位王侯的祖先是出沒於印度南部德干高原（Deccan）、不屬於任何種姓階級的一群土匪。取得政治權力後，他們奉獻十萬盧比給印度教上師，以交換階級特權。這幫強盜多年來積聚的財富，如今全都貯藏在「國庫」中，變成了具有宗教神聖色彩的寶物，由一群精挑細選的家臣看守。對這個侯國的王室來說，這批財貨是他們的祖傳之寶，絕對不可以用來改善人民的生活。王侯反對改革。在這方面，他的立場十分明確。英國人決定在鄰近地區興建水壩時，他鼓動當地的原住民投票反對。王侯每年頒發五份獎學金，每份價值七十英鎊，以獎勵品學兼優的學童。他對自己倒是慷慨得多。他擁有兩座宮殿和三十部汽車，外加每年七萬英鎊零用錢。花一千五百英鎊從西姆拉[12]帶回一個藝妓，對他來說只是小事一樁。君王殿下平日無所事事，整天從事各種休閒活動。他是一個神射手，最擅長追捕受傷的老虎。「我出身高貴，家道殷實。」君王殿下最愛引述《薄伽梵歌》的詩句。「誰敢跟我平起平坐？」他可是言行一致的人。一九四七年，一群愛國志士占據這個侯國的行政大樓時，君王殿下單刀赴會，排闥直入，二話不說，一伸手就把剛升上去的印度國旗抓住，硬生生給扯下來。他無法接受聯邦政府內政部提供的優惠條件。當他發現大勢已去、回天無力，他的心碎了。但他沒發脾氣，也沒哭泣。他念誦著《薄伽梵歌》的詩句走出宮殿，赤手空拳追捕一隻受傷的老虎，結果慘死在畜生爪子下。這位出身高貴、家道殷實的王侯，終於隕落了。

這是中古世紀的悲劇觀。

人生的教訓可歸納為一點：

我們崛起，親愛的斯賓塞，所以我們活著。
斯賓塞，我們活著是為了死亡、崛起是為了隕落。

最耐人尋味的是，這位王侯的故事竟然是透過他兒子——也就是這部小說的敘事者——的觀點，呈現在讀者眼前。王子誕生於一九二〇年，在英國人為王子們辦的英國式公立學校受教育；二次大戰期間，他加入英國陸軍，擔任軍官。他說：「隨著年歲增長，我發覺我越來越能認同（我父親的）價值觀。」在公立學校受過教育，體驗過大侯國王子對小侯國王子的勢利作風（英國人試圖掃除這種勢利作風），在陸軍混過之後，王子來到避暑勝地西姆拉，結識一個英印混血女郎，雙雙墜入愛河：

英國人確實懂得如何抗拒改變。在喜馬拉雅山區，春天已經來臨了。
西姆拉這座城鎮看起來跟五十年前、甚至一百年前一模一樣。郝士比太太也許就住在附近。轉個彎，走幾步路就到她的家。

12 西姆拉（Simla）是印度北部一市鎮，為避暑勝地。

「我喜歡妳的香水，但我不曉得那是什麼牌子。」

「香奈兒五號。我那瓶快用完了，只剩下一點點，我把它全部搽在身上——跟王子約會嘛！」

「哦，謝了！下回我買幾瓶送妳。」

在印度首都德里的幾家俱樂部混過之後：

「辯論？」我大叫起來，「可以啊！當然我們可以來一場辯論。我們不是每天都當父親，他媽的！你到底想跟我辯什麼啊？」在新德里待了將近兩年，我總算學會了應對的藝術：鬼扯、言不由衷，但很輕鬆。做人莫太認真嚴肅，放輕鬆點，這是最要緊的。

這是王子長大後，離開他父親那個破敗的侯國和他就讀的那間本地小學，周遊印度各地的經歷。小說開始時，敘事者——王子艾布海拉吉（Abhayraj）——和他的同父異母兄弟查魯杜特（Charudutt）還是小學生。在學堂裡，兄弟倆跟出身賤民階級、只能坐在教堂後面地板上聽講的同學保持一個距離，不相往來。一天早晨，孩子們趁著下課休息，在走廊上玩起一種「芒果籽足球」（mango-seed football）遊戲。那群小賤民站在遠處觀看。其中一個跑上前，加入這場球賽，把查魯杜特絆了一跤。出身高貴階級的孩子們（包括艾布拉海吉）紛紛伸出手臂，指著小賤民們破口大罵：「剝牛皮、吃牛肉的混蛋，滿身臭烘烘！」他們把那個膽敢冒犯他們的小賤民抓住，連人帶書包，一股腦兒拋進池塘裡。「私生子！」滿身濕淋淋的男孩指著查魯特叫嚷：「你根本不是王子。妳娘是娼妓。」

「私生子」（bastard）這個字眼引起艾布拉海吉的好奇。他跑去問英文老師莫爾頓先生，這個英文字到底是什麼意思呢？莫老師支支吾吾。艾布拉海吉後來回憶，「我能夠理解他的尷尬。他這個人心思敏銳，什麼事情都瞞不過他。查魯杜特和我們家那群庶子（upraja）的出身來歷，他早就探聽得清清楚楚。」那天在學堂，師生倆從頭到尾沒有提起發生在走廊上的事。

小賤民卡納克昌德（Kanakchand）丟掉書包，第二天兩手空空來學校上課。老師不讓他進教室。那天下午，王子艾布海拉吉發現他「蹲在牆頭上，垂頭喪氣，一臉憂傷」。隔天早晨他依舊蹲在那兒。艾布海拉吉問他發生什麼事。他說，他不敢待在家裡，因為如果他父親發現他丟掉書本，肯定會把他痛打一頓，而他又沒錢買新書，老師不准他進教室。艾布海拉吉把自己書包裡的書，全都送給卡納克昌德，其中有一本小說叫《攔路大盜的寶藏》（*Highroads Treasury*），是莫爾頓先生送給王子的禮物。那天，不知為了什麼緣故，莫老師忽然問起這本書。王子據實回答；老師點點頭表示理解。隔天早晨，卡納克昌德到學堂找艾布海拉吉，把《攔路大盜的寶藏》還給他。「這是別人送給你的禮物。我把它帶回來還給你。」

這段插曲非常殘酷，卻也十分感人；從吵架、遺忘到良心發現，整個過程描寫得栩栩如生，頗為寫實。就在這個節骨眼上頭，筆鋒一轉，作者突然冒出一句話，把這段插曲的感人效果全都抵銷掉了。身為讀者的我們乍然聽到這句話，難免感到錯愕。作者透過敘事者艾布拉海吉，評論卡納克昌德這個人，「小時候他很可愛，就像一枚印度銀幣。長大後怎麼會變得那樣暴戾、那樣難纏呢？」卡納克昌德像印度銀幣一樣可愛！這個吃牛肉、滿身臭烘烘、蹲在教室後面地板上聽老師講課、丟掉書本後一連兩天坐在牆頭上的小賤民，竟然跟印度銀幣一樣可愛！因為他接受世襲階級制度，所以他很可愛、很健全？他把人家的東西還給人家，不肯據為己有，在王子眼中這個小賤民就變得很可愛？

不管怎樣，這對王子和賤民之間漸漸發展出一段情誼。一天，卡納克昌德送給艾布海拉吉一個禮物：幾顆巨大的豆子，沒啥用途，只適合放在手掌中把玩、觀賞。「第一次碰觸窮人從森林裡撿來當玩物的豆子，我心裡感到些微不安。」王子回憶他當時的心情。他接著說：「如今回想起來，我才領悟，透過卡納克昌德，我生平第一次接觸到印度那顫抖的貧窮（quivering poverty）。」這是很奇特的措辭——「顫抖的貧窮」。乍看之下，「顫抖」（quivering）這個形容詞似乎是多餘的，但仔細玩味，它雖然顯得有點誇張、造作，卻也讓人覺得十分生動、寫實。也許這個字作者只是隨手拈來，沒什麼特別的用意。

在作者筆下，卡納克昌德的貧窮確實讓人怵目驚心，頗具舞台效果。他的午餐只是一小片黑魆魆的麵包、幾根紅辣椒和一顆洋蔥。

> 對他來說，洋蔥是難得嘗到的珍貴食物。平日午餐只有一片粟米麵包，蘸著辣椒粉和花生油吃。我坐在一旁，目瞪口呆，看他吃東西。看他那副狼吞虎嚥的模樣，彷彿餓了好幾天……他一手抓著烤焦的粟米麵包，一手捏著洋蔥，輪流咬著，直到吃完最後一口，才伸出舌頭把手指舔乾淨。

作者彷彿在描寫一隻稀有動物的進食習慣。他把貧窮當作一種奇觀：這就是咱們印度人的貧窮。王子艾布海拉吉請小賤民卡納克昌德吃巧克力。卡納克昌德接過來，連包裝紙一塊，把巧克力一股腦兒塞進嘴巴。艾布海拉吉驚叫一聲。卡納克昌德趕緊把巧克力吐出來——莫忘了，這個小賤民十分可愛，就像一枚印度銀幣——然後說出一句挺耐人尋味的話：「哦，我不曉得。我還以為殿下跟我開玩笑，要我吃綠色的紙張。」

卡納克昌德天資聰穎，但英文很差。王侯設置獎學金，每年資助五個本邦子弟進入中學就讀，但申請者必須繳交一篇英文作文。艾布海拉吉捉刀，幫卡納克昌德寫一篇文章，果然獲得獎學金。君王殿下頒發獎學金那天，卡納克昌德的父母親蒞臨觀禮，「高興得快瘋了」。殿下勗勉學子們，「真理、誠實、信仰及（最重要的）忠義，是人生四大美德，其價值遠遠超過世俗的財富和報酬。」說著，他舉起馬鞭，颼地揮向卡納克昌德；小賤民摔倒在地上後，殿下又揮動馬鞭狠狠抽了他兩下，然後「掏出手絹，仔細地擦了擦手」。王子艾布海拉吉嚇壞了。後來他說服他母親拿出一筆錢來，資助卡納克昌德進入中學就讀。日後回憶起這件事，艾布海拉吉告訴讀者，卡納克昌德從不曾表示過「感恩」之意。這位王子心裡感到沉痛和愧疚，倒不是因為卡納克昌德曾經遭受他父親當眾羞辱，而是因為「他把這個善良、上進的男孩子送去中學讀書，結果卻使他變成一個狂熱的革命分子，貽害邦國」。瞧，這部小說的作者在節骨眼上頭又冒出一句突兀且歪曲事實的評論，讓身為讀者的我們猝不及防，彷彿被人暗算了一下。

歲月遞遷，光陰荏苒，我們再看到卡納克昌德時，他已經變成一個民族主義者，積極參與印度的獨立建國運動。他沒忘記小時遭受的羞辱。印度獨立了，報仇的時機來臨了。如今出現在讀者面前的是一個面目可憎、時而狂妄自大、時而卑躬曲膝的傢伙。君王統治的小侯國，一夕之間化為烏有。更令人不齒的是，卡納克昌德竟然率眾在街上遊行，高呼：「君王死了！」

> 卡納克昌德這樣做實在太過分了，我永遠不會饒恕他。他欺侮一個已經倒下卻依舊不肯服輸的男子漢。他羞辱一個頂天立地的大丈夫。這個人是一隻綿羊；他的報復是綿羊的報復——一如我父親生前所說的。

這副倨傲、頑強的態度和口氣，反映出來的是過時的、中古世紀的階級觀念，而不僅僅是公立學校式的公平競賽觀念，儘管表面上，艾布海拉吉以公理為名，發誓要替父親報仇。他決定仿照他父親生前的作法，當眾羞辱卡納克昌德——如今回想起來，這個賤民當初實在應該被鞭打一頓，免得他忘記他的階級身分。艾布海拉吉決定在公開場合，使用馬鞭狠狠鞭打卡納克昌德。「這種人，一挨打就會扯起嗓門尖叫。這個可憐的傢伙還沒學會咬緊牙關，默默忍受懲罰。」小說就在這兒結束。作者顯然希望我們讚許這樣的結局。君王慘死後，作者以為只有這樣做才能讓敘事者——王子艾布海拉吉——的內心恢復平靜，也才能讓讀者感到欣慰和滿意。

印度的貧窮在「顫抖」。艾布海拉吉為他父親當眾鞭打卡納克昌德感到罪疚，歸根究柢，與公立學校的道德準則無關；他只是為自己的過失——把一個善良的男孩轉變成一個革命分子——而自責。在這部小說中，就像變魔術一樣，印度社會的殘酷現象全都消失在教科書式的、空空洞洞的西方詞彙裡（諸如「顫抖的貧窮」）：敘事者告訴我們，他父親拒絕將「基本人權」賦予

「人民」；他跟我們談論「人民的共同願望」。在這本書裡，從頭到尾我都沒看到我認識的那個印度：那一畦畦貧瘠不堪的田地；那一窩窩只有三隻腳的狗兒；那一群群身穿紅衣出沒在火車站、汗流浹背、頭頂上扛著笨重馬口鐵衣箱的腳夫。書中寫道：「雨過天青，山巒蒼翠欲滴，空氣中瀰漫著松脂和花香，四野寂沉沉靜悄悄，只有偶爾響起人力車夫尖銳的呼叫聲。」人力車夫——跟馱載貨物的動物沒什麼兩樣、讓我們深深感到羞恥的苦力——竟然以這種方式出現在小說中：我們看不到他們的身影，只聽到他們那宛如節日歌聲般、為避暑勝地西姆拉鎮增添幾許浪漫氣氛的呼叫。這就是印度式的逃避現實；這就是印度人的「盎格魯印度」亂象的一部分。

旅人也必須面對這樣的印度。勞苦大眾的面目變得模糊了。剩下來的印度人——模仿西方人在舞池中翩翩起舞的那些男女——也許就能夠成為溫和的嘲諷對象。但首先，你必須漠視存在於背景中真正的、顯而易見的那個印度。

第三章　來自殖民地的人

唔，印度是一個亂七八糟的國家。

——甘地

往來市中心和郊區之間的通勤火車上，那個男子穿梭在人堆中，鑽進鑽出，散發傳單。他手上的一疊傳單髒兮兮、皺巴巴，用印度通行的三種文字訴說一個難民家庭的悲慘遭遇。有些乘客接過傳單，認真閱讀起來。其他人看都懶得看一眼。火車開到一個站上，停下來。散發傳單的男子從一扇門鑽出去；一位婦人帶著一個小男孩，從另一扇門鑽進來。這對母子並不是傳單上描述的那個家庭。出現在傳單上、亟待各界伸出援手的，是一位貧困的孟加拉婦人和她六個挨餓的子女，而不是眼前這個身材瘦弱、衣不蔽體、渾身邋里邋遢的瞎眼男孩。他高高舉起雙手，哀哀地向乘客們乞求。兩行淚水不斷從他那雙紅腫的眼眶中流淌出來。一個婦人跟隨在男孩身後，推著他，從車廂這頭走到另一頭。她扯起嗓門，一面哀號一面伸手，從那群懶得抬起頭來的乘客手裡，熟練地接過一枚枚小硬幣。她忙著收錢，沒工夫停下腳步來，央求吝於施捨的乘客賞幾個銅板。火車靠站之前，這對母子已經走到門口，準備更換車廂。火車停下。娘倆鑽出車廂；另一個男子鑽進車廂。他匆匆忙忙穿梭在人堆中，趕在火車抵達下一站之前，收回先前散發的傳單。

整個過程進行得十分快速。車上的每個人，包括乘客在內，對這一幕早已司空見慣、見怪不怪，髒兮兮的木製車身，張貼著油印的告示，用三種文字警告乘客不得在車上施捨，也不可接受陌生人的香菸，因為「這些香菸可能摻有麻藥」。但沒人理睬政府的警告，看見乞丐進來，依舊大大方方掏出銅板，布施一番。在印度，當乞丐可是一種神聖的職業；他能喚起每個人的慈悲心，包括窮人在內。剛才那個男孩的眼睛，說不定是被弄瞎的，以便在郊區通勤火車上乞討，而散發傳單的那個慈善團體，顯然擺了個烏龍，向乘客發出錯誤的傳單。但這些都無關緊要。重要的是施捨，這種自動自發的慈善行為，反映的是人們對神的一種發自內心的虔敬，一如在神像前點一根蠟燭，或在祈禱時轉動法輪。就像祭司，乞丐也有他的天賦職責。和神職人員一樣，他也需要一個屬於他的組織和團體。

但有一位觀察家提出不同的看法：

如果我有權力，我會封閉一個供應免費餐點的慈善團體。它使我們國家墮落和沉淪，因為它鼓勵懶惰、遊手好閒、偽善，甚至犯罪的行為。這樣的慈善並不能增加我們國家的財富——不論是物質上或精神上的財富……我明白，成立一個機構，讓人們腳踏實地努力工作，然後才讓他們吃飯，比成立一個慈善團體難得多……但我相信，以長遠的眼光來看，這樣做畢竟划算得多。如果我們不希望看到無所事事、遊手好閒的人，成幾何級數增加，把我們國家整個淹沒掉，我們就應該立刻採取行動，解決這個問題。

這位觀察家乍看之下似乎是個外國人，他不明瞭乞丐在印度社會扮演的角色；他使用歐洲的標準，衡量印度這個東方國家。即使掌握權力，他的改革也不可能成功，因為太過激進。當然，在解決乞丐問題上，他失敗了。

公共衛生問題

俯瞰達爾湖（Dal Lake）的珊卡拉查里亞丘（Shankaracharya Hill）是斯利那加城[1]最美麗的景點之一。攀登這座山丘，你得小心翼翼、步步為營，因為山坡上有好幾個地點被印度遊客當作廁所使用。上山途中，如果你撞見三位女士結伴兒並排蹲在山腰，你不必驚慌。她們會瞅著你格格笑，彷彿對你說：不要臉哦，跑來偷看人家大便。

在馬德拉斯，高等法院旁邊的巴士站是最常被人們當作公廁使用的地方。旅客抵達車站。為了打發時間，他就撩起身上穿著的纏腰布，旁若無人，蹲在排水溝旁拉將起來。巴士抵達。他放

1 斯利那加（Srinagar）是喀什米爾首府，印度著名避暑勝地。

下纏腰布，從容上車；一位女清潔工拿根掃帚，把他拉出的那坨東西給掃掉。在南印度這座大城，有時你會看到一位鼻梁上架著眼鏡、道貌岸然的老先生，漫步走過坐落在海港的大學。突然，他停下腳來，撩起纏腰布，露出只繫著細細薄薄一條丁字帶、光溜溜的屁股，當街蹲下，就在人行道上撒起尿來；撒完，從容起身，慢吞吞整理好丁字褲，放下纏腰布，若無其事繼續散步去了。傍晚時分，濱海大道人來人往，非常熱鬧，但沒有人看這位老先生一眼，也沒有人臉上露出尷尬的表情。

在果亞，清晨時分，你也許會想出門走一走，沿著曼杜威河（Madovi River）畔的迴欄大道散散步。往下一瞧，你卻看見距離路面六呎的水邊，蹲著長長一排人影，乍看起來，就像一叢叢被浪潮沖刷到岸邊的海草似的。在這一點上，果亞的居民和古羅馬帝國的公民看法一致：大便是一種社交活動；從事這種活動時，他們得蹲在一塊兒，邊拉邊聊天。拉完，他們站起身來，光著屁股涉水走入河中清洗一番，然後爬回馬路上，跳上腳踏車或鑽進轎車裡，揚長而去。整個河濱散布著一坨坨排泄物。就在這一團臭氣中，人們討價還價，買賣剛從船上卸下的魚貨。每隔約莫一百碼，河邊豎立著一塊藍白兩色的搪瓷牌。這個告示是用葡萄牙文寫的：污染河水的人，必受嚴厲懲罰。沒有人看它一眼。

印度人喜歡隨處大解。通常他們蹲在鐵路兩旁，但興致來時也會蹲在海灘、山坡、河岸和街頭上，光天化日眾目睽睽之下拉將起來。深閨制度（purdah）下長大的回教婦女，在這檔子事上可就含蓄得多。但這是一種宗教上的克己行為。據說，農民（不論是回教徒或印度教徒）一旦被迫使用封閉的廁所，就會罹患幽閉恐懼症（claustrophobia）。我在北方邦一座紡織城鎮結識一位相貌英俊的回教小伙子。他在一所簡陋的學院就讀，身上穿著雅潔的尼赫魯裝——連鈕釦都跟這位印度總理身上的一模一樣。對這個現象，他卻有另一種解釋。他說，印度人是具有詩人氣質的民族。他自己就常常跑到曠野上大解，因為他是個詩人，熱愛大自然，而大自然正是他用烏爾都語[2]寫的那些詩歌的題材。在他心目中，人世間最美好、最具詩情畫意的活動，莫過於黎明時分迎著朝陽蹲在河岸上。

在外國旅客眼中，這一群群人影，簡直就像法國雕刻家羅丹的作品「沉思者」（Thinker）一樣永恆、一樣具有強烈的象徵意義，但印度人從不提起它——不論是在日常談話中，或是在文學作品和電影裡。如果這只是一種掩飾，那倒也無可厚非。但事實是：印度人對這些隨處蹲著大便的同胞，根本視若無睹；他們甚至會板起臉孔，義正詞嚴地否認這些人的存在。這種集體的盲目，源自於印度人對污染的恐懼——他們自詡為全世界最清潔、最愛乾淨的民族。他們遵照教規，每天沐浴一次。對他們來說，沐浴可是一樁人生大事。印度人想出各種辦法保護自身，以免遭受任何形式的污染。排便時，必須遵循一套正規的、純潔的程序。做愛只能使用左手；吃飯只能使用右手。人智的一切活動都被嚴格規範、淨化。因此，刻意觀看蹲著的人不啻是歪曲事實——你應該看穿表面現象，探尋隱藏在背後的真理。聚集在北方邦首府勒克瑙俱樂部的女士們先是否認印度人在街上公然大解，接著她們會皺起眉頭，一臉嫌惡地提醒你，歐洲人的生活習慣才

---

2 烏爾都語（Urdu）是印度斯坦語（Hindustani）的一種，行於印度和巴基斯坦的回教徒社區。烏爾都語揉合波斯語和各種印度語言而成，十八世紀期間，發展成為極優美典雅的一種語文。現為巴基斯坦的官方語言。

真的令人不敢恭維：做愛、上一號和進食，全都使用右手；每個禮拜洗一次澡，把身子泡在髒兮兮的一缸臭水中；洗臉、漱口、吐痰，全都使用相同的一個盆子。她們舉出這類誇張的、充滿情緒性的例證，並不是想證明歐洲人究竟有多髒，而是想凸顯印度的清潔和安全。這是印度式的辯證法、印度式的觀察。如此一來，在他們眼中，光天化日下成群蹲著的男女和路邊那一坨坨糞便就會消失無蹤，眼不見為淨。

且讓我們再聽聽那位觀察家怎麼說：

散布在這塊土地上的，並不是一座座景致優美的小村莊，而是一坨坨糞便。進入印度的村莊，可不是一樁賞心悅目的經驗。通常，我們得閉上眼睛、捏住鼻子。周遭的一堆堆垃圾和一陣陣臭氣，實在太礙眼、太刺鼻了。

我們能夠，而且必須，向西方學習的一門科學就是公共衛生。

由於我們的不良生活習慣，我們污染了神聖的河川，把聖潔的河岸轉變成蒼蠅的孳生地……一把小小的鏟子，就足以剷除印度人在日常生活中遭遇的一大困擾。隨地棄置排泄物、在大庭廣眾間擤把鼻涕、把痰吐在街頭——這些行為都是一種罪過，不但褻瀆神聖，而且糟蹋人性。這種人從來不為別人著想，實在太過自私。不把自己的排泄物遮藏起來的人，即使住在深山裡，也必須受到嚴厲的懲罰。

這位觀察家看到的是一般印度人視若無睹的現象。他的眼光和理想是西方的、外國的。印度人自吹自擂的每日一浴，卻被他譏為「這是哪門子的沐浴」。他可沒耐心，慢慢去探索隱藏在儀式行為背後的意圖，在意圖中尋找真相。他一心只想搞好印度的公共衛生。在倫敦，他讀過有關素食主義和洗衣技術的書；旅居南非時，他學過簿計。如今回到祖國，他開始閱讀探討公共衛生的著作。

在他那部探討鄉村衛生的著作中，蒲爾博士（Dr.Poore）指出，排泄物應該掩埋在距離地面不超過九到十二吋的泥土中。根據他的觀察，地表的土壤充滿各種微生物，而陽光和空氣又能輕易穿透它，因此，只需一個星期，排泄物就能夠被轉化為柔潤、肥美、香噴噴的土壤。任何一位村民都可以測試蒲爾博士的理論。

這段話所呈現出來的，是這位觀察家獨具的眼光和特有的語調。他對公共衛生的關心（在印度傳統中，這可是廁所清潔工人的職業），並未受到一般印度人的肯定和認同。不信，你就到新德里國際機場，瞧瞧那兒的廁所吧。印度旅客隨地大便——在地板上，在男廁的小便池中（在小便池中如何大便？恐怕得施展印度人最擅長的瑜伽術）。由於擔心受病毒感染，上大號時，印度人都不敢坐在馬桶上；他們採取半蹲的姿勢，以至於廁所的每一個隔間，地板上都沾滿他們拉撒出來的糞尿。沒有人在乎。

甘地眼中的印度

在歐洲和其他地方搭乘臥車旅行時，一般人都會選擇上鋪。睡在上鋪，一來，可以享有比較多的隱私，二來，不必遭受別人的臭腳和不斷打開的車廂門干擾。在印度搭火車旅行，睡在上鋪還有一個好處：灰塵比較少。可是說也奇怪，印度人偏偏喜歡睡在下鋪。這倒不是因為把寢具攤開來，擺在下鋪比較方便（腳夫和服務生會幫你這個忙），而是因為爬到上鋪睡覺，多少需要耗費一點體力，而在印度傳統中，任何需要體力的活動都被認為是低賤、墮落的，能免則免。

這回，我搭乘特快車到德里，車票是印度鐵路局一位高級官員幫我訂購的，因此，順理成章的，我被分發到下鋪。我的室友年紀約莫四十，西裝筆挺，模樣兒看起來像是一位高級職員或大學教師。被分發到上鋪，他顯得有點不開心。他先向服務生抱怨一番；火車開動後，他開始喃喃自語，怨這怨那。我看不過去，便主動提議跟他交換睡鋪。他登時眉開眼笑。可是說也奇怪，他依舊站在睡鋪旁，一動不動。原來，他的寢具是服務生幫他攤在上鋪的，如今他必須等待火車抵達下一站，找另一個服務生，幫他把被褥搬下來。這一等就是兩個鐘頭。我睏了，想早些安頓下來。於是我自告奮勇，充當服務生。他只管笑咪咪站在一旁，袖手旁觀。我忍不住發脾氣。他登時收斂起臉容，剎那間變得面無表情——印度人以這種方式告訴你：溝通的管道中斷了，他不想再跟你這個不可理喻的傢伙打交道。勞力是低賤、墮落的。只有外國人敢提出不同的看法：

勞心和勞力分離的結果，使印度人成為世界上壽命最短、最缺乏隨機應變能力、最受剝削的民族。

這位觀察家——失敗的改革者——當然就是甘地：聖雄、偉大的靈魂、印度國父、老百姓心目中的神。他的名字被賜予全印度的街道、公園和廢場；他的雕像和紀念碑矗立在全國各個角落和首都德里的河階浴場（Rajghat）——遊客必須打赤腳，踩著火燙的砂礫步上台階；他的畫像被供奉在每一間檳榔店，懸掛在無數辦公室中——戴著眼鏡，赤裸著胸膛，渾身散發出慈悲和智慧的光芒；他的形象無所不在，甚至被簡化成卡通人物，用霓虹燈描繪出輪廓，裝飾每一個舉行婚禮的家庭。儘管如此，他卻是現代印度政治領袖中最不像印度人的一個。他觀察印度的方式，和一般印度人截然不同：他的觀點和看法是直接而坦誠的，而這種態度在當時（今天仍然如此）是革命性的。他看到的與外國遊客看到的完全相同；他不刻意漠視、迴避明顯的現象。他看到乞丐和恬不知恥的所謂賢人智者；他看到印度教聖城貝那拉斯的髒亂；他看到印度醫生、律師和新聞記者令人咋舌的衛生習慣。他看到印度人的麻木不仁；他察覺到印度人拒絕面對現實的習性。印度人的習氣、印度社會的種種問題，全都逃不過他的眼睛；他剖析這個有如一潭死水般停滯的、腐朽的社會，探索它的病根。呈現在他三十多年前著述中的印度，至今依然存在——這正足以證明，身為改革者，他是失敗的。

甘地能夠以如此清晰、透澈的眼光觀察印度，是因為他在殖民地住過。回到印度定居時，他已經四十六歲，在南非居住了二十年。南非有一個遠離祖國、孤懸海隅的印度社區；這種對比使甘地更能清晰地、嚴正地從事自我分析和批評。在英國殖民地出生長大的甘地，一身結合東方和西方、印度教和基督教的文化傳統。與甘地相比，尼赫魯可說是道地的印度人。對這個國家和它的歷史，尼赫魯有一種浪漫的、近乎盲目的感情；他的著作所呈現出的印度，跟現實似乎有一段差距。觀察祖國時，甘地從不曾喪失他那批判的、比較的、源自南非的眼光。對古代印度的光輝歷史，他從不曾像尼赫魯那樣狂熱地歌頌過，只有偶爾含糊其辭地講幾句捧場話，應酬一番。但是，在國大黨舉行的全國代表大會中，是甘地——而不是尼赫魯——要求印度民眾，除了關心大會通過哪些決議案，還要特別關注他在大會上觀察到的一些令人不安的現象：來自南印度、操泰米爾語（Tamil）的代表獨自進食，因為他們擔心，跟非泰米爾語族共食一堂，會使他們的身心遭受污染；有些代表明知清潔工人已經下班，沒人清理排泄物，卻依舊公然在走廊上大小解。

甘地要求民眾關注這些現象，可謂用心良苦，因為這個問題牽涉到的不僅僅是公共衛生。從一個看似瑣碎、不值得大驚小怪的現象——出席重要政治會議的代表，在走廊上隨便拉撒——我們可以進一步分析、探討整個印度社會的病根。公共衛生牽涉到種姓階級制度；種姓階級制度造成印度人的麻木不仁、欠缺效率和勇於內鬥；勇於內鬥使印度積弱不振；積弱不振導致列強入侵，印度淪為殖民地。這就是甘地看到的印度，而這個印度在土生土長的印度人眼中，是不存在的。若想看到這樣的印度，你必須具備西方人的那種直接、單純的眼光。值得一提的是，剛從南非回到祖國時，甘地以一種新的、充滿啟示性的熱誠，向印度民眾闡釋西方基督教的簡單真理，「在上帝的寶座前，我們終將受到審判，而祂的判決所依據的理由，並不是我們生前吃過什麼東西、結識過哪些人，而是我們到底幫助過誰、以什麼方式幫助他們。一生中，只要我們幫助過一個遭逢不幸的人，我們就會受到上帝的恩寵。」這種新的聖經式的訓誨，正是當時印度所需要的。在甘地啟發下，我們發覺，在西方如今大家早已耳熟能詳的基督教道德觀，當初肯定曾經被視為異端，充滿革命意義。印度教徒也許會在這種服務精神和理想中，嘗試尋找《薄伽梵歌》所讚頌的「無私行為」。但這只是印度式的歪曲——自古至今，印度人總是試圖吸納外來觀念，然後加以摧毀、廢棄。《薄伽梵歌》所表彰的那種無私行為，說穿了，只是為了達成一己的願望、滿足個人的需求。這樣的無私只會進一步鞏固種姓階級制度。它跟甘地——印度的革命志士——所倡導的那種實用的日常服務精神和理想，完全是兩碼子事，不可同日而語。

服務精神、排泄物、用勞力換飯吃、清掃街道的重要性——然後又回到排泄物。這些都是甘地畢生關注、念茲在茲的課題（暫且不談他提倡的非暴力主義和其他思想，而把焦點集中在他對印度社會的分析）。乍看之下，這些課題顯得雜亂無章，而且有時會讓人覺得不舒服，但實際上，它們可以串連起來，構成一個合乎邏輯的整體觀念，而這個觀念是透過甘地那源自殖民地、直接而又單純的眼光，呈現出來的。

種姓階級是一種獎懲制度

瞧瞧這四個正在洗刷階梯的男子。地點是孟買城中的一間稱不上五星級的旅社。第一個男子提著水桶，一面走下台階一面潑水；第二個男子握著一支用樹枝編織成的掃帚，使勁擦洗台階上鋪著的磁磚；第三個男子拿著一塊破布，把台階上的髒水抹一抹；第四個男子捧著另一只水桶，承接台階上流淌下來的髒水，清洗過的台階，看起來依舊髒兮兮；黑黝黝的地磚上矗立著的牆壁，如今卻沾上了一灘灘污水。旅館裡的浴室和洗手間臭烘烘；木製家具和裝潢每天都得沾一次水，濕答答的，早就腐朽了；水泥牆布滿黏糊糊的、綠色和黑色的不知什麼名堂的東西。你可不能抱怨這家旅館不乾淨。沒有一個印度人會同意你的看法。四個清潔工人每天準時上班，而在印度，只要準時上班就不會有人找你麻煩。身為清潔工人，你可不一定要拿起掃帚，認認真真把地板打掃乾淨。那只是附帶的職責。你的真正職責是「擔任」清潔工人，當一個下賤的人，每天做一些下賤的動作。譬如說，打掃地板時你必須彎著腰、駝著背。在時髦的德里咖啡館，打掃地板的工人必須蹲著，像螃蟹一樣爬行，在顧客的腿胯間鑽進鑽出，不得抬頭亂瞄，不得碰觸顧客的身體，不得站起身來。在占木市（Jammu City）[3]，你會看見成群清潔工人遊走在街上，用赤裸的雙手撿起地上的垃圾和糞便。這是社會要求他們幹的賤活，而他們也心甘情願，接受這種屈辱。他們本身就是穢物；他們願意以穢物的面目出現在人們眼前。

階級是一種獎懲制度。印度的種姓階級把每個人禁錮在他的身分裡。在這種情況下，由於不牽涉到獎懲，職務和責任就變得無關緊要。所謂「人」，就是他對外宣示的身分和功能。在這方面，印度人是直截了當的。窮人一定是瘦子；富人一定是胖子。我在加爾各答結識一個來自瑪瓦爾邦[4]的小商人。這位仁兄天天吃糖果和各種甜食，希望自己長胖些，以便向別人誇耀他的財富。在旁遮普，最受歡迎的一句恭維話就是：「您又長胖啦，看起來氣色挺好的。」在北方邦的每一座城鎮，你會看到一個身材胖大的富翁，身上穿著清涼、乾淨的白衣裳，大剌剌坐在三輪車上，而踩車子的肯定是一個衣衫襤褸、臉容憔悴、一副未老先衰模樣的瘦子。滿街乞丐哀號。印度教聖人棄絕人世的一切。政客們成天板著臉孔，不苟言笑。我問印度政府行政部門的一個見習生，為什麼他會加入公務員行列，他想了想，回答說：「這個工作很體面、很有威望。」他身邊那些同事紛紛表示贊同。這個回答倒是挺誠實的。難怪，中國軍隊入侵時，阿薩姆邦的整個行政體系一夕之間瓦解，官員們全都做鳥獸散。

印度人的觀念中，並沒有「服務」這回事——提供服務早就不再是種姓階級制度的一個理念了。商人的功能是賺錢。他打算把鞋子賣到俄羅斯，於是他寄出樣品（一級棒的貨色）；接到訂單後，他運送一船鞋子給對方，但鞋底卻是用厚紙板做的。他好不容易才說服對印度人做生意的方法感到疑懼的馬來亞商人，終於爭取到一張藥品訂單，但他運送給人家的，卻是一瓶瓶添加顏料的開水。身為商人，他的職責不在於供應貨真價實的商品；他的職責是賺錢——不擇手段。鞋子被俄國退回；馬來亞商人對他的顏料水提出抱怨。他只怪自己時運不濟，但做為商人，他必須忍受這些考驗和磨難。他從一種買賣轉到另一種買賣：從鞋子轉到藥品，從藥品轉到茶葉。茶園需要細心照顧。到了他手裡，沒多久，整座茶園就變成一片荒煙蔓草。短視和詐欺，可不是經營茶園的好方法。但這個商人只是在發揮他的功能、履行他的職務。後來，為了實現他的另一項功能，這位商人把他的財富全都拖捨掉，改行當起遊方僧人，以托缽行乞度過餘生。

馬德拉斯城的裁縫師幫你做的長褲，褶邊竟然是虛假的。洗過一次後，這條褲子就縮水，再

3 占木市（Jammu City）位於喀什米爾，是印屬「占木與喀什米爾邦」（Jammu and Kashmir）的冬都；夏都為斯利那加。

4 瑪瓦爾（Marwar）又名久德浦（Jodhpur），是印度西北部一個邦，也是該邦的主要城市，現在已被併入拉賈斯坦邦（Rajasthan）。

也不能穿了。他把他那家西服店的標籤縫在褲腰，央求你幫他介紹顧客。顧客上門，他就有錢可賺，而他吸引顧客上門的方法，並不是製作品質一流的褲子，而是設法打響他那家西服店的名號。一位專門製作襯衫的裁縫師，站在街頭散發傳單，昭告全城百姓：他的店開張啦。日本裁縫師把他驅趕出西非洲。「他們的車工比較好。」可他一點都不怨恨。他只怪自己時運不濟。但他的因應之道並不是改進他的車工，而是揮別「非洲的野蠻黑人」，回到印度老家重起爐灶。他幫你做的襯衫，簡直會讓你活活氣死。袖口太窄，差一吋；下襬太短，竟然差上好幾吋；才洗過一回，整件襯衫就縮得不成樣。節省布料可以讓他多賺幾文錢，因此他對你格外巴結——每次遇見你，他就會鼓起三寸不爛之舌，央求你再到他店裡訂做一件襯衫。（如果上回你是透過某位有力人士介紹，到他店裡訂做襯衫，為了防止你報復，下回見到你時，他肯定會對你加倍親切熱誠，幫你做一件寬大的離譜的襯衫，做為補償。）每天早晨，他總會站在店門口不停哈腰，向過往的路人行九十度鞠躬大禮。這是他持盈保泰的竅門。至於生意，那是他和上帝之間的契約，別人不應該過問太多。

「上鉤之後，她就應該施展渾身解數取悅他；一發現他迷戀上自己，她就應該毫不留情地吸乾他的錢財，然後把他甩掉。這是青樓女子的職責。」印度《愛經》（*Kama Sutra*）如是說。這部古代經典赤裸裸地揭露一個社會的情欲；在印度，沒有一本手冊比它更古老、更實用。把人生看成幻覺的宗教，鼓勵民眾在世俗的、虛幻的男女關係中採取務實的態度。這也許是一種必要的平衡和調劑。青樓女子的職責——請注意「職責」這個字眼——本質上跟商人的職責沒啥兩樣。如果你想了解，印度人如何把商業詐欺和壟斷視為高尚的品德，你只消讀一讀印度古典文學中的一些短篇小說。牛是神聖的動物。印度人尊奉牠，讓牠活著，但同時卻任由牠在光溜溜、寸草不生的城市街道上遊蕩逡巡，不聞不問。在德里—昌第加公路上[5]遊蕩時，即使牠被一輛貨車撞倒，一整個下午躺在血泊中，牠依舊是神聖的動物：村民們會圍繞在牠身邊，防止任何人殺害牠。相反的，印度人眼中的邪惡動物黑水牛，卻被飼養得又肥又壯，渾身皮毛亮晶晶。牠並不神聖，但比聖牛更值錢。《愛經》指出，在十五種情況中，通姦是被允許的；其中第五種情況是「這種祕密關係必須是安全的，而且能為當事人帶來一筆財富」。臚列完這十五種情況後，《愛經》告誡讀者：「切記，唯有在上述情況下，這種行為（通姦）可以獲得允許；它絕不能被用來滿足個人的情欲。」這種道德上的模稜兩可，事實上，跟《愛經》——以及其他古代印度修身指南——所倡導的文人雅士生活規範和職責，是一致的：一個有教養的人必須「從事不會危害來生、不會耗損錢財，但同時又能帶來快樂的各種活動」。

《古代印度故事》（*Tales of Ancient India*）是一本翻譯自梵文原典的選集，一九五九年由芝加哥大學出版部印行。在導論中，范布伊德能（J. A. B. Van Buitenen）指出：

> 「在這本選集中」如果我刻意淡化這些故事的「精神」色彩，那是因為我覺得一般人——印度人也好，美國人也好——過度強調印度文化的靈性層面。事實上，古典文明並不如我們想像的那樣凸顯精神價值。在古代印度，連那些攜帶骷髏的隱士和雲遊四海的高僧，都對生命充滿熱忱，

---

5 昌第加（Chandigarh），印度西北部一城市，是旁遮普和哈里雅納（Haryana）兩邦的共同首府。

能夠在一場火葬儀式中看到輕鬆、幽默的一面。歷史中樸實無華的佛陀，在這些故事中，也化身為各種各樣多姿多彩、充滿生命力的人物，就像一座高聳的萬神殿。在某些故事中，連自由意志也可以變成主題。故事中有一個四處飄蕩的精靈，在陷入混沌的、無形的靈境之前，特地讓自己化身為一種生命形式，以便享受生存的樂趣。我們真不敢相信，在一千年間會有那麼多生命死亡。

《薄伽梵歌》以一種近乎宣傳的熱忱，強力推廣的種姓階級制度，可被視為古代印度務實主義的一部分。它是古典印度的「生命」。如今，它已隨著社會腐朽、僵化，而它的產物——上文所探討的種姓階級「功能」——變成了它現在唯一擁有的東西。在這種情況下，清潔工人的欠缺效率和商人短視、無情的作風，又如何能避免呢？最近印度政府設立獎學金，獎勵急公好義、見義勇為的青少年，卻面臨找不到候選人的窘境。孩子們都不敢讓父母親知道他們冒著生命危險，救助別人。但你不能因此一口咬定，印度人是懦弱的民族，不懂得欣賞見義勇為的美德。真正的原因是：冒著生命危險救助別人，是軍人的「功能」，別人不應該越俎代庖、多管閒事。一個陌生人失足掉入河中，快被淹死了；在河岸上野餐的印度人會裝作沒看見，繼續吃喝玩樂。在這樣的社會中，人人都是一座孤島，人人只為自己的「功能」負責，而功能是每個人和上帝之間的私人契約。實現一己的功能，就是實現《薄伽梵歌》所倡導的無私精神。這就是種姓階級制度。毫無疑問，剛開始時，它是農業社會的一種有效的分工，但如今它卻分隔「個人功能」和「社會義務」、分隔「職位」和「責任」。它變得欠缺效率，充滿破壞性；它創造一種心態，阻撓所有的改革計畫。它使印度人熱愛演說；它使印度人耽溺在身段、姿態和象徵性的行動中。

象徵性的行動：植樹週（官員們發表演說後，拍拍屁股走人，種下的樹苗自生自滅，結果百分之七十的樹苗都枯死了）；消滅天花週（據報導，中央政府一位部長基於宗教理由，拒絕接種疫苗；花幾個盧比，你可以向醫療人員購買接種證書）；撲滅蒼蠅週（官員們在某一個邦宣布舉辦這項活動，招來成群蒼蠅）；兒童日（報紙第一版刊登尼赫魯總理針對兒童問題發表一篇精采動人的演說；最後一頁卻刊登一則報導：為貧窮兒童提供的免費牛奶，透過某種管道流入加爾各答市場，公開販售）；消滅瘧疾週（在這個操印地語的村莊，居民大多是文盲，但牆上卻漆著用英文書寫的標語：「大家做夥消滅瘧疾」。）

行動一旦淪為象徵，標籤就變得格外重要——對人、對事物、對地方都是如此。一個空曠的、四周環繞著圍牆的地方，從它的陳設和裝置，你一眼就可以看出它的用途，但門口卻依然掛著一塊巨大的招牌：兒童遊樂場。另一個空曠的、一端豎立著舞台的場子，門口掛著一個招牌：露天劇院。在前頭引導省長車隊的吉普車，車身上漆著白字：先導車。新德里是各式各樣的標籤集中地，滿街懸掛的衙門招牌，看起來活像一座公務員開設、經營的市場。連古老神聖的建築物都逃不掉這種劫難。在喀什米爾首府斯利那加，一座興建於第八世紀的廟宇矗立在珊卡拉查里亞丘上，大門口懸掛著一塊五彩繽紛的招牌，讓人誤以為這是一間男士精品專賣店。馬德拉斯附近的馬哈巴里普拉姆村（Mahabalipuram），廟宇林立，香火鼎盛。其中一間廟宇的古老石牆上，嵌著一塊銅牌，以紀念那位倡導和推動神廟修復工程的部長。馬德拉斯的甘地紀念堂，是一棟小巧的柱廊式建築物，牆上鐫刻著紀念堂籌建委員會全體委員的姓名。整個名單比一個人還高。

現代國家的機制和體系存在於印度。衙門四處林立。這些公家建築全都掛著招牌，貼著標籤。有時它們會預期民眾的需求，而這種預期本身往往就是一種滿足。現在，且讓我們瞧瞧，印度觀光局散發的一份傳單底部印著的幾行字：印度政府新聞與廣電部廣告與視覺宣傳署，為交通運輸部觀光事務局設計並印製。結構太完美了，標籤太恰當了。有時我們不免會覺得，它所傳達的只是一種美好卻十分空洞的意圖。我看到的《家庭計畫新聞》（*Family planning Newa*）刊載一系列簡短的、花絮式的新聞，報導實行家庭計畫的一些家庭的近況；最引人注目的倒是那一幀幀照片——一群身穿紗麗、風姿迷人的印度婦女，聚集一堂，商討家庭計畫。交通燈誌是一座現代城市必要的裝置。北方邦首府勒克瑙，當然也有交通燈誌，但在這座城市交通燈誌只是一種裝飾品，而且非常危險，因為部長們為了尊嚴，絕不會在紅燈前停下車子，而光是這個邦就有四十六位部長。戈拉克蒲爾市（Gorakhpur）的糖果店，根據本市法規，必須裝設玻璃櫃，展售他們的商品。玻璃櫃倒是裝設了，但裡面空無一物，旁邊卻陳列著一堆堆暴露在污濁空氣中的糖果。昌第加市最近興建了一座設備一流的現代化劇院。問題是：誰來寫劇本？

危機一旦發生——就像這次中國軍隊入侵——這整個體制和結構的象徵本質，就會立刻暴露出來。大官們紛紛發表演說；報紙充斥著政客們的談話。公眾人物擺出的姿態——印度政府衛生部部長（一位女士）公開捐血，另一位貴婦捐獻珠寶首飾——受到廣泛的宣揚。娛樂休閒活動暫時中斷。接下來該怎麼做呢？沒人曉得。也許應該制訂一項「國土保衛法案」（Defence of the Realm Act）吧？大夥兒都管它叫「躲啦」（Dora），給這個正確的標籤增添些許親切的、熟悉的色彩。一連幾天，全印度老百姓都在談論「躲啦」，彷彿把它當作一個魔術字眼。一九三九年，英國政府宣布在印度實施「躲啦」法案[6]。而今印度政府也如法炮製。英國人挖掘戰壕。而今印度人也在德里挖掘戰壕，但只把它當作象徵性動作，這邊挖一條，那兒挖兩條，在公園挖，在樹下挖，把整個德里市弄得亂七八糟。這些戰壕可沒白挖：它呼應印度人對露天廁所永遠難以滿足的需求。不用說，供應軍隊（裝備極為簡陋，只具象徵意義）的補給品，透過某種管道流入加爾各答市場，公開販售。

建立在象徵行動上的、東方式的「尊嚴」和「功能」觀念——這就是種姓階級制度所倡導的那種危險的、腐朽的務實主義。象徵性的服裝、象徵性的食物、象徵性的膜拜——印度人成天與各種各樣的象徵打交道，無所事事，懶懶散散。「懶散」產生自公開宣示的「功能」，而「功能」脫胎自「種姓」。賤民階級並不是種姓制度產生的最大效果（這只是講求人性尊嚴的西方人的看法）。然而，在這個制度的核心，我們卻看到廁所清潔工人的墮落和沉淪，卻看到——如同甘地在一九〇一年所看到的——一群衣冠楚楚的政客排排蹲，解開褲襠，旁若無人，在公共建築物的走廊上拉將起來。

「賤民階級一旦清除，種姓制度就會淨化。」乍聽之下，這句話彷彿是甘地式或印度式的矛盾思想，甚至可以被解釋為承認種姓制度的正當性。但事實上，它是一種革命性的評估和看法。土地改革並不能說服婆羅門階級，他們可以把自己的手放在犁上，親自耕田，並且不會因此喪失他們的尊嚴。把獎狀頒給見義勇為的兒童，並不能消解他們心中的疑懼：冒著生命危險救助別

6 那時是為了防備日軍入侵。

人，是一樁不可饒恕的罪過。把政府職位保留給賤民，對誰都沒有好處。這樣做，不啻是將重大的職責交由不適任的人承擔；出身賤民階級的公務員，很難安於其位，因為一般民眾對他們早已存有成見。需要改革的是制度本身；應該被摧毀的是種姓階級心態。所以，甘地不怕別人嫌他嘮叨，一再提到印度人到處丟棄的垃圾和糞便，一再提到廁所清潔工人的尊嚴，一再提到服務精神和勤勞工作的重要性。從西方的觀點來看，甘地的訊息不免顯得過於狹窄、瑣碎，甚至有點怪誕，但事實上，他是透過一個在西方殖民地長大的印度人的眼光，把西方的一些簡單理念應用於他的祖國。

印度毀了甘地。他變成了「聖雄」[7]。印度人敬仰他的人格；至於他一生所傳達的訊息，則無關緊要。他的出現，激發起印度傳統文化中「無形的、瀰漫一切的精神情操」；他的形象，喚醒印度人的一項傳統美德——在德行高潔的人面前應該自謙自貶——而這種自貶，《愛經》肯定會贊同，因為它確保人們來生會得到比較好的待遇，因為它不鼓勵人們從事任何漫長、艱苦的體力活動，因為它能夠給人們帶來某種快樂。象徵性的行動是一種詛咒，給印度帶來無窮的禍害。然而，身為印度人，甘地不得不跟象徵打交道。於是乎，清掃廁所變成了偶爾舉行的一種神聖儀式，因為它受過「聖雄」——偉大的靈魂——的讚許，但廁所清潔工人還是跟以往一樣被人輕視、踐踏。甘地親手操作的紡車，並不能提升印度勞工的尊嚴；它被吸納進龐大的印度象徵體系中，很快就喪失它的意義。甘地一直是個矛盾的悲劇性人物。印度民族主義脫胎自印度教復興運動，而這種宗教信仰復興（甘地曾大力支持）卻使他的改革遭受挫敗。在政治上他是成功的，因為他廣受印度民眾愛戴和敬仰；在改革上他是失敗的，而這也是因為他太受尊敬。他的挫敗，全都記錄在他的著作中——直到今天，甘地依舊是外國人遊覽印度的最佳嚮導。這種情況就像，南丁格爾（Florence Nightingale）在英國變成了聖徒，她的雕像矗立在英國各個角落，她的名字掛在每個英國人嘴邊，但她當初所描述的醫院卻還是老樣子，一點都沒改善。

甘地失敗得更慘。他被封為聖人，這使得他變得更溫馴、更安靜，這使得他看起來有點愚蠢，這使得他喪失了他慣常的優雅風度。

「請問，這是開往德里的火車嗎？」在摩拉達巴德市（Moradabad）車站，我匆匆跳上火車，鑽進車廂中的一個隔間，操著英語詢問裡頭坐著的一群農民。

「你知道你現在是在哪一個國家嗎？你想問路，就得講印地語。這兒只准講印地語。」

這個人顯然是這群農民的首領。看來，他並不是一個民族主義者，在向我宣揚印度國語的重要性。在別的時候、別的地點，他會對我很客氣，甚至恭順。但這會兒他的身分卻是一位身穿黃袍、身材肥胖、臉色紅潤的貴人——印度的貴人都長成這副模樣，少有例外——在他面前，這群農民中的婦女和小孩都得保持畢恭畢敬的態度。

甘地和印度民眾的關係，也是這樣。他是印度精神文明的最新象徵；他加強了民眾和上帝之間的私人契約。在印度，甘地只留下這些遺產：他的名字；老百姓對他的畫像和雕像的膜拜；探討非暴力主義的各種研討會和講習班（印度人似乎以為，非暴力主義是甘地生前教導他們的唯一

7 Mahatma，梵文，意為「偉大的靈魂」。印度人把這個稱號加在德高望重的人士姓名前，以示尊敬，如「聖雄甘地」（Mahatma Gandhi）。

東西）；具有崇高道德和象徵意義的禁酒運動（即使在中國軍隊入侵期間，有關方面也不忘鼓吹禁酒）；政治人物的行頭和裝扮。

瞧瞧這位衣著簡樸、裝扮得體的鄉下政客。他出現在地方上的一個政治集會，大談聖雄甘地的精神和祖國的前途。

「為了當選，這個傢伙謀殺了十七個人。」印度政府一位行政官員告訴我。

這一點都不矛盾。聖雄甘地，已經被吸納進印度那混沌的精神世界和腐朽的務實主義中。革命志士變成了神；他生前傳達的訊息，從此消失無蹤。甘地未能把他那直接坦誠的眼光和理想傳留給印度。詭異的是，待在印度一整年，我竟然找不到一個能夠告訴我甘地究竟長什麼模樣的民眾（他們可都是甘地的崇拜者）。這個問題，並不怎麼適合向印度人提出，因為一般來說，印度人欠缺描述事物的才能，但我得到的回答卻讓我感到非常詫異。有些人說，甘地身材瘦小；馬德拉斯城一位仁兄卻告訴我，甘地身材魁梧、高達六呎。在一些民眾印象中，甘地皮膚黝黑，但另一些民眾卻記得他的皮膚非常白皙。人人都記得甘地；很多人擁有他的個人照片。但這照片並不管用，因為大家實在太熟悉甘地的形象了。每當一個傳說或神話形成時，情況就會變得如此。你不能在神話和傳說中增添或減少任何東西。形象已經固定、簡化、不可改變；就算你親眼看見過這個人，也不能改變這種形象。甘地生前說過的每一句話、寫過的每一篇文章，幾乎全都被記錄、保存下來；有關甘地的書目簡直可說汗牛充棟。然而，在印度，甘地早已經退隱到歷史中。感覺上，他彷彿活在一個古早的時代。那時，人們出外旅行得依靠雙腳，文件得抄寫在樹葉或黃銅板上。

第四章 追求浪漫傳奇的人

簡單明瞭、直截了當，但卻蘊合著無窮遐想空間的印度電影片名，一直很吸引我。就拿〈私人祕書〉（Private Secretary）來說吧！在印度，連親吻鏡頭都不准出現在銀幕上，一般男人想在現實生活中體驗電影所描寫的那種豔遇，連門都沒有，但他們可以透過片名遐想一番：「作風開放」的女孩、時髦的辦公室（裡頭一定有打字機和白色的電話）、男女共處、不倫之戀、婚外情、悲劇。我一直沒去看這部電影。我只看海報：一具胴體（如果我沒記錯）橫陳在辦公室地板上。〈豪放女〉（Junglee）是另一個令人難忘的片名：一個女郎佇立在海報中，背景是喜馬拉雅山的皚皚白雪。〈人生一場空〉（Maya）的海報顯示，一個傷心欲絕的女人在流淚。〈搖擺〉（Jhoola）顯然是一部歡樂的歌舞片，但這樣的片名卻難免引人遐思、想入非非，如同〈私人祕書〉和〈臨時房客〉（Paying Guest）。

寄宿生活

我們是臨時房客，地點是德里——一個充滿象徵的城市，最初屬於英國殖民政府，現在則是印度共和國首都。宛如雨後春筍般，整座城市四處冒出一簇簇黑白兩色的告示牌，展現新近創立的各種官署和衙門的威權：××諮詢委員會、××研究院、中央政府××部、××局。全城大興土木，街頭巷尾矗立著一座座用竹竿搭成的鷹架，乍看之下活像一窩窩巨大、怪異的鳥巢。德里是一座永遠在成長中的城市——我們抵達之前，它已經成長了四十年。這是一座由公務員和包商組成的城市。在德里，我們是臨時房客，而我們的房東馬辛德拉太太（Mrs. Mahindra）的丈夫就是一個包商。

她派遣她家的司機，開車到火車站接我們。這樣的接待讓我們感到非常窩心。鑽出三等冷氣車廂，踏上那光溜溜、熱烘烘的月台，你感覺到身上的襯衫驟然間變火燙，熱得讓你透不過氣來。你對這個城市的興趣，霎時間消失了。頭昏腦脹，活受罪。在那悶熱得像烤箱般的月台上，人們依舊窮忙著。成群腳夫身穿紅上衣、頭纏紅布巾，推推擠擠吆吆喝喝爭相招徠客人。招攬到顧客的腳夫背起金屬打造的箱子——一個衣箱、兩個衣箱、三個衣箱，全都沾著從孟買市一路帶到德里的灰塵——踉踉蹌蹌跌跌撞撞，朝向車站門口走去。電風扇在我們頭頂上狂亂地旋轉著。乞丐呼號不停。巴吉拉斯旅館（Bhagirath Hotel）派來的那位男士站在人堆中，使勁揮舞著髒兮兮的宣傳摺頁。不知怎的，我忽然想起，對南極探險家來說，中途放棄，比咬緊牙關堅持走下去可要容易得多。於是，我伸出手來，從這位仁兄手裡接過宣傳摺頁，站在那一波波熙來攘往、宛如潮水般從我身邊流淌出去的人群中（我對他們的活動已經喪失興趣），開始集中心神，閱讀宣傳摺頁中的法文信函。在德里城的溽暑中，一切都變得扭曲、模糊：

經歷一趟艱辛的旅程來到德里，在巴吉達斯旅館好好休息一番，我滿心喜悅，徹底消除疲勞。我特別感謝服務人員的殷勤和友善的招待。我沒期望什麼，但請相信我，住在這家旅館絕不僅僅是坐在那令人愉悅的庭院中，暢飲美酒而已。

費爾．貝斯．喬治，葛雷米（塞恩）法國

六一年七月二十八日

暢飲美酒：渴望漸漸轉變成了精神錯亂。先生，你到底期望什麼？我沒期望什麼，只想好好休息一番。亮晶晶的水泥地上，並排躺著許許多多伸開四肢的軀體——成群無家可歸的印度人，睡在印度火車站。找不到工作的腳夫四處蹲著。一名女乞丐也蹲在地上，扯起嗓門哀號。我只想好好休息一番。但這座城市並沒有可以讓人好好休息一番的噴泉。德里的街道十分寬闊、壯觀，一條又一條圓環交流道綿延不絕。這是一座為巨人打造的城市：視野遼闊深遠、格局方正恢弘。這是一座仍然在規畫中的城市，猶未完成，猶未人性化。它是為那些試圖躲避它的空曠、躲進它那燦白燈光的人而建造。在這些人眼裡，德里城中的樹木看起來就像建築圖樣上的樹木，只是裝飾品，並不能讓人遮蔭乘涼。總而言之，這是一座以紀念碑為模式打造的城市。城裡每一棟建築物都貼上標籤，就像建築師的圖畫。街道上移動的每一樣東西，都變得格外渺小——騎腳踏車的男人，身後拖著黑魆魆的影子，一個幅員遼闊、不斷向外擴張的城市，是不容許人們停下腳步來歇息的。它驅使人們，鬼趕似地，成群蜂擁向城中縱橫交錯的林蔭大道和四處林立的購物中心；它驅使千百輛機動黃色車，轟隆轟隆，穿梭在大馬路中央的車陣中，鑽進鑽出。在這座紀念碑一般的大城市面前，人類的軀體彷彿都縮小了。

我們寄宿的房子坐落在新德里的一個「新殖民區」——說穿了，就是新近開發的住宅區。我們離開空曠遼闊、格局恢弘典雅的市中心，驅車進入這個社區，驟然間看到一堆標新立異、雜亂無章的現代建築物，心裡感到有點突兀。乍看之下，就像一座印度村莊突然被轉化成一座水泥玻璃市鎮，一夕之間，擴大好幾倍。社區內的房屋還沒編上統一、連貫的門牌號碼。狹窄的無名巷弄中，挨挨擠擠，穿梭著一群群錫克人。他們滿臉迷惑，挨家逐戶尋尋覓覓；門牌號碼既然不可靠，他們只好根據土地編號尋找他們的房子（土地編號是依據購買日期，按照年代順序排列）。極目所見盡是漫天塵沙、一排排白色和灰色的水泥房屋和光禿禿、草木不生的庭園。每一個錫克人身後都拖著一條黑魆魆的影子，鬼影般飄忽在烈日下。

我們坐在簇新但空空洞洞的壁爐前，一面享受頭頂那支電扇吹出的陣陣涼風，一面啜著可口可樂。

「那個比哈爾男孩[1]是個笨蛋。」房東馬辛德拉太太一開口，就為她家司機的駕駛技術向我們致歉。

這個印度女人身材豐腴，看起來相當年輕，兩隻眼睛睜得又大又圓。她懂得的英文不多。每回找不到恰當的字眼，就會格格一笑，然後把視線從你身上轉移到別處去。她會說一聲「唔」，伸出右手托住下巴，眼睛一下子變得空茫起來。

房子是新的。樓下瀰漫著混凝土和油漆的味道。房間還沒裝潢好，家具不多，顯得空蕩蕩冷清清。整個屋子四處擺著電風扇。浴室的設備全都是從德國進口的舶來品，非常罕見，非常昂貴。「我喜歡外國貨。」馬辛德拉太太說：「簡直愛死了。」

她對我們帶來的那幾只皮箱——以及裡頭裝著的東西——格外感興趣。她忍不住伸出手來，摩挲著我們的皮箱，臉上流露出無比虔敬和喜悅的神情。

「唉，我愛死了外國貨。」

她眼睛一睜，帶著三分畏懼、七分仰慕的神情告訴我們，她老公可是一位包商哦。他可是白手起家、辛辛苦苦打拚才有今天。他長年在外，白天在叢林中奔波幹活，晚上睡在帳棚裡。她留在城裡，幫他照顧家庭，讓他無後顧之憂。

「一個月三千盧比家用錢。這年頭的物價！三千盧比怎夠用啊，簡直開玩笑嘛。」

她並不是向我們炫耀。她出身一個純樸家庭。她接納她的新財富，一如她接受以往的貧窮。她虛心學習、求好心切；她渴望獲得我們這兩個外國人的讚許。她家窗簾的顏色，我們還喜歡嗎？牆壁的顏色呢？瞧，那邊的燈座可是舶來品，從日本進口的。屋子裡每一樣東西都是舶來品，除了——走進飯廳吃午餐時，她悄悄告訴我們——除了那台黃銅盤碗溫熱器。

她陪我們坐在餐桌旁，伸手托住下巴。她不吃午飯，只管睜著眼睛怔怔瞅著我們的盤子；每

1 比哈爾（Bihar）是印度東北部的一個邦。

回目光接觸時，她就咧開嘴巴微微一笑。這可是她第一次經營民宿呢！說著，她格格笑起來。以前她從不曾接待過臨時房客，因此，如果她把我們當自己的小孩看待，我們千萬不要責怪她。

她的幾個兒子回家了。十幾歲的小伙子，個頭長得挺高，但神態卻很冷漠，不像他們的母親那麼熱忱。一走進飯廳，兄弟們就在餐桌旁坐下來。馬辛德拉太太拿過一根湯匙，把菜餚舀到兒子們的盤子裡，接著也幫我們舀一些。

噗哧一笑，她瞅了瞅大兒子，對我們說：

「我希望他討個外國老婆。」

兒子沒有回應。

我們談起德里的天氣和最近這一波熱浪。

「我們才不怕熱浪呢！」男孩說，「我們的臥室都裝有冷氣。」

馬辛德拉太太望了我們一眼，促狹地笑了笑。

那天下午，她堅持帶我們出門走一趟，到城裡買點東西。她想給樓下那個房間買幾幅窗簾。我們說，她剛才帶我們看的那個房間，裡頭的窗簾可都是簇新的，看起來挺高雅、挺精緻。她說，不，不，我們太客氣了。今天下午她一定要買幾幅新窗簾；她希望我們充當她的外國顧問。

於是，我們開車回到市中心。一路上，馬辛德拉太太不時伸出手來，指著車窗外那一座座矗立在德里城中的紀念碑，叫我們觀看：胡馬勇陵寢[2]、印度門（India Gate）和拉什特拉帕提·巴凡紀念碑（Rashtrapati Bhavan）。

「新德里，新德里！」馬辛德拉太太幽幽嘆息起來，「印度的首都喲。」

我們從一間商店逛到另一間，也不知逛了多久。越走越疲累，我還得打起精神，有一句沒一句跟馬辛德拉太太閒扯。「瞧！」我伸出手臂，指著店裡擺著的那一堆花稍的、鞋尖高高翹起的東方式繡花拖鞋，對馬辛德拉太太的兒子說：「瞧，這些鞋子好可愛哦。」

「太俗了！我們不穿這種鞋子。」

這幾家舖子的店員都認得馬辛德拉太太。一走進店門她就向大夥兒打招呼，親切得不得了。店員們趕緊搬來椅子。她坐下來，一邊伸手摩挲著布料，一邊跟店裡的人寒暄閒談。一捲又一捲窗簾布攤開來，展現在馬辛德拉太太眼前。她不動聲色，只管笑咪咪看著，然後笑咪咪站起身來，走出店門。她的舉止非常優雅自信；她光看不買，店員們也不會生氣。她心裡早就有譜，曉得自己需要哪一種窗簾。逛了半天，她終於找到她想要的布料。

那天傍晚，馬辛德拉太太帶我們參觀她家的壁爐。那是她老公親手設計的，形狀不規則，挺花稍的。石籬上的凹洞（用來裝置電燈）模樣也很花稍，同樣出自她丈夫的手筆。

「瞧！多麼現代啊！我們家的裝潢和擺設全都是現代的風格哦。」

第二天早晨，油漆匠來到馬辛德拉太太家，重新粉刷那間沒人使用的、才剛粉刷不久的房間，以配合昨天下午買回來的窗簾。

馬辛德拉太太闖進我們的房間。吃過早餐，我們脫掉外衣，正躺在床上吹風扇。她一屁股在

2 胡馬勇（Humayun，一五〇八～一五五六）是印度蒙兀兒皇朝第二任皇帝。他父親就是十六世紀征服印度斯坦、建立蒙兀兒帝國的蒙古大將巴卑爾（Baber，一四八三～一五三〇）。

床邊坐下來，一邊跟我們聊天，一邊把玩著我那位女伴的玻璃絲襪、鞋子和胸罩。她對這些東西的價錢很感興趣。在她慫恿下，我們爬下床來，跟隨她到隔壁房間看油漆匠幹活。她拿出窗簾布料，站在剛油漆過的牆壁旁邊，問我們倆，顏色到底配不配啊。

平日在家，馬辛德拉太太閒著沒事，成天只管盤算如何花掉那筆每個月三千盧比的家用錢。她有個要好的朋友，「梅塔太太。祕書。婦女聯盟。梅塔夫人。冷氣機和其他家電最有名的品牌也叫梅塔。」這個名字經常出現在廣告上，我們早就耳熟能詳。馬辛德拉太太按時探訪梅塔太太。馬辛德拉太太按時諮詢她的占星師。馬辛德拉太太按時上街購物、到廟宇燒香。她的日子過得既充實且甜蜜。

那天下午，一個身材高大、年紀約莫五十歲的漢子來到馬辛德拉太太家。他說，他在報上看到廣告，知道這兒樓下有個房間（我們現在住的那間）要出租。這位男士穿著雙排釦灰色西裝，一口英文帶著濃重的、硬梆梆的軍人腔調。

「唔。」馬辛德拉太太把眼睛瞄向別處。

西裝革履的男士繼續講他的英文。他告訴馬辛德拉太太，他是一家大公司的業務代表——跟外國有關係的公司。

「唔。」馬辛德拉太太的眼眸一下子變得空茫起來。她伸出一隻手，托住下巴。

「晚上不會有人在這兒睡覺。」男士彷彿有點心虛。舌頭開始打結。也許他忽然想到，如果和報紙上的招租廣告所招徠的那些「外交人員」相比，他那家公司根本不算什麼。「我們可以預付一年租金。租約一簽就是三年，怎麼樣？」

「唔。」馬辛德拉太太操印度斯坦語，回答這位男士的英文。她說她必須徵求她丈夫的意見，況且，還有好多人對房子感興趣。

「我們打算把這間房子當作辦公室使用，沒有其他用途。」男士似乎有點惱怒了；也許，他覺得他的尊嚴受到了冒犯。「晚上我們只留下一個人，在這兒守夜。您住在這兒，絕對不會受到任何干擾。我們現在就可以預付一萬兩千盧比租金。」

馬辛德拉太太只顧睜著眼睛，茫茫然，不知瞪著什麼東西，彷彿在嗅著牆上的新油漆，心裡盤算著什麼時候才把新窗簾掛上去似的。

「笨蛋！」男士前腳才跨出門檻，她就嗤的一聲笑起來，「這傢伙跟我講英文呢！假洋鬼子。笨蛋。」

隔天早晨，她繃著臉，悶悶不樂。

「信。我公公寫信告訴我們，這兩天他就要來我們家住一住。」原來是這件事讓她不開心。「老人家一天到晚嘮叨、碎碎念，叫人受不了。」

那天下午我們外出回來，一進門，就看見她一臉哀傷，跟一位身穿印度服裝的白髮老者坐在一塊，態度頗為恭謹。霎時，她整個人彷彿縮小了，怯生生的，一副如坐針氈的模樣。向白髮老者介紹我們時，她特地強調我們的外國背景和來歷，然後她就把眼睛瞄向別處，自顧自發起呆，不再吭聲。

白髮老者一臉狐疑，眼上眼下只管打量我們。一如馬辛德拉太太向我們暗示的，這位老先生果然很健談。他對自己，尤其是他的年齡（約莫六十出頭）感到頗為自豪。他跟我們談起他的一生——但他談的並不是他的經歷，而是他在六十年歲月中所養成的習慣。他告訴我們，每天早晨他四點起床，出門散步（四到五哩），然後回家閱讀《薄伽梵歌》（若干篇章）。這個生活習慣他已經遵守了四十年，值得向年輕人推薦。

馬辛德拉太太忽然幽幽嘆息一聲。我看得出來，她早已經受夠了公公的嘮叨。為了讓她喘口氣，我只好硬著頭皮跟老先生攀談，央求他告訴我們他的經歷。但他這一生並沒有什麼可歌可泣的事蹟，值得向我們報告；他所能提供的只是他居住過、工作過的一連串地點。我向他提出具體而明確的問題，要求他描述他待過的那些地方，譬如山川景色、人文地理等等。但馬辛德拉太太似乎不明瞭我的用心。她並不接受——也許，基於為人媳婦的職責，她不能接受——我的幫忙。她一逕坐在那兒，默默受苦。到頭來，被我趕走的並不是馬辛德拉太太，而是她的公公。他終於走出屋子，獨個兒坐在屋前那座小花園裡。

「你好調皮哦！」馬辛德拉太太瞅了我一眼，笑了笑。她的神情看來很疲累。

「夏天到啦。」晚飯後，老頭子忽然說：「我在屋外曠野上睡覺已經兩個禮拜了。每一年，我總是比別人早幾個禮拜，跑到戶外睡覺。」

「今晚，您就睡在屋外嗎？」我問道。

「當然啦。」

他就在大門外打地舖。我們看得到他；毫無疑問他也看得見我們。凌晨四點——看看天色，準沒錯——我們聽見他起床，出門散步之前先上廁所、漱口、噼哩啪啦不知搞些什麼名堂，然後關上房門。再過一會我們聽見他回來。起床後，我們看見他正在閱讀《薄伽梵歌》。

「每天早晨散步回來，我總會讀幾首世尊歌。」老先生告訴我們。讀完聖詩，他就在屋子裡閒晃。他找不到事情做。想不理他，還真辦不到。他總會找機會跟你攀談，喋喋不休，沒完沒了。我開始懷疑這老頭在跟監我們。

下午，出外回來，我們撞見我們真的不想看到的一幕：又一個應徵者上門來，打算租下這棟屋子樓下的房間。那位準房客看起來怯生生，忸怩不安。跟他面談的是馬辛德太太的公公。老頭子態度還算和善，但口氣卻咄咄逼人。我看得出來，他責備的對象是他的媳婦。可憐馬辛德拉太太，她羞得無地自容，只好把臉孔埋藏在她那身紗麗裝裡。

此後，她再也沒有工夫照顧我們了。公公前腳才跨她家進門檻，她整個人就萎縮成一團，變成一個典型的印度小媳婦，可憐兮兮。如今，我們難得有機會聽她提起她對舶來品的熱愛。我們變成了她的包袱。每回靜靜坐在一旁，聆聽我們跟她公公的談話，她偶爾會看我們一眼，臉上綻露出疲倦的笑容。我們曉得，她也很無奈，畢竟她是人家的媳婦。跟她相處一段時日，我們只有在頭一天，看到她那神采飛揚、渾身充滿活力的模樣兒。

那個週末，我們計畫到鄉下走一趟。我們幾乎是抱著愧疚的心情告訴馬辛德拉太太，我們必須拋下她，讓她在屋裡跟她公公單獨相處幾天。不料，聽到這個消息，她眼睛登時一亮，彷彿聽到天大的喜訊似的，整個人又活躍了起來。她說：放心去吧，好好玩一玩，把行李留在房間裡，她會幫我們看著。她喜孜孜地幫我們打點行裝，還特地做了一桌好菜，讓我們飽餐一頓，然後才送我們出門。她站在屋前那一座花稍的、石頭砌成的籬門下，揮著手，目送她家那位比哈爾司機——記得馬辛德拉太太管他叫「笨蛋」——載著我們離去。身材豐腴、臉容哀傷、眼睛睜得又圓又大的馬辛德拉太太！

到鄉下度週末！我們心中浮現起沁涼幽靜的鄉野風光：一叢叢濃蔭密布的樹木、一畦畦蒼翠的農田、一條條流水潺潺的小溪。離開德里，我們心裡唯一想望的東西就是水，但一路上卻沒看見一條溪流、沒遇到一處濃蔭。這兒的道路只是一條窄窄的碎石路，兩旁的路面鋪著泥巴，塵土飛揚。路邊的樹木和田地都沾滿了沙塵。途中，我們驅車穿越一片褐色的曠野，極目荒涼，好幾哩不見人煙。旅途盡頭出現一座鎮甸。不巧，我們抵達時，城中正發生一樁凶殺案。殺人的回教徒逃掉了。被殺的印度教徒的屍體，得趕在天亮前祕密火化。然後，警方得嚴密監控兩邊人馬，防止他們蠢動。整個週末，我們的主人忙著處理這個案子，沒工夫招待我們。我們只好待在警署，享受那高高懸吊在天花板上的電扇吹出的涼風。牆上掛著一個框子，裡面鑲著一張紙，紙上臚列著幾十條用打字機打出的簡化法令規章。對面牆上裝設著一個壁爐。它讓我們聯想起冬天，但這會兒冬天離我們可遠得很哪！我這一輩子，不論到哪裡，時機總是不對，感覺上就像在標示不清楚或不實在的火車站，盲目摸索，一路上，遇到的總是月台上那架已經故障多年的餐點販賣機、那一幅產品早已停止銷售的廣告、那一張過時的火車時刻表。這間警署裡，壁爐架上方掛著一幀照片：在一片荒蕪、風蝕的土地上，一棵樹孤伶伶矗立在一條乾涸的小溪旁。這張照片流露出來的那種憔悴和堅忍，是印度這個國家特有的。我們一眼就看出來。

天空漸漸陰暗下來。我們搭火車回到德里。一路上，我們等待暴風雨來臨。後來我們才發覺，天上那一團團看起來像雨雲的東西，其實是沙塵。火車上的茶房欺騙我們（幾個月後，在這列火車上，這個小伙子又會再欺騙我們一次）。一位乘客談起政府官員的貪瀆；其他乘客紛紛發言，大罵政府腐敗。起風了，沙塵四處飛揚——工程師告訴我們，水不能滲入的地方，印度的沙塵都鑽得進去。我們渴望回到城中、渴望洗個熱水澡，然後把自己關在門窗緊閉、冷氣開放的房間裡。

回到馬辛德拉家，只見樓下一片漆黑。大門上了鎖。我們沒鑰匙，只好拚命按門鈴。過了好幾分鐘，一個僕人躡手躡腳打開大門，悄聲叫我們進去，直把我們當成他自己的朋友。我們的房間可一點都沒變，和我們離開時一模一樣：床舖凌亂不堪；行李原封不動；信件、各種傳單和好幾只裝滿菸蒂的菸灰缸，依舊散置在床頭茶几上。整個房間亂成一團，靜悄悄，四處布滿灰塵。我們彷彿聽見樓上的房間（就是馬希德拉太太擺放印度式黃銅盤碗溫熱器的房間）有人壓低嗓門吵架。

僕人告訴我們，老爺從森林回來了，正在跟夫人拌嘴呢。「老爺對夫人說：『妳讓付費的客人住進我們家？妳拿他們的錢？』」

我們明白了。原來，我們是馬辛德拉太太的第一批（肯定也是最後一批）臨時房客。她平日待在家裡，閒極無聊，想找幾個房客來陪她解解悶——前些天上門來談租約的幾位男士，大概也跟我們一樣，變成了馬辛德拉太太解悶的工具。也許，婦女聯盟祕書梅塔太太也把她家樓下房間租出去。也許，梅塔太太家住過一連串顯赫的付費外國房客。

可愛的馬辛德拉太太！每個月三千盧比的家用費，她還嫌不夠呢，竟然瞞著她老公把樓下房間租出去，弄點私房錢。但她對我們的照顧和關懷，卻是真誠的，洋溢著一種印度式的溫情。這一輩子，我們不會再看見她，也不會再看見她的兒子。我們從沒看見過她丈夫。至於她公公，我們只聽見他在屋裡屋外走動的聲音。我們躲藏在自己的房間裡，豎起耳朵，等待他就寢。隔天早晨，我們聽見他起床，接著聽見他出門散步。我們又等了好幾分鐘，然後才悄悄爬下床，拎起行囊，躡手躡腳鑽出大門，叫醒在附近排班候客的計程車司機，揚長而去。過了幾天，我們透過一位朋友，把我們應該付的房租寄給馬辛德拉太太。

虛幻不實的德里

酷暑中的德里，如今回想起來，朦朦朧朧有如一團迷霧。留存在我們記憶中的是遠離塵囂、退隱到陰涼處的那些時刻：陰暗的臥房；午餐；門禁森嚴、與世隔絕的俱樂部；大清早開車出城，探訪圖古魯克禁城（Tughlakabad）遺跡；觀賞「森林大焰」（Flame of the Forest）。在印度，觀光旅遊是挺累人的一件事。很多景點，你必須打赤腳才能進入。印度教廟宇的入口處總是泥濘不堪，而清真寺的庭院卻又熱烘烘，比晌午的熱帶沙灘還要燙腳。每一間廟宇和清真寺門口，從早到晚聚集著一群閒人；一看到觀光客穿著鞋子進來，他們就蜂擁上前，把他給團團包圍住。每次看到這幫人嬉皮笑臉、遊手好閒的德性，我就忍不住冒火。同樣讓我覺得刺眼的是牆上張貼的告示：「如果您覺得脫掉鞋子有損您的尊嚴，本寺願提供拖鞋，供您暫時穿用。」在德里城中的河階浴場，遊客必須打赤腳，在火燙的沙地上步行很長一段路程，才能抵達甘地火葬的地點。我不想忍受這種不必要的折磨，拒絕跟隨觀光局嚮導走上去，一個人在樹蔭中坐下來——腳上穿著鞋子，活像一個異教徒。身穿藍色襯衫的印度學童，四處逡巡徘徊，尋找美國觀光客。這些男孩子看來都很健康，一副營養充足的模樣，腳上穿著整齊的鞋子，手裡抱著課本，神態顯得非常驕傲。一看見美國老太太出現，他們就紛紛拔起腿來，蜂擁上前。這些老太太早就聽說印度是很窮的國家，一看見學童們跑過來，立刻停下腳步，打開荷包，掏出硬幣和鈔票，笑咪咪分發給孩子們。這會兒，那群被阻隔在大門外的職業乞丐紛紛伸出脖子，滿臉豔羨，垂涎三尺，探頭探腦只管向門內張望。我已經被太陽曬得頭昏。心頭火起，我跳起身來，衝向那幫小毛頭，恨不得狠狠揍他們一頓。孩子們嚇得一哄而散。那群美國老太太瞪著我，眼上眼下打量不停。她們還以為我是年輕而驕傲的印度民族主義者吧。管他的，她們愛怎麼想就怎麼想吧。我氣咻咻跑回遊覽車上，渾身疲累不堪，心裡頭覺得很羞恥。

這就是我對德里的感受。如今，每回走進印度政府的衙門，我就忍不住扯起嗓門大叫。看到那一排排坐在長長的辦公桌後面、埋首在一疊疊文件堆裡、查核各種各樣的紙條或數著鈔票（一百盧比紮成一綑）的年輕人，我心裡就有氣。天曉得，這些印度人每天在窮忙什麼！「別向我抱怨。你可以透過適當的管道提出申訴。」「透過適當的管道！適當的管道！」碰到這幫人，你只好自認倒楣；冷嘲熱諷對印度人是不會發生效用的。「別向我抱怨嘛。要抱怨就去找我的上司。」「媽的！到底誰是你的上司呀？」我存心挑釁，希望能激怒這幫小官僚，但我得到的回應往往只是冷冷的一瞪。面對這樣的反應，我還能怎樣呢？就像一隻洩了氣的皮鞋，我只感到疲累和羞恥。

在路提彥市[3]，我要求隱私和保護。這樣我才能設法讓自己冷靜下來，免得一時失控，又讓

---

3 路提彥（Sir Edwin Landseer Lutyen，一八六九～一九四四）是英國著名建築師，新德里的市區規畫與建設大都出自其手。「路提彥市」（Lutyen's city）指的是他負責設計的德里新市區。

自己變成一隻暴怒的猛獸。參觀這座新城，在那一排排隱藏在商店的招牌和稻草編成的百葉窗後面的柱廊、在那無比恢弘的景觀中，我可以感受到一種優雅的格調和氣派：新建的塔樓矗立在林蔭大道盡頭，古老的圓頂寺院坐落在另一端，遙遙相對。這兒，我可以感受到在孟買常聽人們談起的那種「精心設計」的氣氛。我可以感受到它做為一個新首都的驕傲和興奮。這份驕傲，顯現在星期天早晨「運動俱樂部」（Gymkhana Club）的聚會中——一群前任聯合國官員聚集在這兒，以英國殖民地總督的口吻，談論剛果的戰亂——也顯現在報紙刊登的消息中：駐節在德里的外國大使館，爭相為德里市民提供「文化」休閒活動。這座城市終於獲得它應有的崇高國際地位，隨之而來的，是各式各樣的「外交」新玩具。然而，在這座城市中，我卻被迫從一個陰暗的房間躲進另一個陰暗的房間，以逃避戶外的現實——逃避那滿街的灰塵和毒熱陽光，逃避那成群身穿花稍紗麗、在建築工地上幹活的低賤婦女。（在印度，只有出身微賤的婦女，才會穿花稍的紗麗。）在我眼中，這是一座虛幻不實的城市，驟然間從平原上冒出來：十七和十八世紀廢墟中，矗立著一幢幢超現代建築物。乍看之下，這座壯觀的城市顯示它擁有一個富饒、繁榮的腹地，但事實上，我們搭了二十四個小時的火車，前來德里時，一路所見盡是烈日下一片荒涼、貧瘠的田野。

而今，傍晚時分，鑽進「斯利那加特快車」（Srinagar Express）的鋁製車廂，躺在臥鋪上，等待開車的當兒，回想這些天在德里的經歷，我對印度那紛紛擾擾的亂象竟然開始感受到一種莫名的、近乎邪惡的愉悅。我喜孜孜地回味當初搭乘火車前來德里、花費二十四個小時的旅程；我喜孜孜地期待那即將展開、一路北行、穿越旁遮普平原、把我帶到全世界最高的山脈、為時長達三十六個鐘頭的旅程。我感到慶幸，這會兒我能夠躲藏在豪華車廂裡，跟外面的醜惡現實隔絕開來，雖然，透過那懸掛著橡膠珠簾、隨時可以打開的車廂，我還是看得見月台上的景物：頭纏紅布巾的腳夫、經常出現在西方圖書雜誌中的印度手推車、四處叫賣的小販。車廂中的電扇懸掛得那麼低，以至於，從我的鋪位望出去，整個月台彷彿覆蓋著一支支旋轉不停的電扇葉片。這些景物，我原本恨得要死，而今我卻對它產生一份依戀之情——我也曉得這種感覺很虛妄——因為一旦火車開行，進入喀什米爾後，氣溫陡然下降二十度，這些景物都會消失，一切又會恢復正常。

從車廂中望出去，夜晚的旁遮普平原一片漆黑、悄沒聲息，只看得見火車投射出去的一圈圈不斷移動的燈光。一間寂靜無聲的小茅屋，黑魆魆，蹲伏在暗沉沉的田野上，等待黎明。此外，我還能期望看到什麼呢？早晨，我們抵達帕桑科特（Pathankot），喀什米爾鐵路線的「終點」(railhead)——這個英文字具有強烈的科技、工業和戲劇色彩，一路上我卻常常在那些操印地語的乘客口中聽到，心裡不免覺得怪怪的，清晨時分，車站涼颼颼的。晨曦中，我們隱約可以看到周遭的叢林；感覺上，山脈彷彿就在附近（後來我們才知道山脈距離這兒遠得很哪）。下車時乘客們紛紛穿上羊毛襯衫、花稍的帽子、夾克、羊毛背心和套頭毛衣，甚至戴上手套。這些毛織品全都是適合在小陽春假期穿著的衣物，嚴格說，這會兒還不需要，但人們都把它穿在身上，心中期待著即將展開的喀什米爾假期。

在鄰近巴基斯坦邊界的這一片平坦、灌木叢生的原野，最初我們只察覺到印度陸軍的存在：豎立著一支支路標的軍營、用石灰水粉刷的營房、成排的軍用卡車和吉普、兩三輛操練中的輕型坦克。士兵們身穿橄欖綠戰鬥服、頭戴叢林帽，走起路來昂首挺胸，雄赳赳，看起來挺帥氣的，跟一般印度男子硬是不一樣。中午，我們在占木市停歇一會兒。吃完午餐，我們沿著印度軍隊在一九四七年巴基斯坦入侵時興建的山路，進入喀什米爾。天氣越來越涼爽。沿途盡是山丘和峽谷。從車窗內望出去，只見層巒疊嶂一路綿延到天邊，漸漸隱沒。我們搭乘的巴士行駛在契那布（Chenab）河畔。車子一路往上攀爬。我們回頭一看，只見河水注入一座四處漂蕩著木頭的峽谷中，洶湧澎湃。

「您打哪兒來啊？」

印度人最愛問陌生人這個問題。每一天，我都得回答五次。現在我又得再解釋一次了。他坐在走道對面那個座位，身上穿著西裝，看起來還滿體面的。他頭頂光光、鼻子尖尖——古札拉特人[4]特有的那種鷹鉤鼻——臉上流露出憤世嫉俗的神情。

「對我們這個偉大的國家，您有什麼看法啊？」

這又是印度人喜歡問陌生人的問題。我裝著沒聽出裡頭蘊含的譏諷。

「別客氣，把你心裡的想法坦白說出來吧。」

「還不錯嘛！印度滿有趣的。」

「滿有趣。你命好，不必住在這個國家。我們全都被困在這兒。知道嗎？這就是我們的處境：被困在一個地方，動彈不得。」

坐在他身旁的是他那個身材豐腴、一副心滿意足模樣的太太。顯然，她對我和她丈夫之間的談話興趣缺缺，卻老是趁著我望向窗外，偷偷打量我。

「舉國上下貪污腐敗、結黨營私。」他告訴我，「人人都想離開印度，進入聯合國工作。醫生全都出國去了。科學家到美國發展。這個國家的前途一片黑暗。能不能請問你，在你的國家你一個月賺多少錢？」

「一個月，大概五千盧比吧。」

我這拳打得太重了點，但他咬緊牙關承受了。

「你賺那麼多錢，從事什麼工作啊？」

「教書。」

「教什麼啊？」

「歷史。」

他顯然不以為教歷史值得驕傲。

我趕忙補充：「另外還教一點化學。」

「很奇怪的結合。我自己就是一位化學老師。」

每一位浪漫文人都會遇到這種事情嘛。

我說：「我在綜合制中學（Comprehensive school）教書，什麼東西都得教一點。」

「原來如此。」他臉上的迷惑忽然轉變成惱怒，鼻子開始抽搐起來，「奇怪的結合。化學和歷史。」

我開始感到不耐煩了。在這趟旅程中，我還得和這個傢伙相處好幾個鐘頭。我不想再跟他閒

4 古札拉特（Gujerat）是印度西部一個地區，瀕臨阿拉伯海。

扯，就轉身去哄一個哭鬧不休的小孩。但這樣下去也不是辦法呀。幸好，沒多久車子就在路旁一個俯瞰翠綠山谷的休憩區停駛下來，讓乘客們出去透口氣，活動活動筋骨。山中松林密布，空氣十分沁涼。這會兒在我們的感覺中，印度的平原就像一場疾病，病癒後你再也記不起生病時的感受。我們帶來的毛衣終於派上用場。喀什米爾假期真正開始了。回到巴士上，我發現那位化學老師已經跟他太太換座位——看來，他也不想跟我閒扯呢。

抵達巴尼哈爾鎮（Banihal）時，天已經黑了。夜涼如水，客棧暗沉沉，四處看不見一盞電燈。服務生點起蠟燭，為我們準備晚餐。月光下，山腰上那層層疊疊的梯田看起來就像老舊含鉛的一格格窗玻璃。隔天早晨，一覺醒來我們卻發現，原來，山中的水稻田竟是那麼的蒼翠潤濕，綠油油的一片。車子穿過巴尼哈爾隧道，一路往下行駛，經過一座座宛如童話般綠草如茵、坐落在楊柳叢中、依偎著潺潺流水的村莊，進入喀什米爾河谷。

喀什米爾假期

喀什米爾天氣涼爽、色彩繽紛：滿田金黃的芥菜花、白雪皚皚綿延天際的群峰、頂頭那一片蔚藍的蒼穹——在喀什米爾的天空中，我們又看到了那一毬毬變幻莫測、彷彿在演戲的雲朵。男人們身上裹著褐色毛毯，佇立在迷濛晨霧中；頭上戴著氈帽、遮住耳朵、打著赤腳的牧童出沒在那一座座陡峭濕滑、亂石滿布的山坡上。中途我們在卡齊宮鎮（Qazigund）停車，打尖歇息。陽光下滿鎮塵土飛颺，市場亂糟糟鬧烘烘，沁涼的空氣中四處瀰漫著木炭、菸草、菜油、陳年垃圾和糞便的氣味。鋪著泥巴的屋頂上，野草叢生——我記得在我小時候閱讀的《西印度讀本》（*West Indian Reader*）中，有一則故事提到，一個愚蠢的寡婦把她家的母牛牽到屋頂上去。現在我終於明瞭，她為什麼會這麼做。一輛輛巴士載著一群群鬍鬚染成紅色的男子，朝南邊開去。（剛才我們就是從那個方向進入這座城鎮。）又有一輛巴士駛進城中，停下來。守候的群眾紛紛拔起腿來，蜂擁上前，推推擠擠聚集在車窗前；車中一個滿臉倦容、兩眼布滿血絲的男子伸出枯瘦的一隻手，向大夥兒揮別。他和車中其他乘客一樣，要去麥加朝聖。在這個群山環繞的山谷，礁岩密布、處處險灘、把湛藍的海水轉變成翠綠色的阿拉伯進香客港口——吉達港，顯得多麼遙遠啊。城中那一間間炊煙繚繞的茅舍裡，鬍鬚濃密、眼睛淡灰色的錫克人——不久前他們還是喀什米爾的戰士和統治者——坐在地板上煮東西。每一家小吃攤上都掛著花稍而醒目的招牌。笨重的白色杯子布滿裂縫；桌子擺放在露天中，上面鋪著格子花紋油布；桌下的地面早已經被吃客踩踏成爛泥巴了。

山脈一座接一座不斷向後退卻，河谷漸漸擴展，變成一畦畦土質鬆軟、水源充足的田野。車子沿著河畔那一排白楊和垂柳行駛。抵達艾旺提普爾（Awantipur）時，在一座宛如童話般散布著一間間小木屋的村莊外，我們驟然看到一堆灰色石頭，矗立在平野上。這座廢墟在建築學上是屬於所謂的「楣式結構」[5]——門廊上矗立著一根根堅實的方形柱子，陡峭的石砌山形牆雄踞在

5 楣式結構（trabeate construction）即建築中使用「橫楣」而不用「拱」的構造方式。

廊柱頂端，神龕四周環繞著一排石柱，規模宏偉，氣象萬千，但卻也顯得有點笨拙。後來我們聽說，這座廢墟原本是一間印度教廟宇，興建於西元八世紀。車子經過這座古蹟時，沒有一位乘客失聲驚嘆，沒有一隻手伸出車窗，指指點點。印度人生活在廢墟中，早已習以為常；印度這塊大地上處處散布著古蹟和雕像，沒啥了不起。在斯利那加城外的潘德雷桑鎮（Pandrethan），軍營旁邊就有一間風格相似、規模較小的廟宇。阿兵哥正在操練。一輛輛軍車和一棟棟營房，排列得整整齊齊；馬路旁邊豎立著軍部的告示牌，飄揚著師部的軍旗。

我們的車子在「入市稅稽征處」（octroi）停下來。這是一幢洋溢著中世紀風情、模樣十分古雅可愛的建築物，門口停放著成排「達達－朋馳」（Tata-Mercedes-Benz）貨車。這些車子的尾板裝飾得十分花稍，上面印著幾個花體字「請按喇叭」，底色不是赭紅就是粉紅。店舖中聚集著一群渾身裹在毛毯裡的男子；他們坐在高聳的地板上，抽著水菸。我們繞過市中心，走進一條兩旁矗立著一排高大的齊納爾樹（chenar trees）的林蔭大道——喀什米爾人相信，這種樹木的陰影十分沁涼芬芳，具有醫療作用，來到一棟簇新的紅磚建築物的庭院。「遊客接待中心」坐落在這兒。對街豎立著一塊巨大的告示牌，上面張貼著尼赫魯總理的玉照和訓詞；他老人家呼籲民眾，把外國遊客當成朋友看待。告示牌下聚集著一群喀什米爾人，大呼小叫，態度十分囂張，連那些頭上纏著布巾、手裡握著警棍、昂首挺胸高視闊步的印度警察，也不太敢招惹他們。

這群大呼小叫的男子中，有一些是船屋的主人或是他們的僕從。乍看之下，我們真不敢相信這幫人擁有一棟像樣的房屋，能夠提供遊客膳宿服務。但船屋確實存在。這些漆成白色的水上住宅坐落在湖中，依偎著蒼翠的島嶼，白白的、長長的一排，跟湖畔群山上的積雪相互輝映。湖岸上，每隔一段距離就有一道水泥階梯，從湖濱大道通到水晶般湛藍的湖水上。或蹲或坐，一群男子聚集在階梯上抽著水菸；他們的遊船——喀什米爾人管它叫「施客啦」（shikara）——挨擠成一團停泊在岸邊，船上撐著遮陽篷，船艙中鋪著坐墊，紅黃兩色，煞是好看。我們搭乘遊船前往湖中的船屋。踩著岸邊一座小巧可愛的階梯，我們走進船屋中。一看到裡面的陳設，我們整個人都呆住了：地毯、黃銅器皿、鑲在鏡框裡的照片、瓷器、牆上的精工鑲板、擦洗得亮晶晶的家具——全都是屬於另一個時代的古董。剎那間，鬧烘烘的艾旺提普爾城和整個印度，全都消失了。進入這間船屋，我們彷彿置身在「英國人的印度」。主人拿出過去好幾十年來房客留下的、早已經泛黃的推薦函和各種紀念卡，讓我們觀看。其中有好幾張請帖——船屋的主人受邀參加英國軍官的婚禮（這些阿兵哥現在都已經常上祖父了吧）。在鎮上的遊客接待中心，這位船屋主人顯得那麼的卑微；他低聲下氣，踩著腳踏車，一路跟隨我們乘坐的出租雙輪馬車，哀求我們造訪他的船屋。這會兒，前腳才踏入屋門，他整個人就完全變了個樣。他脫掉鞋子，在地毯上跪下來，向我們奉茶。霎時間，他的舉止言談變得有如瓷器般精緻高雅——在今天的印度，你難得遇到對傳統禮節這麼嫻熟的人。他拿出更多照片（他父親的照片、他父親房客的照片）和更多的推薦函，讓我們觀賞。他最愛講英國人在船屋舉行盛宴的故事。

屋外，積雪覆蓋的群山環繞著湖泊；愛克巴大帝[6]建造的哈里．帕爾巴特堡（Hari Parbat）

---

6 愛克巴（Akbar，一五四二～一六〇五），蒙兀兒帝國皇帝，一五五六至一六〇五年間在位，史稱「愛克巴大帝」（Akbar the Great）。

矗立湖心。遠處，白楊叢生的地方，我們看得見湖濱小鎮雷納瓦里（Rainawari）。隔著一片空曠的水域，湖對岸蒼翠的山坡上有座花園。（看起來，經過千百年的沖刷，山頂流失的土壤已經把山腰上的石縫全都填塞了。）這座蒙兀兒皇朝花園，規模十分宏偉，氣象萬千：高聳的平台、筆直的線條、矗立在花園中央的亭台樓閣、宛如階梯瀑布般一級一級往下流淌的水道。在喀什米爾，我們可以接受蒙兀兒人和印度教徒。但英國人在這出現——他們遺留下難以磨滅的痕跡：歌謠、書籍和那些遺留在全世界最壯麗的花園「沙麗瑪」（Shalimar）的手印——卻讓我們覺得難以接受。英國人竟然闖入這個四面環山的幽谷，盤踞這座處處可見水菸筒和俄式茶壺的城市。今天，在城中那條名為「官邸路」（Residency Road）的街道，我們可以看見一間專供西藏商旅住宿的客棧，坐落在塵沙瀰漫的廣場上。那些西藏人穿著長統靴、戴著氈帽，把頭髮編成辮子，身上的衣裳灰撲撲、髒兮兮，一如他們那飽經風霜的臉龐。男人和女人裝扮一模一樣，分不出性別。

我們沒租下船屋。裡頭藏放的各種遺物和紀念品，到今天，依舊顯得那麼的個人化、那麼的感人。它們所代表的浪漫傳奇跟我毫無關係，而我也不可能把這些遺物跟它們的傳奇分隔開來。住進這間船屋，我會覺得自己是一個闖入者——就像我在當地俱樂部所感受到的那樣。這些俱樂部的撞球場，牆上依舊懸掛著一九三〇年代的漫畫（鑲在鏡框裡），但圖書室乏人照料，早就荒廢了（一整個世代的品味被凍結、封存起來），而吸菸室牆上依舊懸掛著幾幅污痕斑斑的銅版畫，畫中的慓悍騎士據說是「亞菲迪人」或「俾路支人」[7]，但透過灰塵滿布的玻璃，我們實在看不清楚他們的馬上英姿。印度人大可以優游自在、無拘無束地穿梭在這些遺物間；它們所代表的浪漫傳奇，其中有一部分一直屬於他們，而今，他們把這段傳奇整個的繼承下來。我既非英國人也不是印度人；他們的光榮歷史，我無從分享。

7 亞菲迪人（Afridis）是驍勇善戰的民族，現居住於印度及巴基斯坦的開伯爾山口（Khyber Pass）一帶。俾路支人（Baluchis）是俾路支斯坦（Baluchistan，巴基斯坦之一邦）的貴族和統治階級。

第二部

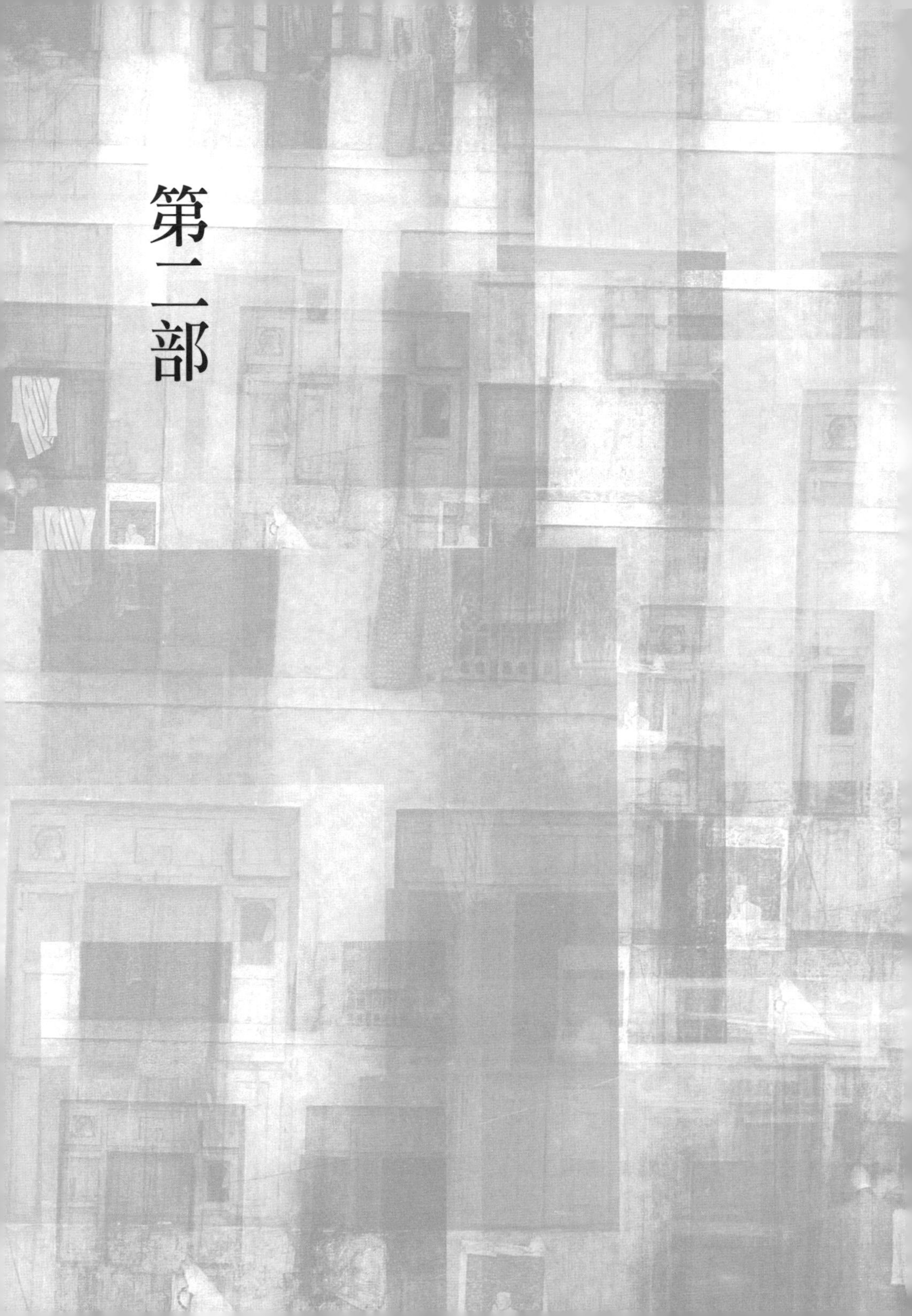

第五章 達爾湖中的娃娃屋

麗華大飯店

一流設備．抽水系統．業主巴特

我們的旅程快結束時，這塊招牌才出現。「我是誠實的人。」C級船屋的主人對我們說。那時，我們正站在他那間腐朽的船屋中一個長滿黴菌、污痕斑斑的艙房裡，面對著一只白色的水桶。「我如果告訴你們，這間房子有抽水馬桶設備，那就是不誠實。」然而，在麗華飯店（Liward Hotel）大廳中，業主巴特先生（Mr. Butt）卻一邊向我們出示薄薄的一疊推薦函、一邊指著翠綠牆壁上懸掛的好幾幅照片，對我們說：「裝置抽水系統之前拍的。」顯然，他強調的重點不同。我們望著照片中那一張張笑咪咪的臉孔。至少，我們不會被這樣出賣。為了驅除遊客的疑慮和猜測，那塊招牌豎立在鋪著瀝青的屋頂上；在三盞電燈照射下，從湖畔的珊卡拉查里亞丘遠遠眺望，你肯定可以看到它。

我們真不敢想望，這家旅館會有這麼先進的設施。它坐落在湖中一個島嶼（長約莫八十呎、寬三十呎）的一端，是一棟粗糙的雙層建築物：赭紅色的混凝土牆、綠色和巧克力色的梁木和窗櫺、未上漆的波狀鐵皮屋頂。整個旅館總共有七個房間，其中一間是餐廳。實際上，這家旅館是由兩棟房屋構成的。一棟坐落在島嶼一角，兩面牆壁不斷被湖水沖刷。樓上樓下，各有兩個房間。一條窄窄的木造迴廊環繞著頂樓；另一條迴廊搭建在湖面上，環繞著底樓的兩邊。第二棟屋子樓下有一個房間，樓上有兩個，其中第二個房間是一個半圓形、多邊的木造樓閣，從主屋凸伸出來，地板用好幾根木竿子支撐著。一座木梯通到連接兩棟屋子的走廊。整幢建築物屋頂鋪著塗上瀝青、有稜有角、設計極為繁複的波狀鐵皮。

整個旅館給人的感覺是粗糙、草率、急就章，就像它的主人留給遊客的第一眼印象。巴特先生小心翼翼走到棧橋上，迎接我們。他頭上戴著一頂縮小的、俄國式的喀什米爾氈帽。他身上那件下襬長長的印度式襯衫，從他腰下那條寬寬鬆鬆的長褲中，探伸出來，飄蕩在他上身披著的棕色夾克下面。這副裝扮顯示，這個人並不十分可靠；他臉上那副寬邊眼鏡讓人聯想起心不在焉的學者，可是，他手中卻握著一把鐵鎚。陪伴在他身旁的是一個瘦小的男子。他打赤腳，上身穿著一件髒兮兮、緊繃繃的灰色套頭毛衣，下身繫著一條寬大的白色棉褲，腰間紮著一根繩子。這個漢子頭上戴著一頂鬆垮垮的、羊毛編織的睡帽。這使他整個人看起來非常古雅，讓人想到莎翁劇中的工匠。第一個印象往往是不可靠的。這傢伙名叫亞齊茲（Aziz）。抽水系統猶未竣工。水管和馬桶已經裝設好，貯水槽雖然已經運到，但到現在還沒開箱呢。

「一天，」亞齊茲操著英語告訴我們，「兩天。」

「我喜歡抽水馬桶。」巴特先生說。

我們翻閱以前的房客留下的推薦函。兩位美國客人非常熱情，洋洋灑灑，把麗華大飯店著實誇讚一番。一位印度太太的留言；特別讚賞這家旅館為度蜜月的新婚夫婦提供的「私密」。

「裝設抽水馬桶之前哦。」巴特先生說。

他的英文實在有限，說來說去就是這幾句話。因此，我們只好透過亞齊茲，跟他打交道。

我們開始討價還價。為了避免受騙上當，我據理力爭，態度咄咄逼人（後來我發現這一招還挺管用，雖然有點過分）。一言不合，我就轉身掉頭而去；旅館主人說好說歹，把我給拉回來——這倒很容易辦到，因為船夫拒絕把我載送回湖濱的馬路。想想自己奔波了一天，也夠累了，我就在半推半就的情況下，跟巴特先生達成協議。結果，我訂下半圓形客廳隔壁那個房間（客廳也歸我使用）。我需要一盞檯燈。

「十到十二盧比，怎樣？」亞齊茲說。

另外，我還需要一張書桌。

亞齊茲搬出一張矮板凳。

我伸出雙手，比了比，告訴他我需要大些的桌子。

他指著草坪上擺著的一張老舊的、飽經風吹日曬的桌子，要我瞧瞧。

「我們會給它上漆。」

我伸出一根手指，敲了敲桌面。

亞齊茲比了個手勢。巴特先生看出他比的是兩根支柱，微微一笑，舉起手裡握著的鐵鎚。

「我們會修理。」亞齊茲說。

這時我才領悟，原來他們兩個在玩某種遊戲，而我莫名其妙變成了遊戲的一部分。這會兒，我們置身在湖中一個島嶼上。放眼望去，周遭只見成群在湖面上捕捉魚兒的翠鳥和一隻隻五彩繽紛、聚集在花園中啄食的戴勝鳥（hoopoes）。島上，蘆葦、楊柳和白楊叢生。一排排船屋背後，我們眺望得到白雪皚皚矗立在天際的群山。此刻，站在我面前的卻是一個頭戴睡帽、蹦蹦跳跳的男子。花園盡頭有一間新建的、還沒油漆的小木屋，坐落在柳蔭深處，顯得十分溫馨可愛。那是亞齊茲的家。這個傢伙耍起鐵鎚和其他工具來，真有一手。他很會巴結客人。他是第一流的即興演員。他能夠滿足客人的任何需求。莎翁劇中的工匠是不戴睡帽的。這傢伙看起來反倒比較像童話中的人物——倫伯爾士迪特斯金[1]或白雪公主手下的一個矮人。

「你先付訂金，簽三個月租約。」

亞齊茲嘴裡冒出的這句英文，並不能消除他渾身散發出的童話般的魅力。巴特先生不會寫英文。亞齊茲是個文盲。我只好自己寫一張收據，然後在一本帳冊背後寫下租約，簽下名字。這本巨大的、看起來挺氣派的帳冊擺在餐廳灰塵滿布的架上，裡頭登錄的帳目亂七八糟，簡直就像塗鴉一般。

「你寫三個月？」亞齊茲問道。

我想給自己留一條後路，所以我沒寫三個月。奇怪，這個文盲怎麼看得出來呢？

「你寫三個月。」

搬進去的前一天，我們出其不意，突然造訪麗華飯店。這家旅館還是上回我們看到的那個老樣子，啥都沒改變。一如上回，巴特先生站在棧橋上迎接我們，身上還是那副裝束，臉上依舊帶著心不在焉的神情。那張應該上漆、應該釘牢的桌子現在還擺在草坪上，搖搖欲墜，沒上漆也沒釘牢。我要求的那盞檯燈，連影子都沒有。上回我們來看房子時，亞齊茲伸出一隻手，摸了摸隔開浴室和臥房的那面牆，向我們保證：「我會給它再塗一層油漆。」他食言了。牆上那塊布滿節瘤的簇新木板，凹凹凸凸，依舊塗著薄薄的一層藍漆，十分鮮豔刺眼。巴特先生一聲不吭，一路跟隨我們參觀房子，態度頗為恭謹：我們停下腳步，他也跟著停下腳步；我們查看某一件擺設，他也擠在一旁查看。看來，身為這家旅館的主人，他也不敢確定我們會找出什麼見不得人的東西。浴室還是老樣子：馬桶裝好了，但依舊貼著膠帶；水管接上了，水箱卻連影子都沒有。

「不住了！」我說：「不住了！把訂金還給我吧。我們走，不住這種地方了。」

巴特先生還是悶聲不響。我們掉頭走下階梯。就在這當口，亞齊茲出現了。他依舊戴著睡帽、穿著套頭毛衣，鑽出他那間隱藏在柳蔭中的小木屋，一路跌跌撞撞踉踉蹌蹌，穿過花園，朝向我們跑過來。他身上那件毛衣斑斑點點，沾著藍色油漆——原來，這傢伙還是個油漆匠呢。仔細一瞧，我們發現他鼻光上沾著一大塊油漆，怪模怪樣的。他手裡捧著一只馬桶水箱，獻寶似的，直送到我們面前來。

1 倫伯爾士迪特斯金（Rumpelstiltskin）是德國民間傳說中的矮人。他把亞麻變成黃金，送給一位姑娘當嫁妝，條件是：她嫁給王子後生下的頭一胎嬰兒，必須送給他，否則她就得猜出他的名字。她果然猜出他的名字。矮人一聽，立刻自殺。

「兩分鐘！」他說：「三分鐘！馬上就裝好。」

頭上戴著羊毛睡帽、模樣酷似白雪公主手下一個矮人的亞齊茲，我們怎麼捨得拋棄他呢。

三天後，我們搬進這家旅館。一切都準備停當。為了趕工，住在花園另一端的人全都拿著掃帚、刷子、鋸子和鐵鎚前來幫忙。桌子已經整修好，用鐵釘釘得牢牢的，桌面塗著一層已經開始剝落的藍漆。一只巨大的電燈泡，頂端覆蓋著一個半球形金屬燈罩，用一根彎曲的、伸縮自如的支架托著，豎立在一塊鍍鉻圓盤上；一團亂麻似的糾纏在一起的延長線，把燈泡和插頭連接起來。（上回我交代過他們，我需要長度適宜的延長線。）這就是我的檯燈。我們走進浴室一瞧：馬桶的水箱終於裝好了。就像一位魔術師，亞齊茲伸手拉了拉馬桶的鏈子——哇塞，水沖出來了。一箱水沖完後，亞齊茲喜孜孜告訴我們：「巴特先生說，這家旅館不是他的，是『你們』的哦。」

美食佳餚留人住

除了亞齊茲和巴特先生，麗華大飯店還有好幾位員工。其中一位是清潔工。這個小伙子成天穿著一身髒兮兮、鬆垮垮的衣裳。另一位是負責拉客的外務員，名字叫阿里．穆罕默德（Ali Mohammed）。這傢伙個頭矮小，年紀約莫四十，一張臉蒼白得就像死屍。加上他那口凹凸不平的假牙，保證你半夜碰見他會嚇一大跳。每天出門拉客，他準會穿上一套印度式藍條紋禮服——寬大的長褲配上一件沒有翻領的外套——穿上鞋子，戴上喀什米爾氈帽，隨身攜帶一只裝有表鍊的銀表。一天兩回，他鑽出他那間坐落在花園盡頭的小茅屋，把腳踏車扛到「施客啦」遊船上，讓船夫載著他穿過湖面，經過那一家矗立在水面上的西服店（一間小小的、歪歪斜斜的小木屋），經過一叢叢白楊和垂柳，經過一排排船屋，經過尼赫魯公園（Nehru Park），一路把他送到湖濱的石階，讓他在那兒登岸。然後他騎上腳踏車，沿著湖濱大道，前往遊客接待中心。在那兒，阿里．穆罕默德站在門口的樹蔭裡，跟那群聚集在尼赫魯肖像下的馬車夫、船屋主人或他們的員工一塊拉客。此外，麗華大飯店還有一位廚子——喀什米爾人管廚子叫「砍殺媽」（khansamah）。他的年紀比亞齊茲和阿里．穆罕默德大些，但身材卻挺拔得多。個頭雖然矮小，但比例卻非常勻稱，配上他日常穿著的那件長下襬襯衫和那條頂端寬鬆、底部尖細的長褲，使他整個人看起來滿高眺的，簡直就像玉樹臨風。（他那雙腳長得挺秀氣。）這傢伙成天悶聲不響，彷彿在想心事。可惜，他臉龐上原本十分端正的五官，全都被他那滿肚子的火氣給扭曲得不成人樣。三不五時，他從廚房裡鑽出來，站在走廊上，一連好幾分鐘，只顧呆呆眺望著湖水。他那雙赤腳有一下沒一下只管蹬著地板。

我們在麗華飯店的第一餐，簡直就像一場宗教儀式。餐廳水泥地板鋪上老舊的草蓆，桌上擺著兩只小小的塑膠桶子，裡頭插著一束塑膠做的長梗雛菊，紅、藍、綠、黃，繽繽紛紛煞是好看。「巴特先生買的耶！」亞齊茲說：「六盧比哦。」他走出去拿湯。過了一會兒，我們就看見他和阿里．穆罕默德兩人，各端著一盤羹湯，鑽出小茅屋，躡手躡腳，小心翼翼沿著花園小徑走回餐廳來。

「保溫箱下個禮拜送來。」亞齊茲說。

「保溫箱？」

「下個禮拜哦。」他壓低嗓門，悄聲說。聽他的口氣就像一位脾氣很好的護士，正在哄慰一個被寵壞的、動不動就哭鬧的小娃兒。他從肩膀上拿下一張餐巾，四處拍打，把那成群小蒼蠅驅趕出餐廳。「沒什麼。天氣有點熱，小蒼蠅都死了。大蒼蠅飛進來，趕走小蒼蠅。然後蚊子飛進來，叮咬大蒼蠅。然後牠們就飛走了。」

我們竟然相信他這套鬼話。他走出餐廳，站在外面那間從樓上凸伸出來的起居室下面；不一會兒，我們就聽見他扯起嗓門，凶巴巴，向廚房或路過的人（看來是湖中的居民）大呼小叫，口氣跟剛才哄慰我們時截然不同。透過我們身後的窗子，我們可以看見蘆葦、群山、積雪和天空。在我們眼前，亞齊茲頭上戴著的那頂睡帽不停晃動——三不五時，他把頭伸進還沒裝上玻璃的窗框，窺伺我們。此刻，我們置身在一個陌生的異鄉，但在湖中這座小小的島嶼上，我們受到妥善的照顧，沒人敢傷害我們。一盤一盤佳餚美食，不斷從花園盡頭那間小茅屋中端送出來；大塊朵頤之際，我們哪有工夫去想自身的安全。

看見我們吃得挺開心，亞齊茲也感到很高興。他扯起嗓門，向廚子呼叫，口氣頗為傲慢無禮。廚房裡傳出抱怨聲，緊接著是一陣靜默——顯然，廚子被亞齊茲的大呼小叫給惹惱了。拖延了老半天，廚子才慢吞吞鑽出小茅屋，走進餐廳跟我們見面，身上並沒繫著圍裙，一臉靦腆，羞答答。他做的菜還可以吃嗎？晚餐我們想吃什麼呢？「喜歡什麼樣的茶點？小圓麵包？喜歡什麼樣的布丁？浸過葡萄酒的杏仁布丁？乳脂鬆糕？蘋果餡餅？」

白雪公主早已經離開人間，但是，她的烹飪技巧卻一直留傳在喀什米爾湖中的一座島嶼上。

湖上社區

初春時節，早晨一覺醒來，有時你會看到山峰上覆蓋著夜裡飄落的雪花。湖水清澈、冰冷；你看得見成群魚兒，聚集在蘆葦中或湖床上覓食，就像一群陸地動物；太陽出來時，每一條魚兒身旁都拖著一條黑影子。隨著日出，氣溫陡然上升，這時穿上毛衣就會覺得很不舒服。霪雨總是跟隨熱浪而來。每逢下雨，湖中的天氣就會突然變得寒冷起來。雲層籠罩著群山，有時直逼湖岸，有時飄散進山谷中，一毬毬一絮絮。坐落在珊卡拉查里亞山頂、矗立在我們頭頂上一千呎處的寺廟，這會兒隱沒在雲霧中；我們可以想像，一個婆羅門僧侶頭上戴著氈帽、身上披著紅褐色毯子、懷裡揣著一只小炭盆，孤伶伶坐在山頂的寺廟裡。風吹過湖面時，蒼翠的蘆葦窸窸窣窣搖曳不停。水波粼粼的湖面，再也看不到群山的倒影。湖中一朵朵宛如紫紅色碟子的蓮花，隨風翻捲，旋舞不停。湖上的船隻全都躲進避風港。好幾艘船駛到旅館棧橋下，躲避風雨；偶爾，船夫和乘客會上岸來，走進旅館廚房，討取一些木炭，裝進水菸筒或取暖用的炭盆中（他們把這種柳條編成、塗上泥巴的小火盆，安置在毯子底下）。雨過天青，湖面又變得一平如鏡。

旅館坐落在「施客啦」遊船主要航道上——縱橫交錯的航道是湖中的公路網，但卻十分寧靜，聽不見汽車喧囂聲。旅遊季節還沒正式開始。旅館周遭、湖中的生活一如往常進行著。每天早晨，我們總會看到一艘艘「施客啦」戴著滿船草料，如同船隊一般，魚貫駛過旅館門前；划船的婦女盤腿坐在船尾，乍看起來，整個人彷彿漂蕩在水面上。根據本地習俗，湖中的市集每天都必須更換地點。昨天，它在旅館正前方的蓮花塘外舉行；今天，它轉移到航道另一端——那兒停泊著的一艘老船，是湖上最小巧的一間店鋪。市集中，買賣雙方總是爭吵不休，彷彿隨時都會幹上一架，但那些動作——揮舞拳頭、抬高嗓門、氣咻咻把船划走、回頭破口大罵、在人們勸說下又把船划回來、繼續討價還價——全都只是湖中市集的交易方法，不值得大驚小怪。一整天，湖上船隻穿梭不停。販賣乳酪的男子穿著一身白衣，活像一位祭司，端坐在船上那一堆堆圓錐形的白乳酪前，不停搖著手上的鈴。他坐在遮陽篷下；划船的夥計坐在船尾，忍受風吹日曬。賣牛奶的婦人渾身戴著首飾，珠光寶氣：好幾枚銀耳環從她那兩隻肥大的耳垂懸吊下來，乍看就像一長串鑰匙。賣糖果糕餅的男子，把貨物全都裝在一個紅色箱子裡。這位「小圓麵包和奶油」販子，每天都會跑來旅館叫賣；他那艘「施客啦」船板上寫著一個大大的N字。「美——麗的花兒！奇——妙的花兒！可——愛的花兒！」這是花販布爾布爾（Bulbul）的叫賣聲。他的玫瑰使我們的房間一整個禮拜瀰漫著香氣；他的香豌豆花，買回來那天就枯萎了。他建議我們在花上灑一些鹽巴。我們照做，但他的香豌豆花依舊熬不過一天，就凋謝了。我們為了這件事吵起來。儘管如此，每天清晨我還是期盼看到他那艘「施客啦」，載著滿船五彩繽紛的花卉，駛過我們旅館門前；可惜，旅遊季節正式展開後，他就離開這個湖泊，轉移陣地，到聚集著A級船屋的納金湖（Nagin Lake）賣花去了。警察局的「施客啦」在湖上日夜穿梭、巡邏——警佐端坐艙中，划船的小警察蹲在船尾。漆成紅色的郵局「施客啦」船艙中，郵務士盤著腿，坐在一張低矮的辦公桌後面，賣郵票、蓋郵戳、不時搖一搖鈴，忙得不亦樂乎。在湖上做生意的每一位商人，手下都有一個負責划船的夥計，而這個夥計往往只是一個七、八歲大的小孩。但我們並不會覺得這樣做很殘忍。這兒的孩子，就像不久前世界其他地區的孩子，在穿著、外表和謀生能力上，都像一個成年人——具體而微的成年人。每天深夜我們總會聽見這些小孩唱著歌，抖擻精神，一路把船划回家。

很快的我們就發現，儘管表面看起來，這個湖泊只是一個蒼翠的荒野，加上幾棟搖搖欲墜的房屋和一些得過且過、依靠本能生存的居民，事實上，這整個湖沼地區早就經過詳盡的規畫，具有嚴密的組織。一如陸地的百姓，湖中居民也實行勞力分工。水域的畫分早已確立；雖然分界線只是一根彎彎曲曲、漂漂蕩蕩的鐵絲，但居民們不會擅自闖入別人的地盤。好幾位老大坐鎮湖中，各有各的勢力範圍，互不侵擾。每一區都設置一所由居民選出的法院。這種管制是必要的，因為這個湖泊資源非常豐富，人煙相當稠密。一個湖養活很多人。它為種菜的農夫提供肥沃的淤泥和豐茂的水草。瞧，一個男孩把一根彎曲的竹竿插入湖中，只消翻攪一下，就能撈起一大束肥美的、濕答答的水草。這個湖泊也為牲畜提供飼料。湖中叢生的蘆葦，是蓋房子鋪屋頂的上好材料。滿湖的魚兒，四處出沒——站在熱鬧的河濱浴場上，你可以看到成群魚兒優游在河階下清澈的湖水中。在晴朗的日子裡，你會看見漁夫們三三兩兩，散布在湖中，彷彿行走在水面上似的：他們佇立在那一艘艘靜靜蕩漾的「施客啦」船舷上，舉起手中的三尖魚叉，凝視著湖水，眼神銳利得就像棲停在楊柳樹上的一群魚狗。

日益舒適的旅館生活

亞齊茲答應幫我們裝置的保溫箱，終於送到了。這是一只巨大的板條箱，由於年代久遠，整個箱子看起來煙熏熏、灰撲撲的。亞齊茲把它搬到餐廳一個角落，讓它斜斜地豎立在凹凸不平的水泥地板上。箱子的內壁黏貼著洋鐵皮，其中一邊裝設著門鍵，可以開關。一排架子把保溫箱分隔成好幾層。吃飯的時候，亞齊茲就端來一只炭盆，安放在保溫箱底部。此後，他就不必再端著熱騰騰的濃湯，老遠從廚房走到餐廳。每天早晨，我們總會看見阿里．穆罕默德蹲在炭盆旁，背對著我們，伸出手指頭，聚精會神地翻烤著土司。那股專注勁真讓我們感動，後來我們才發覺，事實上，他是在聆聽喀什米爾電台（Radio Kashmir）播出的十五分鐘宗教歌曲節目（在英語新聞之後）。他弓起背脊，一副焦慮不安的模樣；我猜，他擔心我們會提前吃早餐，或把收音機轉到別的電台，或支使他去做別的事情。這一來，他就沒工夫聽完他的宗教歌曲了。一大早，他就穿得很體面，準備出門替旅館拉客。我懷疑，如果不是穿著這身拉客服裝，有一天早晨烘烤麵包時，他會突然回過頭來問我：「您想認識喀什米爾舞女嗎？」說著，他齜起上排假牙，笑得很詭異。「我可以把她帶到這兒來。」

我原本以為這家旅館是最安全的地方，沒想到這傢伙竟然搞仙人跳，想從我手裡敲詐一筆錢。「不，阿里。你先帶我去看看她。如果我喜歡，我自己會把她帶到這兒來。」阿里．默罕默德回過頭去，面向保溫箱，自顧自又翻烤起土司來。他一時衝動，向我推薦喀什米爾舞孃；此後他絕口不提這檔子事。

保溫箱送來後，旅館的設施改進得更加快速。兩條破舊的長草蓆交叉鋪在兩旁長滿三色堇、從廚房通到餐廳的狹窄小徑上；每逢下雨天，沾滿雨水，這兩條草蓆看起來就像兩根黑帶子，橫亙在綠油油的草坪上。再過幾天，他們從湖中挖出一些殘破的木板，鋪在這兩條草蓆上。接著，負責擦拭家具的工人——一個成天悶聲不響的男孩——來上班了。他擦拭客廳中的「整套沙發」和那張老舊的書桌（抽屜裡塞滿蘇聯宣傳品，都是阿里向他在「遊客接待中心」結識的俄國人討來的）。他擦拭椅子、床鋪和餐桌；他一聲不吭，從早擦到晚，天天擦，餓了就跑進廚房吃幾碗米飯。後來他走了，旅館的家具還是跟往常一樣髒兮兮。鋪草皮的工人緊跟著來了。他揮動工具，這裡挖挖，那裡掘掘，把光禿禿的湖岸弄得滿目瘡痍、慘不忍睹。

大夥忙得團團轉，但每到下午旅館的員工就會停下手邊的工作，歇息一會兒。這時，亞齊茲準會蹲在廚房走廊上，呼嚕呼嚕抽著水菸；他脫掉平日慣常戴的睡帽，換上一頂氈帽兒，變成一個普通的喀什米爾人（一闔上眼睛就能睡著）。成群訪客——船夫和小販——紛紛上門來；廚房所在的那間小茅屋不時傳出嬉鬧聲。有一回，大夥玩瘋了，我們瞥見亞齊茲衝出廚房，跑到走廊上，頭上沒戴帽子；這一剎那我們看到了他的真面目：原來這傢伙是個禿子。天氣晴朗、陽光普照的下午，巴特先生和廚子兩個人，身上從頭到腳裹著毯子，躺在草坪上睡午覺。

兩個油漆匠來到旅館，給牆壁上第二層漆。其中一個活像中古世紀的人：挺寬闊、憨厚的一張臉龐，腦瓜子上戴著一頂髒兮兮的棉布小帽，模樣一看就知道是個勞工。另一個沒戴帽子，身上穿的是時下流行的西式綠色工作服。裝扮雖然不同，這兩個傢伙的油漆功夫倒是旗鼓相當、難分高下。啥都不必準備，拿起刷子，哥倆就開始幹活。他們不會畫直線。他們的眼睛根本看不見水泥和木板、天花板和牆壁、玻璃和窗框之間的界線。我站在一旁觀看，一時技癢，忍不住拿起刷子在還沒油漆的牆壁上塗鴉，畫幾隻鳥兒和動物，再加上幾張鬼臉。格格一笑，哥倆也在牆上畫出幾隻不知名堂的怪物，跟我別苗頭。身穿工作服的油漆匠操著喀什米爾語，詢問頭戴瓜皮小帽的油漆匠，「我可不可以向他要『爸客施捨』呢？」瓜皮小帽望著我，連聲說：「不可以，不可以。」但瓜皮小帽前腳才跨出門檻，工作服就操著英語對我說：「我們幫你把房間油漆得那麼漂亮。賞點小費吧？」

油漆匠剛離開，玻璃匠就接踵而來，給餐廳的窗子裝上玻璃。只見他老兄氣定神閒，只瞅了窗格子兩眼，伸出手來比畫一下，二話不說就開始切割玻璃，切啊切，割啊割，然後往窗格子上一裝，釘幾根小鐵釘，拍拍屁股走人。緊接著，他們在樓梯、走道和頂樓的迴廊上鋪一條簇新的、用椰子殼的纖維編織成的蓆墊。鋪在迴廊的蓆子顯得太寬——一根排水管阻擋在中間——他們就乾脆讓蓆子的一邊翻捲起來。樓梯鋪上蓆子，卻沒裝上欄杆，讓人走在上面提心吊膽的，一不留神難保不會摔落下來。每回下過一場暴雨，走道上鋪著的蓆子全都被打濕。蓆子才鋪上兩天，他們又弄來一塊綠色印花塑膠桌布，鋪在餐桌上。事情還沒完呢。穿工作服的那個油漆匠又冒出來。他拿著一把刷子，從一扇綠色房門走到另一扇綠色門，蘸著棕色油漆，在門上畫個號碼，用抹布擦一擦，修飾修飾，結果，他畫出來的號碼乍看之下就像一團團毛茸茸、黏糊糊的巧克力。幹完活兒，他就走進廚房，享用一大盤米飯。

麗華大飯店的整修終於完成。一天早晨，亞齊茲把咖啡端送到我面前時，忽然對我說：「老爺，小的想請您幫個忙。能否請您寫封信給『光光局』，邀請馬丹先生來飯店喝杯茶。」

馬丹先生是喀什米爾觀光局局長。我跟他有過一面之緣。那時，我央求他幫我們找一家旅館；他說：「二十四小時內給你回音。」我們痴痴等待了幾天，並沒接到任何回音。我把這段過節向亞齊茲解釋。

「請你寫封信給『光光局』，邀請馬丹先生來喝茶。不是你請他喝茶哦。是我請喝茶。巴特先生請喝茶。」

他鍥而不捨，每回伺候我們用餐，他就使出牛皮糖功夫，死纏活賴，央求我寫信給觀光局。麗華大飯店新近開張。它既不是船屋，嚴格說也不是旅館，因此它需要獲得觀光局某種形式的認可。我很樂意幫他們寫一封推薦函。只是，一想到邀請觀光局長來喝茶，我就不免躊躇起來。亞齊茲和巴特先生——他總是躲藏在他那副眼鏡背後，羞答答，笑吟吟——卻不了解我的苦衷，一個勁堅持我寫一封邀請函。於是，一大早晨，在巴特先生和「全喀什米爾遊船工人聯合會」那位看得懂英文的祕書監視下，我寫一封信給馬丹先生，邀請他來喝茶。

巴特先生親自到城裡走一趟，把信送到觀光局。吃午餐時，亞齊茲向我們報告說，馬丹先生讀了我的邀請函，但沒有答覆。這傢伙生怕我的自尊心受到傷害，趕忙補上一句：「說不定他已經把回信寫好，只等打字員打字，打好後就會派信差送過來。」

亞齊茲顯然了解程序。可我們等了好幾天，卻不見馬丹先生的信差上門來。我有一部打字機，我也曾收到喀什米爾大君手下一位軍官送來的邀請函，但現在我卻發覺，我連那麼簡單的事情——邀請觀光局長來喝茶——都幫不上忙。巴特先生沒說什麼（他的沉默，恐怕並不完全是因為語言不通的關係吧）。過了幾天，我又碰到一件更糗的事情。「全喀什米爾遊船工人聯合會」祕書打算向交通局長提出陳情，要求增加公車班次。陳情書就是我草擬、打字、簽名的，但送出去後卻恍如石沉大海、杳無回音。亞齊茲了解程序。幾天後，我發現房裡的燈泡昏暗不明，便要求亞齊茲幫我換一個。他說：「兩到三盧比。你付，我付，還不是一樣？」當然由我付錢。在這種情況下我怎麼敢提出異議呢？

電台之爭

旅遊季節開始了。麗華大飯店雖然未獲觀光局認可，但由於斯利那加城內的住宿設施相當有限，而我們的房租也還算合理，因此，很快的，我們就開始招攬到客人。我挖空心思，想出一大堆計畫，打算好好替麗華大飯店宣傳、促銷一番。我挑出幾套比較可行的行銷策略，向亞齊茲提出，然後透過他向巴特先生呈報。他們倆只管笑咪咪聆聽，感謝我的好意和熱忱，但只要求我幫他們做一件事：阿里·穆罕默德把那些穿西裝、打領帶的老外從「遊客接待中心」帶到我們飯店時，我就出面跟他們攀談，設法說服他們留下來，住幾天。執行這種任務，失敗固不足喜，但成功也會讓我感到不快樂。說穿了，我只想霸占這間飯店，一個人住在這兒，不受其他遊客侵擾。亞齊茲看透我的心思。就像一個溺愛子女的爸媽，他一逕哄慰我：「開飯時，你先吃，一個人吃。我們給你準備私房菜，別的房客可都吃不到的哦！這家飯店是您的，不是巴特先生的哦。」每回新房客搬進來，他就會跑來對我說：「老爺，這對大夥兒都好嘛！對飯店、對巴特先生、對大家都好嘛。」有時他會伸出一條胳臂，指著天空喃喃自語：「感謝上蒼給我們送來客人。」

我還是感到不快樂。這是一家另類旅館。招攬來的卻是傳統房客。首先搬進來的是出身婆羅門階級的一個家庭（隨後還會有好幾家搬進來），他們不吃旅館的食物，自個兒燒飯做菜。一家人聚集在房門口，剝豌豆，篩米，切胡蘿蔔。他們蹲在樓梯底下放置掃帚的櫥櫃裡，生火煮飯；

他們打開花園的水龍頭，在那兒沖洗碗碟鍋盤，把新鋪的草皮踐踏成一團團爛泥巴。其他房客有樣學樣，紛紛把垃圾丟到草坪上、把衣服晾在花園裡。我在這兒度過的幾天寧謐的田園生活，終於結束了。

一天，亞齊茲向大夥兒宣布（這傢伙還真會表演，臉上帶著一副既興奮又哀傷的神情）：一群信仰正統印度教的印度遊客，約莫二十人，即將住進麗華大飯店，停留四天。房間不夠住，部分客人只好在餐廳打地鋪，而我們也只好委屈一些，將就在客廳用餐囉。我聽到這個消息，心裡直往下沉，誰都安慰不了我。亞齊茲看在眼中，連一句安慰的話也沒有。我們痴痴等待那幫印度遊客上門。在我們面前，亞齊茲臉色越來越陰沉，彷彿有人得罪他似的。盼望了好幾天，那二十位房客終究沒有露面。這下，亞齊茲臉色更加難看了，彷彿全天下的人都對不起他似的。

這陣子，不順心的事情多得很哪。剛搬進來時，我就跟他們講好，每天早晨快到八點時就把餐廳的收音機打開。一聽到嗶嗶聲，我們就走下樓來，一面吃早點一面聆聽英語新聞。一天早晨，收音機傳出的不是嗶嗶聲，而是印地語電影主題曲和推銷英國食品飲料——諸如「愛斯波羅」（Aspro）和「好立克」（Horlicks）——的印地語廣告。仔細一聽，我們發現那是錫蘭電台播出的節目。我扯起嗓門，朝著窗口吶喊，叫亞齊茲立刻來見我。他走上樓來說，八點鐘聽德里播出的英語新聞的規定，他已經告知那個來自孟買的小伙子，但這傢伙硬是不睬他。

第一眼看到這個孟買小子，我就打心裡討厭他。他總是穿著一條緊身褲和一件黑色人造皮夾克；一頭濃密的髮絲，梳得油光水亮；肩膀老是一聳一聳，帶著左撇子特有的那股矯揉造作、自以為高雅迷人的邪氣。這小子走起路來，腳步輕盈得就像一個拳擊手，動作乾淨俐落。在我心目中，這小子簡直就是孟買貧民窟的馬龍白蘭度。我們從沒交談過。是可忍孰不可忍，儘管他穿著皮夾克，如今我也只好跟他拚了。

我衝下樓去。收音機開得震天價響；馬龍白蘭度端坐在草坪上一張破舊的藤椅裡。二話不說，我伸出手來就把音量調低（倉促間幾乎把收音機關掉），然後定下心神，把頻道轉到喀什米爾電台。阿里正在烘烤土司麵包。從他的背影我可以看出，他不打算介入這檔子事。我坐在餐廳裡聽完英語新聞。一等新聞播完，孟買白蘭度就霍地站起身，掀開門簾闖進餐廳，伸出手來把收音機轉到錫蘭電台，二話不說，一轉身，撩開門簾衝出餐廳。

冷戰就這麼持續下去，每天早晨和傍晚都得交手一次。亞齊茲保持中立。阿里顯然站在我這邊。一如以往，他默默蹲伏在保溫箱前，烘烤他的土司，但再也聽不到他最愛聽的喀什米爾語宗教歌唱節目了。雙方僵持不下。我試圖打開僵局。一天早晨，我告訴阿里，比起錫蘭電台播放的廣告，喀什米爾歌曲好聽多啦。阿里猛然抬起頭來，一臉驚惶。後來我發現，旅遊季節才開始幾個星期，阿里就受到遊客影響（他們的電晶體收音機總是轉到錫蘭電台），口味開始改變了。他迷上了廣告歌；他愛死了電影主題曲。這些歌曲代表的是現代的、山外的世界——那些穿扮入時、荷包飽滿的印度遊客就是打那兒來的。喀什米爾音樂屬於湖泊和山谷，跟山外的音樂相比，未免顯得過於粗糙、土氣。原來，我們的童話國度竟是這般脆弱，簡直不堪一擊。

過了幾天，我因為肚子疼，病倒在床上。隔天早晨我聽見有人敲門。進來的人竟然是孟買白蘭度。

「昨天我沒看到你。」他說：「聽說你病了！今天你覺得好一點了嗎？」

我說，今天我覺得好多了，謝謝他來看我。接著就沒話講了。我搜索枯腸，想找出一些話來說。他只管靜靜站在床邊，一副從容不迫、氣定神閒的模樣。

「你從什麼地方來？」我問。

「我從孟買來。」

「孟買。孟買的哪一區啊？」

「達達爾（Dadar）。你知道這個地方嗎？」

正如我想像的。「你從事什麼工作？在醫學院念書嗎？」

他抬抬左腳、聳起肩膀，又擺出一副桀驁不馴、邪里邪氣的架勢。「我是這家旅館的客人。」

「這我知道。」

「你是這家旅館的客人。」

「我是這家旅館的一位房客。」

「那麼，你為什麼說我是醫學院學生呢？為什麼？你是這家旅館的客人。你生病，我來看你。你為什麼說我是醫學院學生呢？」

「對不起。我知道，因為我們都住在這家旅館，所以你才來看我。我不是存心冒犯你。我只是想知道你從事什麼工作。」

「我在保險公司工作。」

「謝謝你來看我。」

「不客氣，先生。」

他聳起左肩，伸手掀開門簾，走出房間。

從此，我們兩人以禮相待。我幫他把收音機轉到錫蘭電台；他幫我把頻道調到喀什米爾電台。

僕人爭寵

「大爺！」一天下午廚子突然扯起嗓門，呼喚我。他一邊敲門一邊鑽進房間來。「我今天休假，現在要回家囉，大爺。」他講起話來就像連珠砲似的，一副行色匆匆的模樣。通常，總是亞齊茲陪著廚子走進我的房間，但今天下午，廚子刻意避開亞齊茲，悄悄溜進來。從窗口望出去。我看見亞齊茲側著身子，躺在廚房走廊擺著的一張繩床上。

「大爺，我兒子病了。」他瞅著我，臉上綻露出羞澀的、詭祕的笑容。他那雙精緻小巧的腳，不停地摩擦著地板，一副忸怩不安的模樣。

他大可不必耍這一招。我的手早就伸進褲袋，從一疊用釘書機釘在一起的鈔票（總共一百張）中抽出幾張來。那個星期，本地的印度國家銀行只有這麼多現金。我不敢把整疊鈔票掏出來，只能把手伸進褲袋裡，慢吞吞、偷偷摸摸抽出幾張：我知道喀什米爾人一看到花花綠綠的鈔票，就會立刻亢奮起來，目露凶光，令人不寒而慄。

「我兒子病得很重，大爺！」

這傢伙跟我一樣急躁。

「大爺！」他沉下臉來，顯得很不高興。三張鈔票不知怎的黏貼在一起，看起來好像只有一張。接過鈔票仔細一瞧，他登時眉開眼笑，「哦，三盧比！好啊。」

「大爺！」過了一個星期，廚子又扯起嗓門呼喚我，「我太太生病了，大爺啊。」站在房門口，他一邊數著我遞給他的鈔票、一邊回過頭來，帶著堅定的語氣對我說：「大爺，我太太真的生病了。病得很重哦。她染上傷寒。」

聽到這個消息，我感到有點擔心。廚子告訴我這件事，除了禮貌上的原因，恐怕還有別的企圖。吃中飯的時候，我向亞齊茲打聽廚子太太的病情。

「她根本沒染上傷寒！」亞齊茲緊緊抿住嘴巴，忍住一臉笑意。他顯然在嘲笑我那麼容易上當受騙。看到他臉上的表情，我差點惱羞成怒。

我把廚子的伎倆給揭穿了。他不再跑進我的房間，向我訴說，他的親人病得有多重，我不忍心想像他在廚房裡遭受同事們羞辱、忍氣吞聲的模樣。我更不想看到亞齊茲那副得意洋洋的神情；他以為，從此他可以吃定這個廚子，愛怎樣擺布他就怎麼擺布他。在這座小小的島嶼上，每天，從早到晚，我都得跟旅館裡每一位員工打交道，尤其是亞齊茲。最初，這種牽扯讓我感到很不習慣。這之前，在我心目中，所謂「僕人」只不過是幫你做事、領取一筆酬勞、然後回家過自己的日子的那種人。但對亞齊茲來說，工作卻是他生活的全部。亞齊茲有個不曾生育的妻子，居住在湖中某處，但他不常提起她，而據我所知，他從不曾回家探望過她。服務和伺候客人，是亞齊茲的人生目的。這是他的本事，也是他的謀生方式。它超越了僕人的制服和表面的恭謹；它賜予他力量。我在書上讀過，十八世紀的歐洲僕人非常霸道，竟然操控主人的生活；《死魂靈》

（*Dead Souls*）和《歐布洛莫夫》（*Oblomov*）這類俄國小說[2]所描寫的僕人，其傲慢無禮，簡直到了不可思議的程度。在印度，我親眼看過女主人和男僕人爭吵，就像一對發生口角的夫妻，充滿激情，結果往往是床頭吵床尾和。現在我終於明白箇中緣由。你若想擁有一個貼身僕人——他唯一的本事和功能是取悅、伺候主人——你就必須自願地、爽快地交出一部分自我，任由僕人擺布。它創造出一種原本不存在的依賴感；它要求回報；它能夠讓一個成年人退化成嬰孩。我越來越在意亞齊茲的情緒，而他也越來越受我的心情影響。他有能力激怒我；看見他悶悶不樂，一整個早晨我都開心不起來。我變得非常敏感，總是懷疑他對我不忠，移情別戀，不再像以往那樣盡心盡意伺候我。於是我就開始生悶氣，不睬他。於是他就——視心情而定——透過別人向我道晚安，或根本不向我道晚安。隔天早晨，一覺醒來，我們倆又會和好如初。有時，我對他招攬來的房客感到不滿，一連幾天不理他，藉此表示抗議。每天他一提到最近菜價漲了，我就會懷疑他想從我荷包裡多挖一點錢；一氣之下，我就會在大庭廣眾間，公然跟他吵起架來。我只要求他對我忠誠，但這是一種奢求，因為我畢竟不是他的雇主。故而，在我們倆的關係中，我不得不採取軟硬兼施、威迫利誘的手段，而他都能隨機應變、應付裕如。

我說過，他的服務超越了制服的層次。事實上，他從沒穿過僕人的制服。他身上總是穿著同一套服裝，看起來髒兮兮，聞起來臭不可當。

「亞齊茲，你會不會游泳啊？」

「哦，會的，老爺，我會游泳。」

「你在什麼地方游泳啊？」

「就在這兒湖中呀。」

「湖水很冷哦。」

「不冷，老爺。每天早晨，我和阿里．穆罕默德都會脫掉身上的衣服，跳進湖裡游泳。」

原來如此。我心中的一個疑團終於解開了。「亞齊茲，你到裁縫店訂做一套衣服吧！我付錢。」

他立刻沉下臉孔，裝出一副身心勞累的模樣，彷彿被工作的重擔壓得喘不過氣來似的，但我看得出來，這會兒他心裡高興得很哪。

「亞齊茲，訂做一套衣服要多少錢啊？」

「十二盧比，老爺。」

今天我心情甚好。看見阿里．穆罕默德披著他那件邋里邋遢的藍色條紋西裝，穿著背心，戴著表鍊，走出旅館大門，準備前往城裡的遊客接待中心招攬客人，我一時心軟，忍不住把他叫回來。

「阿里，你到裁縫店訂做一件新背心吧！我付錢。」

「是，先生。」

阿里內心真正的感覺很難看出來。每次有人叫他的名字，跟他說話，他都會流露出一副驚慌

2《死魂靈》是十九世紀俄國小說家果戈里（Nikolai Vasilievich Gogol，一八〇九～五二）的代表作，一八四二年出版。《歐布洛莫夫》是同時代另一位俄國作家剛察洛夫（Ivan Alexandrovich Goncharov，一八一二～九一）的作品，一八五九年問世。

失措的神色。

「訂做一件背心要多少錢啊？」

「十二盧比，先生。」

奇怪，不管訂做什麼樣的衣服，價錢都是十二盧比。我回到樓上房間。還沒在那張藍色書桌前坐定，砰然一聲，我就聽見房門被推開了；回頭一瞧，我看見廚子腰上繫著藍圍裙，氣咻咻闖進房間來，一步一步向我進逼，一副準備找人幹架的態勢。他伸出一隻手，拍了拍我那件搭掛在椅背上的夾克，沉聲說：「我要一件外衣。」說完，他往後退出兩步，彷彿被自己的粗暴行為嚇著似的。「你送給阿里．穆罕默德一件外套，你送給亞齊茲這個老小子一套西裝。」

莫非他們在廚房嘲笑他？我想起剛才亞齊茲臉上的表情：一張臉繃得緊緊的。抿住嘴巴拚命忍住笑。一回到廚房，這傢伙就笑開了。我可以想像他在廚子面前表現的那股得意勁兒。至於阿里．穆罕默德，當時他正準備前往城裡的遊客接待中心，招攬客人。我猜，他聽說我要送他一件衣服，就立刻折回廚房，把好消息告訴大夥兒。

「我是一個窮光蛋。」廚子伸出雙手，拂了拂他身上那件看起來還挺精緻、雅潔的衣裳。

「送你一件衣服，要花我多少錢啊？」

「十五盧比。不，二十盧比。」

太貴了。「離開這兒時，我會送你一件外套。我離開那天才送給你。」

廚子一聽，趕忙在地板上跪下來。他伸出雙手，想摟住我的大腿，表示感激，但椅子的四支腳和橫木阻擋在面前，使他無法如願。

我看得出來，他內心飽受煎熬。我知道這幾個傢伙為了衣服的事情，在廚房裡吵上好幾架。廚子是自尊心很強的人。他的身分是廚師，可不是一般僕人。他不屑討好別人；他瞧不起像亞齊茲這種成天脅肩諂笑、巴結主人的馬屁精。這種人什麼事都看不順眼，常常招惹別人，但到頭來吃虧的總是他自己。

約莫過了一個星期，有一天吃晚餐時，廚子叫人送來一鍋燉肉和一鍋燉菜。這兩鍋東西看起來並沒什麼不同，唯一的差別是，其中一鍋有幾塊肉丁和肉片。我不吃肉，一看到這鍋燉肉就倒盡胃口，連那鍋燉菜也不想吃了。亞齊茲感到很委屈。看到他那一臉難過的模樣，我心中暗喜。他端著兩個鍋子走回廚房。不久，我們就聽見廚房裡傳出廚子的叫罵聲。亞齊茲兩手空空，獨個兒走回餐廳——瞧他走起路來慢吞吞的，彷彿腳痛似的。過了一會兒，餐廳門簾後面忽然響起呼喚聲。廚子赫然出現在我們眼前！只見他一手提著煎鍋、一手握著切魚刀，滿臉脹紅，臉上的五官歪七扭八，模樣兒真嚇人。

「你為什麼不吃我的燉菜呢？」

他氣急敗壞，站在我身旁瞪著我，扯起嗓門尖叫：「你為什麼不吃我的燉菜呢？」我真擔心他會舉起手裡提著的煎鍋，在我頭頂上狠狠敲幾下。果然，他舉起了煎鍋（我看見裡頭裝著一大片煎蛋捲），但所幸並沒朝向我頭上敲下去。這個人每次發完脾氣，就會立刻流露出一臉驚恐、惶惑的神色。顯然，他也知道自己的弱點。

我跟他一樣難過。但一想到油煎雞蛋捲，我就覺得反胃，直想嘔吐。一股怒氣驀地從我的丹田升起，直竄到我腦子裡來，摧毀我的判斷力，使我變得非常不理性。霎時間，我變成一個心胸狹小、目光短淺的人。

「亞齊茲！」我大吼一聲，「你能不能請這個人出去？」

這樣的反應實在太粗魯、太荒唐、太無聊、太幼稚了。但這種發洩雖然使人喪失理智，卻也能讓人感到振奮。從憤怒的狀態中恢復過來，過程往往十分緩慢、痛苦。

不久，廚子就離開了麗華大飯店。他突然辭職。一天早晨，在亞齊茲陪伴下，他走進我的房間告訴我說：「大爺，我要走啦。」

亞齊茲知道我會問什麼問題。他搶先代替廚子回答：「老爺，您應該替他高興哦。別擔心。他在巴雷穆拉城（Baramula）那邊的一個家庭，找到一份挺不錯的工作。」

「我要走啦，大爺。現在麻煩您給我寫一封推薦函。」廚子站在亞齊茲身後，斜起一隻眼睛，伸出一根手指頭，指著亞齊茲的背脊不停搖晃。

我坐在打字機前，立刻給他寫一封推薦函。這封信寫得很長，非常感性，但我不以為這樣的推薦函對未來的雇主有任何用處。它只能證明我同情這個人：我覺得，他跟我一樣不能適應社會。趁著我寫信，亞齊茲忙著拂拭房間裡的灰塵，臉上一逕掛著笑容。

「我現在要走啦，大爺。」

我把亞齊茲打發出房間，然後掏出一疊鈔票，悄悄塞進廚子手裡。他接過這筆錢，啥都沒說，只緩緩地、充滿情感地說了一句話：「提防亞齊茲這個老小子！」

「您應該替他高興！」廚子走後，亞齊茲又用同樣的話安慰我，「兩三天內，我們就會找到新廚師。」

就這樣，我對麗華大飯店的觀感，剎那間改變了——原本我把它看成湖中的一間娃娃屋。

季節通行證

「老爺，請您幫個忙。您寫封信給『光光局』，邀請局長馬丹先生來咱們飯店喝杯茶。」

「亞齊茲，上回我寫信邀請他，他沒來呀。」

「老爺，請您寫封信給『光光局』。」

「不，亞齊茲，我不想再邀請他來喝茶了。」

「老爺，請您幫個忙。您親自到城裡走一趟，拜會馬丹先生。」

這夥人聚集在旅館廚房裡，又想出了一個餿主意。每個星期，阿里・穆罕默德都必須申請許可證，進入警衛森嚴的遊客接待中心，招攬客人。這一來，他就平白浪費了不少寶貴的拉客時間。他需要長期許可證，整個旅遊季節都能夠通行無阻；廚房那夥人認為，我肯定能夠幫他弄到一張這樣的通行證。

「他們會簽發這種季節通行證嗎，亞齊茲？」

「會的，老爺。羅達的船屋就申請到一張。」

我們這家坐落在湖中、不受官府認可的另類旅館，竟然遭受歧視和打壓。是可忍孰不可忍。

我立刻跟馬丹先生取得聯繫，約好時間拜會他。那天，在旅館主人巴特先生陪伴下，我乘坐雙輪出租馬車進城。

遊客接待中心的職員居然認得我！上回我寫的那封信，讓麗華大飯店著實出了一陣子鋒頭。好幾位官員一看見我，就紛紛走上前來，笑咪咪，爭相跟我握手——我對喀什米爾旅遊事業的關切，讓他們感到很開心，雖然有點疑惑。印度官僚體系固然效率不佳，公務員辦起事來拖泥帶水、一問三不知，但他們絕不會遺失或遺忘任何文件。在官員們親切招呼、簇擁下，我這個主動替本地一家旅館撰寫推薦函、熱忱可嘉的外國遊客，被送進那間掛滿圖片的局長室，會見馬丹先生。

成群訪客，等候局長召見。一看到彬彬有禮、神情卻十分嚴肅的馬丹先生，我差點想打退堂鼓。寒暄完畢，我總得找個話題談談，可不能就這樣開溜。於是我說：能不能請馬丹先生交代手下，給阿里．穆罕默德簽發一張季節通行證？當然，阿里．穆罕默德必須符合申請條件，而這得由觀光局認定。

「通行證已經取消啦！我猜，您那位朋友擁有英國護照吧？」

我沒把話講清楚，難怪局長大人會有這樣的誤解。我趕緊補充：阿里不是遊客；他只想見見遊客；他是喀什米爾人，一家旅館的員工；基於工作需要，他想進入遊客接待中心；雖然我也曉得遊客必須受到保護，但是，能否請局長先生通融……我越說越急切。我只想快快把這件瑣碎的事情辦妥，保住我的尊嚴，走出局長辦公室。

馬丹先生耐心聽我陳訴。他說，如果阿里提出申請，他會慎重考慮。

如逢大赦，我忙站起身來向馬丹先生道別，鬼趕似地走出局長室，把消息告訴巴特先生。

「現在，你趕快去見科長吧！」巴特先生說。我糊里糊塗，被他拉著走進一間擠滿辦公桌和公務員的房間。

科長不在辦公室。稍後我們在走廊上找到了他。原來是一個穿著淺灰色西裝、身材挺拔、笑容滿面的年輕人！他看過我寫的信，了解我的要求。他說，只要旅館明天提出申請，他會看著辦。

「明天，」我轉告巴特先生，「明天你再來一趟。」

我甩下巴特先生，拔腿就溜，匆匆忙忙穿過國營百貨公司的庭院（這兒原本是英國總督官邸），一路走到渾黃的賈倫河（Jhelum）畔，登上河邊的堤岸。總督官邸的喀什米爾式精工木雕早已經腐朽，斑斑駁駁；官邸旁邊有一間充滿英國風味的破舊印度式小木屋，門口掛著一塊招牌：百貨公司咖啡屋。矗立著成排齊納爾樹的官邸庭院，依舊十分壯觀；一個個精心設計、形狀各異的花圃，栽種著雛菊，散布在遼闊的草坪上，爭奇鬥豔煞是好看。總督官邸坐落在堤岸一端——我常聽本地人說，以前，英國人不准印度人走到堤岸上來。堤岸入口處的旋轉柵門，如今已經被砸掉了。綠草如茵的河濱，處處豎立著告示牌，禁止遊人在草坪上騎乘腳踏車或散步，但人們視若無睹、我行我素，河岸的草地早已經被車輪輾出一條深深、長長的轍跡。成群母牛聚集在官邸前庭花園，自顧自低頭吃草——這些建築物，實際上只不過是喀什米爾建築風格的翻版，但乍看之下，卻彷彿是模仿「仿都鐸式」的作品[3]。好幾間老式店鋪依舊存在，非常寬敞，非常陰暗，裡頭擺滿玻璃櫥櫃，彷彿仍然期待那些「不辭而別」的英印混血兒回來。早已經褪色的廣告

3 都鐸（Tudor），英國王室之名，自亨利七世至伊莉莎白一世，統治英國一百餘年（西元一四八五年至一六〇三年）。都鐸式建築指英國歌德式末期的建築式樣。

招貼，依舊在促銷早已經不再販賣的商品，諸如水餅乾[4]；店堂裡的木板和牆壁上，依舊鐫刻著英國主顧——總督和總司令之流——的姓名。在一間專門售賣動物標本的店舖中，牆上掛著一幅鑲在框子裡的照片：一個英國騎兵軍官，伸出他腳上那隻擦拭得亮晶晶的皮靴，踩在一隻死老虎身上。

一個光輝燦爛的時代已經消逝了；另一個光輝燦爛、屬於市場的時代還沒來臨。但我們不必等太久。「先生，您即使不說，從您的衣著和口音我也看得出來，你的品味是英國式的。您請進來坐一坐。讓小弟我拿出幾件本店專賣的、符合英國品味的地毯，請您評鑑評鑑。您瞧，這就是英國的品味囉。我可是行家哦！現在，您不妨再看看另外幾條地毯。瞧，又粗又重，印度式地毯嘛，質地當然也就比較粗糙、低劣囉……」

喀什米爾最棒的約會場所——
沒錯！就是咱們這間「總理餐廳」（Premiers Restaurant）
喂，朋友們，東尼率領五位勁爆舞者
今晚登台獻唱，以娛嘉賓
朋友們來吧！盡情享受三十六種冰淇淋
在咱們這間星光閃閃的酒吧
喝個痛快，不醉無歸！

傳單上是這麼說的。我依照地址，來到這間簇新的、充滿現代風味的餐廳——根據另一份傳單，它是城中「最開放」、「最有搞頭」的約會場所。時間太早了，東尼和五位勁爆舞者還沒登場，我叫了一公升貴得嚇人的印度啤酒，獨個兒坐在空蕩蕩、靜悄悄的餐廳裡，試圖把今天早上的糗事忘掉。

喝完啤酒，我沿著塵土飛揚的官邸路一路走下去，駐足一間書店前，和那位滿臉鬍鬚的老闆攀談。他是從信德省逃出來的難民，在孟買念大學，擁有文學士和法學士雙學位。他告訴我，他今年八十歲了。我不相信。「呵呵！我說我今年八十歲，因為我不想說我今年七十八歲。」他談起一九四七年巴基斯坦入侵、大肆劫掠巴雷穆拉城的往事。那時，在喀什米爾首府斯利那加市——如今已經淪落為雙輪馬車夫、阿里．穆罕默德和「總理餐廳」的城市——人們花五百盧比，買一張原本只要八盧比的巴士車票，爭相逃到占木市。「如今我成天坐在這兒，沒事可幹，只好讀讀書，笑看人生。」他閱讀史蒂芬．黎考克的作品[5]。他最喜歡孟羅少校寫的短篇小說，百讀不厭。為什麼他把小說家沙基稱為孟羅少校呢[6]？他解釋說，他在一篇文章上讀到，沙基本名孟羅，而孟羅是一位陸軍少校；他覺得，稱呼自己最喜愛的作家，應該把他的軍階加在他的姓名前，以示尊敬。

4 水餅乾（water biscuit）是一種用小麥粉和水製成的淡味餅乾。
5 史蒂芬．黎考克（Stephen Leacock，一八六九～一九四四），加拿大幽默作家兼經濟學家。
6 亨利．休．孟羅（Henry Hugh Munro，一八七〇～一九一六），在緬甸出生的蘇格蘭小說家，筆名沙基（Saki）。

我搭乘雙輪出租馬車，回到河畔的石階浴場，路上遇到巴特先生。我叫他上車。可憐，他等我等得都快哭了。早上我匆匆忙忙離開他。他沒聽懂我的話。一整個早晨，他就痴痴的站在遊客接待中心，等我回來接他。

隔天早晨，我把季節通行證申請書打好，讓巴特先生帶到城裡去。今天天氣格外悶熱，氣溫節節上升。中午時分，天空忽然沉暗下來，隨即烏雲密布，放眼望去，只見翠藍的群山倒映在湖水中；狂風驟起，嘩啦嘩啦橫掃過湖面，翻捲起荷葉，鞭打著楊柳樹，搖盪著湖中一叢叢蘆葦。下雨了。氣溫陡然下降。湖中的空氣變得冷颼颼。巴特先冒著大雨從城裡趕回來。他頭上那頂氈帽淋了雨，濕漉漉，毛茸茸，閃爍著水珠。他身上那件夾克沾滿雨水，襯衫下襬滴滴答答流淌著雨珠。他拱起肩膀縮起脖子，把臉龐埋藏在翻起的領子裡。我看見他踩著花園中鋪著的木板，慢吞吞朝向廚房走去。他脫掉鞋子，鑽進屋裡。我回到書桌旁，一邊工作一邊豎起耳朵，傾聽樓上的腳步聲。我以為巴特先生會打著赤腳走上樓來，向我報喜。但他一直沒露面。

我再也忍不住了，只好問亞齊茲：「巴特先生到底拿到通行證沒？」

「拿到啦！一個星期。」

幾天後的一個早晨，我正在客廳喝咖啡。身穿工作服的油漆匠從門口探進頭來，問道：「老爺，您幫我打一封推薦信好不好？」我沒回答。

第六章　中古城市

水位陡然下降。棧橋的階梯整個暴露在水面上，連最底下的一級也露了出來。湖水變得更加渾濁了。成群魚兒黑黝黝，游竄在夏季的湖泊中。矗立在北方天際的群山，積雪已經消融，山上的石頭暴露在天光下，巉巖嶙峋，遠遠看起來彷彿被漂白過似的。山腳陰涼的林園中，樅樹出落得更加繁茂了，東一叢西一簇，鬱鬱蔥蔥。湖中的白楊樹喪失了春天的翠綠；楊柳飄散在湖面倏地颳起的狂風中。蘆葦長得太高了，彎彎曲曲的——每回風起時，它們就隨風搖曳擺盪起來，宛如一波洶湧一波的浪濤。皺成一團的蓮葉，在長長、粗粗的梗莖支撐下，從水面上凸伸出來，亂糟糟。過了幾天，一顆顆蓓蕾冒出來了；一個星期後，滿湖蓮花驀地綻開，粉紅粉紅的一片，好似迴光反照一般。旅館花園中，金英花和櫻花四下蔓生，有如一叢叢野草，如今全都被拔除了。取代三色堇的法國金盞花，長得越發茂密了，這會兒全都冒出了蓓蕾。牽牛花躲藏在餐廳牆腳陰影裡，顯得病懨懨的——和園中的天竺葵一樣，它們身上沾滿塗料（那可是油漆匠的刷子潑灑出來的）。柳葉菜的花正在盛開中：一簇簇奼紫嫣紅，宛如一鍋攪拌在一起的顏料。我們剛搬進這家旅館時，園中的向日葵還只是一株株幼苗，如今卻已經長得非常高大，葉子十分寬闊，我再也無法把頭探進花叢中，觀賞它們那有如一顆顆星星般的蓓蕾。嬌美可愛的大麗花綻放了。紅灩灩的，閃爍在翠綠的蘆葦、垂柳和白楊叢中。

魚狗依舊逗留在旅館周遭，但其他鳥兒卻不再像以往那樣，常常飛臨我們的花園。我們最懷念戴勝鳥——牠那長長的、成天只顧啄食不停的嘴巴；牠那雙翅膀上黑白相間、彎彎曲曲的條紋；牠頭頂上那一簇每回降落時就像扇子一般張開的冠毛。一如亞齊茲所言，熱浪一旦來臨，小蒼蠅就會成群死亡，取而代之的是體型比較碩大的家蠅。迄今，我碰見過的那些蒼蠅都不敢親近人類，但這些家蠅卻趁著我在幹活，公然棲停在我的臉龐和手臂上；一連好幾個早晨，還不到六點鐘，我就被一隻蒼蠅的嗡嗡叫聲吵醒（這傢伙居然逃過了我噴灑的殺蟲藥！），亞齊茲曾預言，一旦蚊子來臨，蒼蠅就會倉皇走避。在他心目中，蒼蠅是上帝差遣來的使者。一天下午，我看見他戴著帽子躺在廚房裡，酣然入睡，臉龐一片黑，棲息著一隻隻吃飽喝足的蒼蠅。

這之前，我只管向他索取殺蟲藥。現在，我要向他索取冰塊了。

「這兒的人不喜歡吃冰。」亞齊茲說，「吃了冰，滿身熱烘烘，更加難受。」

為了他這句話，我們之間又展開一場冷戰。

酷暑天，湖泊北岸的山脈從早到晚籠罩在煙嵐中，灰濛濛一片。太陽下山時，谷中瀰漫琥珀色的霞光，暮靄蒼茫，一縷縷煙霧飄蕩在湖中的白楊樹叢間。每一株樹木，輪廓都十分鮮明。從珊卡拉查里山頂眺望，煙霧繚繞的斯利那加城，遠遠看起來，就像一座巨大的工業城鎮，矗立城中的一株株白楊，乍看就像一根根高聳的煙囪。斯利那加城前方，愛克巴城堡雄踞在湖中央一座赭紅山丘上，映照著落霞，氣象萬千。太陽懸掛在城堡左邊的天空——原本白燦燦的一輪，這會兒已經轉變成淡黃色；湖畔群山，灰濛濛一路綿延到遠方天際，終於隱沒在暮靄中，再也望不見了。

中古城鎮的色彩與節慶

堤岸外有一座中古城鎮。乍看之下，它彷彿是中世紀的歐洲城市。時而塵土飛揚、時而濕氣瀰漫的城鎮，四處洋溢著各種各樣的味道和氣息：汗漬漬的人體；五彩繽紛、沾滿污垢、腥臭撲鼻的服裝；黑漆漆臭烘烘、暴露在天光下的陰溝；一堆堆曝曬在太陽下的煎烤食物和垃圾。滿城野狗出沒（挺漂亮的狗兒，可惜沒人理睬），成群蹲伏在商店門廊下；餓得發慌的小狗狗，打著哆嗦，瑟縮在懸掛著血淋淋屠體的肉攤底下那潮濕、陰暗的狹小空間中，嗬啾不停。城中巷弄縱橫交錯。巷中櫛比鱗次，排列著一家家陰暗的店舖和一座座擁擠嘈雜的庭院。滿街長裙搖曳。成群男孩蹦蹬著瘦伶伶、傷痕斑斑的腿，四處流竄。這一幢幢挨擠成一堆的木板房子，當初興建時，花了多少心思、用了多少工夫啊！只要你仔細瞧一瞧，在那飽經風吹日曬、早已變得一片灰黑的外表下，你依舊可以看到精緻的木雕和繁複的裝飾。銅器專賣店裡，陰暗的店堂中，每一件黃銅打造的器皿亮晶晶，閃閃發光，散發出一種奇異的美。灰暗的泥濘巷弄中，一簇繽紛燦爛的色彩驀然出現在你眼前——一堆金黃、翠綠的糖果，雖然布滿蒼蠅，卻也讓人垂涎欲滴。在這兒，你可以重新體驗紅、黃、藍三原色的吸引力（那是玩具和一切會發亮的東西的色澤）；在這兒，你能夠找回兒童時期的品味（那也是農民的品味，驟然出現在這麼城市裡——以及印度其他地區——顯現在金屬亮片、彩色燈泡和我們曾經覺得美麗的一切事物中）。從流淌著垃圾的巷子望進去，你會瞥見那一座座大雜院裡，晾曬著色彩繽紛、圖案精美的毛毯、地毯和輕柔的圍巾。這些色彩和圖案源自波斯，傳入喀什米爾，得以發揚光大，所有的編織品中，從價值兩千盧比的地毯，到一件只賣十二盧比的老舊毯子。在這座骯髒灰暗的中古城鎮，色彩是唯一的美，顯現在每一張精工編織的毛毯、每一盆塑膠雛菊——如同中古世紀的歐洲——每一件繽紛亮麗的服裝中，供人們欣賞、品鑑。

與色彩相輔相成的是歡樂的節慶。整個冬季，城鎮陷入冬眠狀態。遊客離開了，旅館和船屋全都打烊休息；喀什米爾人蜷縮在窗戶狹小、光線黯淡的房間中，渾身包裹著毯子，坐在炭盆旁，消磨一整個冬天。春天帶來陽光、灰塵和廟會，也帶來色彩、噪音和露天飲食。每隔十來天，喀什米爾河谷中就有一個地方舉行廟會。這些廟會大同小異。在每一場廟會中，你準會看到那位售賣各式圖片的小販。他把貨品全都攤開在地面上：構圖呆板、色彩濃豔的卷軸，畫中的印度和阿拉伯清真寺，是喀什米爾人嚮往的聖地；電影明星照片；政治領袖的彩色肖像；成堆的平裝廉價圖書。市集中到處可見販賣廉價衣服、廉價玩具的攤子。茶棚和糖果點心攤，散布在各個角落。一位面目枯槁、模樣嚇人的印度教聖徒端坐塵埃中，身前擺著一排小瓶子，瓶中裝著「蠑螈眼和狗舌頭」——印度教的避邪物。從擴音器播放出來的音樂，不住迴盪在廟會中。湖上的遊船也傳出陣陣音樂。（春天的喀什米爾湖泊，不只是遊客的觀光景點，也是本地人吃喝玩樂的地方。）湖面上蕩漾著一艘艘簡陋、未上漆的小型船屋——本地人管它叫「東閣」（doonga）。廚娘和篙夫隨船出租。篙夫沿著船艙走來走去，有時舉起篙子，有時倚著它；艙中傳出的陣陣嬉鬧聲，他似乎充耳不聞，只顧靜靜想著自己的心事。一位婦人（也許是篙夫的妻子吧）穿著一條邋遢的裙子，渾身戴著銀首飾，獨自坐在高高翹起的船尾，手裡握著一根長槳，不停地划著。划啊划，盪啊盪。東閣遊船總是停泊在距離花園和房屋一箭之遙的湖面上，在這兒搖盪一整天，晚上就划到岸邊花園，度過一宵。在東閣遊船上舉行的派對，往往會進行好幾天。賓客們隨時下船，趕回城裡，辦完事又回到船上來，繼續尋歡作樂。對我來說，這種休閒活動實在太過單調冗長，只會把自己累個半死。每個冬季，我總是忙得不可開支，哪有餘力從事這種活動。坐落在西北方、距離我們旅館不過數里之遙的甘德巴爾鎮（Ganderbal）樹叢中舉行的市集，把這個季節的廟會帶到高潮。湖上的東閣遊船和施客啦遊船，全都划到那兒，停泊過夜。盪啊盪，擠啊擠，吵啊吵。

在這個中古城鎮，一如在任何一座中世紀城市，人們生活在古蹟林立、奇觀處處的環境中。在斯利那加城，人們終日流連在蒙兀兒皇帝建造的好多座花園裡。園中的小橋流水、亭台樓閣，早已荒廢，但大體上仍然可以看出當年的氣派格局。每逢星期假日，沙麗瑪花園的噴泉依舊噴出一簇簇多姿多彩、變幻莫測的水花，雖然有好幾只噴嘴已經彎曲或破裂。這些花園的建造者，早已隱沒在歷史中，變成了一則傳奇。關於這些神祕客，後人所知不多，只曉得他們都非常英俊、非常勇敢、非常有智慧，而且他們的妻子都非常美麗。「那座古蹟，看到沒？」擔任嚮導的喀什米爾工程師，伸出胳臂，指著十六世紀末葉愛克巴大帝建造的那座矗立在達爾湖中央的城堡，對我們說：「這座城堡是五千年前興建的。」湖中的哈茲拉特巴爾清真寺（Hazratbal）供奉一根毛髮，據說是從先知穆罕默德的鬍子拔下來的。陪同我們參觀的醫科學生說，這根毛髮是「某位人士」經歷重重阻難，冒著生命危險帶到喀什米爾來的。這位人士到底是誰？從事什麼行業？打哪兒來？這個學生說不出一個所以然。他只知道，途中這位人士遭逢一場重大的劫難；為了保護先知的遺物，他用刀子在胳臂上劃出一道口子，把毛髮藏在裡頭。這根毛髮確實是先知的遺物——這是不容置疑的。它具有無邊的法力，以至於，連鳥兒都不敢飛越供奉它的清真寺，印度教徒膜拜的聖牛，也不敢把屁股朝向它，蹲坐在地上。

上帝眷顧喀什米爾人；喀什米爾人以無比的熱忱，敬奉上帝。「穆哈蘭」（Muharram）[1]是回曆的一個月份。在這個月中，喀什米爾人以十天時間，哀悼和紀念在克巴拉[2]遇身刺亡的先知後裔胡笙（Hussain）。在這段期間，每天太陽一下山，我們就聽到湖上回響起什葉派回教徒的哀歌。身為遜尼派回教徒的亞齊茲，笑嘻嘻告訴我們：「什葉派並不是真正的穆斯林。」然而，到了第七天早晨，打開收音機，聽到播音員講述大家早已耳熟能詳的克巴拉事件時，亞齊茲卻哭了。他越哭越傷心，臉上的五官扭曲成一團。他衝出餐廳，邊跑邊嚷道：「我忍不住哭啦！我不喜歡聽到這個故事。」

宗教狂熱

哈桑巴德城（Hasanbad）的什葉派信徒，準備舉行一場盛大的遊行。聽說，行列中有人用鐵鍊鞭打自己的身體。那天早晨，情緒平復下來後，亞茲齊慫恿我們到哈桑巴德城走一趟，見識見識。他會安排我們的行程。於是，我們搭乘「施客啦」遊船，沿著水面上漂蕩著綠色浮渣、兩旁垂柳搖曳的船道，朝向這座湖畔城鎮出發。途中，我們經過一間又一間骯髒的庭院、一道又一道殘破的水泥階梯、一條又一條腥臭撲鼻的排水溝。我們看到成群大人和小孩，男男女女，聚集在河階上洗衣服。我們旅館的洗衣工，竟然也在這裡洗我們的衣裳。我差點暈過去。湖上的水道惡臭，四處飄漫著陰溝特有的怪味。每經過一間庭院時，孩子們就興沖沖跑出來，一副小大人的模樣，依照回教禮儀向我們打招呼：「願您平安！」

抵達哈桑巴德城，我們停泊在好幾十艘撐起雨篷、華蓋亭亭的「施客啦」遊船中間，下得船來，走進城裡，經過一座不知名的廢墟，來到舉行夏季廟會的地點。街道經過一番灑掃，塵土不再飛揚。遮陽篷和攤子如雨後春筍般，到處冒出來。街上摩肩接踵、人來人往。有錢人家的女眷，從頭頂到腳踵（腳上穿著厚厚的鞋子），渾身包裹在黑色或褐色的衣裳裡，密不通風。這些婦女三三兩兩結伴行走在街上；我感覺得出來，她們透過懸掛在眼睛前的面紗，好奇地打量我

1 回曆的第一個月。
2 克巴拉（Kerbala）位於伊拉克中部，是回教什葉派的聖城。回教創立者穆罕默德生前並無子嗣，亦未指定繼承人。他逝世後，回教分裂成兩大政教派系——什葉派（Shiah）和遜尼派（Sunni，亦稱正統派），遜尼派的名稱源自「遜納」（Sunna）。這是一部傳統律法，據說是根據穆罕默德的言行編集而成，被視為《可蘭經》的補充典籍，具有和《可蘭經》同等的效力。遜尼派聲稱，他們有權任命先知的繼承人。什葉派堅持，穆罕默德的表弟阿里（Ali）和他的子孫才是正統、合法的繼承者。

們。窮人家的婦女是不戴面紗的。在喀什米爾，就像在其他地方，保守和體面是一種特權，只有崛起中的家族才享受得起。我們從一對父母身邊走過。這位父親讓他女兒把玩他那根簇新、還沒使用過的鞭子。

這條空曠的、充滿鄉野風味的道路盡頭，就是城中的大街。窄窄的一條街道擠滿了人。男人們大多穿著黑襯衫；一個男孩手裡舉著一幅黑旗。不久，我們就遇到幾個乩童。他們身上的衣裳沾滿鮮血，綳得緊緊的。這會兒，遊行還沒開始。在眾人仰慕的眼光注視下，乩童們大搖大擺，行走在馬路中央，故意推擠那些明天又會成為他們長輩或上司的人。一排狹窄湫隘的樓房節比鱗次地矗立在街邊。二樓以上用翅托牛腿[3]支撐的樓層，開著一排窄小且形狀奇特的窗戶。從街頭望上去，每一個窗口就像一幅中世紀圖畫：一群婦女聚集在窗前，專注地俯瞰著大街；年輕的姑娘容光煥發，而年長的婦女由於終年隱匿在屋子裡，不見天日，臉色看起來非常蒼白。這一張張臉龐出現在陰暗的窗戶中，輪廓顯得格外鮮明。窗戶底下，人潮洶湧的街道上，停放著好幾輛載滿警察的卡車。一群男孩正在折磨躲藏在肉攤底下的小狗狗。我們聽見狗兒哀嚎、掙扎——小小的身子竟然能夠發出那麼響亮的聲音，真讓人驚訝。小販的叫賣聲，此起彼落。被困在人群中動彈不得的汽車駕駛，拚命按喇叭。人聲鼎沸、滿街喧囂中，驀地綻響起回教師尊的聲音。他透過麥克風——這玩意兒在印度式的集會是不可或缺的——向群眾講述克巴拉事件的原委。師尊的聲音充滿悲情，近乎歇斯底里；講著講著，他老人家悲從中來、泣不成聲，但他還是一個勁撐下去。師尊站在街道中央一支遮陽篷下，整個人被滿街洶湧的人群吞沒。群眾中，有些人手裡舉著彩色三角旗。

出現在街頭的乩童越來越多。其中一個乩童的背脊血肉模糊、慘不忍睹；鮮血染紅了他的褲子。他邁開大步行走在街上，故意碰撞路人；每回撞到別人時，他就皺起眉頭來，彷彿責怪人家竟敢在太歲頭上動土似的。這個乩童腰間懸掛著一根鞭子。它是用大約六條金屬鍊子編織成的，每條鍊子長十八吋，末端繫著一枚血淋淋的刀片。鞭子懸掛在腰際，乍看之下活像一支蒼蠅拍。這些乩童的臉孔，跟他們身上的鮮血一樣令人心悸。其中一個沒有鼻子，只有兩個孔穴，出現在他那張血肉模糊的三角形臉龐上；另一個只管睜著兩顆凸出、滿布血絲的眼珠；第三個乩童沒有脖子——一團肥肉從臉頰延伸到胸膛。成群乩童遊走在街頭，招搖過市，四下睥睨，一副凜然不可侵犯的模樣。但我懷疑他們身上那件沾滿血跡的衣裳，來路有問題。有些衣服看起來太乾淨，也許是去年穿的，也許是向別人借來的，也許是事先沾上動物的血。但其中有一位乩童顯然是玩真的：他那顆半禿的頭顱胡亂包紮著繃帶，鮮血依舊滴滴答答流淌不停。鮮血代表榮耀。展示越多鮮血，你就能夠獲得越多掌聲。

我們離開城中那條人潮洶湧、熱烘烘的大街，走向城外的曠野，在一座塵土飛揚、地上滿布足跡的墳場坐下來，觀看一群男孩玩遊戲。他們手裡拿著一顆顆鵝卵石頭，不曉得在玩什麼，但顯然那是一種中古時代留傳下來的遊戲。今天早晨之前，對我來說，宗教狂熱是一個難以理解的謎團。但在城中那條大街，血腥儀式卻顯得那麼的自然、那麼的尋常。（街上，只有那成排的警車、一兩輛偶爾路過的汽車、震天價響的麥克風，以及小販叫賣的、用馬口鐵圓罐子裝的冰淇

3　翅托牛腿（corbek）是牆壁上凸出的支柱，以木材、石塊或金屬構成，用作支撐。在喀什米爾，一般房屋都有這種設計。

淋，不屬於中古世紀。）在這座城市中，反而是那群遊走街頭的美國女孩，會被看成不可思議的怪物——在這場宗教慶典中，她們竟然穿上在倫敦街頭肯定會引起騷動的涼快衣裳，扭腰擺臀，招搖過市。在乩童眼裡，這群洋妞似乎不存在。他自顧自走到運河台階上，當著眾人的面脫掉身上那件沾滿血跡的衣裳，渾身赤條條站在陽光下，彷彿獻寶似的。他才是這座城市的真正子民。今天是他的日子，他愛幹什麼便幹什麼，誰都不能阻撓他。他用血淋淋的背脊換來這項特權。他把枯燥單調的修行轉變成一場壯觀而慘烈的表演。

表現在乩童身上的狂熱，源自一個單純、過度簡化的認知：宗教只是一種慶典和儀式而已。亞齊茲說過：「什葉派信徒不是真正的穆斯林。」他一邊向我們示範一邊說，什葉派信徒祈禱時，是以這種方式彎腰俯首，和真正的回教徒截然不同。他認為，基督教和回教比較接近，跟印度教的距離就已經遠了，因為基督徒和回教徒都實行土葬。「可是，亞齊茲，很多基督徒選擇火葬呀。」「這些人不是真正的基督徒。」一位醫科學生向我們解釋回教和他最厭惡的教派錫克教之間的差異。他說，回教徒宰殺牲畜時，一面念經一面放血，讓牠慢慢死亡，而錫克教徒拿起刀來，一刀便砍下牲畜的頭顱，連經也不念一句。他伸出手來比畫一下，忍不住搖搖頭，把手摀住臉龐。

宰牲節[4]那天，旅館主人巴特先生送我們一個蛋糕，上面用糖霜寫著兩個字：Id Mubarak（恭賀宰牲節）。收到賀禮，我們才曉得今天是回教的大節日。一整個早晨，成群遊船載著一家家男女老少（個個穿著乾淨的衣裳或藍衣裳，正襟危坐，神情顯得非常肅穆），穿梭在湖面上。今天是探訪親友、餽贈禮物和歡宴聚餐的日子，但對喀什米爾人來說，今天也是一年中唯一能夠使用肥皂和水清滌身體、祛除污垢、穿上使人渾身發癢的新衣服的日子。可是，宰牲節究竟代表什麼意義呢？帶著禮物前來探訪我們的醫科學生、工程師的商人，都說不出一個所以然。我們只曉得，在這個日子裡，回教徒都必須吃肉。

對這些人來說，宗教只不過是一場盛大精采的表演：一連串慶典；成群戴著面紗、活像終年被關在養雞場籠子裡的母雞的婦女（那位商人告訴我們，婦女戴上面紗，「男人才不會想入非非、蠢蠢欲動」）；祈禱前，成排男子站在大庭廣眾間，以宗教禮儀洗滌自己的生殖器；祈禱時，一萬信徒同時跪伏在地上。這種宗教揉合歡樂、懺悔、歇斯底里和荒謬劇（這點最重要），給信徒帶來一整天、甚至一整個季節的滿足。它回應人們每一個單純的需求和情緒。它是「生命」和「法則」；它的儀式不容許任何改變或質疑，因為改變和質疑會摧毀整體，甚至會危害生命本身。「我不是很好的回教徒。」那位醫科學生就告訴我們，「我怎能相信，世界是在六天中被創造出來的。我信仰進化論。但我不敢告訴我母親，怕她老人家生氣。」但他並不排斥回教的任何儀式；他接受回教的每一條律法。比起亞齊茲，這位醫科學生更像一個宗教狂熱分子——亞齊茲對自己的教派和體制很有信心。因此能夠抱著寬容、好奇的態度，觀察別的教派和體制。人造衛星的發射，暫時動搖了一些回教徒對他們宗教的信心，因為根據回教典籍，大氣層的上層早已

4 回教的兩大節慶都稱為Id：關齋節（Id ul-Fitr）是戒月結束時的節慶；宰牲節（Id ul-Zuha，或稱Bakr-id）則是紀念以撒（Isaac）被用於獻祭之事（見《聖經．舊約．創世記》第二十二章第一到第十八節）。回教徒慶祝宰牲節的方式是宰殺一隻公羊或山羊。本文所指的Id應是宰牲節。

被神封閉，只准許穆罕默德和他那匹白馬進入。但只要腦筋轉個彎，教義何嘗不能配合新的科技發明。於是，回教徒說：「俄國人把人造衛星放在白馬背上，讓牠帶上天空。」不管怎樣，教徒的信心終會恢復，因為比起教義所衍生的儀式，教義本身並不那麼重要。對這些人來說，比起進化論，有些教徒的主張——譬如說，婦女可以不戴面紗——更加可怕，更應該批判和封殺。

這些儀式和習俗，並不是經過千百年慢慢發展出來的。一個外來的征服者，一夕之間，把這整套儀式強加在被征服的民族身上，取代另一套儀式——後者，毫無疑問，也曾一度被認為不可改變、無可替代，但如今卻連一點痕跡也沒遺留下來。喀什米爾人特有的、中古世紀式的心靈，能夠把一座數百年前建造的城堡，隨隨便便說成具有五千年歷史；同樣的，他們也有本領把三、四百年前發生的事件遺忘得一乾二淨。就是因為欠缺歷史意識，他們才那麼容易改變宗教信仰，而且改變得極為徹底。許多喀什米爾家族姓氏——譬如我們的旅館主人巴特先生——至今仍然帶著濃厚的印度教色彩，但是，對於他們的印度教出身和來歷，喀什米爾人卻連一點記憶都沒有。有一個穴居民族，住在喀什米爾山區。男的一個個蓄著小鬍子，五官鮮明突出，相貌十分英俊；我猜他們是中亞遊牧民族的後裔。每年夏天，他們騎著騾子下山來，跟鄙視他們的喀什米爾人做買賣。當初，這些人怎麼會來到喀什米爾？民間流傳這麼一則傳說：「很久很久以前，他們居住在山外。後來，喀布爾（Cabul）的一位國王對他們展開屠殺。他們逃離家鄉，翻山越嶺，來到這個地方。」但是，喀什米爾人自己卻完全遺忘了皈依回教的過程。如果你告訴亞齊茲，他的祖先極可能是印度教徒，他聽了肯定會很生氣，認為那是奇恥大辱。「那些玩意兒？」開車經過艾旺提普爾廢墟時，擔任我們嚮導的工程師滿臉不屑地說：「那些是印度教的古董。」這會兒，他正引導我們參觀喀什米爾河谷的古蹟，而印度教廢墟就坐落在大路旁，但他並沒放慢車速，也沒做進一步的評論。在他眼中，這座第八世紀廢墟根本不值得參觀；它並不是他歷史的一部分。他的歷史是從他的征服者開始的。儘管他擁有好幾個學生，儘管他曾經出國，見過世面，這位工程師本質上仍然是一個中古世紀式的、改變宗教信仰的人，永遠在從事宗教聖職。

可是，喀什米爾人信仰的卻又不是純粹的回教。正統回教禁止偶像崇拜、反對迷信，但喀什米爾人一看見先知穆罕默德遺留下的一根鬍鬚，就會立刻陷入狂喜狀態，渾然忘我。沿著湖岸，處處可見喀什米爾回教徒搭建的神龕，每天晚上點著燈火。我知道，如果我告訴亞齊茲，真正的回教徒不會膜拜先知的遺物，他肯定會這麼回答：「你說的那種回教徒，不是真正的穆斯林。」如果今天有一位征服者，就像數百年前的那位，強迫喀什米爾人改信他的宗教，把一整套律法強加在他們身上，我敢說，再過一百年，沒有一個喀什米爾人會記得回教是什麼東西。

阿布都拉酋長

宗教如此，政治何嘗不是這樣。報紙上成篇累牘，分析、探討喀什米爾局勢，但在喀什米爾人看來，這些討論簡直就是隔靴搔癢，根本弄不清楚問題的真正癥結。在喀什米爾河谷地區，最仇視印度的是從旁遮普移民過來的回教徒。這幫人大多身居高位，掌握政經大權。在他們眼中。喀什米爾人既「懦弱」又「貪婪」。他們常到我們旅館串門子，帶來各種傳言：部隊移防、兵變、邊境衝突。喀什米爾人帶進政治的並不是個人的利益，而是民族神話和奇蹟。他們的神話集中在一個人物身上——阿布都拉酋長（Sheikh Abdullah）。此人就是印度總理尼赫魯口中的「喀什米爾之獅」（Lion of Kashmir）。他解放喀什米爾人，讓他們獲得自由。他是喀什米爾人的領袖。他原本對印度非常友善，但後來反目成仇；自從一九五三年以來，除了當中幾個月，他的日子全是在牢獄中度過的。除此之外，喀什米爾人並無法提供我更多訊息——我一直弄不清楚，這位領袖究竟是怎樣的一個人，到底有什麼魅力和功勳。他們一再告訴我（彷彿這就能夠解答一切問題似的）：一九五八年，阿布都拉酋長出獄時，從庫德鎮（Kud）來到首府斯利那加城，老百姓沿途夾道歡迎，馬路上處處鋪著紅地毯，場面感人極了。

「聽著！」一個大學生對我們說，「讓我告訴你，阿布都拉酋長如何為喀什米爾人民爭取自由。他為老百姓奮鬥，已經很多很多年啦。然後，有一天，喀什米爾大君開始擔心起來——非常擔心哦。於是他派人把阿布都拉酋長找來。他對阿布都拉酋長說：『只要你讓我保有王位，我願意把半個王國割讓給你。』阿布都拉酋長一口回絕了。大君非常生氣，他說：『我會把你丟進熱騰騰的油鍋。』你也知道，被丟進油鍋是什麼滋味。你會被煮成一鍋肉羹，屍骨無存，只剩下一堆灰燼。阿布都拉酋長可一點都不在乎，他說：『好吧，把我丟進油鍋煮一煮吧！但我告訴你，從我的每一滴血中，都會冒出另一個阿布都拉酋長。』大君一聽，非常害怕，慌忙宣布退位，把王座讓出來。這就是阿布都拉酋長為喀什米爾人爭取自己的經過啦。」

我提出質疑。我說，在現實生活中，人們是不會用這種方式處理問題的。

「不信，你可以隨便問一個喀什米爾人。」

這位大學生講述的是一九四七年發生的事件，但是，對於印度國大黨、甘地、英國和入侵喀什米爾的巴基斯坦軍隊在這樁事件中所扮演的角色，他卻故意略而不提。這位大學生是知識分子，通曉英文，稱得上是喀什米爾社會的菁英。在這個階層下面的，是一群像亞齊茲那樣的喀什米爾人。他們滿懷念以往的日子，因為那時物價比較便宜，只可惜大君的作風太過專制，引起民怒。最近發生的這段歷史，早已經沉陷進喀什米爾人的意識深處，變成一則中古傳奇。亞齊茲和旅館的廚子，曾經在英國人手下工作過；他們了解英國人的品味、技能和語言——他們還記得，英國人管神職人員叫padre（神父）；每回，亞齊茲聽見他們稱呼狗兒bugger（小傢伙），就覺得格外親切、窩心——但英國人莫名其妙離開了，一如當年他們莫名其妙來到喀什米爾。年輕一代的喀什米爾學生，卻只能從歷史課本中認識、接觸英國人；對他們來說，英國人在喀什米爾的這段歷史，就像光輝燦爛的蒙兀兒皇朝一樣古老，遙不可及。

有一天，巴舍爾（Bashir）告訴我，「東印度公司在一九四七年撤離。」在我們的政治討論中，這是唯一巴舍爾提到英國人的一次。他今年十九歲，在大學念書。「我是最好的運動員。」第一次見面時，他向我表明他的身分。「我是最好的游泳選手。我學會全部化學和全部物理學。」對於喀什米爾人和印度人穿睡衣上街的習慣，他深惡痛絕；他告訴我，這一輩子他從沒在街上吐過痰。巴舍爾自認是受過高深教育、思想開放的知識分子：不論是什麼教派的信徒，巴舍爾都可以跟他「共餐」（inter-dine，這是印度次大陸特有的英文詞彙）。平日，巴舍爾喜歡穿西裝，而他的英語說得還挺流利，因為「我出身一個有名望的書香門第」。

巴舍爾對歷史無知，也許是因為他天資不夠穎悟，也許是因為他受的是英語教育，而英語並不是他能夠充分掌握的語言——每次他說best（最好的），他的意思其實是very good（很好的）

——也許是因為他的老師和教科書有問題。（後來我有機會查看他的歷史教科書。那是一本典型的印度教科書，課文全部採用問答方式。書上說，種姓階級制度的一個優點是，它能夠讓人們的血統保持純潔；而葡萄牙人在印度的勢力之所以衰微，原因之一是，他們實行異族通婚制度。）巴舍爾對歷史無知，也可能只是因為他和他的朋友們對政治毫無興趣；事實上，如果不看報紙、不聽廣播，即使你在喀什米爾待了好幾個星期，你也不會察覺到，這個地區的局勢動盪不安，是國際矚目的焦點。各方都在談論喀什米爾問題。全印電台（All-India Radio）以巨幅報導聯合國針對喀什米爾問題一年一度展開的辯論；巴基斯坦電台一再聲稱，在喀什米爾，一如在印度其他地區，回教正遭受無情的打壓，而喀什米爾電台則一再抗辯、反唇相譏。上回，印度總理尼赫魯來到喀什米爾首府斯利那加城。巴基斯坦電台報導說，尼赫魯在一個公開場合演講，聽眾發生騷動，整個場面亂成一團。（事實上，尼赫魯是來養病的。）不管怎樣，巴舍爾對近代史和他的國家目前的處境，竟然無知到這個程度，著實令人訝異。而他還是社會菁英呢。在他下面還有一群髒兮兮打赤腳、營養不良、穿藍襯衫的小學生；他們這輩子不會有機會上大學。在這群小學生下面，還有一群一輩子沒上過學的喀什米爾人。

詩人卡迪爾

一天下午，我喉嚨發炎，正躺在床上休息，巴舍爾忽然帶著一個名叫卡迪爾（Kadir）的年輕人來看我。卡迪爾今年十七歲，個頭很小，四四方方的臉龐上閃爍著一雙柔和而深邃的眼睛。

他在大學主修工程，但卻一心想成為作家。

「他是最好的詩人。」巴舍爾告訴我。他正在我房間裡徘徊逡巡、東張西望。忽然，他停下腳步，一屁股在我腳上躺下來，伸手拿起我的香菸就抽。他帶卡迪爾來看我，但他真正目的是向卡迪爾炫耀，他認識我這個從國外來的作家，因此，他才刻意裝出一副跟我非常熟稔的模樣，彷彿是多年的好友，平常他是不會跟我這麼親近的。我不好意思把他趕開。可憐我的腳趾頭，被他的背脊壓得快折斷了。

「巴舍爾告訴我，他要帶我去見一位作家。」卡迪爾說：「我就來啦。」

「『最好』的詩人！」巴舍爾用手肘支撐起他的身體，放開了我的腳趾頭。

詩人穿著一件邋里邋遢的襯衫，敞開領口；他那件套頭毛衣，頂端有個破洞。他看起來很瘦小、敏感、寒酸：我真是輸給他了。

「他的酒量『大得驚人』哦！」巴舍爾說：「他喝『太多』威士忌。」

這證明卡迪爾的確有才華。在印度，身為詩人和音樂家，你必須一天到晚裝出一副很哀傷、很憂鬱的樣子，你必須一天到晚喝得醉醺醺的。

可是，卡迪爾看起來那麼年輕、那麼寒傖。

「你真的喝酒嗎？」我問卡迪爾。

他只點點頭：「是。」

「朗誦你的作品吧。」巴舍爾命令卡迪爾。

「他聽不懂烏爾都語。」

「你朗誦，我翻譯。你知道，翻譯詩歌並不是一件容易的事，但我願意接受這項挑戰。」

卡迪爾開始朗誦他的作品。

「他這首詩，」巴舍爾開始翻譯，「講的是一個窮船夫的女兒的故事。你明白嗎？詩中他說，這位姑娘把顏色賜給玫瑰花。你懂嗎，先生？別的詩人會說，玫瑰把顏色賜給這位姑娘。他卻偏偏要說，她把顏色賜給玫瑰。」

「這首詩很美哦。」我說。

卡迪爾憂鬱地說：「除了美，喀什米爾什麼都沒有。」

接著，巴舍爾睜著他那雙亮晶晶的大眼睛，開始朗誦一個對句（couplet）。他說，我會在德里發現這兩句詩鐫刻在一棟蒙兀兒建築物上。他忽然變得多愁善感起來。「你知道嗎？有一天，一位英國紳士在山中散步，看見一位古查爾（Gujjar）姑娘坐在樹下。她非常美麗。那時她正在閱讀《可蘭經》。英國佬走上前去對她說：『妳願意嫁給我嗎？』她抬起頭來回答他：『當然，我願意嫁給你，但首先你必須放棄你的宗教，改信我的宗教。』英國佬說：『當然，我願意為妳改變宗教信仰。在這個世界上，妳是我最心愛的東西。』他果然改變宗教信仰，娶這位姑娘為妻。婚後非常快樂。他們生下四個兒女。其中一個兒子從軍，官拜上校，另一個兒子成為營造商。女兒嫁給阿布都拉酋長。這個英國佬非常有錢。太有錢了。尼都大飯店（Nedou's Hotel）就是他的產業。你知道尼都大飯店？斯利那加城最好的旅館。」

「奧伯萊皇宮飯店（Oberoi Palace）才是最好的旅館。」卡迪爾說。

「尼都大飯店是最好的。最好的旅館。你現在曉得了，她是英國人。」

「誰啊？」

「阿布都拉酋長的妻子呀。純粹的英國人。」

「她不可能是純粹的英國人。」卡迪爾說。

「純粹的英國人。她父親是英國人嘛！尼都大飯店是他的產業。」

就這樣，每次聊天，話題總會轉到喀什米爾傳奇人物阿布都拉酋長身上。他跟新德里不是挺親近的嗎，後來怎麼又會鬧翻呢？一位朋友告訴我，那是因為印度政府想收購喀什米爾郵局，但阿布都拉不肯出售。顯然，雙方為自治權問題，展開一場政治拉鋸戰。（喀什米爾政府要求更大的自主權。）然而，告訴我這件事的朋友卻有不同的看法。他說，這間坐落在斯利那加城堤岸上的郵局，其實是一家超級商店，生意好得不得了，引起印度政府垂涎，處心積慮，想把它從喀什米爾政府手中搶奪過來。我這位朋友是知識分子，竟也說出這種話來。顯然，喀什米爾當局把這樁單純的政治事件——要求更大的自治權——刻意加以扭曲、簡化，然後才讓老百姓知道，你若想讓宣傳發揮效果，就必須配合老百姓的知識程度，而中古世紀式的宣傳，就跟現代遊說技巧一樣有效——簡單明瞭，一針見血。巴基斯坦電台聲稱：印度政府花一大筆錢，在喀什米爾推行教育，目的是破壞回教和它的律法。比起喀什米爾政府的官方文告（儘管它提供的是具體的事實和數據），巴基斯坦電台的宣傳顯得更加有效。

「阿布都拉當過五年多的喀什米爾邦首席部長。可是，他到底為老百姓做過什麼事情呢？」

「哦，這就是他了不起的地方。他啥都沒做。他不接受任何人幫助。他要讓喀什米爾人民挺起腰桿站起來，學會自力更生。」

「當了五年首席部長，啥事都沒幹，你們還覺得他非常偉大。為什麼呢？能不能請你舉出一個具體的事例，證明他真的非常偉大。」

「好吧，我告訴你一件事。你曉得，有一年喀什米爾稻米歉收，老百姓挨餓。他們跑去向阿布都拉酋長陳情：『我們沒有飯吃，肚子空空如也，給我們米吧！』你知道他怎樣回答老百姓嗎？他說：『吃馬鈴薯。』」

這可不是幽默哦，而是一個誠懇且中肯的建議。印度人只願意吃他們平日吃慣的食物，而每一個省分的主食都不一樣。在旁遮普省，印度人的主食是小麥；在喀什米爾，就像在印度南方，他們只吃米飯。亞齊茲身材矮小但卻充滿精力，就是因為他平日都只吃飯——一大盤一大盤，上面澆一點番茄汁。稻米歉收時，喀什米爾人就得挨餓；馬鈴薯也許買得到，但在他們心目中馬鈴薯並不是食物。阿布都拉要求老百姓吃馬鈴薯，可謂用心良苦。不用說，這樣的忠告老百姓是聽不進耳朵的。久之，這件事就漸漸演變成一則充滿智慧、幾乎具有預言意義的傳奇，世世代代留傳下去。古早古早以前，有一年鬧饑荒，老百姓跑去向他們的領袖陳情：「我們沒有食物。我們都在挨餓。」領袖說：「誰說你們沒有食物。你們有馬鈴薯。馬鈴薯也是一種食物啊。」

喀什米爾街道上，你不時看到白色的吉普和旅行車，呼嘯而過。每天下午，這些車子運載成群戴著草帽的婦女和兒童，到城外野餐；傍晚，坐在車中的是一群去俱樂部打橋牌的男女。這一輛輛吉普和旅行車，車身上都漆著兩個四方形的細緻英文字母：UN（聯合國）。它們的職責是巡邏、監控印巴邊界的停火線。這些車子出現在喀什米爾街道上，讓人產生時空錯亂的感覺，就像莎翁名劇〈凱撒大帝〉（Julius Caesar）裡頭的時鐘。

貪污與工作效率

但喀什米爾現在很有錢——比以往有錢得多。他們告訴我，一九四七年，全喀什米爾邦只有五十二輛私家車，而現在卻有將近八千輛。一九四七年，一個木匠每天收入兩、三個盧比，而今每天卻能賺到十一個盧比。街上戴面紗的婦女越來越多。這顯示，喀什米爾男人的經濟能力已經大大提升——對雙輪出租馬車夫或售賣燃料的小販來說，娶一個戴面紗的新老婆，毋寧是最有面子、最能表現財富和身分的一件事。根據有關方面估計，喀什米爾一如印度其他地區，政府提撥的建設經費有三分之一被污掉。這並不是什麼可恥的事。一位喀什米爾裁縫師，提起他那位擔任測量官和某種檔案管理員——在地人管這種職務叫「帕特瓦里」（patwari）——的朋友，臉上流露出又羨又妒的神色，因為這傢伙每天都有一百盧比的進帳。貨車司機對交通警察也萬分敬仰，因為他每個月向運將們收取的保護費多得嚇人。三不五時，印度國會和媒體就發飆，嚴厲抨擊貪污行為；全國大小官員看到風頭不對，紛紛採取行動自清，因而鬧出一籮筐笑話。在某一個邦，一位部長親手將他的門房扭送法辦，罪名是貪污瀆職——原來，這個門房每次看見部長大人，都會深深一鞠躬，滿臉諂笑，顯然意圖索取小費。德里一位建築師告訴我，即使是這種象徵式的「肅貪」行動，也往往會產生負面的效果，因為它會打擊公務員的士氣、降低行政效率。在印度，貪污是必要之惡。官員不貪污，政令就推行不了。

從我那位工程師朋友口中，我終於探聽出，這種體制在喀什米爾究竟是如何運作的。譬如說，某甲向政府承包工程，挖掘一百立方呎的泥土。他寄出一張帳單，要求政府支付兩百盧比。

為了防止承包商浮報工程款，印度政府制訂一套查核和覆核程序。承包商申報的帳目必須經過查證；查證必須經過背書；背書必須經過批准。這套程序執行得非常徹底，目的在確保公平。查證完畢後，很多人——從部門主管到跑腿的工友——都知道有這麼一樁工程，而這些人你都必須一一打點。承包商依照一定的百分比，從額外利潤中撥出一筆錢，按照一定的比例分給相關部門的員工。這一切都有規範可循，都是光明正大地進行——誠如我那位工程師朋友所說的：一切都是「透過正當的管道進行」（使用印度公務員的這個口頭禪時，這位工程師忍不住露出笑容）。幾乎沒有一個公務員能夠置身事外，而事實上，也沒有人不想分一杯羹。你想做政府生意，就得花錢打通關節。挖掘一百立方呎的泥土、就老老實實申報一百立方呎工程款的承包商，不啻是自找麻煩。而我聽說，確實曾經有一些潔身自愛的公務員被調職或開革，罪名是貪污。「即使承包商是你的親戚，身為公務員，你還是指望他送你一個紅包。這是原則問題。」工程師如是說。在任何一個案子中，身為主管的人不一定分到最大的一塊餅，但積腋成裘，經年累月下來，他撈到的外快肯定比手下多得多。

與我談論這些事情時，這位工程師正待在他的帳棚裡。營地坐落在一座松樹林邊緣，太陽一下山就變得非常寒冷。一條小徑通往他的帳棚，兩旁排列著一顆顆漂白的石頭。不遠處樹立著另一座帳棚。他手下的員工正在那兒準備晚餐。工程師告訴我，剛到這個營地時，員工對他充滿敵意。前任工程師分配紅包不公平，引起手下不滿。他到任後，第一件事就是拿出他應得的一份，分給弟兄們，同時，還幫他們弄到一些一般人不容易取得的物資，這才平息眾怨。這位工程師聲稱，他個人是反對這種體制的，但只要運作公平，它確實有助於提升工作效率，而他也就樂得睜一隻眼、閉一隻眼。這種體制能夠激發員工的工作熱忱。就拿電線桿來說吧！根據政府的規定，每根杆子必須高三十四呎，插入地面必須深達五呎（杆子的直徑和周長，政府也明文規定）。一旦雙方協議使用三十二呎長的杆子——只有使用這種低於標準的電線桿，大家才有希望分到花紅——工人們就必須趕緊把它豎起來，免得被人識破，如此一來，工作效率自然提升。完工後，誰又能看得出來，這些杆子插入地面只有三呎？

這位工程師的說詞，雖然無從查證，但我覺得，它至少解開了一個謎團：為什麼喀什米爾的森林會遭受非法的、大量的砍伐，以致許多林地變成光禿禿的一片。（喀什米爾人都聲稱，這種現象是最近幾年特別酷熱的夏天造成的。）有一個現象是大家有目共睹的：斯利那加城中，電線低低懸掛在杆子上，彷彿隨時都會掉落下來，打在路人頭頂，令人怵目驚心。

這陣子，我們居住的那家旅館的花園被蹧蹋得面目全非。首先，一群工人跑來挖挖掘掘，豎立起一排醜惡的電線桿；接著，另一群工人跑來挖挖掘掘，插上一根根杆子，用來支撐遮陽棚。有如閃電一般，只消三兩下工夫，湖中的木匠們就把遮陽棚給豎起來，非常草率。湖中的居民三五成群，穿著睡衣和寬寬鬆鬆的褲子，紛紛湧進旅館花園，有的提供建議，有的捲起袖子幫忙，有的只管站在一旁看熱鬧。遮陽棚是船屋的附屬品。這是它出現在旅館花園的唯一理由；除此之外，對我們來說，它簡直一無是處。太陽出來時，它提供不了多少遮蔭；待在裡頭，反而讓人覺得悶熱不堪。每回看到快要下雨了，船屋主人就急忙把遮陽棚收起來。這座遮陽棚具有扇形邊飾和黑色條紋，看起來，跟湖中其他船屋的遮陽棚一模一樣。它們全都是出自同一位裁縫師之手。

這家簡陋的裁縫店，坐落在湖中航道上。每個人——花販、雜貨商人、頭纏紅布巾的警察——經過那兒時，都會走進店裡歇歇腳，聊聊天，抽幾口水菸。

過了一、兩天，旅館主人巴特先生親自動手，把遮陽篷的杆子漆成淡綠色。我走下樓來，站在一旁觀看。他抬起頭來，對我笑一笑，然後又低下頭去自顧自幹活。過了一會兒，他又抬起頭來，但這回笑容不見了。

「先生，您邀請馬丹先生來喝杯茶好嗎？」

「不行，巴特先生。」

遇上婆羅門家族

長夏漫漫。我們一直提不起勁來，參訪附近一帶的古蹟和廢墟：坐落在湖外山腰上、我們一眼就可以望見的仙子殿（Palace of the Fairies）；愛克巴大帝在湖中央建造的哈里·帕爾巴特堡；潘德雷善鎮（Pandrethan）的神廟；瑪爾丹德鎮（Martand）的太陽寺；艾旺提普爾的廟宇。現在我們終於下定決心，準備花幾天時間一口氣看完這些古蹟。

到艾旺提普爾村參觀古廟那天，天氣十分涼爽：褐色的田野顯得非常乾燥，一畦畦，綿延在暗沉沉的灰藍天空下。我們漫遊在廢墟間，弄不清楚這些古蹟的來歷：規模宏偉、氣象萬千的中央祭台；散布在瓦礫間、用石頭雕鑿的形狀像砧板的聖水盆；四處林立的雕像。一路跟隨我們的那個村民，對這座古廟的歷史也不甚了然。「全都倒塌下來了。」他操著印度斯坦語，揮揮手，指著周遭那一片廢墟對我們說。「全部？」「全部！」印度斯坦語是印度北部通行的一種方言。它有個特色：重音特多。我漸漸喜歡上這種語言。這位村民帶我們去看一根石柱的基座。比手畫腳，他告訴我們，這是圓石磨底下墊石。他對這座古蹟的認識，就只這些。我們沒給他小費。參觀完古廟，我們一路走下山去，到村子裡等公共汽車。

穿藍襯衫的學童們剛剛放學。沿著一條小巷走下去時，我們看見一位年輕的錫克族教師，帶領一群男生在學校庭院裡打球。孩子們一擁而上，團團圍繞住我們。每個人手裡都抱著一大疊用髒兮兮、沾滿墨跡的布巾包紮起來的書本。在我們勸誘下，一個男孩拿出他的英文課本。他翻開一頁，上面印著課文的題目：Our Pets（我們的寵物），但他卻把它念成Our Body（我們的身體），然後開始滔滔不絕朗誦起課文來。我們翻查課本，發現他念的竟然是另一課的課文。咦，這一本又是什麼課本呢？烏爾都語？孩子們忍不住捧腹大笑：那是帕爾西語（Pharsi），波斯的一種方言，連三歲小孩都看得出來。看熱鬧的人越聚越多。我們鑽出人堆，告訴大夥兒，我們要搭車回到斯利那加城。孩子們紛紛伸出手臂，幫我們招呼公共汽車。一輛接一輛巴士滿載乘客，呼嘯而過；一輛巴士飛馳過來，躊躇了一會兒，終於踩煞車。一個喀什米爾人鑽上車去，卻被車掌趕下來；車掌讓我們上車。

我們坐在後座，周遭盡是一些滿身惡臭、腰間纏著一條髒兮兮褐色棉布巾的印度人。車後堆放著好幾十個戴爾達（Dalda）馬口鐵罐子。坐在我身旁的那個傢伙，伸開四肢躺在座椅裡，一副病懨懨的模樣，只管呆呆瞪著兩粒眼睛；成群印度蒼蠅——傳染病的媒介——大模大樣棲停在他的嘴唇和臉頰上。三不五時，他張開嘴巴，發出一聲驚天動地的呻吟；滿車男女老幼只顧聊天，沒人理睬他。過了好一會兒我們才看出來，這輛巴士載的是一群「低收入」觀光客，而坐在我們身旁的那些人，就是他們的僕從。

車子在一座廢墟旁停下來。身穿卡其制服、嘴唇上蓄著一撮八字鬍的司機，回頭過來，請乘客們下車，到廢墟中走一走、看一看。大夥兒只管呆呆坐著，一動不動。司機催促大家下車。一位老者——我們已經看出他是這群觀光客的領袖兼導師——幽幽嘆口氣，吃力地撐起身子，鑽出車門。他身上穿著一件黑色印度外褂，頭頂上紮著一個髮髻，顯示他是印度教的婆羅門。大夥兒紛紛站起身來，跟隨他老人家下車。

不知從哪裡突然冒出一群小孩，嘴裡一個勁嚷著：「老爺，派沙（Paias），派沙！」老者操著印地語對孩子們說：「哦，你們向我討錢，對不對？年紀小小的要錢幹什麼啊？」孩子們又齊聲叫嚷起來：「羅弟（Roti），羅弟，麵包，麵包！」「你們要錢買麵包，對不對啊？」老者把孩子們逗夠了，才掏出錢來打賞他們。大夥兒見狀，紛紛打開荷包掏出錢來。

老者拾級而上，攀登到石階頂端，意氣洋洋，瀏覽起腳底下那一片壯闊的廢墟來。他說了幾句俏皮話，然後開始發表演說。大夥兒畢恭畢敬跟隨在他身旁。他老人家的眼睛往哪兒瞧，大夥兒就往哪裡看，但臉上的表情顯示，他們對這座古蹟一點興趣都沒有。

一個身穿白色法蘭絨長褲、年紀約莫十六歲的男孩，朝向我跑過來，興沖沖告訴我：「這座古蹟是潘達華斯家族[5]的城堡。」

我說：「這根本不是一座城堡。」

「這是潘達華斯城堡。」

「不是。」

男孩伸出手來，遲疑了半晌，朝向老者揮了揮。「他老人家說這是潘達華斯家族的城堡。」

「你去告訴他老人家，他搞錯啦！他胡說八道。」

男孩嚇了一跳，彷彿驟然間被我揍了一拳似的。他躡手躡腳地從我身旁溜開，猛然轉個身，逃回到那群圍繞著老者的遊客身邊。

乘客們全都回到車上。正要開車，老者忽然宣布：開飯時間到了。車掌再次打開車門。如聞綸音，一個又老又髒、又無牙的男僕，立刻從昏睡中甦醒過來。他開始幹活，手腳乾淨俐落，渾身是勁。首先，他把後座堆疊的馬口鐵罐子搬到灰塵滿布的車廂地板上，往車門口推過去，然後搬到路旁草地上。看來又得耽擱一陣子了，我忍不住向司機提出抗議。穿白色法蘭絨褲子的男孩只管盯著我，一臉驚惶。現在我總算弄清楚，原來車上的乘客是一家人，這輛巴士是他們包租的；他們讓我們搭便車，是出於慈悲心腸。這家人全都下了車，整個車廂空蕩蕩，只剩下我們兩個人孤伶伶坐在後座，眼睜睜望著那一輛輛公共汽車——車上顯然還有空位——擦身而過，駛向斯利那加城。

這家人屬於婆羅門階級，吃齋，平日用餐、食物的準備和分配必須遵照傳統的習俗和固定的程序。除了那個邋遢的老僕人，誰都不許碰觸食物。一聽到主人宣布開飯，這個平日病懨懨的老傢伙精神一振、容光煥發，彷彿變成另一個人似的。只見他伸出髒兮兮的手指頭（幾分鐘前，這

5　潘達華斯（Pandavas）是印度史詩《摩訶婆羅多》中的一個英雄家族。

些手指頭還捏著一根皺巴巴的香菸，接著又從滿是灰塵的車廂地板上，抓起沾滿灰塵的罐子）開始準備和分配食物。首先，他從第一個罐子中拿出麵餅，分發給每一個人；接著，他用杓子從第二個罐子中舀出咖哩馬鈴薯；最後他打開第三個罐子，用手指撈出酸辣醬——當然，為主人準備食物時，他只能使用右手。這個老僕人家世清白，出身一個正當的階級；他用右手準備的食物絕對不會受到污染，保證純淨。大夥兒都吃得很安心。路旁的草地原本空蕩蕩，這會兒，卻突然冒出一群村民和好幾隻喀什米爾長毛狗，把這一家人轉轉包圍起來。狗兒垂著尾巴，遠遠站著，一動不動——在牠們身後，喀什米爾的田野一畦畦伸展開來，綿延到天邊山腳下。村中的男人和小孩，站在這群蹲在地上用餐的觀光客身旁，眼睜睜的看著他們吃東西；眾目睽睽之下，這家人彷彿變成了國際影視紅星，開始裝模作樣起來。他們端起碗盤，吃得津津有味、咂咂有聲；他們稍微提高聲調，談笑風生。老僕人幹起活來就更加帶勁了，只見他不停鑽進鑽出，忙得不亦樂乎，但卻一逕皺著眉頭，滿臉不耐煩，彷彿被身上的重責大任壓得喘不過氣來似的。他緊緊抿著他那張光禿禿、連一顆牙齒都沒有的嘴巴。

老者把僕人叫過去吩咐幾句話，僕人就朝我們走過來。一副大忙人的模樣，二話不說，他就把兩塊麵餅塞進我們手裡，在餅上放幾塊咖哩馬鈴薯，在馬鈴薯上澆一些酸辣醬。然後，他老人家就抱著他那幾只罐子，匆匆走開，伺候他的主子去了。當然，我們是用右手拿食物。

這個家族的一位發言人走到車門口，對我們說：「請嘗嘗我們的食物吧。」

我們開始吃起來。我們發覺村民們的眼睛都瞪著我們。我們發覺那一家人的眼睛也瞪著我們。我們一面吃、一面微笑。

老者代表他的家族，向我們伸出友誼之手。此後，一路上，他都盡量跟我們聊天，我們一逕微笑著。現在，反而是那個穿白色法蘭絨褲子的男孩繃著臉，不理睬我們了。儘管如此，我們還是設法保持微笑——一路笑到我們的目的地斯利那加城。

古蹟的實用性

身在印度，我總覺得自己是一個異鄉人、一個過客。它的幅員、它的氣候、它那熙來攘往摩肩擦踵的人群——這些我心裡早已經有準備，但它的某些特異的、極端的層面，卻依舊讓我覺得非常陌生。不由自主地，我試圖透過一個島民的眼光（莫忘了，我是在一座小島上出生、長大的印度人），觀看印度這個國家：我刻意尋找我所熟悉的那些細微而容易掌握的事物。初履斯土，我就發覺，種族的血緣關係和共同點，有時會變得沒有多大意義。我在德里的俱樂部和孟買的公寓結識的印度人、我在鄉下「郡縣」遇到的村民和官員，在我眼中，全都是陌生人——他們的身世背景，對我來說是一個謎團。感覺上，這些人的心胸非常狹窄，但同時卻又顯得無比開闊。表面看來，在日常生活中，他們所受的限制和束縛比我大得多，但他們卻是一個泱泱大國的百姓；他們能夠輕易地、毫不浪漫地接納和理解巨大、複雜的事物。在我看來，印度的自然景觀過於蒼涼、雜亂，讓我覺得格格不入——我懷念印度人聚居的千里達島上那井然有序、和諧寧謐的鄉野風光。有一回，在印度北部的阿格拉（Agra）附近，我看到（或者以為我看到）這樣的一種鄉野風光，但是，一群病懨懨、孤伶伶、躺在繩床上的人影卻驟然出現在我眼前，破壞了整個畫面。

這些令人怵目驚心的現象，不管怎麼看，都和我在千里達島上一座小鎮所認識和體驗的印度，連接不起來。

而今，出乎意料之外，在喀什米爾，我卻跟一個出外旅遊的印度家庭相遇，而這場邂逅，竟然讓我感到莫名的溫暖和親切。我跟他們一樣探訪潘達華斯古堡，分享他們的歡樂；我看到他們掏出銅板，賞給那群伸手乞討的兒童；我品嘗他們那匆匆準備和分發、但卻嚴格遵守傳統禮儀的午餐。這家人好熟悉啊，就像千里達島上那些印度家庭。我一眼就看出這家人的關係：誰是強者，誰是弱者，誰是專門搬弄是非的人。我跟這些印度人原本隔著三個世代（我外祖父從印度移民到千里達），但驟然間，我們之間的差距縮小了、隔閡消除了，彷彿變成了同一個世代的人。

這場邂逅，不只喚醒了我的童年記憶；也激發了我那被壓抑已久的意識。食物的準備和分發，必須遵守一套嚴格的禮儀和程序——這點，我能立刻體會和理解。同樣的，我也能夠理解，為什麼嚴格的禮儀和骯髒的食物會摻混在一起，為什麼那位老僕會以一種造作輕率的態度，把麵餅和馬鈴薯塞進我們手中。這其實是一種錯亂而扭曲的禁欲主義，印度人可以從中獲取某種必要的樂趣；它也是一種信念（也許源自宗教，也許源自物資和器具極端匱乏的鄉村社會）：奢華的生活和繁複的禮節是不必要的、虛誇的、荒謬的[6]。更重要的是，它反映印度人對傳統習俗和儀式的尊敬。

然而，我和這個印度家庭之間，畢竟隔著三個世代和一種我聽不懂的語言。那個男孩指著廢墟說：這是潘達華斯家族的城堡。潘達華斯是《摩訶婆羅多》的英雄人物。這是舉世聞名的印度兩大史詩之一，具有神聖的地位，而《薄伽梵歌》就是《摩訶婆羅多》中的部分章節。根據一些學者的考證，這部史詩成書於西元前第四世紀，而它所描述的事件可溯至西元前一五〇〇年。我們參觀的這個廢墟，顯然是一棟四面有圍牆、牆外毫無防禦工事的建築物，怎麼看都不像五位驍勇善戰的王子的城堡，但那個男孩卻一口咬定，那是潘達華斯家族的城堡。他又不是沒看過城堡——斯利那加城中就有一座，每個人都看得到。坐在遊覽車上的這家人，明明知道這個廢墟不是一座城堡，卻睜著眼睛說瞎話。這倒不是因為他們渴望看到神奇的古蹟，而是因為，生活在處處是古蹟的國家，他們對神奇的事物早就喪失興趣了。難怪，在司機百般催促下，他們才勉強站起身來，走下車去觀賞這座廢墟。從小，他們就熟知《摩訶婆羅多》的故事，把它當作史實來接受。它已經融入他們的心靈意識中。以具體的形式展現這些故事的石頭建築物，他們根本不感興趣，何況這些建築物已經淪為一座廢墟，毫不起眼。所以，他們就隨口說，這是潘達華斯家族的

6 對印度人——尤其是印度教徒——來說，奢侈是一種虛誇、造作的行為，能夠斲傷人的元氣。世界上沒有一個民族，比印度人更不重視室內裝潢。這似乎跟印度的歷史和文化有關。印度教的《愛經》（*Kama Sutra*）指出，風雅之士「應該居住在繁華富庶的地方，最好是一座城市、都會或熱鬧的鎮甸」。接著，這部男女情愛寶典為起居室的裝潢和陳設做出這樣的規定：「外房必須放置一張床，鋪上厚厚的墊子，中間凹陷。床頭和床尾各放置一個枕頭；整張床必須鋪上乾淨的雪白床單。床旁必須放置一張睡椅，專供行房之用，以免弄髒床鋪。床頭上必須裝設一個蓮花形托架，上面放置一幅彩色畫像或一座神像。托架底下，靠著牆壁應該擺放一張茶几，寬約一腕尺（cubit，古時的長度單位，從手肘到中指尖的長度，相當於四十五到五十六公分）。桌上放置下列物品，以增進魚水之歡：香脂和軟膏、花環、彩色蠟碗、香水瓶、石榴果皮和特別調製的蒟醬（betel，蒟又稱蔞藤，胡椒屬蔓藤植物，果實可製醬，葉可供藥用）。床旁地板上必須放置痰盂。一堆象牙從牆中伸出來，懸掛下列物品：一只琵琶、一塊畫板、一個裝著顏料和畫筆的罐子、幾本書和幾個花圈。一張高背圓椅放置床旁，供休憩之用。棋盤和骰子應該放置牆邊。房間外面走廊上，裝設一排用來懸掛鳥籠的象牙。」

城堡——一堆殘垣破瓦，不再有任何用處。開飯時間到啦，大家坐下來吃麵餅和咖哩馬鈴薯吧。潘達華斯家族和《摩訶婆羅多》真正的光輝，永遠留存在他們心中。

我們來到斯利那加城外數哩的潘德善鎮。在這兒的軍營中，我們發現一座窄小、只有一間祭殿的奇廟。它歪歪斜斜地矗立在窪地中央，廟旁有一株濃蔭蔽天的大樹，周圍是一個小小的人工池塘。這是一潭死水，水面漂蕩著落葉。廟宇的石造部分顯得非常沉重、粗糙，裂痕斑斑；他們隨便用混凝土修補，看起來挺刺眼的。在建築風格上，這間寺廟近似艾旺提普爾廢墟——那個男孩口中的「潘達華斯家族城堡」；不同的是，這間廟宇目前仍在使用，而這點使它的存在具有意義（對印度人來說，建築物的意義在於它的用途，而非它的歷史）。超乎物質層次的喪失，會讓人們產生一種浪漫的悲情，但在這兒，印度教徒和回教徒都覺得，他們從不曾喪失任何東西。一棟建築物倒塌了、被摧毀了、不再具有任何用途了，但另一棟建築物會取而代之——規模也許大一些或小一些，外觀也許更美或更醜。愛克巴大帝的湖中堡壘東邊，有一座早已淪為廢墟的精美建築物。它極可能是一座皇陵。兩座塔樓原本矗立在一間牆壁嵌著黑色大理石的陰涼四合院前方。塔樓已經崩塌，磚砌的圓頂布滿裂罅；結構勻稱優美的蒙兀兒式拱門，不知被誰塞滿一塊塊如今已經開始碎裂、剝落的泥磚；一堆堆瓦礫堵塞住皇陵的入口，散布在那一座陡峭的、通往下層祭殿的樓梯間。殿堂滿布灰塵，精美的石雕窗飾早已破損不堪、殘缺不全。然而，只有觀光客才會前來憑弔這座壯麗的廢墟，感嘆它的腐朽。在本地人眼中，比這座古蹟更重要的建築物，是他們用波狀鐵皮在那兒建造的、專供附近清真寺香客使用的廁所和澡堂。

蒙兀兒花園維修得非常完善，看起來依舊很美，因為它到現在仍然是一座花園——仍然在使用中。同一個時期興建的皇陵，早已經喪失它的用途，因此人們才會在它的廢墟中建造廁所。這種盲目講求實際用途的意識，把整個喀什米爾河谷糟蹋得瘡痍滿目、面貌全非；只有觀光客才會憑弔它的廢墟，也只有觀光客才能欣賞它的美。蒙兀兒花園本坐落在湖畔的林園，景致十分幽美；如今，在濃蔭密布的查斯瑪莎希花園（Chasmashahi）中，那座聳立在樹梢頭的寶塔式綠色亭台旁邊，卻出現十間簇新的「觀光茅屋」，分成兩排，一排六間，另一排四間，看起來十分突兀刺眼。亭台另一邊則是政府賓館——尼赫魯總理在這兒住過；賓館旁邊有一間「牛奶低溫殺菌和裝瓶工廠」；坐落在工廠旁邊的，不用說，當然就是那座規模宏大的國營農場了。他們在這兒飼養綿羊。山坡上散布著綿羊的足跡，一路延伸到山頂的仙子殿（Pari Mahal）。這棟十八世紀建築物，原本也許是一座圖書館或天文台——現在已無從考查——如今它那野草叢生、四處飄漫著野生白玫瑰的清香、成群蜜蜂飛繞出沒的平台上，卻散布著一坨坨羊糞。透過那一排灰泥早已剝落、露出磚塊的拱門，我們可以眺望到山下的湖泊。近來，湖上出現越來越多汽艇，樂壞了湖中的居民。這些船舶污染空氣和水源；馬達聲震天價響，迴盪在整個湖面上；螺旋槳捲起一團團爛泥巴，宛如漩渦一般。汽艇開走後，湖水依舊激盪不已、嘩啦嘩啦，不斷沖刷著臨水的花園，搖盪著那一艘艘穿梭在湖中的「施客啦」。而這只是一個開端而已。好戲還在後頭呢。

喀什米爾人那中古世紀式的心靈，面對這種現象，卻漠然無動於衷。它存在於這樣的一個世界中：儘管歷經滄桑，這個世界依舊保持它的和諧與秩序、依舊可以被人們「視為當然」。這樣的心靈只重視事物的延續性，從不曾發展出歷史意識——歷史意識是一種喪失感（sense of loss）——也許不曾發展出真正的美感意識——那需要天賦的評鑑能力。把自己封閉起來時，這種缺失會使它感到安全。一旦暴露出來，它的世界就會變成童話中的桃花源，顯得無比脆弱。從喀什米爾祈禱曲轉到錫蘭電台廣告歌，只需切換收音機頻道；把喀什米爾玫瑰轉換成一盆塑膠雛菊，也只是舉手之勞而已。

觀光局官員來訪

平日，巴特先生總是在旅館花園那座船屋式遮雨棚下，以正式的禮儀，接待客人，不管他們是觀光客還是湖中的居民。一個星期天早晨，天氣異常悶熱，我望出窗口，看見一位衣裝體面的年輕男子，獨個兒坐在遮雨棚中，矜持地端起茶杯，一口一口慢吞吞啜著。陽光穿透過棚子灑在他身上，使他整個人看起來紅撲撲，非常可愛。他身前擱著一只用金屬打造的茶盤，盤中整整齊齊地擺放著咱們這家旅館收藏的一套精美瓷器。

樓梯忽然響起腳步聲，蹬蹬蹬。接著，門上響起一陣敲門聲。亞齊茲走進房間來，氣喘吁吁，神情嚴肅，左邊肩膀上搭掛著一條毛巾或抹布。

「老爺，下來喝杯茶。」

我剛喝過了。

「老爺，請你下來喝杯茶。」亞齊茲一邊說、一邊喘氣，「巴特先生說的。不是喝『你自己』的茶哦。」

我走下樓去見這個衣裝體面的小伙子。這陣子，三不五時，巴特先生就把我召喚下來，要我幫忙應付那些吹毛求疵、難以伺候的「客戶」。我鼓起如簧之舌，跟這些客人周旋。在我遊說下，他們往往會接受巴特先生所提、比阿里．穆罕默德在「遊客接待中心」提出的要合理得多的房租。

小伙子放下茶杯，靦腆地站起身來，怯生生望著我。我拉過一張破舊的藤椅，一屁股坐下來，請他繼續喝茶。幾秒鐘前，亞齊茲還裝出一副趾高氣揚的模樣，彷彿他是這家旅館的老闆似的。這會兒，他卻變得十分恭謹，一個勁鞠躬哈腰，幫我倒茶，然後躡手躡腳退出去，不敢回頭看我們一眼，但不知怎的，我卻感覺得出來，他依舊保持高度警戒，留神傾聽我們的談話。瞧他那副德性：身上穿著一條寬寬鬆鬆的褲子，頭上歪歪斜斜戴著一頂氈帽，肩膀搭著一塊抹布，黑黝黝的兩隻腳沒穿鞋子，啪噠啪噠，踩在地板上。

我說，今天天氣好悶熱啊。小伙子點點頭表示同意。我接著說，再過一陣子，天氣就轉涼啦。斯利那加城的氣候就是這麼樣變化莫測，但湖中肯定比城裡涼爽，而咱們這家旅館，又肯定比任何一間船屋涼快。

「這麼說來。你待在這兒，覺得非常愉快囉？」

「沒錯，」我說：「我挺喜歡住在這家旅館。」

話匣子一打開，我就鼓起如簧之舌，向他推銷這家旅館，建議他在這兒住下來。但顯然這小伙子跟我不投緣——在我面前，他似乎感到很不自在。看來，這回我無法完成巴特先生交付的使命，幫他爭取到一個新房客了。

「你從哪裡來？」我提出的這個問題，是印度人最喜歡向陌生人提出的。

「哦，我是從斯利那加城來的。」小伙子回答，「我在觀光局工作。這幾個月，我常常看到你在城裡走動。」

我親自撰寫、用打字機打好、具名發出的邀請函並未發生效用，而巴特先生和亞齊茲這兩個土包子，不知透過什麼管道，竟然能夠把觀光局的官員邀請到旅館來喝茶。幸好，亞齊茲表現得還算有風度。他說，我在花園接待那位年輕官員的過程，廚房那夥人都看在眼中，感到非常滿意。過了幾天，他向大夥兒宣布：觀光局副局長卡克先生已經接受邀請，即將前來咱們這家旅館視察，說不定還會坐下來喝杯茶呢。聽亞齊茲的口氣，彷彿這件事是由我一個人促成的。

卡克先生來了。一看到他搭乘的遊船駛到棧橋下，我就趕緊溜進浴室，把自己反鎖在裡頭。等了半天，卻沒聽見樓梯上響起蹬蹬腳步聲。巴特先生也沒召喚我下樓去，那天和往後幾天，大夥都沒提起卡克先生來訪的事。直到一天早晨，在「全喀什米爾遊船工人聯合會」祕書陪同下，巴特先生走進我的房間時，我才知道卡克先生的來訪已經產生效果。巴特先生央求我，用打字機列舉出咱們這家旅館的「設備和特徵」，以便刊登在觀光局出版的旅館名錄裡頭。我覺得很沒面子。巴特先生一逕微笑著，顯得很開心。二話不說，我坐在打字機前開始打字。

工會祕書站在我身邊口述：「旅館，西方風格。」

「是！是！」巴特先生一個勁點頭，「西方風格。」

「這我不能打出來。」我說：「這家旅館根本不是西方風格。」

「沖水馬桶。」巴特先生繼續口述，「英國食物。西方風格。」

我站起身來，伸出胳臂，指著窗外廚房旁邊那間小小的箱形房屋。

這間房子約莫六呎長、四呎寬、五呎高。裡頭住著一對身材削瘦、成天板著臉孔的中年夫妻——我們給他們取個名字叫「賒民夫婦」（Borrowers）。他們是耆那教信徒[7]。這對夫婦把他們家的鍋碗瓢盆全都帶到喀什米爾來：自己煮飯燒菜，自己洗鍋子，從不跟任何人混在一起——他們蹲在花園水龍頭下，抓起地上的爛泥巴，使勁擦洗碗盤。最初，他們以遊客身分住進咱們這家旅館，租用樓下的一個房間。他們有一台電晶體收音機。我常看到這對夫婦跟巴特先生一塊坐在遮雨篷裡，聚精會神，聽廣播。收音機擺放在他們中間一張桌子上，天線豎立起來，音量調得很高。我們聽亞齊茲說，巴特先生正在跟這對夫妻談一樁買賣。一天早晨，我們眼見夫妻倆把鍋碗瓢盆、床舖被褥和板凳椅子，一股腦兒從旅館房間搬到廚房旁邊那間箱形小屋。那天黃昏，我們就看見屋裡亮起燈光，從牆縫中照射出來，跟著我們就聽到屋裡響起收音機播放的音樂。這間房屋有一扇窗子，大小約莫一平方呎，歪歪斜斜搖搖晃晃，看來肯定是喀什米爾木匠的傑作。透過這個小窗子，我依稀看得見屋裡的陳設。有一天，我正在窺視，卻被發現了。一個女人的手從窗戶中伸出來，砰然一聲，把窗門闔上。

而今，我伸出手臂指給巴特先生看的，就是這間箱形小屋。

工會祕書忍不住咯咯笑起來。巴特先生只微微一笑。他伸出一隻手來放在自己的心窩上，嘴裡一個勁說：「先生，先生，恕罪，恕罪。」

7 耆那教（Jainism）是西元前六世紀在印度興起的二元論禁欲主義宗教。

聖人和他的門徒

夏天的斯利那加城非常悶熱。遊客們紛紛上山避暑——喜歡「印度風味」的人，成群跑到帕哈爾甘鎮（Pahalgam）；崇尚「英國品味」的遊客，則選擇古爾瑪格村（Gulmarg）做為度假地點。沒多久，房客全都走光了，整個旅館只剩下我們兩個人，就像初春時節我們剛搬進來時那樣。草坪上不再有人洗衣服和碗盤；台階底下藏放掃帚的櫥櫃，也不再有人蹲在裡頭煮飯。在太陽曝曬下，花園水龍頭四周的爛泥巴漸漸乾枯，凝結成一塊塊黑色的泥土。園中，向日葵盛開，花團錦簇煞是好看。夏日炎炎，連做生意的人都變得沒精打采。販售圍巾的那個傢伙——他有個古怪的名字叫「毛拉納．值得做」（Maulana Worthwhile）——有天跑到旅館來，問我有沒有英國鞋油；根據他自己的說法，只有這玩意兒才治得好他身上的癬。地區法院在旅館遮雨棚下聚會，選出新法官；選舉結束後，大夥兒喝茶吃蛋糕，慶祝一番。最近這陣子，亞齊茲常常提到古爾瑪格村。他用暗示的口氣對我說：「先生，您什麼時候到古爾瑪格村度個假啊？」他要我們帶他一塊去。只有在這段生意清淡的日子裡，他才離得開旅館，出外走一趟。但我們一再拖延，因為我們實在捨不得離開仲夏時節的湖泊。我們要盡情享受這難得的清靜。

這一片寧謐祥和，驟然間消失了。

德里城中住著一位「聖人」。今年，有一家在東非共和國經商致富的印度人返回祖國度假，在德里城中見到這位聖人。雙方甚是投緣。這家人決定把假期奉獻給聖人。全心全意服侍他老人家，供他老人家差遣。那年，從印度洋颳來的季風遲到了。聖人坐在德里家中，閒極無聊，有一天忽然向徒眾們宣布：「我打算到印度教聖地喀什米爾走一遭，探訪艾瑪納錫（Amarnath）的神聖洞穴，觀賞冰清玉潔的千蛇湖（Lake of the Thousand Serpents），朝拜濕婆神當年舞蹈過的平原。」來自東非的這群印度商人一聽，二話不說，立刻收拾行囊，準備好幾輛美國製造的加長型禮車，親自護送聖人到喀什米爾。但他老人家卻說：「路途迢遙，舟車勞頓，我身上這把老骨頭怎擔受得起呢！你們開車先上路吧。我搭乘印航子爵式（Viscount）飛機，隨後就去。」安排停當，大夥兒開車上路，一路朝北行駛，一天一夜後終於抵達聖城斯利那加。進得城來，已經是子夜時分。二十名香客抵達的消息，立刻在空蕩蕩、門可羅雀的船屋間傳揚開來；不管他們走到哪，身後如影隨形，總是跟著成群扯起嗓門厲聲尖叫的船夫，央求香客們到他們船屋住幾天。這群香客來到湖中一座小島上，看到一間小小的旅館。「這就是咱們一直尋找的地方！我們就在這兒住下來，恭候聖駕吧。」一整晚，船夫絡繹不絕、紛紛上門，哀求香客們到他們船屋瞧一瞧，住住看。整個旅館擾擾攘攘、亂成一團。

這是阿里．穆罕默德的說詞。

「但香客們說：『我們不想住船屋。我們只想住這家旅館。』」吃早餐時，他告訴我們。

這是麗華大飯店開張以來招攬到的最大一批客人，難怪，負責拉客的阿里．穆罕默德感到那麼得意。他可不是亞齊茲；我們的處境，他壓根兒不放在心裡。亞齊茲愛莫能助。一看到我們，他就像見到鬼一樣遠遠避開。

這群香客有備而來。他們那幾部加長型禮車——湖中居民嘖嘖稱奇的最新科技產品——運載一大綑一大綑樹葉。這些葉子據說非常神聖。香客們把它當作碗盤使用，就像古早時代的賢人君子那樣。他們嫌水龍頭的水不夠純淨。每天清早，他們帶著特製的容器，前往湖畔的查斯瑪莎希花園，從皇泉中舀取純淨的泉水。當然，他們自己煮飯燒菜，不讓別人碰觸他們的食物。他們在草坪上安放幾顆石頭，當作爐灶；負責燒飯的是四個身穿橘黃袈裟、模樣兒像陰陽人的小伙子。燒完飯，他們無所事事、整天閒蕩。對這幫人來說，聖潔、簡樸的生活就是這麼回事：在一堆石頭上煮飯；把食物放在樹葉做的碗盤裡，一口一口扒著吃；不辭勞苦，到數哩外舀取山泉的水來喝。但是，這樣的生活所反映出的也是一種懶散而漫不經心的人生態度。旅館房間裡的地毯全都被翻捲起來，窗簾高高掛起，家具亂成一團。身為一位聖人的徒弟、過著簡樸的生活，使這幫人變得異常狂妄自大。這群香客中的男人，成天在草坪上高視闊步、大搖大擺；在他們面前，阿里和亞齊茲——甚至旅館主人巴特先生——都得躡手躡腳、低聲下氣。這些人講話就像吵架似的，嗓門特大。三不五時，他們就用力清一清嗓子，呸的一聲，把一團濃痰吐到池塘中的一簇簇荷花上——這種植物是前任喀什米爾大君從英國帶回來的，跟印度教崇奉的蓮花，沒有多大關係。他們端著樹葉盤子，蹲在他們剛吐過痰的草坪上吃飯；吃完，就開始打嗝。這幫人打起嗝來，就像打雷一般，但節奏控制得恰到好處，彷彿訓練有素似的。光從他們的打嗝聲，您就可以判斷出來誰是師兄、誰是師弟。這夥人的大師兄年紀約莫四十，個頭又高又壯，渾身肉顫顫。跟師弟們一樣，他身上穿著架裟，但額頭上卻纏著一條五彩斑斕的花布巾，獨樹一幟。他手下那群小伙子，一有空就做伏地挺身或其他健身運動。看來，這幫人日子還過得挺愜意的。對他們來說，這次跟隨聖人出遊，就像一群童子軍到野外露營一樣，非常好玩。不幸的是，我們這家湖中旅館——麗華大飯店——竟然變成了他們的露營場。

至於聖人何時抵達，卻一直沒有明確的訊息傳來。他的徒眾可不敢掉以輕心。三不五時，他們驅車直奔斯利那加機場，迎接從德里來的每一班飛機。那幾個身穿橘黃袈裟、模樣像陰陽人的小伙子，奉命留守在旅館。閒極無聊，他們開始玩起某種遊戲來。我站在一旁觀看，只見他們隨手撿起一些殘磚破瓦，默默地、慢慢地、專注地構築一道臨時防禦工事，把他們放置在草坪中央、當作爐灶使用的一堆石頭，團團圍繞起來。這時我才發覺，他們根本不是在玩遊戲，而是在建造一座圍牆，防止外人偷窺，因為我們這些「不潔」的人的目光會污染他們的食物。事情還沒完呢。由於這家旅館的草坪已經被無數「不潔」的人踐踏過，這幫人決定把草皮全部剷掉。這會兒，他們穿著袈裟蹲在花園裡，正在默默進行破壞的工作。

我叫亞齊茲來見我。自從這群香客搬進旅館以來，我們就沒打過照面。他垂著頭，一副靦腆羞怯的模樣。顯然，他也看到了這幫人在花園幹的好事。最讓我生氣的是，他竟然幫這些身穿橘黃袈裟的傢伙找來一塊木板，鋪在他們挖掘出來的爛泥巴上。這種搞法簡直莫名其妙。但他又能怎麼樣呢？巴特先生最近手頭緊，正在傷腦筋之際，上帝給他送來一批客人。他告訴我，這群香客可不是尋常的遊客哦，他們是聖人——所謂聖人，就是如假包換的聖賢——的門徒哦，絕對不會亂搞的。

那天下午，香客們終於把這位聖人帶回旅館來。剎那間，整個旅館的氣氛改變了：原本是亂糟糟的一團，打嗝聲此起彼落，現在卻突然變得無比肅穆、寂靜，只聽到徒眾們急急匆匆的腳步聲和嘰嘰喳喳的耳語聲。聖人端坐遮雨棚下一張椅子裡。婦女們再也忍不住，紛紛衝出旅館，拜倒在聖人腳下。聖人正襟危坐，正眼也不看這些婆娘一眼。大部分香客只管呆呆坐在一旁，睜著眼睛，瞻仰他們的上師。說實話，這位聖人長得比他的徒眾們體面得多，果然稱得上寶相莊嚴。他那件橘黃袈裟裹著一具非常結實、光滑的古銅色身軀；他那張臉孔十分端正、堅毅，看起來反倒比較像一位企業主管。

那幾個穿著橘黃袈裟的小徒弟，蹲在他們構築的防禦工事裡頭，幫師父燒飯做菜。香客們分成兩排，靜靜坐在草坪上陪聖人用餐。飯後，眼看太陽就要下山了，上師領導徒眾們齊聲吟唱起聖歌來。兩個徒弟端來一盆水，擦洗師父的袈裟。洗乾淨後，他們合力把衣服提起來，不停搖晃，直到整件袈裟全都乾了才停手。

我走進廚房，找人聊天，卻看見大夥兒挨擠成一團，悶聲不響，輪流抽著一筒水菸。

「在他們眼中，我們全都是不淨的人。」一個船夫說，「這樣的宗教未免太不近人情吧？」

這正是巴基斯坦電台對印度教的指控。然而，連這位船夫都尊敬印度教的聖人，說話時刻意壓低嗓門，以免驚擾他老人家。

隔天早晨，一覺醒來我們發現花園中的草皮又被剷掉一些，泥濘滿地，慘不忍睹。香客們全都聚集在花園中，鬧哄哄忙得不可開交：有的聚在一起剝豌豆，有的在煮東西，有的在打嗝，有的在刷牙（呸的一聲，把滿嘴牙膏吐到池塘中的荷花上），有的在洗澡，有的在洗衣服，有的在台階跑上跑下。

吃早餐時我問阿里．穆罕默德：「這些人什麼時候離開啊？」

他顯然沒弄清楚我問這話的原因。微微一笑，他露出嘴裡那副凹凸不平的假牙。「上師昨晚開示：『我喜歡這個地方。我覺得我喜歡這個地方。我在這兒也許會待上五天，也許待上五個禮拜，不一定哦。我覺得我挺喜歡這個地方。』」

「把亞齊茲叫來。」

亞齊茲來了。他手裡拿著一塊抹布，一副沒精打采的模樣。抹布髒兮兮；他一身髒兮兮；我一身髒兮兮——在聖人眼中，我們全都是不潔的人。

「亞齊茲，麻煩你轉告巴特先生一聲：要嘛他們走路，要嘛我們走人。」

巴特先生來了，眼睛只管望著鞋尖。

「這根本不是西方風格的旅館，巴特先生。這根本不是麗華大飯店。這是麗華寺——印度教神廟。我馬上就去寫一封信，邀請觀光局長馬丹先生來喝茶。」

亞齊茲知道我在虛張聲勢。這最後一句話，只是嚇嚇巴特先生而已。亞齊茲精神一振，揮了揮他手上那塊抹布，一面擦拭餐桌、一面問道：「先生，您打算什麼時候動身，到古爾瑪格村度個假啊？」

「好主意，好主意！」巴特先生連連點頭，「到古爾瑪格村度個假。帶亞齊茲一塊去。」

我們只好妥協。當下，我們決定到古爾瑪格村避避風頭，過幾天再回來。

「可是，巴特先生，我先跟你講好！回來後，如果我們發現他們還待在這兒，我們就捲舖蓋走人了。」

「沒問題，先生。」

事實上，我有辦法讓這群香客和他們的上師在五分鐘之內收拾好行囊，乖乖離開麗華大飯店。我只消告訴他們：為求「潔淨」，他們剷掉花園的草坪，把它轉變成一間廚房，用柵欄圍起來，可是，他們的廚房下面卻有一個坑洞——那是旅館的化糞池哦。

和亞齊茲一起去度假

「亞齊茲，我們是不是應該查問一下，前往古爾瑪格村的巴士什麼時候開出？」

「不必查問，老爺，班車多得很哪！」

早上剛過八點鐘，我們就趕到公車站。亞齊茲穿著他向巴特先生借來的那雙褐色大皮鞋，一瘸一瘸，走到售票窗口前，幫我們買車票。

「我們錯過了八點鐘的巴士。」他兩手空空走回來。

「下一班什麼時候開呢？」

「十二點鐘。」

「那我們該怎麼辦呢？亞齊茲啊。」

「還能怎麼辦！等啊。」

這座簇新的公車站新近才落成。喀什米爾人三三兩兩，從男廁鑽出，伸出手來就往門簾上抹一抹，把手擦乾淨——這幅門簾可是用時新布料縫製成的。一個裝扮得挺整齊體面的女乞丐，手裡拿著一疊精心印製的傳單，分發給旅客們。傳單訴說她的悲慘遭遇。我們只好待在車站，等下一班車。

古爾瑪格村究竟有什麼魅力，那麼吸引亞齊茲？它只不過是一個度假村，坐落在海拔約莫三千呎的高山上，俯瞰著喀什米爾河谷。幾棟簡陋的木屋，散布在一片蒼翠的牧草地上。村子的一邊，山坡上松樹叢生，牧草地一路綿延到山腳；村子另一邊矗立著高聳的山峰，即使在夏日炎炎的八月天，山上的石縫依舊堆滿褐色的積雪。大雨滂沱中，我們抵達古爾格村。今晚，我們借住在朋友的一幢單層平房小別墅裡。一跨進門檻，亞齊茲就被主人打發到僕人房，直到大雨停歇，我們才又看見他。那時，他正沿著一條濕漉漉的泥巴路，從村子中央的市街走回來。只見他一腳高一腳低，吃力地蹬著巴特先生那雙笨重的皮鞋，模樣甚是古怪。（後來，巴特先生哭喪著臉孔告訴我們，亞齊茲陪伴我們到山村走一趟，把他那雙寶貝皮鞋給糟蹋得不成樣子。）一看到我們，亞齊茲臉上就綻露出笑容，顯得非常開心，「先生，您還喜歡古爾瑪格村嗎？」

來到山村後，我們一直窩在屋子裡。只看到烏雲覆蓋的山峰，和一簇簇叢生在那片綠油油、濕答答牧草地上的紫色野花。我們也看到幾棟早已淪為廢墟的建築物。那是被一九四七年入侵的巴基斯坦部隊放一把火，夷為平地的。其中一幢規模宏偉、氣象萬千的木造建築物，從屋頂一路崩裂下來，乍看之下就像一個巨大的玩具。夜晚，風起時，聽到它那殘破的彩色玻璃窗，嘎吱嘎吱響個不停，真會讓人做噩夢。

亞齊茲在村子周遭走了一趟？他有一位特別的朋友，居住在古爾瑪格村？他在這兒有個女人？這一整天，他的心情起伏不定。早晨，他還是旅館裡一個手腳俐落、辦起事來講求效率的僕人。坐在車站等巴士，他那張原本充滿期待的臉龐，卻漸漸變得木然，一副目瞪口呆的模樣。直到坐上巴士，雙手緊緊摟住那只裝著三明治的籃子，他才稍微放鬆心情，有一句沒一句跟我們閒聊。下了車，我們騎上小馬，穿過松樹林一路朝向古爾瑪格村行進。剎那間，亞齊茲整個人全都變了——變得非常活潑調皮，活像一個淘氣的小頑童。只見他跨坐在馬鞍上，顛一顛，跳兩跳，手裡不斷揮舞著馬韁，啪噠啪噠價響。好一會兒，他只管策馬來回奔馳，把山中其他馬兒驚嚇得四處逃竄。我終於明白了：吸引他前來古爾瑪格村的就是這群小馬；看來，他身上還殘留著遊牧民族的血液。即使穿著皮鞋，一旦跨上馬鞍，他就不再是一個小丑似的旅館侍應生，連他身上穿著的那條寬寬鬆鬆、褲腳尖細的長褲，也變得挺帥氣，因為那正是中亞細亞騎士們的服裝。第二天，我們離開村子到山中遊玩。一有工夫，亞齊茲就騎上馬，即使在最陡峭、最崎嶇的山徑上。一跨上馬鞍，他就變成一個神采飛揚、意氣風發的小伙子；每當馬兒失蹄，在山路上滑一跤，他就興奮地扯起嗓門大聲叫嚷：「哇，哇！別急，別急嘛！」他變得很健談。他跟我們談起一九四七年的印巴戰爭。根據他的說法，入侵的巴基斯坦部隊笨到把黃銅看成黃金，爭相搶奪。他為什麼不喜歡走路呢？亞齊茲終於告訴我們原因：有一年冬天，他離開原來的雇主，到喀什米爾河谷來找工作；身上一文不名，他只好徒步穿越覆蓋著積雪的巴尼哈爾山隘，結果生了一場大病。從此，醫生不准他再走路。

在我們眼中，亞齊茲是一個千面人，具有多重性格。我們最喜歡看他跟我們的朋友——山中別墅的主人——打交道，看他如何在他們身上下工夫。他使出當初在我們身上用過的一招：一面以僕人之禮伺候他們，一面評估他們身為主人的分量。朋友家裡有一群僕人，並不需要亞齊茲服侍，但不知怎的，亞齊茲卻跟他們攀上關係，變成了他們最親信、最信賴的僕人。他這樣做，並不是為了求取某種報償；他只是遵循自己的本能和直覺。亞齊茲不識字，是個大文盲。然而，他卻把旅館的客人當作觀察和研究的對象。這些人也是他的職業和（毫無疑問）娛樂。這樣的邂逅和人際關係，構成他的生活圈子。生活在這樣的一個世界中，他的反應被訓練得異常敏銳。（他體察到我們的感覺，二話不說，就「正式地」把旅館的廚子打發走，叫他另謀高就。他還對我說：「這是為了他好，你應該替他高興。」可憐那個廚子莫名其妙被炒魷魚，只能在他背後詛咒他。）亞齊茲那口英文，全是透過耳朵學來的：聽別人怎麼說，他就怎麼說。一般印度人學英文是透過書本，發音非常怪異；亞齊茲說起英文來，咬字就比許多印度大學生精確得多，口音也比較道地。他講英文，有時難免犯錯——譬如，他總是把any（任何）當成some（一些）：anybody don't like ice（任何人不喜歡冰塊）——但這種錯誤卻也顯示，他對英文這種偶爾聽人家說說的語言，具有驚人的掌握能力。最讓我訝異的是，我在平日言談中使用的一些字眼和片語，幾天後就會從亞齊茲口中說出來，而這傢伙模仿我的腔調和發音，竟也維妙維肖。如果他識字，能讀能寫的話那還得了。可是話說回來，亞齊茲身為文盲，不是反而使他的知覺變得更加敏銳嗎？他精通人情世故，善於跟人們打交道，一如這個地區的統治者（他們也是文盲）：錫克教徒的領袖蘭吉特・辛（Ranjit Singh）和「占木與喀什米爾聯合邦」的建立者古拉布・辛（Gulab Singh）。在我們看來，文盲是一種缺陷。但對居住在一個比較單純的世界、天資異常穎悟的文盲來說，識字也許是一種累贅，反而會使人們的情感和知覺變得更加遲鈍吧？也許，在他們眼中，讀寫能力只是代書人應該具備的謀生技能吧？

返回斯利那加途中，我發覺，亞齊茲刻意裝出一種表情，準備面對他的雇主巴特先生：他不再有說有笑、興高采烈；他繃著臉孔，悶聲不響，一副疲憊不堪的模樣；一坐上公車，他就把行李一股腦兒往自己身上堆放，盡量把自己弄得很不舒適。下車後，他臉上那副表情會讓每一個人都相信：這趟古爾瑪格村之旅，非但不能紓解他在旅館工作的勞累，反而讓他覺得更加疲倦。在我們面前，他刻意表現出很不耐煩的模樣，簡直把我們當成他的一大負擔。說不定他跟我們一樣，一想到回到旅館就會再看見那位印度教聖人和他那群門徒，心裡就覺得很煩。搭乘出租馬車，沿著湖畔林蔭大道回到旅館時，亞齊茲忽然對我說：「巴特先生告訴我，你不肯支付我的嚮導費。」

嚮導費！這傢伙什麼時候當過我們的嚮導了？他不是天天纏著我們，央求我們帶他去古爾瑪格村嗎？他在那兒騎馬遊玩，費用不都是我們支付的嗎？

「聖人昨天開示：『今兒個，我覺得我應該去帕哈爾甘鎮走一趟。』」回到旅館，剛跨進門檻，我們就聽到阿里・穆罕默德宣布的好消息。果然，這幫人全都走光了，只留下一些痕跡，證明他們曾經在這兒住過：滿目瘡痍的草坪、沾滿泥巴的牆壁和散落一地的扁豆（有一些已經發芽）。花園裡，美人蕉開始綻放了，鵝黃的花瓣帶著朱紅的斑點，煞是好看。

我撿起發芽的扁豆，拿給巴特先生瞧瞧。

「哦，先生，抱歉抱歉！」他說。

也許為了表示他的歉意，隔天早晨，他帶著亞齊茲走進我的房間。透過亞齊茲的翻譯，他對我說：「先生，您邀請喀什米爾大君卡蘭・辛（Karan Singh）來咱們旅館喝杯茶吧！卡蘭・辛大君大駕光臨敝店，為了表示歡迎，我會把旅館招牌拿下來，把客人全都趕走，把大門關上。」

第七章 進香

年輕的喀什米爾大君卡蘭・辛，目前是「占木與喀什米爾聯合邦」的民選元首。他鼓勵我們參加進香團，前往永恆的神明艾瑪納錫的洞穴朝聖。這個洞窟位於斯利那加東北方約莫九十哩、海拔一萬八千呎的艾瑪納錫山。它坐落在山腰，距離地面一萬三千呎。艾瑪納錫洞窟被印度教徒奉為聖地，因為每年夏天洞中都會出現一個冰雪凝結成的、長達五呎的陰莖圖騰（lingam）。這是濕婆神的象徵。據說，這只陰莖會隨著月亮的靈魂伸縮自如；每年八月，月圓之夜，它的長度延伸到頂點。進香團就在這一天抵達。就像德爾菲[1]，艾瑪納錫洞窟是古代世界遺留下來的一個奧祕。歲月遞遷，滄海桑田，它之所以能夠留存到今天，因為它是印度教的聖地。這種宗教無始無終，根本不像西方人熟知的那種宗教，但千百年來，它一直存在於印度，做為人類宗教意識的

1 德爾菲（Delphi）是古希臘一座都城。以神諭著名的阿波羅神殿，坐落在這座城中。

一個寶庫和活生生的檔案紀錄。

若干年前，卡蘭．辛曾前往艾瑪納錫洞窟朝聖，但據我所知，那時他不是跟隨進香團一塊去的。回來後，他寫了一本書，記錄這趟朝聖之旅。我無法體會他的宗教熱忱，但書中對雪山、冰湖和山中變化莫測的氣候，描寫得極為精確、逼真，讓我讀得津津有味、不忍釋手。對我來說，這個洞窟的真正奧祕在於它的地理位置。它坐落在一條山路的盡頭。吉普車只能開到昌丹瓦里村（Chandanwari）。從這裡出發，香客們沿著山徑行走兩天，才能抵達朝聖的地點。一年中總有好幾個月，這條山路消失在喜馬拉雅山脈的積雪中，看不見蹤影；夏天來臨時，儘管喀什米爾政府工務局努力維修，路況依舊十分惡劣，險阻重重，尤其是在天氣惡劣的日子裡。這條羊腸小徑，蜿蜒攀升上一座長達兩千呎的陡坡，穿越一個海拔一萬五千呎的隘口，沿著迂迴曲折、光禿禿的山邊凸伸出來的一座狹窄的岩棚，通往艾瑪納錫洞窟。在林木界線外，呼吸非常困難；夜晚氣溫陡降，變得十分寒冷。山中的積雪從不曾完全消融。在隱蔽的山溝和峽谷，積雪依舊十分堅厚。夏日，流水潺潺的山澗上，冰雪形成一座座堅固的橋梁，表面看來，跟周遭的土地一樣布滿褐色的砂礫，但就在數呎底下，它卻凹陷成一個個低窪的冰藍洞穴。

艾瑪納錫洞窟是怎樣被發現的？它的奧祕和傳奇是如何建立起來的？這個地區十分荒蕪，草木不生；經過這兒的旅人，找不到燃料和食物。喜馬拉雅山區的夏季十分短暫，氣候變化莫測。當年的探險之旅，一如今天的朝聖旅程，必須進行得非常快速，分秒耽擱不得。隱藏在冰雪底下、每年匆匆露一次臉的艾瑪納錫洞窟，它的奧祕和傳奇，究竟透過什麼管道，傳揚到古代印度的每一個角落呢？它坐落在喜馬拉雅山脈——「冰雪之鄉」，怎麼會跟酷熱的北印度平原和棕櫚叢生的南印度海灘，扯上關係呢？然而，古早古早以前，這個洞窟就已經被探測過，它所蘊含的奧祕也早已經被發掘出來。矗立在艾瑪納錫洞窟背後的是凱拉斯山（Kailas）[2]，山後有個湖泊叫瑪納薩洛瓦（Manasarovar）[3]。進香團經過的每一個地點，都擁有一則古老的神話和傳奇：這些岩石是被神打敗的妖魔變的；從那邊的湖泊中，護持神毘濕奴（Vishnu）騎坐在一條千頭蛇的背脊上，驟然顯現；在這片平野上，濕婆神曾經跳過一場宇宙大毀滅之舞——祂那滿頭飛揚的一綹綹髮絲，轉化成這兒的五條溪流。這些神蹟每年只顯現幾個月，然後就被另一個巨大的奧祕——冰雪——覆蓋起來，消失無蹤。這兒的山脈、湖泊和溪流，的確是孕育神話和傳奇最適當的地點。進入山中，彷彿置身於太虛幻境。這兒的山川從不曾向人們顯露它的真面目；它只是悄悄的揭開面紗，然後又匆匆地把臉孔遮藏起來。每年，它都得忍受一次眾人的騷擾：山徑上的一塊石頭鬆脫了，砰然一聲滾落進溪中；進香客繞過一堆積雪，把旁邊的一條小路踐踏得塵土飛揚。然而，每回朝聖完畢，香客們匆匆忙忙下山後，這兒的山川又變得虛無縹緲、遙不可及。數以百萬計的香客曾經進入艾瑪納錫洞窟，但在這塊荒涼的土地上，他們只遺留下些許痕跡。每年冬天，大雪降臨，把人類的足跡掃除殆盡；每年夏天，洞窟中又會出現冰雪凝結成的陰莖圖騰。年復一年，這個玄祕現象總是以嶄新的面貌，出現在人們眼前。

神祇被供奉在洞窟中：一根巨大冰冷的陽具。印度教的哲學思維是那麼高超、繁複，而它的

2 凱拉斯山即西藏阿里地區的岡波仁齊聖山。
3 瑪納薩洛瓦即瑪旁雍錯。

儀式卻又是那麼原始、單純。四大皆空的觀念和陽具崇拜，其間並無任何關聯；它們源自不同的反應層次。但印度教從不棄絕任何東西，而這種作法也許是對的。洞窟中的那根陽具一直留存到今天，但香客們並不把它當作男性生殖器官，而是把它看成濕婆神的面相和生命的延續。這兩者都是印度的象徵。每回出門旅行，穿越印度那荒涼殘破的鄉野時，我總是覺得，在這塊土地上只有生殖力量依舊保持它的功能；它脫離了它的工具和犧牲品——人類，單獨存在。被它貶損、摧殘得不成人形的印度教徒，卻依舊把它的標記看成歡樂的象徵。不論從哪個角度看，這趟朝聖之旅都挺恰當的。

往艾瑪納錫朝聖

「你需要一個廚子。」亞齊茲說：「你需要找一個人來幫助我打點一切。你需要腳夫，你需要清潔工，你還需要七匹馬。」

馬兒的主人當然跟我們一起上路。這一來，咱們這個朝聖團人數多達十四人，牲畜不算在內。亞齊茲擔任總管。

我開始刪減人數。「我們不需要廚子。」

「老爺，他不只是幫我們燒飯做菜而已，他還擔任我們的嚮導呢。」

「兩萬香客一齊上山，咱們還需要嚮導嗎？」

那個廚子是亞齊茲的拜把兄弟，人長得胖胖的，成天笑咪咪。我原本想帶他上路，但他卻透過亞齊茲告訴我：跟他老哥一樣，他的雙腿有毛病，不良於行，醫生不准他長途跋涉，因此他需要一匹專用的馬兒。接著，他又透過亞齊茲，從廚房傳出話來：這回跟隨我上山朝聖，他需要一雙新鞋。這個貪得無厭的傢伙，我可僱用不起。我也把腳夫從名單中剔除掉。我們上山朝聖，身邊帶個清潔工人幹什麼，只需隨身帶一把小鏟子就行。

被我這麼一刪減，亞齊茲整個人登時變成一只洩了氣的皮球。他服侍過規模更大、氣派更恢弘的進香團；顯然，他以為這回我們上山朝聖，一切都會依照老規矩來進行。在亞齊茲的想像中，他身上穿著外褂和長褲、頭上戴著氈帽，高高跨坐在馬兒背上，四下奔馳，指揮若定。而今他看到的卻是一連五天的苦差事。但他這輩子還沒去過艾瑪納錫，如今有機會一遊，感到非常興奮。他告訴我們：最先登上艾瑪納錫山的是一群回教徒；這個洞窟——連同它的陰莖圖騰——原本是一間回教「寺院」。

亞齊茲向巴特先生提出報告。巴特先生找來一位懂英文的代書。幾天後，我又染上感冒臥病在床時，巴特先生差人送來他的估價單：

從斯利那加到帕爾吉米，搭乘巴士	30.00
三匹騎乘用的馬兒	150.00
二匹運載行李的馬兒	100.00
帳棚和廚具	25.00
桌椅和床舖	15.00

一個腳夫　30.00

小計350.00

清潔工　20.00

額外搬運工和腳夫　20.00

小計390.00

從八月十一日到八月十七日

七天口糧　161.00

總計551.00盧比

若搭乘巴士到伊姆里．納錫，須另加一百盧比。

這份用英文書寫的估價單，字體怪異，好些英文字的拼法亂七八糟，但它所估的價錢，我大致看得懂。只瞄一眼，我就看出來，我被他們當成一隻肥羊了。我感到很難過。我和他們相處四個月，對他們可說是仁至義盡，能幫忙的事情我都大力幫忙，甚至為他們舉行一場派對，而這夥人竟然用這種方式回報我。他們太讓我失望了。我在病床上已經躺了兩天，心情低落，一看到這份估價單，登時氣得從床上跳起身來。推開亞齊茲，衝到窗口，把窗門推開，扯起嗓門朝向巴特先生叫嚷（我的聲音聽起來連我自己都覺得非常怪異，很誠懇卻又不很誠懇，大概因為在呼叫的過程中，我盡力提醒自己，我必須使用巴特先生能夠理解的字句，就像跟小孩說話那樣）：「這樣做不好啊，巴特先生。巴特老爺，這樣做不誠實嘛。巴特先生，你曉得你對我做了什麼事情嗎？你傷了我的心。」

巴特先生正站在花園裡，跟幾個船夫說話。他慌忙抬起頭來，一臉詫異。然後，我看見他那張朝向我仰起的臉龐，剎那間變成一片空白，毫無表情。他什麼都沒說。

發洩完後，我覺得自己很愚蠢，感到非常羞愧，於是就悄悄把窗門關上，躡手躡腳鑽回床上。以前常聽人家說，印度這個國家會把人們性格中那些隱密而醜惡的層面激發出來。剛才大聲叫嚷的那個人，莫非就是真正的我？這就是印度在我心靈中造成的影響嗎？

不論如何，經我這麼一鬧，整個旅館的人都嚇壞了。等我冷靜下來後，他們紛紛走進我的房間，環繞在我床旁，跟我逐項討論估價單上的價目。他們顯得很憂慮，彷彿我罹患的是某種惡疾，而不只是感冒而已。從他們的神態和口氣中，我也看得出來，他們心裡責備我，跟他們相處那麼多個星期，卻一直刻意把我那容易感情衝動的個性隱藏起來，不讓他們曉得，所以他們才會一時失察，開出這麼一份估價單。這又怎能怪他們呢？

磋商了半天，我們終於從估價單上刪掉好幾十個盧比。大夥又變成好朋友。巴特先生顯得很開心；他親自陪同我們到帕哈爾甘，替我們送行。亞齊茲也很開心。他頭上戴上自己的氈帽、身上披著阿里．穆罕默德的藍色條紋西裝、腳上穿著拖鞋（巴特先生拒絕再借出他的皮鞋）和我的一雙襪子。唯一讓他感到遺憾的是，他手下並沒有一大群隨從，但話說回來，到山裡進香，誰又會帶著一大堆跟班呢？我們手下倒是有幾個僕從；我們得為他們準備另一座營帳。日落時分，我們來到昌丹瓦里村，在炊煙裊裊、人潮洶湧的樹林裡紮營。在亞齊茲快速、明智的安排下，大夥兒齊心協力，在重重限制中為我們建立起一座頗為溫暖舒適的營帳。亞齊茲忙進忙出，向馬夫和助手發號施令，對我們則表現出一副屈意奉承、近乎誇張的恭順態度。整個營地亂成一轉：滿坑滿谷的帳棚、繩索、用石頭堆砌成的爐灶、成群蹲伏在樹叢中小大便的進香客。林中早就散布著滿地糞便。黎德河（Lidder River）畔每一塊大圓石，只要人們能夠攀登上去，就會出現一坨坨臭烘烘的排泄物，而我們的營帳就坐落在河邊。亞齊茲想盡辦法，讓我們跟其他進香客保持一個距離。他把我們當作展示品，向大夥兒炫耀。這是他的職責，也是他引以為傲的專長。那天早晨，我們從旅館出發前往古爾瑪格村時，一路上，他喜孜孜地告訴途中遇到的每一個人，他跟隨我們去古爾瑪格村度假。而今，在帳棚裡，他一面倒熱水讓我洗手、一面喜孜孜告訴我：「一路上每個人都問我：『你家老爺是誰啊？』」——聽他的口氣，彷彿在恭維自己似的。

可沒想到，隔天他就碰到麻煩了。從昌丹瓦里村出發，香客們沿著鵝卵石的黎德河畔，輕快地行走了約莫半哩路，來到那座高達兩千呎、宛如石牆一般矗立在路旁的琵蘇·格堤峭壁（Pissu Ghati）。這兒，山路變得非常狹窄。一連兩哩路，它蜿蜒穿梭在亂石堆中，一直往上攀升——根據傳說，這些石頭是被神殺死的妖魔變成的。香客們排成長長的一縱隊，慢吞吞地魚貫行進。在昌丹瓦里村，整個隊伍停頓下來，動彈不得。枯等了好幾個鐘頭，隊伍才開始移動。我們終於走出村子。就在這當口，我們驀然發覺，我們手下的一個馬夫，竟然趁著我們今天早晨昏睡時，悄悄開溜。這下，亞齊茲可就有苦頭吃了。沿著山徑，一路攀登上琵蘇·格堤峭壁頂端，馬夫必須時時守在馬兒身旁，牽著牠，催促牠上山——一路上，我們不時聽到馬夫們的吆喝，偶爾還聽見砰然一聲，行李從馬背上掉落下來。亞齊茲沒有選擇的餘地，只好乖乖從馬背上爬下來，牽住那匹馱載著帳棚、主人卻潛逃無蹤的馬兒，沿著陡峭的小徑，一路陪伴牠上山。瞧他那副德性：身上披著藍色條紋西裝、頭上戴著氈帽、腳上穿著合成纖維襪子，伸出雙手托住馬兒的臀部，把牠推送上山。據他自己說，醫生曾禁止他走路呢。這會兒，他也顧不得什麼尊嚴了。他就像一個小孩，開始抱怨。他用喀什米爾語大聲詛咒，發誓要報仇。他要求我寫信給觀光局長馬丹先生。他手上那根馬鞭不停揮舞在空中，啪噠啪噠響。「該死的豬玀，王八蛋！」他用英文大聲咒罵。他腳上那雙合成纖維襪子鬆脫了。一直滑落到他那兩隻趿著拖鞋、使勁蹬著地面的腳丫子上。我們不理他，自顧自策馬前進。亞齊茲的呼叫聲越來越微弱。回頭一望，只見他牽著馬兒，小心翼翼穿梭在蜿蜒曲折的羊腸小徑上，不時還得閃躲散落一地的帳棚杆。每回頭望一次，我們就發現他變得更渺小、更憔悴、更憤怒。

我們攀登到峭壁頂端，停下腳步，等待亞齊茲。等了好一會兒，我們才看見他氣急敗壞地驅趕著那匹倔強的馬兒，可憐兮兮地出現在我們眼前。他身上那件向阿里・穆罕默德借來的藍西裝，沾滿塵埃，變成黃褐色，就像我借給他的那雙合成纖維襪子。襪子頂端已經滑落到腳跟上。他那張狹小尖細的臉龐淌著汗，風塵僕僕。透過他身上那件縐成一團的衣裳，我可以感覺到，他那雙不良於行的腿正不停打著哆嗦。看他那副狼狽不堪的模樣——從高高在上的管家，一下子淪落成低三下四的喀什米爾馬夫——我原本有點幸災樂禍。但現在看到他這副可憐兮兮的嘴臉，我反而感到有點不忍心。

「可憐的亞齊茲！都是那個該死的馬夫害你變成這個樣子。」我說。

我不該安慰他。從這一刻開始，他從早到晚喋喋不休，只顧埋怨那個臨陣脫逃的馬夫。「老爺，您一定要扣他的薪餉哦！您一定要寫封信給光光局的馬丹先生，檢舉這個馬夫，要求政府吊銷他的執照！」為了補償他一路徒步走上琵蘇．格堤峭壁的辛勞，他騎著馬，從這兒一直走到舍施納格湖（Sheshnag）。我們叫他下來，讓他的助手騎一會兒，歇歇腳，但他裝作沒聽見。我們只好自己下來，把馬讓給助手騎。可憐這個助手，爬上琵蘇．格堤峭壁後就被亞齊茲當作出氣筒。在這座高山上，呼吸很困難，徒步行走更是痛苦，即使爬上一段平緩的山坡，也會讓你氣喘吁吁。根據合約，我們必須提供亞齊茲一匹坐騎。這會兒，只見他高高騎坐在馬背上，威風凜凜，一路策馬前進。他又變成了高高在上的管家，身上背著一個英國熱水瓶，顧盼自雄，好不得意。（「這只熱水瓶挺美的！」他伸出手來，一面撫摸熱水瓶，一面模仿我們說話的口氣對我們說。）一路上，他不時停下來等我們；一等我們趕上來，他就央求我：「您一定要向政府檢舉那個馬夫哦！您一定要請求政府吊銷他的執照哦！」從他那副咬牙切齒的模樣，我看得出來，他心裡真的恨透了這個馬夫，非得好好教訓他不可。

在我們身前和身後，進香的隊伍綿延成一條細細的、歪歪斜斜的長線，看不到起點，也望不見盡頭。人類的渺小，凸顯出大自然的壯闊；進香客的行動，襯托出山脈的沉寂。山路上的泥土早已經被人們踐踏成灰塵，厚達好幾吋；你一腳踩上去，一團灰塵就跟著飛揚起來。隊伍在狹窄的山徑上魚貫而行，緩緩前進；你不能超越別人，可也必須提防別人超越你。灰塵充塞在濕漉漉的岩石底下；灰塵飄散在山溝中凝結的冰雪上。在一條山溝中，佇立著一個頭戴瓜皮小帽的喀什米爾人。他手裡握著一把鏟子，不停地揮舞著，剷起地上的積雪，以幾文錢的代價，賣給路過的進香客。隊伍後面的人不斷向前推擠；前面的進香客無法停下腳步來。賣雪的喀什米爾人挖起一鏟子冰雪，拚命往前衝，追上已經離開的進香客，匆匆討價還價，一手交錢一手交貨，然後又慌忙跑回來，挖起另一鏟子冰雪，賣給另一群進香客。就這樣，一整天他在山徑上挖掘跑動不停。他一年只做一天生意。

我們已經跨越林木界線，這會兒，正朝向粉綠的舍施納格湖和注入湖中的冰河，一步一步行進。從喀什爾大君卡蘭・辛的那篇文章，我得知，冰冷的舍施納格湖水泉具有神奇的療效。他那個進香團的一些成員，不辭勞苦，徒步走下半哩長的山坡，來到湖畔，就是為了能夠在這個神聖的湖泊中浸泡一番。但卡蘭・辛自己卻採用一個折衷辦法，「我必須承認，我使用的是一種非正統、但比較便捷的方法——我叫人把湖水挑上來，把它燒熱，再讓我沐浴。」我很想在這個地方逗留一會兒，到湖畔走一趟，但後面的進香客不斷推擠上來，而亞齊茲也急著紮營，不願在這兒停留一分一秒。

亞齊茲的焦急並不是多餘的。我們抵達時，整個營地已經擠滿了進香客。山中，水流湍急。亂石滿布的河岸上早就蹲著長長一排進香客，一個個脫下褲子，拉將起來。我們若晚到幾分鐘，也許就找不到一個比較乾淨的地點，洗滌身上的灰塵。數以百計的馬兒，卸脫了身上馱載的行李，雙腳被主人綁在一塊，這會兒正蹣蹣跚跚躑躅在山坡上，尋找青草來吃。這些馬兒，肯定會有好幾匹死在旅途中。晚霞金灩灩，灑照在舍施納格湖畔三座雪峰上。夕陽中，只見整個營地炊煙裊裊，四處瀰漫，把那一座座帳棚轉變成群峰林立、縹緲在暮靄中的小山脈。印度教的苦行高僧接受喀什米爾政府供養，分成兩排，坐在一個空曠而不受污染的地點，正在用餐。落日照射下，他們身上的橘黃和猩紅袈裟顯得格外燦爛奪目。這些高僧是喀什米爾觀光局從印度各地邀請來的上賓——我猜，這是一種公關手段，目的在促銷喀什米爾的旅遊業。在官方用語上，我們全都是「觀光客兼進香客」（tourists-cum-pilgrims）。

亞齊茲依舊喋喋不休，要求我懲治那個半路落跑的馬夫。我知道他把我當成報仇的工具，但我不明白，為什麼我不抗拒，乖乖任由他擺布。在他苦苦哀求下，我終於屈服。晚餐後，我讓他帶領我穿過冷颼颼、黯沉沉的營地，鑽過一根根四處懸掛的繩索，跨過一條條閃閃發光的溝渠，經歷重重險阻，來到進香團隨行官員的帳棚。昨天傍晚，我在昌丹瓦里村見過這位官員，今天晚上他看見我，顯得非常高興，親切地跟我打招呼，把我迎進帳棚裡。我也感到很欣慰——為了亞齊茲，也為了我自己，因為我發現自己在這個營地中還擁有一點影響力。這一切都看在亞齊茲眼裡。顯然，他感到很滿意。如今，他不再是高高在上、作威作福的管家；他只是我手下一個卑躬屈膝、亦步亦趨的僕從。在他操作下，我變成了一個受騙的觀光客、權利遭到侵害的一方。陳訴完畢後，亞齊茲悄悄退出帳棚，留下我一個人單獨面對這位官員。我打起精神，向官員說明事情的原委；官員煞有介事地掏出筆記本，逐項記下我的控訴。然後，我們談起組織這麼一個進香團會遭遇到的種種困難。他請我喝杯咖啡——印度政府咖啡委員會（Indian Coffee Board）贈送的。

我坐在咖啡委員會營帳裡喝咖啡。就在這當口，一個身材高䠷、容貌秀麗的白種女孩走了進來。

「嗨！」她打個招呼，一屁股在我身旁坐下來。「我名字叫樂琳（Laraine）。」

原來是個美國妞。她說，參加「雅特拉（yatra）」——印地語，進香團之意——她感到非常興奮。這個女孩說起英文來總愛夾雜著幾個印地語。

樂琳長相還挺吸引人。但這種年輕貌美、四處浪蕩的美國妞，我遇到太多了。把她們當作美國中情局（CIA）或其他情報機構的間諜，倒是滿好玩的。但這種美國女孩實在太多了，不可能全都是特工人員。事實上，她們是一種新類型的美國人。這種美國人男女都有。他們雲遊四海、混吃混喝。我在埃及就曾經碰到一個。她來探訪英國小說家勞倫斯．杜雷爾（Lawrence Durrell）筆下的亞歷山卓港，每天只靠幾個披亞斯德過活，成天吃些不乾不淨的東西，願意接受任何東方人任何形式的資助。在希臘，我曾經請一個厚顏無恥、公然伸手向人乞討的老美吃飯，把他餵飽。據說他還是個「老師」呢！他說他不曾上過餐館，也不曾住過飯店，「看到門，我就敲。」（這傢伙肯定是中情局的間諜。有趣的是，他也把我當成一個間諜。他問我：「為什麼不管我到什麼地方，即使是鳥不拉屎的窮鄉僻壤，都會碰到印度人呢？」）在新德里，我遇到這類美國人中最先進、最老練的一種典型。他是個「研究生」，舉止言談卻十分粗野；在一個偶然的機會裡，他參加一場婚宴，結識一個陌生人，於是就老實不客氣搬進他家，一住就是六個禮拜。對這幫老美來說，印度——全世界最大的貧民窟——具有異常的吸引力：「文化」的卑微固然甜美，但「精神」的卑微卻要甜美得多。

於是，我對這個名叫樂琳的美國女孩說：不，我並不喜歡參加進香團。我覺得，這些印度香客毫無衛生觀念，隨處吃喝拉撒，把山中的每一條河流全都污染了。但願他們遵從聖雄甘地的勸誡，隨身攜帶一把小鏟子。

「那你為什麼還要來呢？」

面對樂琳的質問，我登時啞口無言。我一時氣憤，說出了不該說的話。我試圖把我們之間的談話引導回正軌上，聊些輕鬆的話題，我請樂琳談談她的經歷。

她說，她原本計畫在印度旅遊兩個星期，沒想到一待就是六個月。她喜歡上印度哲學。這趟朝聖之旅結束後，她打算到鄉下找一間專供人們靜修沉思的精舍，住上一陣子，她想尋找人生的答案。

這個美國妞長得還挺秀麗：顴骨高高的，脖子又細又長；乍看之下，她的身材顯得有點削瘦，但那種削瘦非常性感——瞧，她那雙奶子多麼的渾圓、高聳。我不認為，擁有這種身材的女孩能夠在鄉間精舍中靜修一輩子。然而，不知怎的，在帳棚的燈光照射下，她那雙眼神卻閃爍不定，令人難以捉摸。我猜，這個女孩的童年生活一定很不快樂，家中一定存在著一些問題。這點，再加上她那身略嫌粗糙的肌膚，使她那張秀麗的臉龐讓人感到莫名的不安。

我希望能再看到她。分手前，我們答應保持聯絡，但往後的整個朝聖行程中，我們卻無緣再見。

然而，樂琳的故事並未就此結束。

亞齊茲的另一面

說來荒謬，第二天早上我還是讓亞齊茲說服我，再去向政府官員抱怨一番，要求他懲治那個半途脫逃的馬夫。看來，此仇亞齊茲非報不可，而他相信，政府官員有權力處治任何人。神采飛揚，洋洋得意，亞齊茲跨上坐騎，隨同我們出發。還沒走上一哩路，我們的寢具就從那匹沒人看管的馬兒背上翻滾下來，掉落山崖。我們的馬隊被迫停下來。亞齊茲只好牽著馬兒爬下山崖。把寢具搬回馬背上，再把牠驅趕上來。半個小時後，他才氣咻咻追上我們，嘴裡一個勁詛咒：「豬玀！該死的豬玀王八蛋！」從這兒到潘治達爾尼（Panchtarni），一路上他時而低頭沉思、悶聲不響，時而咬牙切齒、大肆咆哮。

舍施納格湖坐落在海拔一萬三千呎的山腰。從湖畔出發，爬上兩千呎高的一座山坡，我們來到瑪哈古納斯隘口（Mahagunas Pass）一堆堆漂白的灰色石頭，豁然展現在我們眼前——積雪只是暫時消失而已。這一帶的山巒，岩石上全都有紋理，就像木材一樣，但每一座山巒的紋理角度都不盡相同。從這兒開始，山勢漸趨平緩。我們一路策馬走下山坡，來到潘治達爾尼平原。這是一塊驟然出現在兩山之間的平地，長達一哩，寬約四分之一哩。一股凜冽的山風迎面颳來，冷颼颼；水流湍急，一條條小溪穿梭在灰石堆中，迸濺起一簇簇水花。這兒的山色變得十分荒涼——剎那間，我們彷彿來到了北極。乍看之下，這片「平原」彷彿是月球上的景觀。

在這片濕漉漉、灰濛濛的平原邊緣，我們看見一匹馬兒卸下行李，鬆脫腳上綁著的繩索，孤伶伶佇立朔風中，不停打著哆嗦；牠的喀什米爾主人站在一旁，眼睜睜瞅著牠挨餓受凍，莫可奈何。平原另一端，營地鬧哄哄——進香團在這兒紮營，度過最後一夜。腳夫和馬夫們已經在談論回程的事了。連一路繃著臉、生悶氣的亞齊茲，也感染到這種氣氛。他用行家的口氣向我們宣布：「明天，我直接回到昌丹瓦里村。」他口中的「我」，包括我們每一個人。

下午三點左右，我們搭起帳棚。幫我們準備好茶水後，亞齊茲就走出帳棚，說要到外面走走。我們看出他有心事。還不到半個鐘頭，他就回來了，臉上那副心不在焉的神情也消失了。他一臉笑咪咪。

「老爺，旅途還愉快嗎？」

「非常愉快啊。」

「馬兒死了。」

「馬兒死了?!」

「清潔工人剛才來這兒，把馬兒抬走了。」在海拔一萬兩千呎的高山上，我竟然從一個虔誠的回教徒口中聽到這個噩耗，感覺怪怪的。「老爺，您為什麼不給巴特先生寫封信，向他報告旅途的情況呢？咱們進香團設有一個郵局。您隨時可以在這兒把信寄出去。」

「我沒信紙、沒信封啊。」

「我買。」

他早就準備好了。他從身上那件向阿里．穆罕默德借來的西裝口袋裡，掏出一張國內郵簡。我是以寄明信片的態度和心情，給巴特先生寫這封信的。寫完，我正要把信箋摺起來，亞齊茲忽然說：「老爺，請您把這個也裝進去吧。」我抬頭一看，發現他手裡拿著一張髒兮兮的紙條，彷彿是從一個信封上撕下來的，再仔細一瞧，發現那上面用原子筆寫著一行烏爾都文字。

「亞齊茲，這種國內郵簡，裡頭是不能裝進任何東西的哦。」

他立刻把紙條撕成粉碎，扔到地上。往後，他沒再提起過這件事。我不相信他真的把我寫的那封信寄出去了；至少，巴特先生從沒收到它。顯然，亞齊茲託我寄的便條是一封密函，連那位烏爾都語代書人，都不知道這張便條到底寄給誰人——郵簡上的地址是我寫的。原來，亞齊茲這一整天都在籌畫這件事。可是，為什麼他那麼輕易就放棄呢？難道只是一時覺得好玩，故弄玄虛？即使是出於好玩，它也險些讓亞齊茲這個文盲，透過我，將一個祕密訊息傳送到九十哩外，給某一個人。為此，我心裡感到很不安。對亞齊茲這個人，我究竟了解多少呢？我誠心誠意對待他；他會以同樣的心意回報我嗎？難道說，他只對雇主一個人忠誠？

朝聖的喜悅

在路途中行走的時候，香客們形成一條長達十到十五哩的隊伍。一連好幾個鐘頭，這支隊伍不停地向前推進，綿延不絕，從一個營地跋涉到另一個營地。太陽漸漸沉落在灰濛濛、朔風怒吼的平原上。一匹馬兒倒斃在路途中——這兒，年年都有馬匹倒斃。香客們依舊埋頭趕路，一個接一個走下山坡。穿過平原：一支五彩繽紛、蜿蜒曲折的隊伍，迅速消失在黑夜中。在營地燈光照射下，我們看到長長一縱隊進香客，緩緩地、靜靜地、不停地行進——喀什米爾馬夫，頭上戴著瓜皮小帽，沾滿灰塵的腳上穿著破破爛爛的草鞋；容貌俊秀、五官輪廓分明的古札爾人（Gujjars），腳上穿著小巧精緻、鞋尖高高翹起的鑲寶石皮靴；側著身子坐在馬背上的婦女，渾身包裹著衣裳，白天為了抵禦風沙，夜晚為了保暖。

香客們拖著疲累的步伐，進入營寨——今天早晨的高昂情緒早已消失大半。驚險刺激的朝聖之旅，即將結束；香客們心中依舊浮躁不安，但那是隊伍解散、各自回家前的一種心情。大部分香客提早就寢，準備一早起床，加入凌晨四點鐘出發的隊伍，搶先進入艾瑪納錫洞窟，參拜神祇。「印度咖啡委員會」營帳中懸掛的海報早已沾滿污痕、斑斑駁駁：再過幾個鐘頭，這些招貼就會被撕掉。比起舍施納格湖畔或昌丹瓦村的營寨，這兒的營地少了一些深更半夜還在遊蕩的人。營寨大門口，矗立著一座燈火通明的帳棚，裡頭展示著好幾支銀杖——一百年來，每年喀什米爾王室都會差遣部屬，帶著權杖參加朝聖之旅——但今天晚上再也沒有一個香客看它一眼。這些光彩奪目的寶器，香客們早就見識過了。第二座帳棚中，靜靜坐著聆聽上師開示的信徒，比起前兩個夜晚，也減少了許多。根據卡蘭·辛那篇文章，我可以想像，在這趟朝聖之旅中，每晚紮營時，上師總會向信眾吟誦《艾瑪卡塔》（*Amarkatha*）經文——這部描述朝聖之旅的梵文經典，「據說是濕婆神在艾瑪納錫洞府中念誦給他的妃子帕華蒂（Parvati）聽的。」這位上師相貌堂堂，長髮披肩，兩眼炯炯有神，一臉鬍鬚濃黑鬈曲，模樣兒看起來挺酷的，簡直可以當雜誌封面人物。他體格非常強壯——置身在寒風刺骨的高山中，他竟然光著肩膀。今晚，在他那座通風的營帳中，上師闔起眼睛，雙手交握在膝蓋上，端坐著向信徒們吟誦經文。昏黃的帳棚燈外，銀色的月光灑照山中：明天就是月圓之夜了。山中的石頭白燦燦，就像山澗中迸濺起的一簇簇水花。朔風怒吼，蝕人心骨。進香團的營寨漸漸沉靜了下來。

通往艾瑪納錫洞窟的小徑是一座狹窄的、成對角線上升的岩棚，蜿蜒曲折，一直延伸到潘治達爾尼平原外的群山。第二天早晨，陽光燦爛，我們從營地出發，展開最後一段的朝聖之旅。這時，早起的香客已經從洞窟中朝聖回來。衣袖上繫著紅色「工務局」臂章的一群男子，站在狹隘的路角，監控來往的人畜。朝聖回來的香客，額頭上全都被搽上一團檀香膏。每一個人臉上都露出狂喜的神色。他們看到了神。神采飛揚，意氣風發，他們大搖大擺行走在狹窄的山徑上，不肯讓路給迎面而來的香客。一路走下山，他們扯起嗓門不斷叫嚷：「濕婆神大慈大悲！」正準備進入洞窟的香客，就像一群男女排隊站在戲院門口等待上一場觀眾看完電影走出戲院。面對那群蜂擁而出、不斷呼喊口號的香客，他們壓低嗓門，悄聲回應：「濕婆神大慈大悲！」

「你！」額頭上帶著檀香印記的一個小伙子，操著英語向我大聲呼喝：「你為什麼不喊『濕婆神大慈大悲』？」

「濕婆神大慈大悲！」

我立刻回應。他呆了呆。「好吧！」他放過了我，繼續走下山去。「濕婆神大慈大悲！」

我們沿著山徑行走了一會兒，眼睛驀然地一亮，看見一簇簇鮮黃的花兒綻開在陡峭的山坡上。香客們都知道，鮮花是奉獻給神祇的最佳祭品。今天早晨，從四點鐘開始，一波又一波香客經過這兒，把路旁伸手可及的野花，全都摘光了。我們這群晚起的香客，只好將就著把從營寨市場買來、早已經枯萎的花兒，呈獻給洞中那位神祇。走了一會兒，我們看到山徑旁石洞中蹲著好幾個喀什米爾人。他們身前擺著一束束黃花。原來，這群悶聲不響、眼神閃爍不定的傢伙，都是賣花的。

我們沿著山徑一路往下走，不久之後，就從陽光普照的曠野走進一條陰冷的、狹長的山谷。看來，沒多久前，這座山谷還是一條河流的河床。谷底四處散布著褐色的碎石；兩旁的峭壁黑斑斑的，依舊遺留著潮水沖刷的痕跡。仔細一瞧，我們發現散布在河床上的東西，並不是碎石或灰色的砂礫，而是一堆堆陳年積雪——土壤的顏色和質地全都被遮蓋住了。山谷的一邊，長長一縱隊進香客不斷移動，不斷延伸。遠處，香客們正穿越過結冰的河床——遠遠看去，就像一個個小黑點，中間夾雜著三、兩件色彩鮮豔的衣裳，在滿布碎石的積雪上，不斷蠕動著。這邊是一座山，那邊是一道山谷和一條河流：這兒的地形就這麼簡單、這麼容易理解。人們習慣用自己的世界——一個比較小、比較容易掌握的世界——的尺度，衡量這兒的山脈。當你發現，一縱隊進香客進入山中，越變越小，很快就消失在表面看來很小的一個空間裡，你就會開始領悟，喜馬拉雅山脈究竟有多高聳、遼闊、浩瀚。

這座山谷變成了印度的象徵。我們騎馬沿著山路前進。然而，在草木不生的陰暗山谷中，褐色的積雪上，卻驀然出現一群來自平原、握著手杖徒步行走的香客（手杖是在帕哈爾甘鎮向路旁的小販買來的）。這支零零落落的隊伍，走到山谷盡頭，跟另一縱隊香客會合在一起。整支隊伍穿越過積雪的河床，朝向遙遠的目標前進，終於消失在灰褐色的群山中，與大自然融為一體。神確實存在——那一群群朝聖回來的香客，透過他們臉上的表情和嘴裡的呼喊聲，傳達出這個令人欣慰的訊息。但願我能夠分享他們的喜悅。但願，在旅途盡頭，我也會像他們一樣快樂。

不過，在整個朝聖旅程中，甚至在喀什米爾逗留的這段日子裡，我確實感覺到一種莫名的喜悅：那是置身山中，尤其是喜馬拉雅山中，特有的一種喜悅。感覺上，我跟周遭的群山聲息相通、心靈契合。我喜歡在心中念誦它們的名字。印度、喜馬拉雅山脈——對我來說，它們是一體的。小時候，在外祖母家裡，我常在牆上懸掛的一幅幅五彩繽紛的宗教圖畫中，看到這個山脈：一座座白雪皚皚的圓錐形山峰，矗立在冰藍的天空下。它們已經成為我想像中印度的一部分。那個時候，居住在距離這座我從小就熟悉、顯得十分親切真實的山脈十分遙遠的千里達，如果有人告訴我，有一天，我會漫步行走在這些山中，我肯定會以為他在開玩笑。長大後，我知道那些圖片並不真實，它們傳達的訊息並不是我所需要的。但內心深處——內心那個至今還保存著一顆赤子之心的角落，這些圖片透露的真理，依舊深深吸引著我，依舊有實現的可能。祖母家的那些圖片，以及後來我在印度市場和路邊書攤看到的那些沾滿灰塵、髒兮兮的圖片，給我帶來一種可望而不可及的感覺。而今，我就是帶著這種感覺，仰望喜馬拉雅群山。置身這座大山中，只是暫時擁有它——只是加深你內心中那份可望而不可及的感覺。拒斥千頭蛇施納格的傳說並不難，但這個傳說畢竟存在；透過這個傳說，舍施納格湖彷彿變成了我的。我擁有它，但以前曾經喪失它，而今，不久之後我又得再度離開它。把喜馬拉雅山脈（不知多少前輩探勘過的喜馬拉雅山脈）看成一個象徵——印度的、失落的象徵，難道只是一種荒誕不經的想法？瞧，在酷熱的平原上，印度人帶著孺慕的眼光，回頭眺望喜馬拉雅山脈；如今，他們只能經由朝聖之旅、傳說和圖片，回歸到這座山中。

行行復行行，進香隊伍走到陽光普照、冰雪消融的山谷盡頭時，一幅小時候看過的圖畫活生生展現在我眼前：一個苦行僧，身上只披著一件豹皮衣，打赤腳行走在喜馬拉雅山的積雪上，彷彿即將看到他一路追尋的神。他手裡握著一根三叉戟（trident），就像握著一支長矛；叉尖上繫著一幅三角旗，宛如紗巾一般飄蕩在風中。他獨自一個，行走在山路上。看來，他來這兒朝聖好多次了。這位苦行僧是個年輕小伙子，長得十分俊美——俊美得令人不安。他的肌膚被太陽曬得黑黝黝，渾身塗抹著白色的灰燼；他那一頭金黃髮絲披在肩上，早已被太陽曬成火紅色。這使得他那俊秀的外型看起來更加不自然、更加詭異：完美的五官、渾圓的頭顱、矯健的四肢、輕盈而充滿自信的步伐、走路時腹部和背部肌肉不停的顫動。進香團出發前幾天，我在斯利那加城中見過他。那時，他正坐在一株齊納爾樹下歇息，公然暴露他那軟綿綿的生殖器。那副模樣看起來像個浪人、遊民、頭一次進城的山胞。他把灰燼塗抹在他那赤條條的軀體上，固然顯示他對肉身的漠視，但也給他那俊美的容貌增添幾分邪惡的色彩。而今，他卻將他那高貴的氣質和情操，賦予每一個進香客——他追尋的目標就是他們共同追尋的目標。

走出陰暗的山谷，壯闊的、金字塔形的艾瑪納錫山，豁然出現在我們眼前。滿山散布著岩石，白燦燦晃漾在陽光中。山坡上的洞窟漆黑、悄沒聲息，比我原先想像的還要高聳、寬闊；期盼了多年，如今乍然看到這座洞窟，覺得格外親切，感覺上它就像宗教圖畫中所描繪的仙山洞府。挨擠在洞口的進香客，顯得非常渺小——越是簡單的地形，越需要人類來襯托它的遼闊、壯觀。山坡下，成群準備進入洞窟的進香客，浸泡在清澈、神聖的艾瑪華蒂溪（Amarvati）流水中，用砂礫擦洗他們的身體和四肢。當年前來這兒朝聖時，喀什米爾大君卡蘭．辛採用折衷辦法，齋戒沐浴，一如他在舍施納格湖畔紮營時那樣，「在這兒，我又採用非正統的方法沐浴淨身。我叫人把溪水舀進桶子裡，帶進帳棚中，但這回我並沒把水燒熱，就直接用冰冷的溪水洗澡。溪水非常清澈，澆在身上覺得暖洋洋的。因此，這場冷水澡並未讓我覺得很不舒適。」

陽光、白石、流水、赤裸的身子、五顏六色的衣裳——好一幅田園風光，出現在海拔一萬三千呎的高山上。然而，就在溪畔山坡上，整個場面卻鬧烘烘，亂成一團。小溪對岸，疏疏落落地站著幾個身穿卡其制服、維持秩序的警察和一小群袖子上繫著紅色臂章的工務局員工。沐浴後，香客們爭先恐後，攀登上山坡，來到洞口，加入那一堆已經淨過身子、正挨擠在神龕前準備參拜神明的群眾。這個神聖的洞窟約莫一百二十呎寬、一百呎高、一百呎深。偌大的山洞，容納不下源源湧入的香客。濕答答的洞窟中，有一條陡峭的坡道通往內殿——神明的居所。坡道前頭，裝設著一排高聳的鐵柵欄和一扇向外開啟的門。群眾不斷向前推擠，把大門給堵住了。好不容易，大門被打開了，香客們蜂擁而入，整條坡道沸沸騰騰、萬頭鑽動，人堆中不時傳出淒厲的呼叫聲——倘若一個不小心，被擠出坡道，從陰暗的洞窟直摔落到白花花、陽光普照的山坡，肯定會粉身碎骨！一波一波進香客，不斷攀爬上山坡來。新來的香客打赤腳，手裡捧著新鮮的或已經枯萎的花束，拚命擠進人堆中，讓洶湧的人潮把他們推送進洞中。每個人都身不由主，跟隨人潮前進或後退。一位婦人嚇得哭出聲來。我爬到坡道口，伸手抓住鐵柵，探頭向內一瞧，只見滿坑滿谷的人頭和一個煙熏熏、黑魆魆的拱形石窟。我又爬下來。遠處山谷中，結冰的河床上，進香的隊伍綿延不絕，朝向山坡上的洞窟持續挺進，乍看之下宛如一長串鵝卵石或砂礫，斑斑點點，五顏六色，一路向後延伸，變得越來越細微、渺小。一連幾個鐘頭——也許一整天——洞窟中的坡道肯定會擠滿進香客。

我不想參拜什麼神明了。我寧可坐在洞口，觀賞山川景色。亞齊茲不願錯失這難得的機會。他是回教徒，不崇拜偶像，但身為一個虔誠的回教徒，並不妨礙他做為一個好奇的喀什米爾人。他擠進洞口，轉眼消失在人堆中——我只看得見他頭上那頂不斷向前移動的氈帽。我蹲在濕答答、四處散布著紙屑和香菸盒的地面上。一個頭戴瓜皮小帽、渾身髒兮兮的喀什米爾回教徒，蹲在我身旁，替虔誠的印度香客看管鞋子，每雙收費四個安那[4]。生意還真不錯。亞齊茲跟隨群眾緩緩前進。好不容易走到門口，他卻被擠出人堆外，就像一粒種籽從一只橘子中迸出來。瞧他那

4 安那（anna）是印度和巴基斯坦的舊貨幣，相當於十六分之一盧比，一九六〇年停止發行。

副德性：頭上戴著氈帽，身上穿著向阿里．穆罕默德借來的藍條紋西裝，一臉倉皇，雙手緊緊攫住鐵欄干。手腳並用，他奮力掙扎了好一會兒，終於擠進狹窄的門洞，接著，整個人就消失了。

好久好久，我只顧蹲在充滿回音的洞窟中，等亞齊茲回來。短短幾個鐘頭，這個神聖的洞窟就變成了鬧哄哄的印度市場。市場！我最擔心的事情果然發生了：在高潮來臨的時刻。我卻突然感到非常沮喪，就像一只洩了氣的皮球，就像我剛抵達印度、在孟買登岸那天的感覺。參拜神明是信徒的職責。我只管蹲在神龕外頭的洞窟中，眼睜睜的瞅著身旁那個喀什米爾人看管的一堆鞋子，和那一枚枚散落在報紙上的銅幣。

亞齊茲終於回來了，蓬頭垢面，一臉肅穆，他帶著既滿足又失望的口氣向我報告（我絲毫不感驚訝，因為他畢竟是回教徒）：洞中並沒有傳說中的陰莖圖騰。也許，今年洞中的冰雪沒有凝結成一根巨大的陽具；也許，它形成了，但在香客們鬧烘烘的參拜中，很快就消融了。神龕中空蕩蕩的，只有信徒們奉獻的一堆鮮花和錢幣。儘管如此，香客們參拜完畢，走出洞口時，臉上依舊帶著狂喜的神情，就像我們早上遇見的那群朝聖回來的信徒。

「我們來這兒，可不是為了觀看一根陽具。」一位香客說：「我們是來求取精神經驗哦。」

精神經驗！蹲在洞窟中，聆聽著滿洞回響不停的叫嚷聲和腳步聲，愣瞪著滿地濕答答的垃圾，眼角瞅見一波接一波攀爬上來的進香客（對我來說，他們的人數比壯闊的山川景色還要令人感到震撼、迷惑），我只覺得頭昏眼花。不尋常的肉身成長是一個精神象徵；一旦成長失敗，它就變成了象徵的象徵——這種螺旋式的、莫名其妙的邏輯，讓我感到窒息。我趕緊衝出洞口，走進陽光中。參拜過神明的香客駐足洞口，仰望山坡上的兩隻石頭鴿子——據說，牠們曾經是濕婆神的門徒，後來得罪主上，被罰變成鴿子，永遠居住在這座山上，陪伴洞中的濕婆神。我沒抬起頭來，只顧一路跑下山坡，從一塊石頭跳躍到另一塊石頭，一直跑到那條清澈的小溪，才停下腳步。

遭到設計

我們的回程將會十分快速。在潘治達爾尼平原，今天早晨還矗立著的營寨，如今幾乎已經拆除殆盡，而我們的行李也已經打包好，馱載在馬背上，等著我們。亞齊茲主張，從這兒直奔昌丹瓦里村。他希望能在明天趕回斯利那加城，以便參加另一場宗教慶典：城中的哈茲拉特巴爾清真寺，即將公開展示先知穆罕默德的一根鬍鬚。我原本打算在山中多住幾天。但不行；我們必須趕路。整個營地亂哄哄，大夥都忙著收拾行囊，準備回家。那股匆忙勁兒就像逃難似的。以後再找個機會回來住一陣子吧。那時，我們可以在山中待一整個夏天，好好體驗一下這兒的天氣——我記得，那天早晨，在舍施納格湖畔的營地，大霧突然從白雪皚皚的山峰降落下來，迷迷茫茫，籠罩整個湖泊，但沒多久，卻又突然消散，露出一個陽光燦爛的天空。整個下午，我們可以待在無人跡的溪畔，享受大自然的寧謐。「以後再找個機會」，我心裡知道，這只是說說而已。事實上，潘治達爾尼營地的荒涼氣氛——那種曲終人散的感覺——已經感染了我。朝聖之旅已經結束了，這條山路已經走過了；對我們來說，回程就像餿掉的食物，不再有新奇感。

那天晌午，途中，一個頭戴青色帽子的喀什米爾人突然出現，要求加入我們的隊伍。一言不合，他就跟亞齊茲吵起架來。那時，我正徒步行走在山徑上，遠遠看見兩個人比手畫腳吵得不可開交，趕忙跑過去瞧一瞧，才發現那個喀什米爾人竟然就是臨陣脫逃、半途開溜的馬夫。這會兒，他又跑回來了，試圖奪回兩天前被他遺棄的那匹馬兒。誰都阻止不了他。亞齊茲斥責他，他就嚇得縮起脖子，彷彿挨了一拳似的。亞齊茲苦苦等待的報仇機會，終於來臨了。在我們眼中，他那一臉憤怒、輕蔑的表情還真嚇人，但看在喀什米爾人眼裡，那只是虛張聲勢。事實上，連我們都看得出來，這兩個人吵起架來好像在演戲。馬夫低聲下氣，只管哀求；亞齊茲扯起嗓門，破口大罵。馬夫哀哀哭泣起來。亞齊茲跨坐在他那匹瘦小的馬兒背上，只管搖盪著他那兩隻穿著襪子、趿著拖鞋的腳，漠然無動於衷。馬夫擦乾眼淚，二話不說，拔起腿來朝向那匹被遺棄的馬兒衝過去，伸手就要攫住牠的韁繩。亞齊茲尖叫一聲。馬夫煞住腳步，收回手爪子——那副德性就像一個小偷被當場逮住、頭頂上挨了一棍似的。他惱羞成怒，不再哭泣也不再哀求；他扯起嗓門，跟亞齊茲對罵。他一會兒退縮、一會兒衝上前，最後，他慢慢後退到遠處一個角落，佇立在那兒，不時伸出拳頭，揮向頂頭那一片蔚藍的喜馬拉雅天空。

「抵達帕哈爾甘鎮時，您立刻去向『光光局』檢舉這個傢伙。」亞齊茲氣定神閒地對我說，「他們會吊銷他的執照。」

舍施納格湖畔的營地空蕩蕩；香客幾乎全都走光了。放眼望去，只見整座營寨瘡痍滿目、慘不忍睹。我們從車門口經過，繼續往前行走了數哩，直到薄暮時分才停歇下來，在一個小小的營地上搭起帳棚。接下來一連好幾個鐘頭，我們看見一盞一盞燈光閃閃爍爍，從山上一路延伸下來，經過我們帳棚門口，繼續往前行進。這群香客匆匆趕路，直奔昌丹瓦里村。皓月當空。月光下只見山徑上飛揚起滾滾塵沙。

剩下來的一段路程，好走多了。第二天清晨，我們來到昌丹瓦里村的樹林；中午時分，我們就已經望見了帕哈爾甘鎮——終於，我們又回到了綠野平疇、阡陌縱橫的世界。往後的路程都是下坡路。我從馬背上爬下來，徒步跑下山坡，避開九彎十八拐的吉普車道，把亞齊茲和其他夥伴遠遠拋在後頭。亞齊茲騎著馬兒徜徉下山，悠哉遊哉。獨自行走了一會兒，我才跟大夥兒會合。我們沿著碎石路走進鎮中。經過公車站和觀光局辦事處時，亞齊茲並沒提起那個開小差馬夫的事，而我也不想提醒他。倏地，他從馬背上跳下來，伸出嘴巴，二話不說，就往一個陌生人的水菸筒上抽兩口——看來，他已經放棄了高高在上的總管身分。抽過了菸，他一頭鑽進人堆，消失無蹤，過了好一會兒才又出現在我們眼前。他把襯衫前襬打個結，當作盆子，裡頭裝著一大堆豌豆，也不知道究竟是從哪裡弄來的。驟然間，他從進香團總管轉變成了旅館服務生，而且轉變得還真徹底。他身上不再背著熱水瓶——這只英國熱水瓶，就像巴特先生的鞋子，早就被他毀掉了。

頭戴青色帽子的馬夫，站在我們的基地營——搭建在大樹下的一座營帳——門口，恭候我們。一看見我，他就扯起嗓門哀哀哭泣起來，但誰都聽得出，那只是乾號，裝出一副可憐兮兮的樣子，自我作賤。他一面哭、一面朝我奔跑過來，二話不說，就在我眼前下跪，伸出兩隻孔武有力的手，緊緊攫住我的雙腿。其他馬夫紛紛走過來，圍聚在我們身旁，臉上露出幸災樂禍的神色。胸前衣兜裡裝著一大堆豌豆的亞齊茲，站在一旁，笑嘻嘻，只管瞅著這個半途開溜的馬夫。

「老爺，您可憐可憐他吧！他是個窮人。」

怎麼回事?亞齊茲一路喋喋不休,向我抱怨這個馬夫,如今卻公開替他求情。沒搞錯吧?

馬夫一聽,哭得越發大聲了。

「他家裡有老婆孩子,」亞齊茲說,「老爺,您就別向『光光局』檢舉他吧。」

馬夫伸出雙手,不住揉撫著我的雙腿,然後伸出額頭來,在我的鞋子上使勁磕著。

「老爺,他家裡很窮哦!您就別扣除他的薪餉吧。您也別要求政府吊銷他的馬夫執照。」

馬夫緊緊摟住我的大腿,一個勁的用他的額頭摩擦我的膝蓋。

「老爺,他不是一個老實人,他是一隻該死的豬玀,可他家裡實在很窮,您就開開恩,別向『光光局』檢舉他吧。」

這兩個傢伙彷彿在唱雙簧,把我當成一個觀眾。

「好吧,好吧!」我說,「我不向觀光局檢舉他。」

馬夫倏地站起身來。他那張寬闊的、喀什米爾農民特有的憨厚臉龐上,看不出任何表情——他只是在幹活而已。他伸出手來,乾淨俐落地撣掉褲子膝蓋上沾著的塵土,然後從口袋中掏出一疊盧比鈔票,挑出五張,當著我的面遞到亞齊茲手裡。

這就是亞齊茲替他求情的代價。莫非,前一天下午,這兩個傢伙就已經達成某種協議?甚至,早在好幾天前,他們就已經設計好這一幕?一路上,亞齊茲喋喋不休,向我抱怨這個馬夫,難道只為了多賺五個盧比?這怎麼可能呢?那天亞齊茲牽著被遺棄的馬兒,辛辛苦苦,攀爬上險峻的琵蘇·格堤峭壁——這應該不是演戲吧?可是,亞齊茲實在太滑頭了,誰也摸不清楚他心裡在打什麼主意。這傢伙似乎吃定了我:他當著我的面收受一份禮金——羊毛出自羊身上,那是我的錢哪！一路上，他刻意抬高我的身分；顯然，他拿我這個「要人」當作幌子，把那個馬夫嚇得一愣一愣的。但我知道他心裡對我的真正看法：我是個爛好人。面對這樣的一種評價，我感到十分氣惱，但為了我的尊嚴，我不會跟亞齊茲吵架——不管怎麼說，他畢竟是我的僕人。他愛怎麼看待我就怎麼看待我吧。回到斯利那加城，再跟這傢伙算帳不遲。

亞齊茲接過那五個盧比，清點無誤，一把塞進口袋裡。他以為我會責備他，但我啥都沒說。亞齊茲對我的看法，果然是正確的。

馬夫牽著他的馬兒，朝我走過來。

「賞點小費吧？」他伸出一隻手。

樂琳的故事

旅館花園中的向日葵凋謝了，乍看之下，就像一個個即將沉落的太陽；它們那宛如火舌般的花瓣，早已枯萎，變成軟綿綿的一團。我計畫的行程已經告一個段落，該離開喀什米爾了。不過，我得先向幾個朋友辭行。我們造訪的第一家，是住在古爾瑪格村的那對夫妻。

「這陣子，我們也遇到一些挺有趣的事情。」男主人伊斯邁告訴我們。

這對夫妻經常碰到奇人奇事。他們喜愛藝文活動，屋裡總是聚集著一大群作家和音樂家。

「這趟朝聖之旅，路上，你有沒有遇到一個名字叫樂琳的女孩？」

「美國女孩？」

「她告訴我們，她打算到艾瑪納錫洞窟走一趟。」

「太巧了！她也在你們家住過嗎？」

「她和雷菲克（Rafig）差點把我們逼瘋了。」

這樁奇遇（伊斯邁說的）開始於斯利那加城中、官邸路上一家名叫「印度咖啡屋」（Indian Coffee House）的餐廳。一天早晨，伊斯邁在那兒遇見雷菲克。雷菲克是西塔琴演奏家[5]。在印度，你若想成為一位音樂家，你先得熬過一段漫長、艱辛的學徒階段。儘管雷菲克今年快三十歲了，儘管——根據伊斯邁的說法——他的琴技十分出色，但至今猶未闖出名號來，只能在地方電台舉行演奏會。最近的一場演奏會即將舉行。為了養精蓄銳，雷菲克特地前來喀什米爾度假，為期兩週。他身上沒什麼錢。愛才如命的伊斯邁，立刻邀請這位素昧平生的音樂家，到他那棟坐落在古爾瑪格村的小別墅，小住幾天。雷菲克拿起他的西塔琴，就跟伊斯邁走了。

這樣的安排，雙方都很滿意。搬進別墅後，雷菲克發覺，這對夫妻真能了解藝術家的氣質和性情。他們欣賞雷菲克的音樂；雷菲克在他們面前賣力演出。別墅中的日常作息，也很能配合雷菲克的生活習慣。賓主聚集在客廳，喝酒聊天，聽了一整晚的音樂，直到午夜才吃晚餐。日上三竿，大夥兒才起床吃早餐。下午，有時候按摩師來訪，手裡拎著一只印上他名號的黑色小箱子，裡頭裝著按摩工具。之後，倘若沒下雨，賓主就結伴到松林中散步。大夥兒有時採集蘑菇、有時撿拾乾枯的松果，帶回家當柴燒，在壁爐中噼噼啪啪生起一堆香氣撲鼻、熊熊燃燒的大火。

一天下午，有個人闖進來，改變這一切。

那時，他們正坐在陽光燦爛的草坪上喝咖啡，忽然看見山坡下的小徑上，出現一個白種女孩。他正在跟一個喀什米爾馬夫爭吵。孤伶伶的，這個洋妞竟敢闖進山裡來，現在顯然碰到了麻煩。伊斯邁請雷菲克下去走一趟，看看他能幫上什麼忙。就在這一瞬間，雷菲克的假期毀了，他整個人迷失了。約莫過了一、兩分鐘，他回來了，卻彷彿變了一個人似的，再也不是伊斯邁夫婦認識的那個文質彬彬、跟他們一塊到林子裡摘蘑菇的西塔琴演奏家。乍看之下，他就像一個著了魔的人。在這短短一、兩分鐘內，他變成一個征服者，但在征服對方的過程中，他也把自己整個人交了出來——一樁情緣、一個爆炸性的男女關係，就這麼樣建立起來。雷菲克把馬夫打發走後，帶著這個名叫樂琳的美國女孩回到別墅來。他告訴主人，樂琳想在他們家住幾天。他們會介意嗎？他們能不能騰出一個房間來？

伊斯邁夫妻一聽，呆住了，但又不能不表示同意。那天晌午，他們帶這位新客人到林中散步，看看那座矗立在四十哩外、滿山積雪宛如油漆般閃閃發光的南葛．帕爾巴特峰（Nanga Parbat）。一行人走著走著，雷菲克和樂琳忽然開溜，雙雙消失在林子裡。伊斯邁夫妻感到有點不是滋味。夫妻倆默默地、侷促不安地，就像新來乍到的客人，自顧自繼續散步，不時停下腳步來觀賞風景。沒多久，雷菲克和樂琳又追了上來，但他們臉上卻看不到絲毫的滿足和倦怠，反而露出一副歇斯底里的模樣。這兩個男女剛認識就爭吵，而且吵得還真凶。這會兒，他們一言不合，竟然在主人面前打起架來。兩個人臉龐上早已經布滿爪痕。她伸出腳來，狠狠踢他幾下。他哀叫起來，伸手甩了她一巴掌。她扯起嗓門厲聲尖叫，舉起手裡拎著的皮包，沒頭沒腦往他身上

5 西塔琴（sitar），印度的一種六弦樂器，形狀像拉長的琵琶。

摔過去，然後又伸出腳來狠狠踢他。他膝頭一軟，摔倒在地上，整個人滾落下長滿荊棘的山坡。他渾身傷痕，血淋淋，一面吼叫一面從山坡底下爬上來，一把抓住她的皮包，扔到山谷中——往後它就靜靜躺在那兒，直到大雪降臨，把它沖刷走。她看到自己的皮包被丟掉了，一屁股在地上坐下來，放聲大哭，就像一個小孩。一看見她哭成這個樣子，他那滿腔怒火登時煙消雲散。他趕緊跑到她身邊，低聲下氣，哄慰她。她一頭鑽進他的懷抱裡。

回到屋裡，他拿出西塔琴，向她傾訴心事。一首曲子接一首曲子，他只管彈奏不停；琴聲如泣如訴，好久好久只管迴盪在偌大的一棟別墅裡。那天晚上，他們又吵了一架。尖叫聲和咆哮聲驚動了警察——他們駐守在邊界，提防巴基斯坦部隊突擊；就在去年，巴基斯坦突擊隊越過停火線，進占基蘭瑪格（Khilanmarg）山坡，燒殺擄掠一番，然後又立刻撤回巴屬喀什米爾。

狠狠吵了幾架後，這兩個男女身上都傷痕累累；如果讓他們繼續居住在一起，說不定會鬧出人命。神志清醒時，樂琳就離開屋子，獨自到外面遊蕩。有時，雷菲克出去把她找回來；有時，雷菲克還在屋裡彈西塔琴，樂琳自己跑回來了。伊斯邁夫妻倆受夠了。第二天晚上，趁著樂琳出外遊蕩，他們要求雷菲克立刻搬走。雷菲克拿起西塔琴，放在頭頂上，二話不說就轉身走出大門。這個時候的雷菲克，顯得十分柔順，彷彿又變成了伊斯邁夫妻當初所認識的那位西塔琴演奏家。看到一位音樂家背起樂器，被驅趕出大門，伊斯邁夫妻心腸一軟，要求他留下來。他果然留下來。樂琳在外遊蕩累了，也回到屋子裡來，一切又重演。

最後，渾身瘀傷、疲憊不堪、時而清醒時而迷糊的樂琳，崩潰了。對伊斯邁夫妻來說，跟雷菲克共處三天有如三個星期；在樂琳和雷菲克的感覺中，卻彷彿是一輩子——樂琳再也受不了。

她非得離開不可。她打算參加進香團，到艾瑪納錫朝聖，然後找一間靜修精舍住下來。身為女人和美國公民，樂琳擁有足夠的意志力，使她能夠擺脫雷菲克這個印度男人的糾纏。

「樂琳！樂琳！」這個美國女孩走了。雷菲克待在屋裡，扯起嗓門厲聲叫喚。她的名字從他那張印度嘴巴裡冒出來，讓人聽得頭皮發麻、毛骨悚然。

他每天依舊練習彈奏西塔琴，但彈著彈著，突然間他會扯起嗓門尖叫：「我一定要把樂琳找回來！」

雷菲克體驗了男女之間的激情。我羨慕他，但也可憐他。分手後那段日子裡，他日夜思念樂琳，但我猜，最讓他魂牽夢繫、難以忘懷的也許不是那三天共處的時光，而是兩人當初見面的那一剎那：他走下山坡，驀然看見這個陌生的女孩；她睜著她那雙烏溜溜、驚恐不安的眼睛望著他——從此，她再也不會用那樣的眼神看其他男人了。那天傍晚，在朝聖的旅途上，我在舍施納格湖畔冷颼颼的「印度咖啡委員會」帳棚裡遇見樂琳時，雷菲克也許正抱著西塔琴，坐在古爾瑪格村那棟別墅裡，厲聲呼喚樂琳的名字。記得那個時候，在樂琳那雙眼眸中，我看到一個破碎的家庭和不快樂的童年；後來事實證明，我的觀察是正確的。然而，古爾瑪格村別墅裡的紛紛擾擾，我卻錯過了。

雷菲克終於離開古爾瑪格村，出門尋找樂琳。她曾告訴他，她打算找一間靜修精舍住下來。可是，印度這個國家到處都是靜修精舍，雷菲克上哪兒去找呢？

遠在天邊，近在眼前。

樂琳結婚了

一天下午，我正坐在旅館房間書桌前，埋頭寫作，忽然聽見花園裡有一個美國女人在說話。我走到窗前，探頭望了望。果然是樂琳！我正想回到書桌前繼續寫作，忽然瞥見一個男人的後腦勺和一雙挺寬厚、挺結實的肩膀。這個男人穿著黃褐色夾克。看來，樂琳終於投降了，不再追尋生命意義和心靈境界了。今天他們倆結伴來旅館喝茶。坐在房間裡，我聽到他們在向旅館的員工探詢房子的事，後來還聽見他們四處走動，看房間。

「一切都thik?」樂琳問道。印地語的th，她總是拿捏不準，發音非常怪異。這個美國大妞到現在還是對印度充滿興趣，說起英文來，總不忘夾雜幾個印地語字彙。「一切都沒問題?」她身旁的男人壓低嗓門，嘰哩咕嚕回應幾句話。小倆口結伴走下階梯。

第二天，他們就搬進來了。我從沒跟他們打過照面。從早到晚，小倆口都待在房間裡。三不五時，整個旅館嗚嗚咽咽回響起西塔琴聲。

「我猜，」吃晚飯時亞齊茲告訴我，「那位老爺和夫人今天結婚了。」

那天半夜，我被旅館中舉行的一場活動吵醒了。隔天早晨，亞齊茲端著咖啡走進我房間時，我問他這究竟是怎麼一回事。

「老爺昨晚迎娶夫人。」亞齊茲壓低嗓門，悄聲告訴我，「喜宴在凌晨一點鐘舉行。」

「天哪！」

「巴特先生和阿里・穆罕默德替他們請來一位回教長老。她皈依回教啦。長老給她取個回教名字。他們結成夫妻啦。半夜一點鐘舉行喜宴。」半夜吃喜酒，跟這樁姻緣一樣讓亞齊茲感到十分新奇。

這會兒，天色已經大亮，新房依舊靜悄悄，連西塔琴也銷聲匿跡了。新婚夫婦並沒起床共進早餐，也沒結伴走到陽台上觀賞日出。一整個早晨，房門緊閉——莫非夫妻倆躲在房裡，不好意思出來見人？午餐後，他們才躡手躡腳悄悄溜出旅館。我沒看見他們出去。

直到向晚時分，我坐在草坪上喝茶時，才看見樂琳獨自從湖對岸返回旅館。她身上穿著一件藍色棉布連身裙，手裡握著一本平裝書，模樣兒看起來挺酷的。乍看之下，和一般觀光客並沒什麼兩樣。

「嗨！」

「我沒聽錯吧？妳真的結婚了？」

「你曉得我這個人，感情容易衝動。」

「恭喜啦。」

「謝了。」

她在我身旁坐下。我看得出來，她有點害怕，想找個人談談。

「我到底是不是瘋了啦？我對印度教那麼感興趣——」她把手裡那本平裝書拿給我看：雷杰戈巴拉查里（Rajagopalachari）用英文講述的印度史詩《摩訶婆羅多》的故事。「如今，一夜之間，我卻變成了一個回教徒，還取了一個回教名字呢。」

「你的新名字是什麼？」

「齊諾比雅（Zenobia），你覺得這個名字好不好聽？」

這個名字很美，但它也給樂琳帶來一些麻煩。她不曉得，她究竟會不會因為她的婚姻喪失美國公民權；她也弄不清楚，她到底能不能留在印度工作。她只曉得，現在她很窮，婚後得跟隨丈夫住在某一個印度城鎮，過清苦的日子——究竟有多清苦，我想她現在還沒完全體會出來。但儘管如此，每回提到雷菲克時，她總是以「丈夫」相稱，彷彿他們倆已經結婚了幾十年似的。她開始關心「我丈夫的事業」和「我丈夫的演奏會」。

這對新婚夫妻，比樂琳自己想像的還要貧窮。「麗華大飯店」這樣的旅館，對他們來說也過於高級。婚後第二天，他們就不得不搬到別的旅館。那天早晨結帳時，雙方爭執起來了。

亞齊茲告訴我：「他說我敲竹槓，還責怪我：『你為什麼告訴其他房客我結婚了？』我回答說：『你為什麼要保密呢？結婚是一件好事啊。男人討老婆，辦桌請客，有什麼好隱瞞的呢？你們吵醒我那位老爺，他向我抱怨，我才告訴他你們結婚啦。』」

「亞齊茲，你真的沒敲他們的竹槓？」

「怎麼會呢，老爺。」

「可是，亞齊茲，他真的沒什麼錢。到喀什米爾來度假的時候，他並沒想到他會結婚。他們的婚禮，到底花費多少錢啊？」

「哦，老爺，你問到底花費多少錢？有些新婚夫妻送給主持婚禮的回教長老五個盧比，有時給十五盧比，有些五十盧比。」

「他們給了多少錢？」

「一百盧比。」

「你這個傢伙好狠哪！你怎麼可以讓他當凱子呢？他哪付得起一百盧比！難怪，他現在沒錢付旅館的住宿費用。」

「老爺，我也是為他著想呀。你討了個美國老婆，就應該風風光光辦桌請客。你就應該像帕爾西教徒辦喜宴那樣，噼噼啪啪放煙火慶祝一番。你不應該躲藏起來。他們沒辦桌，連一杯喜酒也沒請我們喝。」

「他太太是美國人，但他們真的沒錢。」

「老爺，你被他們騙了。他們把錢藏起來。很多外國人跑到喀什米爾來亂搞，隨便結個婚，覺得很好玩。可是，老爺，讓我提醒你哦，喀什米爾的結婚證書是有法律效力的哦。」

阿里·穆罕默德聽到亞齊茲這麼一說，立刻掏出一張結婚證書。我湊上眼睛仔細一瞧，發現上面果然有齊諾比雅、雷菲克和巴特先生的簽名。

「老爺，他們想隱瞞也來不及啦！」亞齊茲說，「他們的婚姻是有效的哦。」

看來，他們爭的不只是金錢而已。他們覺得，身為喀什米爾人和回教徒，他們的尊嚴遭受踐踏。他們誠心誠意歡迎一個美國女孩皈依他們的宗教，而今，他們卻擔心自己被愚弄了。

「他不付房租，我就拿走他的西塔琴！」亞齊茲說。

雷菲克在斯利那加城奔走一整個早晨，四處張羅，終於籌足這筆錢。中午時分，夫妻倆搬出旅館。我們正在吃午餐；齊諾比雅走進來向我們道別。一個男人站在門簾後，躲躲閃閃。

「雷菲克！」

他應聲走進來，站在她身後約莫兩、三呎處。

她臉上那副泰然自若的神情，剎那間消失了。顯然，她知道我們已經聽說了古爾瑪格村發生的事。

「這是——」她忸怩地說，「我的丈夫。」

在我想像中，雷菲克是一位心靈飽受煎熬、神情十分憔悴的音樂家，不料，出現在我眼前的竟是一個身材中等、體格健壯、臉如滿月、五官平板的傢伙。我原本以為我會遇到一位目光炯炯、神態傲慢的西塔琴演奏家，沒想到我看見的卻是一個睡眼惺忪、畏畏縮縮的小伙子——瞧他那副德性，就像一個偷抽菸被當場逮住、慌忙把香菸藏在身後、悄悄把嘴裡那口菸吞進肚裡的青少年。雷菲克是印度人，又是一位音樂家。我期望看到的是一頭長髮和一件袖子寬大的印度式白襯衫，而不是一顆小平頭和一套印度裁縫店訂做的黃褐色西裝。

怎麼看，雷菲克都不像是一個會透過西塔琴、向戀人傾訴衷曲的大情人；他只是一個不想讓別人知道他已經結婚的小伙子。可憐的雷菲克！他到喀什米爾來，只是想度個假，不料卻莫名其妙討了個美國老婆，把自己弄得疲累不堪，身上一文不名。以往我總是以為，激情是一種天賦，不是每一個人都擁有的。現在我卻覺得它是一種奇妙而複雜的機緣，每個人一生中總會遭逢的。

雷菲克伸出手來，跟我緊緊一握——感覺上就像跟軍人握手似的。接著，他把手伸進西裝內襟口袋，掏出一支不怎麼起眼的鋼筆，以一種流暢的文書字體寫下他的地址（如今，也是樂琳或齊諾比雅的地址了）。

「你們一定要來看我們哦！」她說，「哪天晚上有空，就來我們家吃晚飯吧。」

一轉身，夫妻倆掀開門簾走出去了。往後，我沒再遇見雷菲克。

告別喀什米爾

我們也該打包行李，離開喀什米爾了。我們該向這個有兩扇窗子、窗外有群山的旅館房間說聲再見。湖畔的蘆葦已經轉變成黃褐色；每天下午，我們看見一艘艘運載著已經收割的蘆葦的「施客啦」遊船，航行在湖中的水道上。向日葵的梗莖變得十分粗大；成群鳥兒聚集在烏黑的、被太陽曬焦的一堆花瓣中，啄食種籽。一天下午，花園中的向日葵全都被砍掉了，紮成一綑，丟棄在廚房門口。瘡痍滿目，整個花園曝曬在太陽下；向日葵的殘株，看起來就像木材一樣的潔白。

一天黃昏，亞齊茲邀請我們到他家那棟高高矗立在湖中、用磚頭砌成的房子吃晚飯。他親自操舟，送我們過去（船上載著一甕從旅館帶去的自來水，甕口覆蓋著餐巾）。夜色迷濛，「施客啦」遊船上懸掛著一盞燈籠，靜悄悄，沿著一條垂柳夾道的水路，朝向亞齊茲的屋子盪過去。亞齊茲以古禮對待我們。恍惚間，我們彷彿走進了威尼斯水鄉中。我們坐在樓上一個空蕩蕩、家具全都被搬走、家人全都被趕出去的房間，但我們聽得見門後有人在走動，講悄悄話。亞齊茲跪在我們面前，陪我們聊天，但這個時候的亞齊茲不再是旅館服務生，而是我們的主人——一個家道殷實、獨立、認真、有主見的男人。婦女和小孩湧進房間時，亞齊茲在他們面前表現出來的面貌，卻是一個負責顧家的男人。這棟房子的牆壁十分堅厚，黑熏熏的，感覺挺溫暖舒適；牆上裝設著一個個拱形壁龕；窗子很小。冬天，屋裡擺個火盆，一家人圍爐閒話家常；屋外，整個湖面都已經結冰了——冰層堅厚到可以讓吉普車在上面馳騁。我們得趕在大雪降臨斯利那加城之前，離開喀什米爾。

我們在旅館吃完最後一頓晚餐後，巴特先生召集全體員工，參加「小費致贈典禮」。出席的員工包括亞齊茲、阿里．穆罕默德、廚子、園丁和打雜的小廝。在前幾天舉行的一場婚禮中，他們已經失望過一次；這回我不想再讓他們失望——從他們臉上的笑意，我看得出來，他們相信在這個時代，依舊還有一些講究格調、出手大方的客人。他們以優雅的回教禮儀，領受我致贈的禮金和用打字機書寫的感謝狀，臉上一逕微笑著。也許，他們只是表示禮貌而已；也許，他們已經學會如何應付吝嗇的客人。但顯然亞齊茲感到很滿意。這點，我看得出來：他故意裝出滿不在乎的模樣，匆匆瞄一眼，二話不說，就把整疊鈔票一股腦兒塞進口袋裡，然後他就板起臉孔，開始幹活，不斷忙進忙出，彷彿要讓全世界的人知道：這一刻，對他來說，把餐廳布置整齊是他最重大的職責，遠比領取小費重要得多。但我曉得，一走出餐廳，他就會開始放鬆；他們全都會放鬆。那天傍晚，我走進廚房抽最後一口水菸時，我發現他們團聚在一起，一面欣賞我花費一番心血為打雜的小廝撰寫的感謝狀，一面咯咯笑個不停。

第二天，我們一早上路。巴特先生親自划船，把我們載送到湖濱林蔭大道。天還沒亮。湖面上靜悄悄；一輛雙輪出租馬車停駐在湖濱大道上等客人。我們坐上馬車，經過一間間門窗緊閉的船屋和湖畔一圃圃蓮花。一個男子站在湖濱大道石欄上，正在做健身操。車篷垂得很低；我們得傾身向前，才望得見車廂外的湖泊和群山。整個城鎮漸漸甦醒過來了。抵達遊客接待中心時，我們發現裡頭鬧哄哄，擠滿了人。

「三個盧比。」車夫說。

在這座城中居留了四個月，湖濱的馬夫都知道，我搭乘馬車進城，每次只付一又四分之一盧比車錢。但今天情況特殊。我願意付兩個盧比。車夫拒絕接受。我不肯多給。車夫舉起手裡握著的馬鞭，一副想打人的模樣。情急之下，我伸出雙手掐住他的喉嚨——這個舉動連我自己都嚇了一跳，大概是因為一早起床，心情不好的緣故吧。

亞齊茲出面調停。「他不是遊客。」

「哦！」馬夫鬆了一口氣。

他垂下握著馬鞭的右手；我放開他的喉嚨。

我們的車票是預訂的，但我們還是必須跟一大堆乘客擠在一起，大叫大嚷，爭著上車。亞齊茲和阿里．穆罕默德自告奮勇，幫我們搶位子。我們退到人堆外。

就在這一剎那間，我們看到了樂琳——齊諾比雅。

她隻身一人，瞇起她那雙近視眼，察看停靠在車站上的每一輛巴士。她上身穿著一件奶油色短衫，腰間繫著一條巧克力色裙子，模樣看來清瘦多了。看到我們，她並沒顯得很開心，也沒什麼話可講。拖延了好久，她終究決定去她的印度教靜修精舍，住上一陣子，再跟她丈夫相聚。這會兒，她正忙著尋找她那輛巴士。那是開往雷達基順（Radhakishun）的班車。她把這個地名改成比較親切順耳的「雷妲．訖里什那」（Radha Krishna）。到現今，她還著迷於印度教神話和傳說。訖里什那是黑暗之神，而雷妲則是祂調戲過的一位年輕貌美的擠牛奶姑娘。

尋尋覓覓，瞇起眼睛查看每一輛巴士的號碼牌，尋找那部開往「雷姮．訖里什那」的車子，樂琳——齊諾比雅消失在人群中。

我們的座位保住了；我們的行李被搬到車頂上，覆蓋著防水布。我們伸出手來，跟亞齊茲和阿里握手道別，回身鑽進車廂。

「您不必擔心那個馬夫會找你麻煩！」亞齊茲說，「這件事我會處理。」他的眼睛閃爍著淚光。

巴士開動了。

「馬夫？」

「您別操心，老爺。正確的車錢是三個盧比。我會付給那個馬夫。」

司機猛按喇叭。

「正確的車錢？」

「三盧比是早晨的費率，老爺。」

他說的對。我也知道，早上搭乘馬車必須付三盧比。

「兩個盧比，三個盧比，何必計較呢！再見，再見。老爺您不要操心哦。」

我趕忙伸手掏錢。

「您別操心，老爺。再見。」

我把幾張盧比鈔票塞到車窗外。

亞齊茲接過鈔票。兩行眼淚撲簌簌滾落下他的腮幫。即使在這樣的時刻，我都不敢確定，亞齊茲曾經當過我的僕人。

樂琳上身穿著一件奶油色短衫，腰間繫著一條巧克力色裙子。雷菲克一輩子都不會忘記這兩件衣裳；說不定，昨天晚上他看見她打開衣箱，拿出這件裙子和短衫，準備今天穿著上路。今天早上在車站分手後，他再也沒看見過她。她在靜修精舍住了一陣子，然後就離開印度。他寫信；她回信；然後，他的信原封不動被退回來了。她的雙親早已經分居，如今居住在不同的國家。其中一位接納他，另一位卻不承認他是女婿。但他還是繼續寫信給她。分手好幾個月了，他依舊痴痴想念她。

這些事情，我是後來才聽說的。在另一座城鎮的郵局，有一封信函等待我前去領取：

麗華大飯店
代客安排
健行、打獵、釣魚
導覽古爾瑪格村及帕哈爾甘鎮
業主：巴特

敬啟者：
本月七日大函收悉。信中您提到，前往目的地途中，您曾遭遇一些困難，因為您搭乘的巴士中途拋錨。所幸吉人天相，您終能平安抵達目的地。

我相信，喀什米爾的風光和此地的人情習俗，必將永遠留存在您的記憶中。

懇切盼望您能再度來訪，讓我們有機會再為您服務。

您的房間，曾經住過一位來自孟買的客人和另一位來自德里的客人。

我們的家人向您問候。

祝您身體健康，萬事如意。

謝謝您的惠顧。

巴特 敬上

（穆罕默德・西迪克・巴特）

第三部

第八章　廢墟狂想曲

當年，英國人對印度的統治是那麼的徹底，後來他們撤離這個國家，卻又是那麼的堅決，無可挽回。對我來說，即使在印度待了好幾個月，在我眼中，英國人的統治所遺留的痕跡，卻依舊帶著幾分虛幻不實的色彩。我在一個英國殖民地出生、長大。對我這種出身的人來說，英國人在印度留下的遺跡，原本應該顯得很熟悉。然而，英國和印度一樣，是一個具有多重性格和面貌的國家。表現在千里達島上的「英國」，跟我居住多年的「英國」不盡相同，而這兩個英國，和我目前在印度看到的那個遺留下許多痕跡的英國，也實在連接不起來。

這個英國，在我抵達印度的那一剎那，就讓我深深感到不安。那時我正坐在汽艇中，抬頭一望，卻看見孟買碼頭上的起重機展示的全都是英國名字。當一個怪異但卻早已存在的事實，終於獲得確認，展現在我們眼前時，我們心裡都會感到不安——驟然間，我們喪失了評估的能力，眼前的一切彷彿都變得虛幻不實。但對我來說，這種不安還有更深一層的根源。面對孟買碼頭的景象，我猛然醒悟，這些年來，我在潛意識中一直欺騙自己：白雪皚皚、矗立在冰藍天空下的喜馬拉雅山群峰，確實是存在的，一如我祖母家裡那些宗教圖畫所描繪的那樣。我童年的印度——在我想像中，那是一塊從我外祖母的屋子延伸出來的土地，與周遭的異質文化完全隔絕開來——外國勢力是不存在的。這種想法是怎樣形成的呢？千里達島上的印度社區，雖然正在萎縮中，但仍舊自成一個世界；跟島上的英國人打交道（我們對他們所知不多），不啻是一種侵犯——我們寧可跟我們比較熟悉、比較了解的中國人和非洲人交往。我們每天都得接觸這個異國文化，最後完全融入其中。我們改變了，有得也有失。失去的是一個曾經完整無缺的東西：印度——我們心目中的印度。

歷史事實並沒有刻意被湮沒、打壓，以保存印度做為一個完整國家的觀念。這些事實全都被接受，但也全都被漠視。來到印度後，我才發覺，這是印度人待人處世的典型態度：對顯而易見的事實視若無睹。這種心態，在其他民族中肯定會引發精神錯亂，但印度人卻把它轉化成一套博大精深，強調消極、超脫和接受的哲學。這會兒撰寫本書，在探索內心、自我反省的過程中，我終於體悟，這套哲學有一大部分從小就融入我心靈，成為我的人生觀最重要的一環。長期居留英國，身心遭受各種壓力，在這套哲學影響下，我揚棄了狹隘的國家觀念，不再對任何團體效忠——除了對個人。它讓我安於自我、安於工作、安於我的姓名（後兩者與前者截然不同）；它讓我相信，每一個人都是人海中的一座孤立的島嶼；它教導我，如何保護內心中僅存的一些美好、純潔的東西，不讓它們遭受外在的、腐敗的各種力量玷污。

在這種心態下，面對英國人遺留在印度的痕跡，我原本應該冷靜，漠然無動於衷。然而，這些痕跡卻迫使我面對一個事實：我一直在欺騙自己；雖然這種自我欺騙是隱藏在內心深處那個容許幻想存在的角落，可是，一旦被揭穿，你還是會感到非常痛苦的。這種羞辱，我以前從不曾體驗過。在這方面，我的感受肯定比那些熙來攘往、行走在孟買街道上的印度人，深刻得多（這種街道擁有荒誕不經的英文名字，兩旁矗立著宏偉的帝國式建築物）。這種情況就像在千里達，我從不曾感受到身為殖民地子民的屈辱，但外來的、不相干的人，反而會有這種感受。

印度與千里達的英國

我無法將殖民地的印度和殖民地的千里達，連結在一起。千里達是英國殖民地，但連三歲小孩都曉得，我們這座島嶼只不過是世界地圖上的一個小黑點，因此，對我們來說，身為英國子民是非常重要的——這樣的身分，至少能夠把我們納入一個比較大的體制中，賦予我們一個比較明確的定位。這個體制，並不會讓我們覺得受到壓迫。儘管身為英國子民，在制度、教育和政治生態上，我們卻是屬於西半球。千里達的人口由許多種族組成，英國人很少自成一個社會，與其他族群鮮少來往，因此，在我們心目中，英國只是世界眾多國家中的一個而已。

對一般千里達人來說，英國是一個陌生的國家，只有那些自以為高雅、有教養的千里達人，才會刻意追求英國品味。在大多數千里達人心目中，美國比英國重要得多。英國人製造的汽車精緻小巧，性能不差，適合謹慎小心的駕駛人使用，但在我們感覺上，美國人製造的才是真正的汽車，一如他們製作真正的電影、培養第一流的歌手和樂團。美國電影訴諸人類的共同情感，表達人類的共同心聲；他們的幽默，我們一聽就懂。美國電台的節目十分現代化，多采多姿，迷死人了——至少我們聽得懂他們的口音，不像英國廣播公司（ＢＢＣ）節目，你聽了十五分鐘新聞，還弄不清楚主播到底在講什麼。美國大兵喜歡肥胖的妓女，皮膚越黑的越對他們的胃口；他們把這些婆娘弄上吉普車，眾目睽睽之下，招搖過市，從一家俱樂部飛馳到另一家俱樂部，四處撒錢，一言不合，就跟人家幹起架來。這種人，你可以跟他們溝通。站在他們身旁，英國士兵看起來就像一群外國人。在千里達，英國兵總讓人覺得怪怪的，很不對勁。他們要嘛很吵，要嘛裝出一副矜持的模樣，拒人於千里之外；他們講的英語，口音怪異，聽起來挺刺耳；他們喜歡自稱「傢伙」（Blokes）——《千里達衛報》曾在一篇報導中探討這個名詞的含義——他們並不清楚，在千里達這可是罵人的話；他們的制服，尤其是短褲，看起來怪模怪樣，穿在他們身上簡直難看極了。英國兵不像美國兵那麼有錢。有時，我們看見他們成群聚集在敘利亞人經營的店舖裡，購買廉價的女用內衣褲，實在不成體統。這就是千里達民眾心目中的英國。當然，還有另一個英國——總督和高級公務員所屬的那個英國——存在於這座島嶼上，但對我們來說，這個英國顯得太過遙遠，跟老百姓沒有關係。

我們是一群很特殊的殖民地子民。在西印度群島的大英帝國，歷史相當古老。這是一個海洋帝國，除了一、兩座廣場和海港，它並沒有留下多少宏偉的、具有紀念意義的建築物。由於千里達位於西半球——直到一八〇〇年，島上還沒有多少人居住——在我們看來，這些建築物簡直就是屬於史前時代。就是因為它的歷史古老，在我們心目中，大英帝國不再是一個強加在我們頭上、格格不入的東西。我們得保持一種超然客觀的態度，才看得出來，我們的制度和語言全都是大英帝國造就的。

統治印度的那個英國，和我們在千里達島上接觸到的英國，截然不同。它是強加在印度人民頭上的東西，跟印度傳統扞格不合。規模宏偉、具有十八世紀英國建築風味的灰色「聖喬治堡」（Fort St. George），不管你怎麼看，都跟印度南部大城馬德拉斯的景觀連接不起來。在加爾各答，一棟門面寬廣、廊柱林立的豪宅，坐落在通往杜姆杜姆機場（Dum Dum Airport）的一條繁忙、擁擠的道路上，據說是克萊武將軍[1]生前居住過的房子；它出現在這座東方大都市，顯得非常突兀。就因為它顯得格格不入，它的年代——英國殖民印度的歷史，比西印度群島的大英帝國歷史短得多——讓人們感到格外驚訝：這些規模宏偉的十八世紀西方建築物出現在印度，照理說，應該顯得很淺薄，缺乏深厚的根基，但現在我們卻發覺，它們已經完全融入這個充滿外國廢墟和遺跡的國家，變成它的一部分。這就是「印度的英國」顯現在我們眼前的一個面貌：它屬於印度的歷史；它已經死亡。

跟這個英國不同的是身為印度殖民地宗主國的英國。直到今天，這個英國依然活著。它存活在印度的各個角落和層面。它存活在印度的行政區域：英國人將印度的城鎮畫分為「軍區」、「民區」和市場。它存活在軍官俱樂部和餐廳：軍官們穿英國式制服、蓄英國式八字鬍、手持英國式短杖、口操英國式英語、使用擦拭得亮晶晶的銀器進餐。它存活在地政事務所和檔案局：那兒保存的字跡整齊但早已經泛黃的土地調查資料，加起來，就等於是一整個大陸的地籍簿；這些

1 Robert Clive，一七二五～一七七四，英國將軍，為英國獨占印度奠定基礎。

檔案，是英國測量官騎著馬，帶著成群僕從，忍受風吹日曬，花了無數時日走遍印度各個角落所取得的成果。（一位年輕的印度行政官告訴我：「這種工作，把他們弄得身心俱疲；出差一趟回來，就沒法子再做別的事情了。」這個英國存活在俱樂部、禮拜天早晨的賓果遊戲、黃色封面的英國《每日鏡報》（*Daily Mirror*）海外版——印度中產階級婦女那十指纖纖、修剪得十分整齊的手，總是握著這麼一份報紙。這個英國也存活在城市餐廳的舞池中。這樣的一個英國，比我這個來自千里達的印度人當初所想像的，要鮮活得多。它更有氣派、更具創造力，但也更加粗俗。

作家筆下的英國

但不知怎的，我總覺得這個英國並不真實。它出現在吉卜林和其他英國作家的作品中，感覺並不真實；如今它活生生展現在我眼前，感覺還是一樣不真實。難道是因為它是英格蘭和印度的混合？難道是因為我的偏見——我那出身千里達殖民地、操英語、深受美國影響的偏見——使我無法接受這種欠缺互動和競爭、任由一個文化凌駕在另一個文化之上的關係？我覺得，對印度來說，這樣的結合不但是一種褻瀆和侵犯，而且荒謬可笑，因為它製造了一些非常滑稽、詭異的效果，譬如，服裝的混合穿著與大量的、一知半解的使用一種外來語言。還有一個現象讓我感到不安，而反映這種現象的，正是英國殖民政府遺留下的建築物：貯藏著歷代測量官耗盡心血蒐羅來各種地籍資料的檔案局、俱樂部、戲院、警署、火車站頭等車廂候車室。我總覺得，這些建築物地基太過寬敞，天花板太高，廊柱、拱門和山形牆裝飾太過華麗；在我看來，這些建築物既不是英國式也不是印度式，不倫不類，擺在印度這個貧窮殘破的國家，顯得過於虛浮。它們反映的是「積極」（endeavour）的觀念，而不是真正的積極進取的行為。它們自外於印度，跟周遭的景觀格格不入——事實上，比起殖民地初期的英國式建築（乍看之下，簡直就像是原封不動、從英國直接搬到印度來的），它們的異國風味更加濃烈。最能反映這種陰沉、拘謹建築風格的是加爾各答的「維多利亞紀念堂」（Victoria Memorial）和寇仁勳爵[2]贈送給泰姬瑪哈陵的「禮品」。他們明明知道，這樣的建築風格肯定會招來嘲諷和訕笑，但他們不在乎，因為他們有信心，身為統治者，他們禁得起任何人的嘲諷。置身在這些建築物中，你會感到莫名的尷尬；直到今天，它們還試圖宰制周遭的人群，不論是在屋內還是在屋外。

這些現象和事件全都記錄在吉卜林的作品裡，除了英國人撤出印度、放棄龐大遺產的那段歷史。你若想認識英國人統治下的印度，不必親自到印度走一趟。沒有一位英國作家對印度的描寫，比吉卜林更坦誠、更精確；沒有一位英國小說家比他更能揭露他本人和他那個社會的真面目。在作品中，他把「盎格魯－印度」遺留給我們。我們只需閱讀他的小說，就能夠找到當年活躍在印度殖民地的各種典型人物。我們發覺，這些人時時刻刻意識到他們的身分、角色、權力和獨特性，然而，對於他們的處境，他們卻又不敢公開表示欣喜和得意，因為他們全都是肩負重責大任的殖民地父母官。這些責任可都是真的，但表現在吉卜林的作品中，所產生的整體效果卻是：這幫人全都在演戲。他們全都是演員；他們知道觀眾對他們的期望。他們落力演出；沒有人

2 George Nathaniel Curzon，一八五九～一九二五，英國政治家，一八九九年至一九〇五年擔任印度總督。

願意搞砸這齣戲。典型的吉卜林式殖民地行政官員，身邊永遠跟隨著一大群鞠躬哈腰、脅肩諂笑的僕從；他們生活在一個充滿傳奇色彩的國度中，但一輩子都在流亡，飽受騷擾、迫害和誤解——誤解他們的人，往往是他們的上司和他們試圖拉拔的本地人。身為他們的代言人，吉卜林有時會裝出一副忿忿不平的模樣，大聲疾呼，從而產生出一種假惺惺的、咄咄迫人的、自憐自艾的效果，簡直就像一齣「戲中戲」。

待在英國老家的那幫人，身分和地位跟我們相等，但卻能享受美好的英國城鎮生活——繁華熱鬧的大街、滿城璀璨的燈火、一張張笑臉迎人的面孔、成千上萬的鄉親、滿街遊逛的漂亮英國女人……被放逐到印度的我們，卻被剝奪了遺產。待在英國老家的人，正在享受這一切；他們並不知道這份遺產究竟有多豐美。

自讚自誇之餘，卻也不忘裝腔作勢地抱怨幾句：這是俱樂部作家——接受俱樂部的價值觀、透過俱樂部會員的眼光觀看這些人物的作家——特有的一種陰柔而幽怨的筆調。一九一二年出版的小說《針氈》（*Tenterhooks*）中，英國小說家愛妲．黎薇蓀（Ada Leverson）使用的正是這種筆調：

「我總覺得，他（吉卜林）沒經過別人介紹，就直接用我的教名稱呼我；有時我甚至覺得，他想跟我交換帽子呢……他和他的讀者總是那麼親近，熟稔得就像老朋友似的。」

「可是，難道你不覺得，他總是跟他筆下的人物保持一個適當的距離嗎？」

我說吉卜林是一位俱樂部作家，當然是使用一個具有特別含義的名詞。俱樂部是「盎格魯—印度」的一個象徵。在《自述》（*Something of Myself*）中，吉卜林告訴我們，在拉合爾（Lahore），每天傍晚他都會到俱樂部用餐；在那兒，他常遇到剛拜讀過他前一天寫的作品的讀者。吉卜林很珍惜這種機緣。俱樂部會員的讚許和認可，對他來說非常重要：他是為這些人寫作，而在他的小說中，情節總是跟俱樂部有關。他那獨特的坦誠、他身為「盎格魯—印度」文學編年史家的價值，就展現在這些作品中。然而，這也正是他特有的弱點，因為他只使用俱樂部的價值觀，描寫俱樂部發生的事，這樣做只會讓他自己和俱樂部的真面目，暴露在讀者眼前。

吉卜林的作品，在風格氣質上與英國人遺留在印度的建築物是一致的。在帝國的外殼內，我們找到的不是撞球場式的漫畫或郊區的、中產階級的小說品味——一如在地方性的俱樂部中——而是郝士比太太（Mrs. Hauksbee）這號人物：西姆拉城的才女、社交王后、實際統治者和傳奇人物。她待人慷慨熱誠，但卻反而身受其苦。她的智慧並不是真正的、具有深度的智慧；在今天的讀者看來，她身邊那些男人對她的仰慕顯得有點小家子氣、有點感傷。但這個圈子——王后、朝廷和弄臣——卻顯得那麼的完整、齊全。不管我們贊同與否，這些人創造出一套體制，讓他們能夠存活在特殊的異國環境；身為讀者，我們實在不忍心拆穿他們的虛假面目。我們對吉卜林小說的回應，只能在這樣的個人層次上。他太誠實、太熱心；他太單純、太有才華。他的弱點和缺失讓人覺得尷尬，但我們不願批評他，因為那會讓我們覺得很殘忍。郝士比太太的虛偽和造作，早已經被毛姆拆穿。她曾這樣形容書中另一位女性人物說話的聲調：聽起來，就像一列地下火車駛進倫敦伯爵府車站（Earl's Court Station）時踩煞車發出的聲音。毛姆評論說：郝士比太如果真的是她聲稱的那種人，她就不應該出現在伯爵府車站，更不應該搭乘地下鐵，到那樣的地方去廝混。我們可以用同樣的方式和觀點，看待吉卜林作品的其他層面。他把他筆下的人物描寫得太偉大、太了不起，而這些人物——也許不像吉卜林那麼充滿自信、那麼有安全感——也把自己看得很了不起。他們在一個小圈圈裡交往、互動；幻想逐漸凝結成一種僵硬的信念。而今，他們的真面目全都暴露在我們的眼前。

西姆拉城

從德里到卡爾卡（Kalka），你可以搭乘夜班火車；從卡爾卡前往西姆拉，你可以坐汽車，經由公路上山，也可以搭火車，經由那條如同玩具一般蜿蜒穿梭的窄軌鐵路上山。我搭乘汽車，前往西姆拉。跟我作伴的是一位年輕的印度行政官員。我們倆是在開往卡爾卡的火車上結識的。途中，他滿心憂傷地告訴我，自從一九四七年以來，西姆拉城就開始沒落了。對他來說——對所有印度人來說，西姆拉神話是真實的。西姆拉城的光輝歷史是印度傳統的一部分，而今卻被蹧蹋掉了：城中竟然出現檳榔攤。我們一路聊著。廂型車後座不斷傳來窸窣聲。那是我的旅伴飼養的織巢鳥發出來的。牠們被關在一個覆蓋著布幕的巨大鳥籠裡。鳥兒們吵得不可開交時，這位官員就回過頭去哄慰牠們，模仿母雞和鴿子，一會兒咯咯叫，一會兒咕咕叫。從車窗口望出去，不時瞥見那列蜿蜒行駛山中、看起來好像玩具的火車，從隧道中鑽進鑽出。元月中旬，山中空氣十分沁涼，但火車上的乘客卻只穿著襯衫，倚著敞開的車窗靜靜向外眺望——這畢竟是印度；在一般人心目中，印度一年四季都是夏天。

初抵西姆拉城，乍看之下，果然如同這位印度官員所說的，吉卜林筆下的這座城市確實已經沒落了。整個城鎮濕答答、冷颼颼；狹窄的街道泥濘不堪；身材矮小、打著赤腳的男子背著沉重的貨物，一步一步登上山坡。他們的帽子使我想起喀什米爾——想起那成群衣衫襤褸、守候在旅遊景點巴士站上爭相拉客的腳夫。在這樣的地方，你真的能夠找到吉卜林描繪的那種魅力嗎？百聞不如一見，你從小在書本中認識的每一個印度景點，不都是跟西姆拉城一樣：先是欺瞞，接下來就是頹敗、沒落。前景中的那些人物乍然出現在你眼前，對你的心靈造成強勁的衝擊，然後就開始從你的視界隱退、消失；這會兒，你的視界就會變得更加敏銳、更加挑剔，就像在一個熟悉的、陰暗的房間中，你的眼睛逐漸習慣了黑暗那樣。

視界收縮，西姆拉城幽然顯現：坐落在一系列山脊上的城鎮；迂迴曲折、縱橫交錯的巷衖，宛如一座迷宮。在我想像中，城裡鼎鼎有名的林蔭步道（the Mall）又寬又直，但如今親眼一瞧，卻發現它只不過是一條狹窄彎曲的馬路。每隔幾碼，路旁就豎立著一個告示牌，警告人們不得隨地吐痰，但如同那位印度官員告訴我的，街上四處擺著檳榔攤，鮮血般紅漬漬的檳榔汁吐得滿地都是。照相館櫥窗內，依舊展示著一幀幀泛黃的照片；照片中的英國女人，身穿一九三〇年代流行的服裝。這些照片可不是古董。照相館門庭若市，生意好極了。在印度，每一樣東西都會被繼承下來，沒有一樣東西會被拋棄。生生不息。今天，林蔭步道已經變成「喜馬偕爾邦」[3]政

3 Himachal Pradesh是印度北部的一個邦，首府就是西姆拉。

府的辦公場所，門口掛著醒目的招牌；官員們乘坐一九四〇年代末期的綠色雪佛蘭轎車，穿梭在狹窄的巷衖，空氣一下子變得凜冽起來。街上行人漸漸消失，市場漸漸沉寂。山脊上四處綻亮起電燈。在燈光閃爍的黑暗中，市中心更加清晰地浮現在我們眼前：好一座充滿童話風味的英國鄉下城鎮！瞧，城中那一棟棟以所謂「雙重模仿」風格建造的房子：宏偉的教會大樓，向在地人宣示異國宗教的權威；門面寒酸簡陋的店舖，卻矗立著裝飾華麗的山形牆——你幾乎可以看到頭戴睡帽、身穿睡衣的男子，手裡拿著燈籠或蠟燭，從店堂中走出來，彷彿在向路過的人炫耀小店中根本就不存在的溫暖和舒適。這座城鎮是神奇的創造品。它建立在幻想上，而支撐這個幻想的是一份讓人不得不由衷讚賞的自信心。但這並不是我期望的城鎮。我感到有點失望——那種感覺，就像你在書上認識到一間坐落在康布雷（Combray）的房子，而今看到的，卻是一間坐落在伊里爾斯（Illiers）的房子的照片。創造這座城鎮的眼光是正確的，但那是一種童稚的、創造神話的眼光和想像力。世界上，沒有一座城市或一個景點能夠變得真正的真實，除非作家、畫家或重大的歷史事件賦予它一種神話的特質。西姆拉永遠都是吉卜林的城市：一個孩童對「老家」的憧憬和懷想；它是一個雙重的童話國度。印度扭曲和擴大這個國度；在英國殖民統治下，它擴大了原本就是一個幻想的城鎮。這就是吉卜林捕捉到的現象，而這也正是他的作品獨具的風格精神。

那天夜裡，西姆拉城下雪了——今年冬季的第一場瑞雪。隔天早晨，旅館服務生以魔術師的口氣向房客們宣布：「瞧！大雪降臨了。」他拉開窗簾，讓我瞧瞧窗外那一片白茫茫、嵐霧縹緲的山谷。吃過早餐，我們發現嵐霧消散了。滴滴答答，雪水不斷從屋頂上流淌下來，成群烏鴉拍打著翅膀，聒噪不停，從一株松樹飛撲到另一株松樹；樹枝上的積雪紛紛掉落下來。底下的山谷中，狗兒汪汪叫，興奮得什麼似的。積雪宛如徽章一般，覆蓋在「喜馬偕爾邦」——好名字：雪鄉——政府布告板上，乍看就像一幅耶誕節海報。城中林蔭步道熙來攘往，擠滿一早起來散步的假日遊客。山中的積雪依舊很深。我們離開高高矗立在天上的西姆拉城，一路下山，積雪漸漸消融了，看起來就像一顆顆撒落在僵硬地面上的鹽巴，轉眼消失無蹤。白茫茫的大霧籠罩著旁遮普平原。火車延誤，飛機停飛。我們穿過重重大霧，一路驅車直奔德里。

文學的英國

若想了解我們在印度看到的十八世紀英國，我們就必須把它看成印度的一部分。我們實在很難想像華倫．哈斯汀士[4]是英國人；把他當作印度人看待，倒還比較適合。英國的殖民統治經驗，雖然跟印度息息相關，卻也是十九世紀英國的一部分。

讓我們看看《印度之旅》（*A Passage to India*）這部小說中的兩個人物：艾德蕾（Adela）和羅尼（Ronny）。昌德拉波城（Chandrapore）操場上，太陽下山了；這一對情侶離開正在進行中的馬球比賽，走到遠處一個角落坐下來。今天早上他向她發脾氣，現在他向她道歉了。沒等他把話說完，她就打斷他的話說：「小伙子，我看我們還是取消婚約吧。」此刻兩人心情都很糟，但都設法克制，沒講氣話。過了一會兒，艾德蕾說：

4 Warren Hastings，一七三二～一八一八，英國政治家，一七七三年至一七八五年擔任英國駐印度第一任總督。

「我們處理這件事的方式非常英國化（British），但我想這樣做應該沒有問題。」
「身為英國人（British），我們這樣做當然沒有問題。」

這段對白頗耐人尋味。四十年後的今天，我們重讀這雙情侶的對話，仍然覺得非常新鮮。艾德蕾口中的British，固然具有特殊的歷史背景和意義（故事發生在大英帝國統治下的印度），但佛斯特（E. M. Forster）筆下的其他人物，也都會使用這個字眼，描述相同的感覺，傳達相同的意念。對佛斯特作品中的人物來說，他們的「英國性格」就像一種民族特徵，向一切非我族類的事物提出挑戰，同時也遭受挑戰。那是一種公式化的理想，不需要加以闡釋。艾德蕾口中的British，幾乎可以用小寫字母拼寫成british。我們很難想像，另一位英國小說家珍·奧斯汀（Jane Austin）會以同樣的方式使用這個字。在《傲慢與偏見》（*Pride and Prejudice*）中，這個字曾經出現過一次。首度造訪朗波恩（Longbourn）莊園時，男主角之一的柯林斯談到德包爾小姐的美德：

「可惜她身體欠佳，不能待在城裡。正如有一天我對凱薩琳夫人所說的，她不能前往倫敦，使得英國宮庭（British court）喪失了一顆最璀璨的明珠。」

對珍·奧斯汀和柯林斯來說，British只不過是一個地理名詞，與艾德蕾口中的British是兩碼事。同樣的一個字，卻有兩種截然不同的用法：一百年的工業發展和帝國勢力擴張，阻隔在兩者之間。這個時期開始時，我們可以察覺到，當時，在各方面英國都面臨急遽的轉變：從驛馬車轉變到火車，從哈茲里特（Hazlitt）的散文轉變到麥考萊（Macaulay）的評論文章，從狄更斯的《匹克威克外傳》（*Pickwick Papers*）轉變到他的另一部小說《我們的共同朋友》（*Our Mutual Friend*）。畫壇百花齊放：康斯塔伯（Constable）發現天空的燦爛色彩；波寧頓（Bonington）發現光影、沙灘和海洋多采多姿的變化。他們作品中洋溢的青春和熱情，直到今天，我們依然能夠深切地感受到。這是一個嶄新的、自我發現的時期：狄更斯發現英國、倫敦發現「小說」這種文學形式；連濟慈和雪萊的詩作，也都展現出前所未見的新氣象。這是一個朝氣蓬勃、對未來滿懷憧憬的時期。可是，驟然間，英國步入了中年；英國人躊躇滿志、沾沾自喜。自我發現的過程結束了；英國的國家神話建立了。造成這個現象的原因眾所周知，我在此不想多說，只想指出一點：那個時候英國舉國上下沉湎在自戀中；這是可以體諒的，但英國卻因此喪失了一些珍貴的東西。英國人觀看世界的清晰、敏銳眼光，突然變得晦暗、遲鈍。英國民族性確立了；此後它將成為英國人衡量、評估世界一切事物的準繩。在十九世紀的英國旅行文學中，我們察覺到一個趨向：品質日漸低落——從達爾文（一八三二年）到卓勒普（Trollope，一八五九年）到金斯利（Kingsley，一八七〇年）到傅勞德（Froude，一八八七年）。這群作家越來越不願探索自己的心靈；他們只想報導他們的「英國性格」。

這個時期開始時，哈茲里特可以用輕蔑的口氣，批判美國小說家華盛頓．歐文（Washington Irving）以英國為背景寫的作品，因為他覺得，自從《觀察報》[5]創刊以來，這個國家各方面都產

---

5 The Spectator，十八世紀初英國文壇名人約瑟．亞迪森（Joseph Addison）和李察．史提爾（Richard Steele）合辦的週刊。

生了急遽的變化，正朝向未來邁進，而歐文卻在作品中刻意描寫羅傑・迪柯維里斯爵士（Sir Roger de Coverleys）和威爾・溫伯士（Will Wimbles）這類過時人物。哈茲里特拒斥神話的態度，就像今天有些英國人，對出現在美國媒體上的英國旅遊廣告感到不滿一樣。（一九六二年，《假期雜誌》（*Holiday*）刊出這麼一則廣告：「遨遊倫敦的美好途徑。搭乘薩本納（Sabena）航空公司飛抵曼徹斯特，下機後，驅車直出機場，經過一棟棟英國鄉間茅舍，一路馳向倫敦，優游自在，盡情享受美景無限的英國鄉野風光。」）然而，神話很快就變成英國人心目中挺重要的一件東西，而在新的自戀中，階級意識和種族意識都被凸顯了。一八八〇年代的木偶戲「潘趣」（Punch）讓倫敦佬操著桑姆・魏勒（Sam Weller）特有的、早已經消失的口音講英語，以娛大眾，達到搞笑的效果。佛斯特作品流露出的階級意識，跟珍・奧斯汀截然不同；在奧斯汀的小說中，階級意識是一種近乎根本的、原始的社會畫分和區隔。在一個被階級弄得支離破碎的國家，譬如英國，刻板印象也許是必要的，因為它能幫助溝通。但是，如果過分重視和強調刻板印象，它就會局限英國人的心靈視野、扼殺他們的探究精神，偶爾甚至促使他們排拒真理。

過去一百年間，英國文學中出現的一些奇異的、令人費解的缺憾，追根究柢，實在可以歸因於這種依賴：太過重視和強調已經確立的、令人心安的事物。狄更斯之後，英國再也不曾出現一位文學巨人。當前的英國社會環境，不允許作家以狄更斯式的、與神話融為一體的遼闊視野和深邃眼光，從事文學創作。直到今天，倫敦依舊是狄更斯的城市——他死後，再也沒有作家好好瞧這座城市了。描寫倫敦城內個別地區——譬如赤爾夕（Chelsea）、布隆伯利（Bloomsbury）和伯爵府車站——的小說所在多有，但對於這座現代的、機械化的城市及它所承受的種種壓力和挫折，英國作家卻視若無睹、鮮少著墨。而這正是美國文學中一再出現主題。誠如小說家彼得·德佛里（Peter de Vries）指出的，這是城市居民的主題：這些沒有根的人生於城市死於城市，「宛如傳說中的槲寄生，虛懸在兩株橡樹中間，一株是住宅，另一株是辦公室。」這是一個重大文學主題，不應該只屬於美國，但在舉國上下沉迷於自戀中的英國，它卻被簡化成銀行職員的形象：準時上下班，做事一板一眼，偶爾鬧點小笑話。

這樣的主題既然遭到漠視，我們就很難期望，這個時期的英國會出現幾部偉大的小說，將國家意識或帝國意識的形成和發展，翔實地記錄下來。（在這方面，我們實在不能指望歷史學家發揮功能。比起小說家，他們更能接受社會的價值觀；他們是為這些價值服務的。大英帝國的崛起，對十九世紀英國人的世界觀產生無比深遠的影響。這點無庸置疑。然而在《英國社會史》（*English Social History*）中——據說這是一部經典名著——史學家崔威林（G.M Trevelyan）只花了一頁半的篇幅，探討「海外影響」。他是以這樣的口氣談到這個問題：「……郵政制度的建立，使得居住老家的雙親，能夠與『遠赴殖民地』的兒子保持聯繫。兒子經常返鄉省親，口袋中總是裝滿鈔票。他也帶回了很多故事，講述他在這些嶄新的、人人平等的土地上的經歷和見聞……」毛姆早期的一部小說《克拉杜克太太》（*Mrs. Craddock*）試圖在比較小的格局內，探討這個主題。小說的主人翁是一個農夫，他費盡心機，利用高超的民族主義，打進他太太所屬的上流社會。這個時期的其他英國小說，最多只觸及這場大轉變的某些階段；若想一窺全貌、了解整個發展趨勢，我們就必須涉獵許多小說家的作品。

《浮華世界》（*Vanity Fair*）的主要人物奧斯彭（Osborne）自詡為殷實的英國商人。他口中的「英國人」，只是跟其他國家——譬如法國——做一個對比和區隔；只不過是戴昆西（de Quincey）之流的英國作家所倡導的那種愛國主義。《浮華世界》作者薩克萊（Thackeray）筆下的殷實英國商人，處心積慮地想把出身西印度群島、擁有黑人血統的富家女史華茲小姐（Miss Swartz）娶進家門，當他的媳婦。小說中的邦伯先生（Mr. Bumble）和史奎爾斯先生（Mr. Sguesers）是英國人，但那並不是他們個性中的最大特徵。然而，二十年後，在狄更斯的小說中卻開始出現完全不同的人物！《我們的共同朋友》這部小說中的波斯納普先生（Mr. Podsnap）認識外國人，而他以身為英國人為榮。約翰・哈里法克斯（John Halifax）只是一位紳士；小說家萊德・哈格德（Rider Haggeard）卻把他的一部作品「獻給」他的兒子，希望他成為一位英國人和一位紳士；基於同樣的希望，湯姆・布朗（Tom Brown）被他父親送到名校「拉格比」（Rugby）就讀。到了《豪華園》（*Leonard Bast*）這部小說，我們發現，連李奧納德・巴斯特（Leonard Bast）這種人也會說：「我是英國人。」他口中的「英國人」比戴昆西口中的「英國人」往前跨出了一大步。發展到這個階段，「英國人」這個名詞已經被賦予豐富而微妙的意涵。

我們不能責怪小說家們接受社會的價值觀。很自然的，在這個時期的英國小說中，作家關注的焦點，漸漸從人類的行為轉移到這些行為的「英國性」——在這些作品中，「英國性」若不是受到讚許，就是遭到嚴密的檢驗和批判。這種轉變，反映在狄更斯早期作品中的客棧和（七十五年後）佛斯特所描寫的辛普森餐館之間的差異上。在一九一〇年出版的小說《豪華園》中，佛斯特描寫這間坐落在倫敦市斯特蘭德街（The Strand）的餐館：

她瀏覽這家餐館，欣賞它那精心布置、反映我們國家光輝歷史的陳設。雖然比不上吉卜林的作品那麼老舊、那麼充滿古英國氣息，但這家餐館卻能精心挑選它的擺設，喚起人們的記憶。她實在挑不出什麼毛病來。它為大英帝國培育的官員，從外貌上看來，跟亞當斯牧師和湯姆・瓊斯頗為神似。四下響起零零碎碎的交談聲，聽起來怪刺耳的。

「你來了！今天傍晚，我就會拍發一封電報到烏干達……」

佛斯特的批判一針見血。他揭露了一個沉迷在工業和帝國勢力中的民族神話所蘊藏的矛盾。英國占據烏干達，跟湯姆・瓊斯這號人物[6]根本扯不上關係，就像你不能把吉卜林的短篇小說和同時代的小說家哈代的長篇小說相提並論。處於權力顛峰的英國人，給人一種演戲的感覺：扮演英國人——某一個階級的英國人。現實隱藏戲劇；戲劇隱藏現實。

這種特質，固然使英國人博得某些人的好感，但也招來另一些人的批評：英國人太虛偽。在這個時期，代表大英帝國的粉紅色宛如痱子一般，在世界地圖上迅速蔓延、擴張，英國神話也隨著演變，就像一個發展中的語言。母音長度改變了，新的成分加入了，而字典的編纂總是跟不上變化的速度。預估的、隨時可以調整的神話——辛普森餐館的亞當斯牧師、在烏干達或印度操勞

---

6 湯姆・瓊斯（Tom Jones）是十八世紀英國小說家亨利・費爾汀（Henry Fielding，一七〇七～五四）的代表作《湯姆・瓊斯》（*Tom Jones*）的主人翁。亞當斯牧師（Parson Adams）則是費爾汀另一部作品《約瑟・安德魯斯》（*Joseph Andrews*）中的人物。

的帝國建立者——和現實之間，永遠存在著一段差距。滑鐵盧戰役結束後很久，英國才出現一個軍國主義時期——肇始於克里米亞戰爭，終結於英國在南非的挫敗。直到大英帝國建立後，商人和行政人員做為帝國建立者的觀念才產生，而我們的小說家吉卜林，卻板起臉，一本正經地號召全世界的統治者，參與這項偉大的建設。這是清教徒搬演的一齣戲。在「老家」英國，它創造了倫敦市斯特蘭德街的辛普森餐館。在印度，它創造了西姆拉城——英國殖民政府的夏都。在《守護者》（The Guardians）一書中，菲立普・吳德魯夫（Philip Woodruff）告訴我們，那個時候聚集在西姆拉城的官員們「紛紛表態，假裝對印度一無所知，刻意避免使用一個百分之百的英國人」。

英國性格

位於地球另一端的千里達，才是真正的帝國創造物。定居在這座島嶼上的許多種族，全都接納英國的統治、英國的制度和英國的語言，從不曾提出異議；然而，表現在印度的那種「英國風」和「英國民族性」，在千里達卻完全看不到。在我看來，這就是印度殖民政治最詭譎的一個特質：矯揉造作，以凸顯「英國風」——感覺上，彷彿整個國家都在演戲，而演出的戲碼竟是一齣狂想曲。這個特質顯現在殖民時期的所有建築物中，尤其是那些看起來有點怪怪的紀念性建築物，諸如加爾各答的維多利亞紀念堂和新德里的印度門。這些建築物的風格，根本配不上它們所讚頌的帝國權力。它們缺乏早期英國建築的純樸、扎實，遑論更早期葡萄牙人在果亞興建的大教堂。

在《統治印度的人》（*The Men Who Ruled India*）書中，吳德魯夫以哀傷的筆調和羅馬式的虔敬，論述英國人在印度的功績。這項功績誠然非同小可，我們應該對它表示虔敬，但是，吳德魯夫筆下的印度殖民地，絕不能等同於一般人心目中的印度殖民地：頭戴遮陽帽的英國官員（甘地覺得這種帽子確實有用，但為了民族尊嚴，他拒絕戴它）；成群鞠躬哈腰、脅肩諂笑的印度僕人；被奉為超人的英國殖民者；被當作「黑鬼」（wog）看待、只能充當僕役和小職員的在地人——他們那口破英文被收集成書（至今在舊書攤還可以找到），供精通英文的人士欣賞，博君一粲。這樣的一個印度殖民地，出現在成百上千、跟印度有關的英文書中，尤其是以印度為背景的兒童圖書，甚至出現在文生．史密斯（Vincent Smith）接受牛津大學出版社委託、為史里曼（Sleeman）的著作所做的箋註中。

對吳德魯夫來說，印度殖民地的這一面，儘管千真萬確，卻是一個令人感到尷尬、困窘的現象，並不能代表英國人在印度的努力和功績。希望在英國的殖民統治中看到目標（不管是正面還是負面）的人，吳德魯夫也好，像曼錫（K.M. Munshi）那樣的印度人也好，都會有同樣的感覺。曼錫在一九四六年出版的小冊子，取名為《英國造成的禍害》（*The Ruin That Britain Wrought*），內容不言自明。尷尬是難以避免的：英國人一方面展現狂妄自大的種族優越感，另一方面卻誠心誠意地在印度進行各種建設。究竟哪一面才是真實的呢？兩面都是真實的，其間並不存在任何矛盾。種族優越感是「倫敦市斯特蘭德街辛普森餐館幻想」，它顯得格外鮮明、突出。服務的精神也是這個幻想的一部分，也同樣的鮮明、突出。兩者出自同一群人，而這些人知道他們在印度應該扮演什麼角色，也曉得印度人對他們的「英國性格」，究竟有何期望。吳德魯夫指出，大英帝國在印度的施政和作為具有「非英國的」、太過「預謀」的一面。這是難以避免的；

在印度，做一個英國人就是比別人高一等。

馬德拉斯的一位印度報人，懇切邀請我出席他的演講會——主題是「危機中的莎士比亞英雄（The Shakespearean Hero in Crisis）」。加爾各答的一位企業主管向我說明，為什麼他決定從軍，到前線去和入侵的中國軍隊作戰。他板起臉孔，嚴肅地說：「我覺得我必須護衛我的——我的——」他自嘲地笑起來，「護衛我的權利——我想打高爾夫球的時候就打高爾夫球，誰也管不著。」不久前，馬爾康．穆格瑞奇（Malcolm Muggeridge）在一篇文章中說，碩果僅存的真正英國人，幾乎都是印度人。這句話發人深省，只因為它承認，所謂英國「性格」其實是幻想的產物。統治印度數百年的蒙兀兒人也是外來民族，也一樣擁有荒誕不經的幻想，但最後他們全都融入了印度。誠如印度人一再指出的，英國人拒絕融入印度社會，最後他們全都逃回英國。他們並沒留下崇高不朽的建築物。他們也沒留下任何宗教，除了做為值得奉行的行為準則的「英國性格」——騎士作風加上法治觀念；在印度人心目中，這種精神是獨立存在的東西，可以跟英國的殖民統治、種族優越感和今天的沒落，分隔開來。馬德拉斯的一位婆羅門，閱讀美國小說家奧哈拉（O'Hara）的作品《來自高台》（*From The Terrace*），越讀越感到厭惡。他說：「有教養的英國人，絕對不會寫出這種亂七八糟的小說。」這句話出自一位曾經被英國人統治的印度人口中，格外難能可貴，而這也是殖民地宗主國遺留下的一筆珍貴的遺產。「英國性格」會永遠存活下去，因為它是幻想的產物——它是民族藝術的一件作品；它會比英國這個國家存活得更久。這就是為什麼，英國人很輕易就撤離印度，對這個前殖民地不再懷念，不像荷蘭人，到今天還念念不忘他們統治過的爪哇，也不像法國人，為了保住阿爾及利亞這個殖民地，不惜訴諸戰爭；而這也就是為什麼，撤離印度還不滿二十年，英國人就讓這個前殖民地淡出他們的意識和心靈。追根究柢，英國在印度的統治經驗所顯示的是，英國人跟他們自己的關係，而不是英國人跟他們統治的那個國家的關係。嚴格說，這不是帝國主義作風。它指陳的並不是英國殖民統治的善惡、是非，而是它的缺失和挫敗。

印度歷史的悲哀

印度人不願正視他們的國家面臨的困境，免得被他們看到的悲慘景況逼瘋。這種心情我們能體諒。同樣的，我們也能夠理解，為什麼印度人欠缺歷史意識——有了歷史意識，他們還能夠繼續蹲在古蹟和廢墟中，照常過他的日子嗎？哪一個印度人能夠抱著平常心，閱讀他們國家最近一千年的歷史，而不感到憤怒和痛苦呢？在這種情況下，印度人只好退縮到幻想中，躲藏在宿命論裡。

把人間的一切交給上天——好幾所大學開設占星學的課程——然後站在一旁，抱著冷眼旁觀的態度，眼睜睜看著世界其他國家日愈進步，心裡安慰自己說，這一切我們早就經歷過了，沒啥了不起。飛機、電話和原子彈這類玩意兒，在古代印度就已經存在了——不信，你就翻開印度的史詩看一看吧。外科手術在古代印度是一門高度發展的醫學——我手邊有一份全國性大報，你翻翻看吧，上面有一篇報導證明我決不是在吹噓。印度的造船技術，是古代科技發展的巔峰。民主政治也是古代印度的一大成就。每一座村莊都是一個自治共和國，自給自足，井然有序；鄉村議會有權懲罰犯罪的村民，把他吊死或砍掉他的手。今天，印度人的當務之急就是重建這個寧靜祥和、宛如田園詩一般的古代印度。一九六二年，中央邦（Madhya Pradesh）率先推行「鄉村自治」（panchayati raj）。大夥兒興高采烈，準備復興古代印度光輝燦爛的文化；政客們興致勃勃，談論古代印度的刑法——看來，在印度的這個邦，犯罪的村民肯定會被鄉村議會吊死或砍斷雙手。

十八世紀的印度內政不修，亂成一團，引起列強覬覦。但在印度人眼中，情況並非如此。每一個印度人都會告訴你：英國人來臨之前，印度非常富裕，工業發展正面臨重大突破；曼錫在他那本書中說，那時每一座村莊都有一間學校。印度人對歷史的詮釋，幾乎跟印度歷史一樣充滿悲情；更讓人感到沉痛的是，以往的髒亂又重現在今天的印度。這些年來，我們看到的是一片亂象：巴基斯坦脫離印度，獨立建國；印度內部紛紛擾擾，為語言、宗教、種姓階級和行政區的畫分，爭吵不休。印度這個國家似乎永遠需要一個征服者，擔任仲裁人，擺平他們內部的糾紛。具有歷史意識的民族，不會用這種方式處理他們的內部問題。這就是印度歷史的悲哀：它欠缺成長和發展。這樣的歷史只告訴我們一件事：人類會一代一代活下法。在印度歷史中，你看到一連串開始，卻看不到終極的創造。

> 在印度歷史中，我們看到的是一塊不時被成群老鼠或蝗蟲摧殘的土地。後歐洲歷史轉移到印度歷史，感覺上，就像從珊瑚礁的歷史（每一個行動和每一次死亡，都為繼起的生命奠定一個新的根基）轉移到建築在荒涼沙灘上的一連串城堡的編年史，讀來令人沮喪。

這是吳德魯夫比較歐洲和印度歷史得出的結論。他採用的意象非常鮮明、突出，但他把印度歷史比喻成沙灘上的城堡，並不十分恰當。海浪沖刷上來，沙堡登時消失無蹤，沒留下任何痕跡，而印度可是一個充滿廢墟的國家。從南方進入德里城，你看到的是綿延四十五平方哩的廢墟和古蹟。距離這座現代城市不過十二哩之遙，你會看到規模宏偉、四周環繞著城牆的圖格拉卡巴古城（Tughlakabad）遺留下的廢墟——這座城市被遺棄，因為附近缺乏水源。阿格拉市附近的法特浦夕克里城（Fatehpur Sikri）依舊保存完整，但也因為缺乏水源被遺棄。（「你為什麼想去法特浦夕克里城呢？」旅行社職員站在德里旅館門廳質問我，「那兒啥都沒有。」）在泰姬陵，我聽到一位嚮導對一群澳洲遊客說：「她逝世的時候，他說：『我不想再住在這兒了。』於是他跑去德里，在那兒建造一座很大的城市。」對生活在廢墟中、周遭環繞著古蹟的印度人來說，這幾句話就足以解釋歷史的一切創造和衰敗。下面是我們從《穆萊氏旅遊手冊》（*Murray's Handbook*）「巴基斯坦章」第一條旅遊路線前十頁摘錄下來的片段：

達塔（Tatta）現在是一座小鎮，但在一七三九年它是一個擁有六萬人口的大城……達塔的主要景點是大清真寺，長六百呎，寬九十呎，擁有一百個圓頂。一六四七年，賈漢王（Shah Jahan）開始興建這座回教堂，若干年後，奧蘭格傑布（Aurangzeb）才將它完成，如今大部分已經傾頹了……

北邊一哩半……是赫赫有名的尼贊—烏德—丁（Nizam-ud-din）陵墓……據說，這座陵墓是建立在一間印度教寺廟的遺址。

遊覽亞羅雷（Arore）——古城亞洛爾（Alor）遺址（亞洛爾、烏治和海德拉巴，據說是亞歷山大興建的許多城市中的三座）……一系列廢墟綿延東北。雷蒂（Reti）東站……南方四哩處，矗立著宏偉的維吉諾特城（Vijnot）遺跡。被回教徒征服之前，它是這個地區最重要的城市之一。如今只遺留下一堆堆瓦礫。

穆爾丹（Multan）……非常古老，據說是亞歷山大時期的史料提到過的馬里人（Malli）的首都……原來的寺廟矗立在城堡中央，後來被奧蘭格傑布摧毀；在寺廟遺址上建立的回教堂，毀於一八四八年的一場砲火，片瓦無存。當時穆爾丹城被敵軍圍攻。

貝克．艾爾昆王（Shah Beg Argun）在位期間，下令重建這些堡壘。六哩外的亞洛爾古堡被摧毀，為重建工程提供建材。

蘇庫爾（Sukkur），人口七萬七千，以前是有名的珍珠貿易和黃金織品生產中心。最近這兒開始興建一間規模龐大的餅乾廠。

古蹟與廢墟

回教清真寺建立在印度教神廟遺址上：層層疊疊的廢墟。這是在印度北方；在南方，我們看到的是一座偉大的古城維加雅納加（Vijayanagar）。十六世紀初期，它可是一座方圓二十四哩的大城市，後來被敵軍劫掠一空，變成一座死城。四百年了。今天我們造訪維加雅納加，遠遠看到的只是一些遺跡，零零落落散布在廢墟中，和周遭那一堆堆褐色的、充滿超現實氣氛的岩層融合在一起，難以辨認。附近的村莊殘破不堪，塵土四處飛揚；村民的體格都非常孱弱、瘦小。進入古城，眼睛一亮，我們看到一幅無比壯麗的景觀：從康普里村（Kampli）通往古城的道路，筆直地穿過幾棟古老的建築物，來到城中那條長長的、十分寬闊的大街；大街一端有一道石階，另一端矗立著一座精工雕琢、金碧輝煌的印度教寺廟。石造建築物的底層，在四方形的石柱支撐下，依舊屹立；門上雕刻的圖形中，我們看到一群蹺起雙腿的舞孃。走進門內，我們看到的卻是一群骨瘦如柴、有如蜥蜴一般生活在石頭堆中的男人、女人和兒童。他們是這棟偉大建築物的繼承人。

一個小孩蹲在泥濘的街道上；一隻渾身毛髮脫光、露出粉紅皮膚的狗兒守在一旁，伺機而動。小孩挺著大肚腩站起身來，狗兒立刻撲上前去，飽餐一頓。寺廟門外有兩尊札格納特[7]木雕像。這兩座神像渾身雕刻著各種色情圖案：一對對男女繾綣在一起，正在性交或口交——冷冰冰，面無表情。這是我生平第一次觀賞印度色情雕刻藝術，總算實現了多年的心願；然而，最初的興奮消失後，隨之而來的卻是無比的沮喪。性是痛苦，創造是毀滅；陽物之神濕婆同時表演生

[7] 札格納特（Juggernaut）是印度教持神毗濕奴（Vishnu）的第八化身牧牛神訖里什那（Krishna）的神像。印度教徒相信，在祭典中被運載這尊神像的車子輾死，即可升天。

命之舞和死亡之舞——多麼詭異的一位神祇，但又多麼的印度！廢墟中有人居住。城中大街櫛比鱗次的建築物中，矗立著一座用石灰水粉刷的簇新寺廟；門口豎立著一幅幅三角旗，隨風飄揚。大街盡頭的古廟依舊香火鼎盛，牆上依舊裝飾著白色和紅褐色相間的直條紋。一塊高達六呎的告示牌，豎立在門口，上面臚列著各種服務的費用。另一塊大小相同的牌子，記載維加雅納加城的歷史：古早以前，有一回，君王祈禱後，天上降下「金雨」。印度人把這則傳說看成真實的歷史。

驟然間，一陣大雨（可不是金雨哦）橫掃過敦格巴特拉河（Tungabhadra），降落在維加雅納加城中。我們爬上大街後面的一座石坡，鑽進一個石窟中避雨。仔細一瞧，原來這是一座用粗石砌成、猶未竣工的山門。一個身材非常削瘦的男子一路尾隨我們到這兒。他身上包裹著一條薄薄的白色棉布被單；被單上斑斑點點，沾著雨珠兒。他掀開被單，讓我們瞧瞧他那骨瘦如柴的胸膛，然後比了個手勢，表示他已經好幾天沒吃飯了。我們沒睬他。他不再看我們，自顧自咳嗽起來——那是病人的咳嗽。鐺鋃一聲，他的手杖忽然揮落在地板上。石頭鋪成的地板流淌著雨水。他撐起身子，爬上一座石台，任由他的手杖浸泡在雨水中。他蜷縮著身子躲藏在角落裡，不聲不響，一動不動。從陰暗的山門眺望出去，只見漫天雨絲灰濛濛，籠罩著這座四處矗立著石塔的城市。亮晶晶、閃爍著雨珠的灰色山坡上，到處散布著當年開採石礦遺留下的痕跡。雨停了。那個人爬下石台，撿起濕漉漉的手杖，把被單纏繞在身上，準備離開。我心中的恐懼和厭惡轉化成了憤怒和輕蔑。這種感覺就像傷口一樣糾纏著我，讓我感到十分苦惱。我走到他面前，掏出幾張鈔票遞給他。在印度這個國家，你很容易就能夠嘗到權力的滋味。他收下小費，帶領我們走出石窟，引導我們爬上濕答答的石坡，一路走一路指指點點：這兒是一座石山；這兒是山上的建築物；這兒是五百年前遺留下的鑿痕。這是一項未完成的、突然被遺棄的建築工程，就像伊洛拉[8]的石窟——據說，有一天工人們突然放下工具逃跑了，留下未完成的建築物，供後人憑弔。

在印度，所有的創造活動都帶著一種迫切感：它隨時都會中斷、隨時都會被摧毀。建設是人類的本能，就像窮人餓著肚子也要做愛。為蓋房子而蓋房子，為創造而創造；每一項創造都是獨立的存在——它本身就是一個開始和終結。吳德魯夫說，印度歷史就像「建造在荒涼沙灘上的城堡」。這個意象雖然不十分精確，但在馬德拉斯附近的馬哈巴里普蘭（Mahabalipuram），我們確實看到，在海邊荒涼的沙灘上，矗立著一座荒廢的「海岸廟」（Shore Temple）。經過一千兩百年的風吹雨打，它的雕刻裝飾早已經被鹽分侵蝕得蕩然無存。

馬哈巴里普蘭和印度南部其他地區的廢墟，具有一種統一性。這些古蹟反映出的是印度教文化的持續和連貫，儘管日愈萎縮。在印度北方，古蹟所顯現的卻是文化的缺失和挫敗——連壯麗無比的蒙兀兒建築，也會讓人產生一種窒息感。歐洲也有紀念碑，紀念他們的「太陽王」——偉大的君主。法國有羅浮宮和凡爾賽宮。但在歐洲，這些建築物卻是國家精神發展過程中留下的見證；它們反映出一個民族的情操；它們使一個民族共同的、增長中的文化資產更加豐美。在印度，這一座又一座壯麗的清真寺和奢華的陵寢、這一棟又一棟宏偉的宮殿，所反映的卻只是征服者的貪婪、暴虐，和印度的無助、任人宰割。蒙兀兒皇帝擁有帝國疆域內的一切財富——這就是蒙兀兒建築傳達出的訊息。據我所知，英國只有一處建築物具有這種麻木不仁、窮奢極侈的特

8 Ellora，印度南部一座村莊，以印度教遺跡聞名於世。

質。那就是布倫亨宮（Blenheim）。讀者不妨把英國想像成這樣的國家：四處矗立著布倫亨宮，五百年間不斷被摧毀、重建；每一棟都是國家賞賜給老百姓的禮物，但加起來卻毫無作用，並不能為這個國家創造出一個活力充沛、生生不息的文化，到頭來，只留下一些陳跡，供人憑弔而已。泰姬瑪哈陵誠然十分精緻、典麗，一磚一瓦，將它整個的搬運到美國重建，肯定會受世人讚賞。但在印度，它卻是一棟虛有其表、毫無用途的建築物——它只是一個暴君為他的妻子（這個外國女人嫁給他十五年，每年為他生一個孩子）興建的陵寢。這玩意兒花了二十二年才完工，而導遊會津津樂道告訴你，它究竟花了多少銀子才蓋起來。你可以從阿格拉市中心，搭乘三輪車前往泰姬陵。一路上，你可以盡情觀賞三輪車夫那閃爍著汗珠的、繃得緊緊的細瘦四肢。務實的英國人說，英國征服印度，並沒給印度老百姓帶來任何好處。但話得說回來：在印度歷史上，征服者從沒造福過老百姓。這就是印度北部的古蹟和廢墟傳達出的訊息。

以往，英國人曾經在泰姬陵門前搭建一座高台，舉辦舞會，在吳德魯夫看來，這簡直就是粗俗不堪的行為，令人不齒。然而，這種粗俗卻是印度的傳統。對歐洲人來說，「尊重過去」是一種新的觀念；把印度的歷史揭露在印度人眼前，讓「尊重過去」變成印度民族主義一個要素的，也是歐洲人。直到今天，印度人依舊透過歐洲人的眼睛，觀看他們自己的古蹟和藝術。研究印度藝術的印度學者，撰寫論文時，都覺得有必要引述歐洲學者的著作。印度藝術還不能跟歐洲藝術相提並論，而英國學者的看法——印度人沒有能力設計和建造像泰姬陵這樣的建築物——到現在也還沒有印度學者提出辯駁。不被歐洲人欣賞的印度古蹟只好淪為廢墟，沒人照顧。勒克瑙和懷札巴德（Fyzabad）的建築物，就是因為當初英國人對這兩城的統治者感到不滿而遭到漠視。勒克瑙城的大皇陵，日愈傾頹，終於化為一片廢墟。懷札巴德城的陵墓群，被市政府工務局塗上一層又一層厚厚的、看起來像石灰水的塗料，以致陵墓上的石雕裝飾品全都被遮蓋起來，幾乎看不見了。其他建築物的金屬裝飾品，則被塗上一層厚厚的、鮮藍色的油漆。一根白色的阿育王（Ashoka）柱矗立在一座古老的花園中央，顯得非常突兀，破壞了整體景觀和諧、勻稱之美，而這根柱子竟然是一位印度行政官員豎立的，以紀念佃農制度的廢除。相形之下，歐洲人發現的古蹟和廢墟卻受到無微不至的照顧和維修。這些古蹟就變成了官方認可的「印度古代文化」。這個文化展現在今天印度全國各地的建築物中：新德里阿育王旅館（Ashoka Hotel）那幾座小巧玲瓏、看起來挺滑稽的圓頂閣；加爾各答電台那幾座同樣小巧玲瓏、看起來同樣滑稽的圓頂閣；散布在勒克瑙動物園的一根根裝飾著輪子、大象和其他印度圖案的小柱子；馬德拉斯「甘地紀念堂」（Gandhi Mandap）模仿維加雅納加古蹟的石斗拱。

獨立後厲行民族主義的印度，它的建築物，在精神上，卻非常接近英國殖民政府的建築物：兩者都試圖表現興建者的自我意識。這些建築物看起來很滑稽，但也讓人感到悲哀。它們不屬於印度。它們只反映出現代印度人對歷史和傳統文化的一種虛誇的、假惺惺的虔敬。這些建築物欠缺活力。就像印度各地的古蹟和廢墟，這些建築物流露出的是一種虛脫感；它們代表的是一個迷失方向的民族。它們給我們的感覺是：歷經無數世紀的創造，印度人的元氣終於枯竭了。自從康格拉（Kangra）和巴索里（Basohli）這兩個畫派創立以來，印度藝術就陷入混亂中。印度藝術家面對新世界，一時不知所措。矗立在印度北部的阿木里查市（Amritsar）、以紀念大屠殺死難者的那座石碑，設計非常蹩腳：一塊笨重的紅色石頭，雕刻著一些看起來像火焰的圖形。在勒克瑙，紀念當年兵變事件的英國紀念堂，就是那座已經荒廢的總督官邸（印度人以一種虔敬的、讓遊客感到訝異的愛心保存這棟建築物），而就在對街，卻矗立著一間新建的印度紀念堂：比例不太對勁的一根大理石柱，頂端裝設著一個小小的、看起來很滑稽的圓頂（這玩意兒也許代表火炬）。看到這些建築物，感覺上就像看到印度人在舞池中大跳西方交際舞，說多造作就有多造作，說多彆扭就有多彆扭。我造訪過的佛教遺跡，每一處都弄得面目全非——當局試圖在原址上重建印度古代文化。譬如，在印度北部哥拉克浦市（Gorakhpur）附近一座古老禪寺遺留下來的廢墟中，如今竟然矗立著一座新建的、仿古的廟宇。平坦遼闊的俱盧之野（Kurukshetra），是《薄伽梵歌》中有修（Arjuna）和替他駕駛戰車的訖里什那神進行對話的地方。而今，這個古戰場上卻建立起一座新寺廟，花園中豎立著一塊大理石碑，上面雕刻著印度史詩中的這一個有名的場景。在藝術水準上，這塊大理石碑比市場上售賣的印度藝術品差多了。那輛戰車靜止不動；那些馬兒死氣沉沉，顯得十分笨拙。這件作品竟然出自印度藝術家之手，而印度雕刻曾經是世界藝術的瑰寶——在印度南部的維加雅納加古城，印度雕刻家曾經創造出「萬馬奔騰」的世界奇觀。

印度藝術家的創造力突然枯竭了。到底什麼地方出了差錯？讓我們看看建立在俱盧之野的那間寺廟。廟中有一塊銅牌，上面鐫刻著這樣的銘文：

> 此廟由賽士・巴爾迪奧・達斯・畢爾拉君侯殿下（Raja Seth Baldeo Dass Birla）出資興建，並由新德里的史里・艾瑞亞・西華・桑格（Shree Arya Dharma Seva Sangh）主持開光大典。凡是印度教徒，不分教派，諸如薩納丹教徒（Sanatanists）、阿利亞・薩瑪吉教徒（Arya Samajists）、

耆那教徒、錫克教徒和佛教徒，只要身心純潔，本寺皆竭誠歡迎光臨參拜進香。

注意：罹患傳染性疾病的人，不得進入本寺。

粗糙的語言配合虛誇的自我評價。這篇銘文傳達出的訊息不外乎是：印度也許很貧窮，但在精神上她卻是富足的，而她的老百姓在身心上是純潔的。虛誇的自我評價、粗糙的石雕工藝、濫用外國語言——這些現象串連在一起，正好反映出印度的現狀。

回歸傳統文化

有些印度人否認印度造型藝術已經衰微。其他印度人則持相反的見解，但他們不認為蒙兀兒人應該為這個現象負責——有些西方人指責，蒙兀兒皇帝愛克巴好大喜功、窮奢極侈、大興土木，將建築和裝飾藝術推展到極致，因而枯竭了印度造型藝術家的創作泉源。許多印度人認為，應該為印度造型藝術的衰微負責的，是英國人。入侵的英國人把整個印度搜括一空；在他們統治下，印度的製造業和手工藝日漸式微。我們必須承認這是事實，但是，我們也莫忘了，英國在印度也有一些建設，一如吳德魯夫在他的著作中列舉的。不過，話說回來，用一間餅乾工廠交換印度的金線刺繡藝術，英國人的作法也未免太絕了。印度這個國家，以往曾經被征服者掠劫過，但民族生機和傳統文化一直延續下來，但是，到了英國人手裡，它卻突然中斷了。也許，英國人確實應該為印度藝術的衰微負責（藝術衰微，只是現代印度人整體迷失感的一部分），就像西班牙人應該為墨西哥人和祕魯人的迷失和困惑負責。追根究柢，這是兩種價值觀——積極的和消極的——之間的一場衝突，而世界上最消極的價值觀，莫過於十八世紀兩大宗教——停滯不前的回教和疲弱不堪的印度教——的結合。後文藝復興時代的歐洲，一旦跟印度發生衝突，輸家肯定是印度。9

民族的迷失，是人類歷史上的一大謎團。在千里達上學時，老師告訴我們，當年西班牙人入侵時，西印度群島的原住民紛紛「生病死掉」。出產香料的格瑞那達島（Grenada）有一座懸崖，當地人給它取個可怕的名字：跳崖（Sauteurs）。據說，西班牙人抵達時，成群美洲印第安人在這座懸崖跳海，集體自殺。西印度群島還有其他迷失的、困惑的族群，但都存活了下來：居住在馬丁尼克島（Martinique）和牙買加島上的貧賤印度教徒，幾乎全都被來自非洲的黑人社區吞沒了；居留在南美洲蘇利南（Surinam）的爪哇人，飽受在地人欺凌、嘲笑，成天垂頭喪氣——你實在很難把這些印尼人跟那群糾聚在雅加達街頭、放火焚燒外國大使館的印尼暴徒聯想在一起。與祕魯和墨西哥不同的是，和歐洲接觸後，印度並沒有因此枯萎、凋零。如果印度是一個純粹的回教國家，它大概早就完了。但做為印度教國家，它與征服者打交道的經驗非常豐富：它總是有辦法迎合入侵的外人，最後，總是能夠將他們吸納進印度社會中，把他們全都同化。今天的印度人（尤其是居住在孟加拉邦的）對待英國人，就像他們的祖先對待別的征服者，不論是印度土產的征服者，還是來自亞洲其他地區的。看到這一幕，你會覺得很有趣，但也會感到很悲哀。

這種試圖迎合歐洲人的心態，表現在蘭姆·莫洪·羅伊（Ram Mohun Roy）的生平事蹟中。這位深受英國影響的早期改革者，如今長眠在英國西南部的布里斯托市（Bristol）。好幾個世代後，這種心態又顯現在史里・奧洛賓度（Sri Aurobindo）的成長過程中。這位由革命志士轉變成玄學家的印度人，七歲就被父親送往英國就讀；他父親要求他的英國監護人，嚴密看管這個小孩，不准他跟任何印度人接觸。稍後，這種迎合心理也反映在加爾各答的穆里克宮（Mullick Palace），但卻讓人覺得有點哀憐。這棟早已殘破的豪華宅第——僕人們在大理石迴廊上燒飯做菜——看起來就像電影布景。從高聳的大門口走進去，感覺上，我們好像在拍攝一部電影：攝影機跟隨我們前進，在這座坍塌的石牆邊停駐片刻，然後，在那件早已褪色的裝飾品前停留一會兒；開始時，整個場景一片死寂，悄沒人聲，接著，充滿回音的內殿傳出各種聲響，大門外，新月形的車道上同時響起馬車聲——當年，穆里克宮的主人交遊廣闊，經常款待來自各方的客人。挺高大的一排加爾各答科林斯式（Corinthian）石柱，矗立在建築物的正面；從歐洲進口的噴泉，如今依舊在庭園中表演水舞；代表世界四大洲的四尊雕像，仍然佇立在大理石鋪成的中庭，各自占據一個角落——如今，這兒已經成為養鳥的場所，放眼望去只見四處懸掛著鳥籠。底樓有

---

9 撰寫本章之前，如果我有機會閱讀卡繆的《反抗者》（*The Rebel*），我也許會採用他的術語。卡繆所說的「具有反抗的能力」，正是我所說的「積極進取」和「具有自省的能力」。值得注意的是，卡繆舉印度教徒和南美洲的印加人做為例子，證明世界上有些民族缺乏反抗的能力。「反抗的問題……只對生活在西方社會的人有意義……由於政治自由理論的興起，在我們社會中，人們越來越察覺到人的價值，而政治自由理論的實踐，也使得人們對現存體制越來越感到不滿……這個問題牽涉到人類在追求理想的過程中日益增長的自覺。事實上，對印加人和印度教賤民而言，這個問題根本就不存在，因為他們的傳統文化早就替他們解決了這個問題——他們相信，傳統是神聖的。在一個把某些事物奉為神聖的社會中，反抗的問題根本無從產生，因為這樣的社會不可能出現真正的問題；一切問題都已經有了答案。玄學被神話取代。人世間不再有任何問題，只有永恆的答案和評論，而這些也許是屬於玄學的範疇。」

一個大房間，裡頭供奉著一尊龐大無比的維多利亞女王雕像。另一個房間的天花板上懸吊著一盞光彩奪目的水晶燈，但底下的家具上卻積滿灰塵——這間宅邸蒐羅的英國家具，足以開設一百家古董店。穆里克宮的主人——一位孟加拉地主——向神態倨傲的歐洲訪客展示他對歐洲文化的熱愛。偌大的一間房子，裡頭除了屋主的肖像，卻沒有一樣東西是印度的；然而，我們在穆里克宮已經可以察覺到，英國人和孟加拉人的接觸並不順暢，讓雙方都留下一肚子怨氣。

上文提到的「英國民族性」，和印度其他征服者帶來的宗教不同。它並不需要皈依者。最能接受「英國民族性」的是孟加拉人，但居留在印度的英國人根本不把他們看在眼裡。延宕多年、即將實現的大英帝國理想，卻毀於帝國建造者的帝國主義神話——毀於英國人對「英國民族性」的幻想。誠如一位英國官員在一八八三年出版的一本書中指出的：這個幻想是「居留在印度的每一個英國人——從最高到最低階層，從居住在簡陋平房裡的農場職員……到高坐寶座上的總督——共同遵守的信念……這些英國人相信，他們是上帝的選民；上帝指派他們管理和統治其他種族」。尼拉德．周度里（Nirad Chaudhuri）所著《一個印度小老百姓的自傳》（*Autobiography of an Unknown Indian*）一書的卷首題詞，刻意模仿帝國修辭風格。這段文字簡直就是一篇墓誌銘，紀念英國和印度之間的這樁未完成的帝國情緣。翻譯成拉丁文，我們可以用「圖拉真字體」[10]將它鐫刻在新德里的「印度門」上：「紀念在印度的大英帝國。它把我們視為子民，但我們並不滿足，要求它賦與我們完整的英國公民權，因為我們心靈中最美好的、充滿生機的一面，是在大英帝國統治下形成和發展的。」

全世界沒有一個國家，像印度那樣適合接納征服者；人類歷史上也沒有一個征服者，像英國那樣受到歡迎。這樁美好的情緣，到底什麼地方出了岔錯呢？有人歸咎於當年的兵變事件；有人說，白種女人來到印度後，英印關係就變質了。這可能都是原因。但是法國人，不管有沒有白種女人陪伴在身邊，對親法的孟加拉人，肯定會採取不同於英國人的態度。我認為，問題的根源不在印度，而是在英國：在某一個時期（確切的時間很難判定），英國人的情操和價值觀忽然產生急遽的轉變。吸引印度人的那個英國文明，被另一個英國文明所取代。情況非常混亂——倫敦市斯特蘭德街辛普森餐館為大英帝國培育的官員，從外貌上看來，跟亞當斯牧師和湯姆・瓊斯竟然頗為神似——這個時候許多印度人，從奧洛賓度到泰戈爾、尼赫魯和周度里，都把心中的迷惑記錄在他們的著作中。

也許，直到現在我們才看清楚，英國殖民政府悖離過去的英國價值觀，究竟有多徹底。英國殖民者拒絕融入印度社會。他們從不曾像蒙兀兒人那樣宣稱：如果地球上有樂園，它肯定就在這兒——就在印度。英國人統治印度，但同時卻又對印度表示輕蔑和不屑。他們把英國投射到印度這個國家；印度人被迫退縮到民族主義中，而這種民族主義，最初看起來還是模仿英國人的。為了看清自己的面貌，為了以新的、征服者帶來的價值標準衡量自己，印度人必須從自己的文化中跳脫出來。這是一種非常痛苦的自瀆。事實上，剛開始的時候，只有在麥克斯・繆勒[11]之流的歐洲人和其他外國學者——他們的著作被印度民族主義作家大量引述——幫助下，印度人才能夠獲

10 Trajan，五三？～一一七，羅馬皇帝，西元九八年到一一七年間在位。

11 Max Muller，一八二三～一九〇〇，出生在德國的英國梵文學者和語言學家。

得比較正面、令他們感到欣慰的自我評價。

於是，印度人開始有意識地、自覺地回歸他們的精神文化傳統——就像「俱盧之野」寺廟的那塊碑銘所宣稱的。普拉沙德（Prasad）呼籲，將科學精神化。這是一家報紙報導已故印度總統普拉沙德的一篇講詞（他老人家退休後，幾乎每天都要演講）所擬的標題。影響所及，《印度時報》（*Times of India*）出現了這麼一則報導：

精神文化的「零售商」

（桑提尼克坦一月十六日訊）阿查里雅・維諾巴・巴夫（Acharya Vinoba Bhave）昨天宣稱，為了促銷我國的精神財富，他願意充當一名「零售商」。

在本市舉行的一場招待會中，他告訴賓客們：佛陀、耶穌、訖里什那神、泰戈爾、拉瑪克利須那（Ramakrishna）和魏維卡南達（Vivekananda）是「精神文化的批發商，而本人則是一個零售商，從我們那座取之不盡、用之不竭的倉庫中提取貨品，供應鄉親」。

——PTI通訊社

於是，印度人開始有意識地回歸印度古代文化。在一場為前任省長舉行的招待會上，靜悄悄，大夥兒圍坐在牆邊一排椅子裡，誰也沒吭聲。忽然，對面有一位賓客扯起嗓門，大聲問我：「在你居住的那個國家，印度文化最近情況如何？」當年參加過印度獨立運動的前省長，這會兒穿著厚厚的印度式褲襪，坐在主位裡，聽見這位仁兄的詢問，立刻傾身向前，聆聽我的回答。據說，他老人家熱愛印度文化——後來我在報紙上讀到幾則報導，才知道他經常演講，暢談他對印度文化的看法。為了向他老人家表示我認真看待這個問題，願意跟大家一起討論、切磋，於是我也扯起嗓門，隔著偌大的一個房間大聲回答那位仁兄，「您說的印度文化，到底是什麼東西？」陪同我前來的印度行政官員，嚇得立刻閉上眼睛，露出一臉痛苦的表情。前省長坐回椅子裡。滿堂賓客噤若寒蟬。

於是，印度人有意識地、自覺地回歸了精神生活和古代文化，一如英國人回歸了斯特蘭德街辛普森餐館的湯姆·瓊斯和亞當斯牧師。然而，無可避免的，這種不自然的自覺總會斲傷人們的真性情、真感覺。舊世界——充滿一再創造、一再毀滅、千百年來綿延不絕的廢墟的舊世界——如今再也存活不下去了；印度人驟然投身進一個新世界中，苦苦掙扎，四顧茫然，只看到新世界的形式，卻捉摸不到它的精神。試圖在自己的土地上求取新身分，印度人變成了失根的蘭花。

他們建立起雙重標準。加爾各答發生霍亂，五百人死亡——這則新聞只出現在一家印度報紙的「簡訊」中。二十名兒童的死亡，也只是輕描淡寫一筆帶過：

> **費洛札巴德市天花蔓延**
>
> **《印度時報》新聞供應中心專電**
>
> （阿格拉六月一日訊）據悉，費洛札巴德市近日爆發了天花疫情，目前正在迅速蔓延中。
>
> 據悉，賈洛里·卡蘭村已有二十人死於天花，大部分是兒童。

在同一家印度報紙上，比利時十六名礦工的死亡，卻是大新聞。因土地糾紛打官司的農民一臉茫然，坐在法庭裡，張開嘴巴，呆呆聆聽雙方律師使用他們聽不懂的語言進行辯論。法院大門外灰塵滿天，鬧哄哄有如市場一般，成群無所事事的農民在閒蕩；打字員坐在稀疏的樹蔭下，操作他們身前那架老爺打字機；律師們穿著刺眼的暗灰色法袍，晃來晃去，等待顧客上門。這間市場式的法院，是在一個已經改變的、但卻依舊停留在法律層次上的價值觀中運作的；它只是一種假裝、一種繁複的儀式，幫助印度人度過這個塵世。另一種法律──種姓階級制度──雖然把數以百萬計的印度人貶為賤民，但也必須受到珍惜和尊重，模仿西方制度，只能掩飾印度人的精神分裂。印度這個國家必須進步、必須掃除貪污腐敗、必須追趕上西方國家──但這些真的很重要嗎？一點點貪污會危害整個社會嗎？物質生活真的那麼值得追求嗎？以前，印度人不是已經享受過這一切嗎？古代印度不是早就有了原子彈、飛機和電話嗎？跟印度人談論這些問題，聽他們強詞奪理，你真會被他們活活氣死。然而，我只需回想我外祖母在千里達島上的那棟房子、回想他們對內在和外在世界的朦朧知覺，我就能夠理解他們的邏輯、體會他們心中熱烈積極的情感和冷靜消極的絕望。但我已經學會觀察；我無法否認自己親眼看到的現象。他們居住在另一個世界。他們沒看見那些一早起床、就成排蹲在鐵路旁大便的印度人。更重要的是，他們根本不承認這些印度人的存在。我幹嘛要刻意觀看蹲在鐵路旁的這些人呢？在開羅，我不是遇到過成群乞丐嗎？在里約熱內盧，我不是參觀過黑人貧民窟嗎？

模仿西方

今天的印度，語言也亂成一團。除了英國人，印度歷史上的每一個征服者，都曾把一種語言贈予印度人。然而，直到今天，英語在印度依舊是外國語言。這是英國統治印度遺留下的最大缺憾。語言就像一種感官；印度獨立後，官方繼續使用——它永遠只是印度的第二語言——肯定會在印度人心理上造成莫大傷害。這就像強迫英國城鎮邦斯里（Barnsley）的議會，以法文或烏爾都語議事一樣。這一來，效率肯定會降低；更嚴重的是，它會在行政官員和老百姓之間樹立起一道藩籬，而且，它會妨礙印度人尋求自覺。在政府機關被迫使用英語的印度公務員，常會顯露出一臉驚慌、手足無措的模樣。對他來說，英語就好像一種難以理解的符咒；勉強使用這樣的語言與人們溝通，只會使他的反應變得非常死板、僵硬。於是，他的上班時間就在迷迷糊糊的狀態中度過去了，而下班後，使用自己的語言，他又變成一個思想敏捷、談笑風生的人。印地語已經被政府指定為印度的國語。全國一半人口通曉這種語言。使用印地語，你從北部的斯利那加到南部的果亞、從西部的孟買到東部的加爾各答，一路通行無阻。然而，印度北部卻有很多人不屑使用他們的國語，假裝聽不懂。在南方，當年甘地推動的學習國語熱潮，如今早已退燒了。有些人說，把印地語這種北部方言明訂為國語，只會讓北方人占盡便宜，不如依舊使用英語，讓南部和北部保持平等，即使犧牲行政效率、即使讓大部分老百姓保持文盲的身分，也值得。有些印度人甚至指出：印度這個國家永遠需要一個征服者，充當仲裁人。擁護印地語的人以一種新的自我意識，拒絕簡化這種複雜的語言，讓更多人能夠理解，反而挖空心思，讓它變得更複雜、更難懂。

Radio（收音機）是舉世通用的一個英文字，但推行印地語的人卻不屑使用它，硬要把它轉化成怪里怪氣的voice from the sky（來自天空的聲音）。

印度作家開始寫作西式的長篇小說（the novel）。印度人在這方面的嘗試，進一步顯露出印度這個國家目前面臨的亂象。長篇小說是西方特有的文學形式。它反映出西方人對人類處境的關懷；它描寫的是此時此地的現實生活。在印度，有思想的人是不屑探討現實生活的；他們認為，作家的責任是滿足拉達克里希南總統（President Radhakrishnan）[12]所說的「人類對精神世界的基本需求」。從西方觀點來看，以這種心態寫作或閱讀小說，都是不恰當的。為了滿足他們對精神世界的基本需求，許多印度人迷上《剃刀邊緣》（*The Razor's Edge*）和《魔鬼代言人》（*The Devil's Advocate*）這類小說——光看書名，我們就知道那是一部宗教寓言小說。除了精神價值，小說還應該具備哪些條件呢？故事、「人物塑造」、「藝術」、寫實手法、主題、感人的情節、優美的文字？到現在印度作家和學者還在爭論不休。於是，我們看到大學男生手裡捧著「女學生文庫」（Schoolgirl's Own Library）出版的平裝書，讀得津津有味；於是，我們看見新德里名校「聖史蒂芬學校」（St. Stephen's）的學生宿舍擺滿美國兒童漫畫書；於是我們看到，在一位學者的書房裡，英國言情小說家丹妮絲．羅賓斯（Denise Robins）的一整套作品，和一卷卷占星學著作並列在一塊。於是，我們發現，印度出版社印行的一套平裝本珍．奧斯汀作品，把她當作一位善於使用「明喻」（simile）的小說家來促銷。

這只是印度人模仿西方的一部分。這是一種自瀆的行為。同樣的現象處處可見：在昌第加市（Chandigarh），一座新劇院落成了，卻找不到劇作家撰寫劇本；作家們一年到頭忙著開會，討論如何「融合民族感情」、如何協助政府推動五年經建計畫、如何解決作家們面臨的問題。這些問題似乎無關寫作，反而跟翻譯扯上關係——作家們覺得，英文這種語言，用來翻譯俄國小說家托爾斯泰的作品，也許不成問題，但它無法精確而傳神地呈現出使用印度「語言」寫作的小說的風味。這可能是事實。我讀過的英譯印度小說不多，但讀過幾本後，我就不想再讀了。我發覺，連備受讀者愛戴的偉大小說家普林昌德（**Premchand**），其實只是一個二流的寓言家；他的作品探討的總是那幾個社會問題：寡婦的地位啦、媳婦的處境啦，等等。其他作家很快就讓我感到厭煩，因為他們的作品講來講去都是那一套：貧窮很悲哀、生離死別最是令人傷懷。印度小說中充斥著貧窮的漁夫、貧窮的佃農、貧窮的人力車夫這類人物。在這些作品中，你常會遇到年輕貌美的姑娘；她們總是莫名其妙的突然死亡，再不然，就是陪伴地主睡覺，以償付家人的醫藥費，然後自殺。許多「現代」短篇小說，其實只是新瓶裝舊酒的民間故事。我參加在安德拉邦舉辦的特魯古作家會議[13]，領到一本小冊子。首先，它講述特魯古民族如何奮鬥，試圖建立一個獨立的特魯古邦（坦白說，我對這種事情不感興趣），接著，它告訴我們，有多少烈士死於這場鬥爭，最後才提供我們一段簡短的特魯古小說發展史。從這份資料看來，特魯古小說剛開始時，全都是模仿《威克斐牧師傳》（*The Vicar of Wakefield*）和《東林恩》（*East Lynne*）這類英國小說。再往南走，我遇到一位印度作家；據說，他的作品深受海明威影響。

12 Radhakrishnan，一八八八～一九七五，印度總統（一九六二～一九六七）、哲學家和教育家。

13 Telügu，聚居在印度東南部安德拉邦的一支種族和他們使用的語言。

《威克斐牧師傳》和《老人與海》這兩部西方小說，說什麼也跟印度風土人情扯不上半點關係。剛開始時，日本小說也師法西方。谷崎潤一郎坦承，他的早期作品受歐洲小說影響太深。然而，儘管在形式上模仿西方作品，日本小說依舊能夠呈現出日本人特有的世界觀。這使得谷崎潤一郎的早期作品及三島由紀夫的近作，具有一種獨特而迷人的風味：那種奇特的白描手法，創造出一種無與倫比超然、客觀的效果，使整部作品乍看之下似乎毫無主題。儘管在西方人眼中，這種敘事方法有點奇怪，但它反映出的卻是日本小說家對現實人生的探索及他們對人類命運的關懷。充斥印度文學和電影的溫情和感傷，所反映出的卻是逃避現實的心態——印度作家把冷酷的現實簡化成溫馨、美好的情感。印度式的濫情和西方作家對人類命運的關懷，完全是兩碼事。

納拉揚（R. K. Narayan）作品最大的特色和成就，是以神奇而迷人的手法轉化印度社會和文化的缺失。我這麼說，並沒有不敬的意思；事實上，納拉揚是我非常敬仰、欣賞的印度作家。他的每一部作品都反映出印度小說特有的那種茫然感——印度作家對小說的功能和價值，總是感到懷疑，因而產生出這種特殊的茫然感——但他的坦誠、幽默和（最重要的）認命，卻賦予他的作品一種高超的力量，使它不至於淪為通俗小說。他的作品深入印度社會的底層。若干年前，他在倫敦告訴我，不管發生什麼事，印度永遠會存活下去。他是隨口說說，但我聽得出來，這句話對他來說可是一種非常深沉的信念——深沉到不需要特別強調。這是一種消極人生觀，屬於比較古老而缺乏自省能力的印度。這種人生觀在文學中造成一個奇特的效果：出現在納拉揚小說中的印度，並不是遊客看到的那個印度。納拉揚是從印度的角度呈現人生的真相。冷酷的現實生活，大部分被剔除出他的作品；很多人生現象被視為當然，無需加以探討。納拉揚作品中存在著這樣一個矛盾：他的小說形式蘊含對人類命運的關懷，而他的人生觀卻排斥這種關懷；納拉揚小說的神奇魅力——有些評論家說那是契訶夫式的[14]——就是產生自這種冷靜內斂的矛盾。他的風格獨樹一幟，別的作家無從模仿，而我也不認為，他的作品代表的是印度文學終將走上的那種整合。使用英文寫作的年輕一輩印度作家，早已跟納拉揚分道揚鑣。在那些描寫從歐洲返國的留學生所遭遇的困境的小說中，這些作家所表現的，仍然只是個人的困惑和不安；他們的作品，可以視為記錄印度亂象的文件。深入印度社會底層、同時卻又能夠以宏觀的角度觀察、批判它的唯一作家是蒲蕾薇兒．賈布瓦拉（R. Prawer Jhabvala），而她是歐洲人。[15]

印度和英國之間的這場邂逅，終歸破滅；它在雙重的幻想中落幕。新的覺悟使印度人不可能回到從前，他們對「印度民族性」的堅持，卻又讓他們無法邁開大步向前走。在這個國家，你也許找得到一個自從蒙兀兒時代以來就不曾改變過的印度，但事實上，它已經改變了，而且改變得非常徹底。你也許會認為，印度模仿西方所取得的成果是積極正面的，直到你發覺（有時感到很焦躁，有時感到很不安）：東西方之間的全面溝通和交流，是不可能的；西方的世界觀是無法轉

14 Anton Tchehov，一八六〇～一九〇四，俄國劇作家及短篇小說家。

15「我們可以將『服從文學』（大致上跟古代歷史和古典世界同屬一個時期）與崛起於現代世界的『反抗文學』區隔開來。我們發現，在『服從文學』中，小說並不多見；少數稱得上是小說的作品，描寫的多半是幻想，而不是真正的人生經驗……這些作品只能說是童話，不配稱為小說。在後來興起的『反抗文學』中，小說形式才獲得真正的發展，直到今天，依然充滿旺盛的生機和和無窮的潛力……現代長篇小說的誕生，恰逢反抗精神的興起；它在美學的層次上表達相同的理想和追求。」——卡繆《反抗者》

移的；印度文化中依舊存在著一些西方人無法進入的層面，可以讓印度人退守其中。在今天的印度，消極的東方世界觀和積極的西方世界觀都已經被稀釋、沖淡了；兩者互相制衡。西方文化對印度的滲透不夠徹底；英國人試圖改變印度人的信仰和文化，結果卻知難而退。印度的力量、印度的生存能力，來自消極的世界觀、來自印度人特有的那種近乎本能的生命延續感。這種人生觀一旦被稀釋，就會喪失它的力量。過分強調「印度民族性」的結果，生命延續感肯定會喪失。創造的欲望和動力消退了，印度人得到的不是生命的延續，而是生命的停滯。這種現象，反映在「古代文化」建築物中；反映在許多印度人感嘆的生命元氣的喪失（其實，這主要是心理上的，而不是政治和經濟上的）；反映在邦提和他那群朋友的政治閒談中[16]；反映在「俱盧之野」寺廟的石雕裡——一群死氣沉沉的馬兒和一輛靜止不動的戰車。濕婆神早已不再跳舞了。

16 參閱本書第二章。

第九章　枕上的花環

印度鐵路的浪漫傳奇

「您一定猜不出我是幹什麼的吧？」

這個中年男子身材瘦削，五官輪廓分明，鼻梁上架著一副眼鏡。他那兩隻眼睛只管瞟來瞟去，鼻尖上閃爍著一顆晶瑩的汗珠。冬天早晨，我們搭乘的火車二等車廂沒開暖氣，冷颼颼的。

「我也許能幫得上忙哦！我在鐵路局工作。這是我的服務證。你看過這樣的服務證嗎？」

「你是查票員！」

他咧開嘴巴笑了笑。露出禿禿的牙齦。「先生，你弄錯了。查票員都有穿制服。」

他哈哈大笑起來，直笑得口沫橫飛。「看來你永遠猜不出我的身分囉。唔，我告訴你吧。我是北方鐵路局的『表格與文具視察員』（Inspector Forms and Stationery）。」

「表格與文具！」

「沒錯。我一年到頭在路上奔波，不分晝夜寒暑，從一個車站到另一個車站，視察每一個火車站辦公室使用的表格和文具。」

「視察員先生，您當初是怎麼幹上這一行的？」

「別提了，先生。往事不堪回首。」

「千萬別這麼說，視察員先生。」

「我可以混得更好，先生。您聽我這一口英文，還挺流利的吧？我的老師是英國人哈定先生。我是大學畢業生，擁有文學士學位。當年我雄心勃勃，進入鐵路局工作。他們把我安置在倉庫裡。那段日子，我每天從貨架上搬下成綑的表格和工具，交給腳夫。當然，申請單先得經過上頭批准，我才會發給他們這些東西。」

「當然。」

「在倉庫蹲了好幾年，我才熬出頭來，坐進辦公室。過程十分緩慢，但我還是熬過來了。我一輩子都待在鐵路局的『表格與文具』部門。我養活一家人。我讓我的兒子接受良好的教育。我把女兒風風光光的嫁出去。我的兩個兒子，如今一個在陸軍、一個在空軍，是軍官喔。」

「聽您這麼一說，視察員先生，您這一生成就還滿大的嘛，挺值得驕傲。」

「哦，先生，您別消遣我！我這一生算是白過了，沒什麼可以誇耀的。」

「視察員先生，能不能請您談一談您的工作。」

「機密，這是業務機密。不過您若真想知道，我就告訴您吧！首先，我得拿出一份文具申請單給您瞧瞧。」

「看起就像一本小冊子嘛，總共十六頁。」

「有時，申請單會送到站長那兒。每年一次，我們向屬下各車站的站長發出這樣的申請單。站長把申請單填妥，呈上三份。順便一提，您現在看到的文具申請單是最基本的一種。還有其他形式的申請單。」

「站長把申請單呈上去，然後——」

「然後，申請單就交到我手裡啦。接著，我就開始進行查訪的工作。我搭火車來到那間車站，不動聲色，跟著其他乘客一塊下車。有時，我還挨車站站長一頓臭罵呢，而他竟然不知道我是查核他的申請單的。這時我才表明我的身分。」

「你好詐哦，視察員先生。」

「是嗎？身為『表格與文具視察員』，我必須摸清屬下每一位站長的底細。他們的個性顯露在申請單上。從他們填寫的表格，你可以看出他們是怎樣的人。您瞧瞧這份申請書。那是昨天填報的。」

這份申請單用黑筆填寫，旁邊用紅筆加上密密麻麻的註解和批示。

「翻到第十二頁。看到沒？這位站長竟然申請一百本便條紙。」

「天哪！你只給他兩本。」

「這位站長有六個兒子，全都在學校讀書。那一百本便條紙，有九十八本是給他的孩子用的。身為『表格與文具視察員』，我知道他們會耍什麼伎倆。喲，火車到站了！我得在這兒下車啦。看來，今天我又會碰到一籮筐鮮事了。但願我有機會告訴你，這個火車站的站長究竟申請哪一些文具。」

「前些天，我遇到你手下的一位『表格與文具視察員』。」

「你遇到什麼？」

「鐵路局的『表格與文具視察員』呀。」

「我們局裡沒有這種人。」

「這個人，可不是我捏造出來的哦。他還把文具申請單拿出來給我看呢。」

一聽到「文具申請單」，這位朋友只好招認了。

「紙包不住火，這項機密還是洩露出去了。有些人在鐵路局工作了一輩子，從沒聽說局裡有這麼一號人物。唉，這陣子，為了安排總統行程，我忙的暈頭轉向。我們那位前總統不喜歡坐飛機。你知道，對鐵路行政人員來說，安排總統行程是多傷腦筋的一件事嗎？更改行車時刻表、重新規畫路線、檢查鐵軌——一寸一寸的檢查哦。總統駕臨之前二十四小時，派出大批保安人員，四處巡邏，監控可疑人物。然後，你得親自扮替身的角色，在總統專車抵達前十五分鐘，搭火車在同樣的路線上先走一趟。如果有人想暗殺總統，首先遭殃的人就是你。」

「在你們這座偉大的城鎮，我們究竟要到什麼地方去，才能喝到一杯咖啡啊？」

「在咱們這個地區，火車站是文明的中心。那兒供應的咖啡挺可口的。」

「我們到火車站去吧。」

「先生，您點什麼？」

「兩杯咖啡。」

「對不起，我們不賣咖啡。」

「哦。那麼，來一壺兩人份的茶吧！順便把顧客申訴表拿來讓我們填一填。」

「先生，您說什麼？」

「顧客申訴表啊。」

「先生，我去跟經理講一聲。」

「不必了。你把那壺茶跟顧客申訴表拿來就行了。」

「我為這件事向您致歉。火車站的餐飲，是交給承包商辦理的。我們把咖啡和茶葉交給包商，他卻轉賣給別人。我們拿他沒辦法。這個包商認識一位部長。這是咱們印度特有的現象。瞧！服務生回來啦。」

「他把顧客申訴表帶來沒？」

「沒。他端來兩杯咖啡。」

印度鐵路！它永遠留存在每一個旅人記憶中——不管你是在印度哪一個地區旅行：北部、東部、西部或南方。然而，卻很少作家記述印度鐵路的浪漫傳奇。這個規模無比龐大的機構，縮短了印度的距離；它在每一個車站張貼一幅早已褪色的布告，信心滿滿地宣稱：誤點的班車通常會準時抵達目的地。確實，印度的火車通常都能夠做到這一點。可是，印度鐵路局的浪漫傳奇真的存在嗎？這麼複雜、這麼優秀的一個組織，應該屬於一個比較富裕、擁有繁華的城市讓遊客尋幽探勝的國家。然而，把浪漫傳奇賦予印度城鎮的只是距離——或你對距離的認知——而已。（那些城鎮的名字全都臚列在車廂內的黃色布告板上。）火車的動力把距離吞噬、消化，然後將它排泄掉。火車鼓足馬力，加速前進，而不久之後你就會發覺，火車的速度變得跟鐵路兩旁那一片貧窮、遼闊、單調、渺小的土地一樣毫無意義。這塊土地仰臥在蒼穹下，奄奄一息，死氣沉沉，直到火車抵達下一站，它才突然甦醒過來，鬧哄哄，彷彿把一路上壓抑著的精氣和活力全都宣洩在這一個時刻、這一個地點：身材矮小、汗流浹背的腳夫，頭上纏著紅巾，身上穿著印度式長衫，扯起嗓門呼叫；賣茶水的小販提著大茶壺，隨身帶著杯四處叫賣（杯子用過後就砸掉）；賣檳榔和咖哩點心的小販在人堆中鑽進鑽出、吆喝不停（裝食物的盤子，是幾片用乾枯的小樹枝綴在一起的樹葉，用過後就被扔到月台或鐵軌上——那兒，早就有一群野狗等著，一看見「盤子」掉下來，就紛紛撲上前去，齜牙咧嘴搶成一團，而搶不到食物的狗兒就會扯起嗓門，嚎叫不停）。印度的火車站既是避難所，也是民眾活動中心；光滑沁涼的水泥月台讓無家可歸的人有個棲身之處。整座火車站天花板下，懸吊著一支支低矮的風扇，瘋瘋狂狂，不斷地旋轉著。日出日落。火車繼續開行。奔馳中的列車閃爍著金黃的曙光或晚霞，從車廂頂上把一條長長的、直直的影子投落到鐵軌上。前方，依舊是一片廣袤無垠的土地，路迢迢。鐵軌不會著火燃燒嗎？火車會帶領我們進一個富饒的、能夠讓老百姓挺起腰桿過日子的國度嗎？不，這一列熱烘烘的、渾身沾滿塵土的紫紅色車廂，只會把我們帶領進另一座車站，讓我們聽到更多嗓音，讓我們看到更多匍匐在地上的人體、更多四處流竄的狗兒，然後，把我們送進頭等車廂候車室，享受一場不怎麼舒適的淋浴，戰戰兢兢，吃一頓味同嚼蠟的午餐或晚餐。事實上，在印度鐵路局心目中，貨運比客運重要得多，而它的客運營收主要來自三等車廂，而非頭等車廂——那一節節簡陋的車廂，總是擠滿下階層社會的民眾。在這種情況下，我們又怎能責怪鐵路行政人員，對印度鐵路的光輝和浪漫傳奇視若無睹呢？印度鐵路服務印度的廣大民眾——無休無止地、準時地。這是它的職責。它讓我們看到的，不僅僅是許多印度人認為只有在三等車廂才看得到的「真正的」印度，它也讓我們看到了印度的茫然、無奈和無窮無盡的苦難。印度鐵路的浪漫傳奇，只是一個抽象的概念。

在火車上結識的錫克人

這會兒，我正坐在三等車廂中——但這可不是一般的印度式三等車廂。它有空調設備。整個車廂布置得就像飛機的座艙：一排排隔開的座椅，高聳的椅背可以隨意調整；雙重玻璃窗懸掛著窗簾；座椅中間的通道鋪著地毯。我們搭乘的是印度鐵路的「尊貴」客車。這一列冷氣車廂，行駛在印度三大城市和新德里之間。只花四英鎊，你就可以舒舒服服旅行一千哩，以每小時三十五哩的速度，奔馳在印度的大地上。

我們此行的目的地是印度南方。車上的乘客大多是個子瘦小、五官清秀的南印度人；旅程剛開始的時候，他們只管靜靜坐在車廂中，顯得很羞怯。在這群乘客中，你一眼就注意到那個鶴立雞群的錫克人。他的身材十分魁梧，動作很大，臉上的鬍子卻很稀疏（錫克男人臉上大都留著一副濃密的鬍鬚），額頭上低低的、緊緊的纏繞著一條黑色頭巾，看起來就像西方人戴的貝雷帽。剛看到這個錫克人，我還以為他是來自歐洲的藝術家呢。他不理車廂中四處張貼的告示，大模大樣舉起皮箱，二話不說，就把它塞到行李架上。這個動作把他那一身結實的、有如舉重選手般的肌肉，全都展現在我們眼前。放好行李，他回過頭來，不屑地打量了全車乘客一眼，撇撇嘴，滿臉鄙夷——顯然他沒把我們看在眼裡。他的座位在車廂前頭，跟我相隔四、五排；他一坐下來，我就只能看到他頭上那條黑布巾的頂端。不知怎的，我竟然被這個錫克人深深吸引住了。我的兩隻眼睛，彷彿著魔似的，不時回到那條頭巾上。旅程開始還不到一個鐘頭，我就覺得，這個錫克人的身影有如陰魂一般，緊緊糾纏著我。我擔心——在密封的空間中旅行，我總是會這樣擔心——我對他的好奇和興趣會引起他的回應，結果，我們之間難免會發生某種接觸，而這正是我想避免的。

錫克人讓我著迷。他們是印度碩果僅存的男子漢；在我看來，印度所有族群中，跟千里達島上的印度人最像的就是錫克人。兩者同樣擁有渾身發洩不完的精力，野心勃勃，引起其他族群嫉視。他們善於耕種和操作機械；為此，他們感到非常自豪。他們喜歡開計程車和貨車。跟千里達的印度人一樣，在外人看來，錫克人宗族觀念很強，喜歡關起門來吵吵鬧鬧，搞他們的派系政治。但錫克人畢竟屬於印度；除了這幾點相似處之外，對我們來說，他們是一個神祕而令人難以理解的族群。錫克人的個性，似乎全都被他那一臉鬍鬚和頭上纏著的布巾遮蓋起來；他們的眼睛總是空空洞洞的，毫無表情。他們在印度享有的獨特聲望，使他們越發顯得神祕。錫克人驍勇善戰，舉世聞名；身為軍人和警察，他們的膽識和狠勁令人聞風喪膽。儘管如此，在一般印度人心目中，錫克人卻是一個四肢發達、頭腦簡單的族群。在印度民間傳說中，愚蠢的錫克人是一個經常出現的人物。據說，錫克人的愚昧跟他們的頭巾有關：錫克人那一頭從未修剪過的頭髮，長年包紮在頭巾中，熱烘烘的，難免會傷害到他們的腦筋。這當然只是傳說，姑妄言之。不過，錫克人的政治——由寺廟、陰謀、聖人、充滿神蹟的絕食和美國大西部式的仇殺（從德里通往昌第加市的公路上，三不五時就傳出槍聲）所構成的一種政治——確實顯得有點滑稽可笑，卻也令人不寒而慄。錫克人精力充沛，這點無庸置疑，但對一般印度人來說，錫克人的精力未免太過旺盛了，咄咄逼人，讓人有點害怕。

前一個星期，我們這列客車出了一點車禍，原先那輛餐車被砸毀了，鐵路局臨時調派一輛來替代。如今，從我們的車廂到餐車，中間並沒有直接的通道。我們想用餐，得等到火車抵達下一站，才能從車廂走下來，轉到餐車上。我發覺那個錫克人跟隨我下車，在書攤前閒蕩。我爬上餐車，背對著車門坐下來。整個車廂嘈雜無比。乘客們操著母音很重的印度南部方言，高聲談笑。這幫南印度人開始放鬆身心。這會兒。他們一個個伸出舌頭，舔食他們那黏糊糊、濕答答的食物。他們喜歡把食物放在手心上，搓弄一番。瞧，他們一邊咀嚼食物，嘖嘖有聲，一邊把凝乳和米飯放在手心上，不停地揉搓、拍打；然後，出其不意（彷彿要讓他們的食物嚇一大跳似的），他們把混合在一起的凝乳和米飯揉成一個小糰子，濕答答，放到嘴巴前面，咻地把整個飯糰吞進肚子裡。接著，他們又展開另一回合的揉搓、閒聊和嘆息。

「你不介意我坐在這兒吧？」

我抬頭一看。原來是那個錫克人。他手裡握著一份《印度圖畫週報》（*Illustrated Weekly of*

India）他頭上緊緊地、斜斜地包纏著一條黑布巾，身上緊緊繃繃穿著一件襯衫和一條紮上皮帶的長褲——這副裝扮看起來，倒像兒童故事書裡的海盜。他的英文講得還挺流利；顯然，這個錫克人在國外住過一陣子。這會兒，他的嘴角居然帶著一絲笑意，不再緊緊繃著。

他挪動他那高大魁梧的身軀，擠進桌子和椅子之間的狹小空間，一邊坐下來，一邊噘起嘴巴，似笑非笑地打量餐車中那群正在使勁揉搓、拍打食物的南印度人。

「喜歡車上的食物嗎？」他鼓起胸膛，咯咯笑了兩聲。「你是從倫敦來的，對不對？」

「可以說是。」

「我從你的口音聽得出來，剛才，我聽到你跟警衛講話。你知道漢普斯特[1]這個地方嗎？你知道芬治禮路（Finchley Road）嗎？你知道費滋約翰大道（Fitzjohn's Avenue）嗎？」

「知道，但不熟。」

「你知道班比咖啡店（Bambi Coffee House）嗎？」

「沒去過。」

「你去過芬治禮路，就一定知道班比咖啡店。你還記得那個身材矮小、臉上留著一小撮鬍子、成天穿著緊身褲和高領套頭毛線衣的傢伙嗎？」說著，他又格格笑起來。

「記不得了。」

「你記得班比咖啡店，就一定記得這個人，小不點兒。不管什麼時候你去班比咖啡店——不管什麼時候，你去芬治禮路任何一家咖啡店——你肯定會在店裡看到這個傢伙，蹦蹦跳跳，鑽進鑽出。」

「他在店裡幹什麼，操作煮咖啡的機器？」

「不，不，他不是幹這行的。他啥都不幹。成天在咖啡店裡晃來晃去、無所事事。小鬍子，個頭小小，挺會耍寶的。」

「你懷念倫敦？」

他抬起眼睛，瞄了瞄那群正在使勁揉搓飯糰的南印度人。「喏，你自己看吧。」

一位身穿紗麗裝、鼻梁上架著一副藍色眼鏡、膝頭上坐著一個小娃兒的婦人，正伸出舌頭，咂巴咂巴舔著咖哩醬。她張開手上的五根指頭，把掌心平貼在盤子上，然後把手指合攏起來，將手掌伸到嘴巴上，咂巴咂巴舔將起來，直舔到乾乾淨淨為止。

錫克人又鼓起胸膛，發出「唔唔」的笑聲。

「終於開車了。」火車駛出車站時，他鬆了口氣。「在這兒，我可不想碰到其他錫克人。抽根菸吧。」

「錫克教徒是不抽菸的，不是嗎？」

「我這個錫克教徒，菸癮可大得很哪。」

正忙著舔食咖哩的婦人聽到這話，猛然抬起頭來。車廂中的南印度人，紛紛停下手邊的工作——他們正在揉搓飯糰——瞄了瞄我們兩個，然後又紛紛轉過頭去，彷彿受到驚嚇似的，不敢再看我們一眼。

---

1 Hampstead，倫敦西北部的一個享有自治權的行政區。

「人渣！」錫克人颼地板起臉孔。「瞧，這些猴子睜著眼睛正瞪著你呢。這副德性！」他傾身向前，悄聲對我說，「你知道我的最大毛病是什麼嗎？」

「不知道。告訴我吧。」

「我對膚色存有偏見。」

「哦？這種態度不好喔。」

「我曉得。那只是一種偏見。」

看來，這個錫克人可不是好惹的，我應該敬而遠之，但我的千里達出身和教養卻誤導了我。「我對膚色存有偏見。」這句突如其來的陳述是千里達式的；它是一種高明的社交手腕，邀請對方進行一場半認真的、無傷大雅的閒聊。我回應他的邀請，而他顯然也準備接納我。我竟然忘了英語只是他的第二語言，而在日常談話中，很少印度人（包括錫克人）懂得使用和欣賞反諷；此外，儘管這個錫克人口口聲聲說，他很懷念倫敦的芬治禮路和費滋約翰大道，但骨子裡，他卻是一個不折不扣的印度人——對這種人來說，階級和教派的禁忌是不可違背的。他公然在火車上抽菸，但那只是一種虛誇的反抗和挑釁：其他錫克人不在場時，他才鬼鬼祟祟地把香菸掏出來，點上一根。他遵守錫克教的習俗，頭上纏著布巾，臉上留著鬍鬚，腰上配著一把匕首。在這種情況下，我怎敢公然拒絕這個錫克人的友情，對他不理不睬呢。

點菜的時候，他特別交代餐車服務生：「我不要米飯。」顯然這也是階級禁忌的一種：米飯是「非亞利安人種」聚居的印度南方的主食。等待服務生把食物端上來的當兒，他伸出一根手指，一邊沾著口水，一邊翻看《印度圖畫週報》。「瞧！」他翻到一頁，遞到我眼前叫我看，「在這張照片中，你能找到幾隻南印度猴子？」他讓我看的是一篇有關雅加達亞洲運動會的報導。照片中的印度國家代表隊，幾乎全都是錫克人——不戴頭巾，把長長的頭髮紮成一束，用絲帶綁起來，這些錫克人看起來挺陌生的。「這是哪門子的『印度』代表隊！沒有我們錫克人，這個國家怎麼存活得下去？你知道嗎，如果我們錫克人袖手旁觀，巴基斯坦軍隊肯定會長驅直入，占領全印度。你給我一師錫克部隊——只要一師就夠了——我保證三個月內橫掃這個被神詛咒的國家。到時候你看看，這些南印度人渣敢不敢阻擋我們？」

我跟這個錫克人接觸上了，如今想逃避也來不及了。往後，我們還得在火車上共處二十四個小時。每到一站，我們一起從冷氣車廂中鑽出來，在月台上散散步、透透氣，享受熾熱的陽光。我們一起用餐。抽菸時，我站在一邊把風，免得讓其他錫克人撞見。「我不在乎，」我的錫克朋友說，「但我不想讓其他錫克人看見我抽菸，免得他們難過。」我們聊起倫敦、千里達和咖啡店，也談到印度和錫克人。我們都同意，錫克人是印度最優秀的族群，但是，他認為值得欣賞的錫克人卻寥寥無幾。我絞盡腦汁，實在想不出幾個有名望的錫克人。我提到一位錫克宗教領袖。「他是該死的印度教徒！」我的錫克朋友說。我提到另一位。「他是被神詛咒的回教徒！」我提到幾位政治人物。他告訴我，這幾個人全都是奸詐的政客，「有個傢伙輸掉選舉，心裡不甘，就叫幾個手下抬著一個票匭跑過來說：『等等，我們忘記數這些選票。』」我提到錫克人的活力和旁遮普省的繁榮。他嗤之以鼻，「對！清道夫都出頭了。」我們談起錫克作家。我告訴他，我很喜歡庫雪旺・辛（Khshwant Singh）的作品；他花費畢生精力，整理錫克教的經籍和歷史。「庫雪旺？他根本不了解錫克人。」根據他的看法，描寫錫克人最有深度的作家是康寧漢

（Cunningham），但他已經死了，就像所有傑出的錫克人一樣。「今天，我們錫克人是一群沒有希望的可憐蟲！」我這位錫克朋友說。

他講的那些故事，有許多確實很滑稽，令人發噱，但有時我會在他一本正經講述的故事中——尤其是那些跟錫克教領裡有關的——看到一種無心的幽默。我們的交往是在相互的誤解中開始的；就在這種情況下，我們之間發展出一段情誼。隨著旅程的進展，他的態度變得越來越尖酸刻薄，而這正好反映出我自己的心情。一路上觸目所見盡是吵鬧不休的火車站、貧瘠的田野、殘破的市鎮、骨瘦如柴的牛隻、憔悴蒼老的人群。他對這幅景象的反應，跟我的反應太相似，因此我一時沒有察覺到，這樣的反應對一個印度人來說是很不尋常的。說也奇怪，他的反應雖然激烈，但卻穩定了我的心情——這個錫克人彷彿變成了我那個非理性的自我。鐵路兩旁的土地越來越貧瘠，他的態度也變得越來越凶暴，但他對我卻顯露出一種奇異的、深沉的柔情，就像一個身材高大的漢子對待一個侏儒那樣。

將近午夜時分，我們抵達一個接駁車站。我得在這兒換車。整座月台看起來就像醫院的太平間：朦朧燈光下，只見地上躺著一排排身軀，乍看之下，就像一個個皺縮的白色包裹；一雙雙骨瘦如柴的胳臂、一隻隻青筋畢露的腿、一張張布滿灰色鬍渣子的臉龐，就從這個白色包裹中探伸出來。人們睡覺了，狗也睡覺了；其他人和其他狗就從他們身上踐踏過去，影影幢幢，迷迷濛濛，看起來就像是從屍體上冒出的氣體。一列火車停靠在月台旁。靜悄悄的三等車廂，擠著幾百張黑黧黧、汗漬漬的臉龐；裝有鐵柵的車窗頂端懸掛著一塊黃色的牌子，顯示這群旅客此行的目的地。火車頭噴著氣，嘶嘶響個不停。誤點的班車通常會準時抵達目的地。風扇呼嘯旋轉。原野上四處響起淒涼的、悠長的狗吠聲。一隻狗兒瘸著腳，一拐一拐走到月台盡頭，消失在茫茫黑夜中——牠的一隻前腿不曉得被誰砍斷了，血淋淋，只剩下一截血肉模糊的殘肢。

我的錫克朋友幫忙我把行李拎下車廂。此時此刻，我格外感激他陪伴在我身邊。在車上，我們已經互相交換地址，約定重聚的地點和時間。臨別時，我們又再許諾一次：我們倆將結伴周遊印度南方。印度還有一些好玩的地方。我們一塊去打獵。他會教我打獵。他說，打獵很簡單，保證我一學就會；他說，我肯定會很喜歡那些大象。然後，他就回到他那個裝有雙重玻璃窗的冷氣車廂中。汽笛響起了，火車轟隆駛出車站。然而，車站並沒改變多少：依舊擠滿旅客，依舊等待交通工具。

約莫兩個小時後，我那列客車才開行。這會兒車廂停靠在月台旁。我把三等車票換成頭等，然後躡手躡腳、小心翼翼沿著燈光朦朧的月台走下去，經過一排排躺在地上的人和狗，經過一節節悶熱不堪、早已擠滿乘客的三等車廂，一路走到頭等車廂門口。車掌打開我那個包廂的門，讓我進去。我把門閂上，拉下所有的百葉窗，試圖把狗兒的嚎叫聲和月台上那一張張愣瞪著眼睛的臉孔、一副副骨瘦如柴的身軀，阻擋在車廂外。我沒開燈。這會兒我只想躲藏在黑暗中。

友情的負擔

我並不期望跟他再聚，但我們還是見面了，一如我們分手時約定的。地點是在印度南部一個城鎮。在那兒，除了這個錫克人，我只認識一位經營糖果舖、家境相當富裕的印度人。他非常好客——好客得讓我感到有點畏懼。每次去探望他，我都得嘗一嘗他舖子裡賣的各種糖果。這些東西又甜又膩，只消嘗幾口，就會讓你一整天吃不下飯。我那位錫克朋友也很好客，但我比較能夠接受他招待朋友的方式。他先請我喝酒，讓我恢復胃口，然後再請我好好吃一頓飯。他放下手邊的工作，終日陪伴在我身旁。我感覺得出來，他這樣做不僅僅是為了一盡地主之誼；更重要的是，他想藉此展現他對我的友情。這讓我感到非常尷尬，因為我實在無法回應這樣的友情。幸好，這會兒，我的心情比在火車上時平靜多了；我再也不必隨著他的情緒起舞。

「這個城鎮原本是個軍營，現在卻變得亂糟糟的。」他告訴我，「以前他們不准黑鬼進入這座城鎮，現在呢，黑鬼滿城走動，到處都是。」

他還是那麼容易動氣。不同的是，在火車上，我能夠從他的憤怒中看到一種幽默感或自嘲。現在，他是真的生氣了。

「這幫人！每次你招呼他們，都得大叫一聲：『僕歐（boy）！』否則，他們根本不會回應你。」我早就注意到這點。在旅館，我也跟其他客人一樣，動不動就大叫一聲：「僕歐！」但我總是拿捏不準正確的發音和腔調。旅館的僕歐和房客身上穿的服裝，都是南印度式的，有時我難免會叫錯人。因此，我的呼叫總是帶著一種詢問和抱歉的意味。

錫克人並不覺得這個故事很好笑。「你知道他們怎樣回答你嗎？你會誤以為你在演一部電影，出現在你眼前的是一群美國黑人。你叫他們一聲『僕歐』，他們回答你：『是，主人。』天哪！」

看什麼都不順眼，動不動就生氣，這個錫克人變成了我精神上的一大負擔。他的憤怒就像一種自虐；他終日喃喃自語，不知在生誰的氣。當初我沒看清楚這個錫克人的真面目，而就在這樣的誤解中，我助長了他對我的友情和信賴。我們在車站黯然分手，後來我們又在這座城鎮重逢，感覺十分溫馨。我毫無保留地接受他為我擬訂的一切計畫。他已經安排好，帶我一塊去打獵。如今，我想打退堂鼓也來不及了，可我又不想繼續跟他混下去。進退兩難，我只好任由他發牢騷，裝著沒聽見，讓我擔心的不僅僅是他的怒氣；他對我的態度越來越親暱，讓我感到更加不安。身為主人，他對待我這個賓客可謂無微不至；他把照顧我當作他的天職。我看得出來，他對他的國家感到非常失望，心中充滿怒氣；我也看得出來，他很寂寞。印度的現狀對他來說是一種屈辱。這點，我的感覺和他完全相同。日子一天天過去，我終究沒有擺脫這個錫克人。他陪伴在我身邊的時間越長，而我介入他心中的怨恨也越來越深，但那是一種消極的、焦慮不安的介入，等待解脫的時機。

一天，我們結伴去探訪一座十八世紀宮殿的廢墟；經過一番清理和整頓，它變成了市民們休閒野餐的場所。在這兒，我們看到的印度是她那優雅殷實的一面；市場和火車站被遠遠地阻隔在圍牆外。這座廢墟，是我這位錫克朋友常遊之地。這會兒他帶領我漫遊其間，一路指指點點，神態顯得非常肅穆，甚至有點驕傲。附近有幾間更古老的廟宇，但卻引不起他的興趣。我想想知道原因。他去過歐洲，曾經因為他的頭巾、鬍子和他那一頭長長的、未曾修剪過的頭髮，被歐洲人嘲笑過（也許他太過敏感了，總是懷疑別人取笑他）。從此，他以另一種眼光看待印度和他自己。他知道歐洲人喜歡什麼。這座已經荒廢的宮殿是歐洲式的；能夠帶領我參觀這樣的廢墟，讓他感到很開心。我們漫步花園中。他又談起他為我安排的狩獵之旅。他說，我肯定會很喜歡那些溫馴安靜的大象。我們流連在花園中的水槽旁，邊吃三明治邊喝咖啡。

回程中，我們順道參觀附近的一座寺廟。這是我提議的。孤苦無依的住持，看起來就像一個叫化子，打著赤膊躺在繩床上。看見我們走進廟門，他趕忙從床上爬下來迎接我們。這位住持不會講英語，只能比手畫腳招呼我們。我的錫克朋友咯咯笑起來，臉上露出輕蔑的、冷漠的神情。住持裝著沒聽見，自顧自走在我們前頭，引導我們走進低矮陰暗的廟堂，不時伸出他那隻枯瘦的胳臂，指指點點，以賺取一筆嚮導費。光線十分黯淡，我們看不清楚廟堂中的石雕。對住持來說，這些雕刻品的重要性遠遠比不上香火繚繞的神龕。龕中點著油燈，映照著一尊尊色彩鮮豔、裝扮得像洋娃娃一樣的黑神像和白神像——這證明，自古以來，印度就是亞利安人和德拉威人[2]雜居的國家。

「這就是問題所在。」我的錫克朋友說。

住持睜著眼睛望著神像，等待我們的讚許。聽錫克人這麼一說，他點了點頭。

「你去過吉爾吉特（Gilgit）嗎？」錫克人問我，「你應該到那兒走一趟。居住在那個地方的全都是純種的亞利安人，長得漂亮極了。你讓兩、三個德拉威人搬到那兒去住，沒多久，他們就會污染亞利安人的血統，使他們墮落、腐敗。」

住持點點頭，帶領我們走出廟堂，站在一旁看我們穿鞋。我掏出一些錢遞給他。住持一聲不吭，回到他那間窄小的禪房。

「遷居印度之前，我們是一個非常優秀的種族。」車子駛出廟門時，錫克人憂傷地說，「亞利亞（Arya）——這是梵文中一個非常尊貴的字。你知道它的意思嗎？貴族。你應該讀幾部古老的印度教典籍。這些書會告訴你，在以前那個時代，親吻黑種女人的嘴唇，是一種非常不潔的行為。你以為這是錫克人在胡說八道？你讀讀那些書吧！亞利安人和德拉威人之間的恩怨，古早古早以前就已經存在，現在它又冒出來了。報紙上不是說嗎，這些黑鬼在搞獨立運動，試圖建立自己的邦國。這些人欠揍。總有一天，我們會狠狠教訓他們一頓。」

車子經過的地方，土地貧瘠，人煙稠密。廣闊的田野上，最乾淨整齊的東西就是這條馬路。馬路兩旁散布著一個個長方形坑洞——農民在這兒挖掘黏土，修建他們的茅屋。沿路栽種、濃蔭密布的一排大樹，根部整個暴露在日頭下；田野中四處可見傾倒的樹木——人類渺小的活動給大自然帶來了浩劫。路上車輛稀少，但卻擠滿行人，無視於天上那輪毒日頭、滿路飛揚的塵土和我們的汽車喇叭聲。婦女身上穿著鮮豔的紫色、綠色和金黃色衣裳；男人則衣衫襤褸、不堪入目。

「這些人全都擁有投票權。」

我回過頭來看了看我的錫克朋友，發現他那張臉孔繃得緊緊的，充滿怒氣。他神情顯得更加倨傲、冷漠，嘴唇不停地蠕動著，彷彿在喃喃自語。他到底是用哪一種語言在說話呢？他究竟是在祈禱還是在念咒呢？此刻，我又感受到了幾天前在火車上體驗過的那種歇斯底里。而今，我覺得，我必須負起雙重責任。這個錫克人看每一樣事情都不順眼；他的火氣越來越大。他的心情，我能理解，而我也熱切盼望這塊土地和這群民眾能夠改變。錫克人的嘴唇依舊蠕動不停。於是，我試圖以我的咒語制衡他的咒語。我感覺到災禍降臨；我漸漸喪失了理智。我試圖對我們在路上

---

2 Dravidian，居住在印度南部的非亞利安系的種族，皮膚黝黑，個子矮小，在相貌和身材上與居住在北部、皮膚比較白皙、個子比較高大的亞利安系印度人有相當大的差別。錫克人屬於亞利安人種。

遇到的每一個沒飯吃的窮人，展現我的愛心。但我失敗了；我知道我失敗了。面對我身旁這個錫克人的憤怒和輕蔑，我終於屈服。不知不覺地，我的愛心轉變成了一種自戕式的歇斯底里——我渴望看到更多的腐敗、貧窮和飢餓；我渴望看到更醜陋、更怪誕、更畸形的人。此時，我只想看一看人類究竟能夠墮落到什麼程度。我恨不得把人類的沉淪，全都吸納進我的心靈。對我來說，這就是終點，這就是我個人的失敗。我知道，這一刻的污點會永遠烙印在我心靈中。

工務局修築的一條高聳的白色排水溝上，一個男人佇立著，乍看之下就像一尊雕像。破破爛爛的衣裳懸掛在他那骨瘦如柴的身軀上，遮掩著他那細瘦的、宛如燒焦的木棍一般的四肢。

「哈！瞧那隻猴子。」咯咯一笑，我的錫克朋友臉上露出憎惡的表情。「天哪！這是人嗎？即使是動物，如果牠們想存活下去……即使是動物。」一時間，他竟也找不到適當的措辭，只好結結巴巴、語無倫次。「即使是動物。人？那個——那個東西是人嗎？他擁有什麼？本能？他擁有本能，曉得什麼時候吃喝拉撒？」

他以為他代替我說出了心裡的感覺，就像幾天前在火車上那樣。他不知道，現在我已經覺悟了，不想再跟他一樣陷入歇斯底里中。他剛才說的那幾句話是他自己的，跟我無關。他施展在我身上的魔咒，已經破除了。

結束朋友關係

我們的車子奔馳在公路上，揚起一團一團塵土，遮蓋了路旁的農民、樹木和村莊。

有時我覺得，我們實在太過愚蠢、太過優柔寡斷、太過不誠實。這趟旅程結束時，我們之間的交往就應該終止了。當著他的面告訴他，我不想再跟他見面，會讓雙方都感到很痛苦，但這可以避免。我可以悄悄換一家旅館，從此消失。這是我的一貫作風。但不知怎的，這回我並沒這麼做——黃昏來臨時，我發現我又跟他一塊喝酒了，把農民和塵土、黑神和白神、亞利安人和德拉威人全都拋到腦後。剛才在路上，我心中感到一種莫名的恐懼，也許是酷熱的天氣和過度的疲勞所引發的吧。這會兒，喝了幾杯渾濁的印度啤酒，感覺好多了。我們興奮地聊起倫敦、咖啡店和那個「滑稽的小傢伙」。

黃昏轉變成黑夜。三個人圍坐在一張擺滿玻璃酒杯的桌子旁。除了我和錫克人，還有一個剛加入的英國人。這個身材肥胖、滿面紅光的中年人是做生意的，講起英語來，帶著濃濃的英格蘭北部口音。幾杯酒下肚，我只管靜靜坐在一旁，聆聽他們談論錫克人的歷史和軍功。剛開始時，英國佬顯得興致勃勃，但沒多久他臉上的笑容就僵住了。我洗耳恭聽。我的錫克朋友說，蘭吉特・辛[3]死後，錫克人就開始衰微了；印巴分治後，錫克人的處境更是每下愈況。他也談到一九四七年錫克人展開的報復和種種暴行[4]。我感覺得出來，這些暴行是故意說給我聽的——今天下午一路驅車回到城裡，他早就盤算好怎樣教訓我了。這傢伙心機太深，讓我不寒而慄。

肚子餓了，我們要吃晚飯了。於是我們轉到附近一家餐館。那個英國佬有事先走。

3　Ranjit Singh，喀什米爾錫克教徒的領袖。參見本書第六章。

4　一九四七年，印巴分治，隨即引發一場種族仇殺。

餐館燈光明亮。

「他們瞪著我！」

餐館鬧哄哄，密密麻麻坐滿客人。

「你看，他們在瞪我。」

我們走到一個擁擠的角落。

我坐下來。

啪！我的錫克朋友伸出手來，一巴掌打過去。

「這些可惡的德拉威人，竟敢瞪著我。」

坐在隔壁桌的客人挨了一巴掌，仰天躺在地板上。旁邊一張沒人坐的椅子，正好可以充當他的枕頭。他滿臉驚懼，睜大眼睛，雙手交握在一起——這副模樣既像哀求又像致敬。

「軍爺！」他躺在地上哀聲呼喚。

「竟敢瞪著我，你這個南印度人渣！」

「軍爺！剛才我聽到朋友說：『瞧，一個軍爺走進來了。』於是我就轉過頭去望一眼，並沒別的用意。我不是南印度人。跟您一樣，我是旁遮普人。」

「人渣！」

我最擔心的事情終於發生了。當初在火車上，一看到這個錫克人，本能地我就覺得很不對勁——有些人渾身散發出暴力的氣息，讓害怕暴力的人一看就會覺得不寒而慄。我既然交上他這個朋友，難免就會重新評估我對這種人的看法。然而，在我們那謬誤而彆扭的友情發展的過程中，內心深處，我卻一直對他保持戒心。很自然的，這一刻我會感到驚恐，甚至自我厭惡，但這一刻也正是我一直期待的時機。於是，我站起身來走出餐館，搭乘人力車回到旅館。街上空蕩蕩，悄沒人聲。由於我跟這個錫克人的交往，從一開始，這座城市彷彿就被扭曲了——不管是出於輕蔑或是出於某種愛心，我透過這個錫克人的種族主義眼光，觀看和評估這座城市。如今，這種偏見卻使我感到很不舒服，就像剛才目睹的暴力讓我覺得噁心。

我叫車夫掉轉車頭，把我載回餐館。我的錫克人朋友早就走了，但那個挨揍的旁遮普人還待在餐館裡頭。他睜著眼睛，氣咻咻，跟幾個朋友站在櫃檯旁。

「總有一天我會把你那個朋友給殺了！」一看見我，他就扯起嗓門咆哮起來，「明天，我就去殺那個錫克人。」

「你可不能殺人。」

「我不但要殺他，還要殺你。」

我回到旅館。電話鈴響了。

「喂，人渣。」

「哈囉。」

「我碰到一點小麻煩，你就開溜了。你還自稱是我的朋友呢！你想知道我對你的看法嗎？你是一隻骯髒兮兮的南印度豬玀。你別睡覺，我馬上過去把你痛打一頓。」

他在旅館附近打電話給我。幾分鐘後，他就出現在房門口，使勁敲了兩下，深深一鞠躬，然後大搖大擺、高視闊步走進我的房間，就像演戲似的。我們兩人的腦筋現在都清醒多了，但我們的談話依舊充滿醉意，就像玩蹺蹺板似的，一上一下一進一退，擺盪在兩極之間，時而惺惺相惜、把酒言歡，時而反唇相譏、撂下狠話。每回我們的談話擺盪向其中一個極端，肯定會有一個人（要嘛是他要嘛是我）出面糾正。我們之間終究還存在著一份情誼。我們邊聊邊喝咖啡。我們的談話擺盪來擺盪去，變得越來越虛假。最後，連剩下的一點情誼都被消磨光了。

「哪天我們一塊去打獵吧！」臨走時，他說，「我已經安排好了。」

這是第一流的、好萊塢式的退場台詞。也許，他是誠心誠意邀我打獵。我摸不清這個人的心意。印度人講英文，往往會引起奇奇怪怪的誤解。折騰了一整天，這會兒我只覺得渾身疲累不堪；儘管我們一塊喝咖啡、儘管我們共同演出一齣好戲，內心深處我曉得，我們之間的友情已經終結了，從此我們不會再見面了。我鬆了一口大氣，但心中卻也覺得有點遺憾和惋惜。畢竟，我們曾經相知相惜、結伴同遊，而我對他的誤解竟是那麼的深。

一覺醒來，我卻感到莫名的恐慌。我看過一九四七年旁遮普屠殺事件和「加爾各答大殺戮」（Great Calcutta Killing）的照片；我曾聽說，當年火車——令人難忘的印度火車！——運載一車廂一車廂的屍體，穿越邊界；我親眼看見旁遮普公路兩旁矗立著一座座墳塋。然而，跟我的錫克朋友決裂以前，我從不曾把印度看成一個暴力國家。而今，我卻在空氣中嗅到了暴力的氣息；這整座城市，彷彿沾染了我親眼看到的那種暴力和自虐。我只想趁早逃離這個地方，可是，火車票和巴士車票早已被預訂一空。這幾天，我走不了。

我去探訪我那位經營糖果店的朋友。他看見我走進鋪子，登時眉開眼笑，一面招呼我在桌旁坐下來，一面吩咐店員端上一盤最香、最甜的糖果，請我品嘗。主僕兩個陪伴在我身邊，看我吃糖果。這些印度糖果甜得什麼似的！「別吃肉，吃糖果吧！」我忽然想起小說家吉卜林說的這句話（也許我的記憶有誤），越想感觸越深：「肉」可是一個血淋淋的、令人怵目驚心的字眼。我感謝這座城市讓我體驗到它那溫柔、脆弱、甜美的一面，但它也讓我感到害怕。

第二天黃昏，在這間糖果店裡，主人向我介紹他一位正巧來訪的親戚。聽到我的名字，這個人登時嚇了一跳。他還以為他在做夢呢！他正在閱讀我寫的一本書；對他來說，我可是一位居住在數千哩外、遙不可及的作家，不料，我竟然出現在一座荒僻的印度城鎮，坐在市場裡吃糖果！他原以為我是個老頭兒，沒想到我竟然是一個「巴查」（baccha）——小伙子！能夠認識我，他感到非常榮幸。我可以告訴他我住在哪一家旅館嗎？

那天晚上我回到旅館，一打開房門，就看見一股辛辣刺鼻的白煙洶湧而出。這可不是一場火災。有人在我房間裡點上檀香。我趕忙掏出手帕蒙住臉龐，走進房間，推開窗門，打開天花板上的電風扇，然後鬼趕似地衝到走廊上。我那兩隻眼睛被煙熏得淚汪汪。過了好幾分鐘，煙霧才逐漸消散。一大束一大束香枝四處插著，乍看就像一根根即將熄滅的火把；灰燼滴落在地板上，宛如一堆堆鳥糞。我的床鋪灑滿鮮花，枕頭上放著一只花環。

第十章　緊急狀態

中國軍隊對中印邊界的尼法（Nefa）和拉達克（Ladakh）地區，同時展開大規模的攻擊。印度報紙的斗大標題，興高采烈地宣布這個消息。那時，我正在馬德拉斯旅行。旅館的服務生三三兩兩聚集在走廊上或樓梯口，爭相閱讀報紙上的新聞。在山岳路（Mount Road），一群失業男子平日總是糾集在克瓦里地餐館（Kwality Restaurant）門外，替吃完飯的客人叫車子，賺取小費；這會兒，他們卻都圍聚在一位男士身旁，豎起耳朵聆聽他高聲朗讀泰米爾語[1]報紙上刊載的消息。人行道上，一群婦人把煮好的食物舀到工人們的盤子裡，每人收取幾文錢。街旁的巷衖裡，打赤膊的車夫雙手握著車把子，使勁推著笨重的手推車，哼哼嘿嘿，踩著碎步，穿梭在滿巷川流不息的車陣中。這樣的一個場景跟報紙上的標題擺在一起，顯得很不搭調。印度這個國家，並未

1　泰米爾語（Tamil）是居住在印度南部和斯里蘭卡的德拉威族人使用的一種語言。

具備打一場現代戰爭的資格和條件。「以往足以和神聖羅馬帝國抗衡的印度，也許，將來只能與瓜地馬拉和比利時並列！」四十年前，小說家佛斯特就曾透過筆下人物費爾汀[2]，做出這樣的一個充滿嘲諷意味的預言；獨立十五年後，印度在很多方面仍舊是一個殖民地。它的主要產品，依然是政客和空談。它的「工業家」其實只是一群貿易商、機械進口商和政府特許的製造商。它的行政體系仍舊是消極的、被動的，只負責稽徵稅捐和維持秩序；而今，面對中國的入侵，它也只能以言詞回應激憤的民情。印度政府宣布全國進入緊急狀態。這是史無前例的。它實施「國土防衛法案」（Defence of the Realm Act），要求民眾準備防毒面具、燃燒彈和消防用的手壓泵。對印度人來說，「緊急狀態」意謂：某些公民權利的中止或撤消；使謠言和恐慌加速蔓延的新聞檢查制度；充斥報紙的口號式大字標題。「緊急狀態」變成了言詞——變成了一連串英文字。「這是一場全面戰爭！」孟買市一家週刊在封面上宣稱。公務員考試委員會詢問一位考生：「何謂全面戰爭？」他回答：「全面戰爭就是全世界都參與的一場戰爭嘛。」前線傳回來的消息越來越糟。據說，一支廓爾喀傭兵[3]只帶著短刀，就奉命到前線作戰；一支印度軍隊只穿汗衫和球鞋，就被趕上飛機，從阿薩姆平原飛到中印邊界的尼法山區。這個國家司空見慣的街頭暴力，驟然間凝聚起來，形成一股沛然莫之能禦的力量；民眾們都感受到空氣中瀰漫著一種解放的、革命的氣氛。任何事情都可能發生。如果光靠意志就能打敗敵人，只消一個禮拜，中國軍隊就會被驅趕回拉薩。政客們只顧喋喋不休、夸夸而談；行政官員只會按照法令規章辦事。赫赫有名的印度陸軍第四師，一交手，就被中國軍隊打得潰不成軍、落荒而逃。印度人引以為榮的印度陸軍雄師，遭受前所未有的奇恥大辱。獨立的印度共和國，如今卻讓人覺得它只是言詞的產物——「我們為什麼不應該為我們的自由奮鬥呢？」——結果，它真的就在言詞中崩垮了。領袖的魔力再也發揮不了效用。沒多久，印度人的激情就漸漸轉化成了宿命論。

邊界危機

中國軍隊入侵印度，已經一個星期了。一天晚上，我的朋友在家裡舉行宴會，客人包括一位製片人、一位編劇家、一位新聞記者和一位醫生。進入餐廳之前，大夥兒先在迴廊上小坐片刻；我坐在一旁聆聽賓客們高談闊論，心想，如果我把他們的談話據實報導出來，讀者肯定不會相信。這幫人的談話時而瑣碎、輕浮，時而充滿嘲謔意味，時而絕望，時而慷慨陳詞。大夥兒情緒都很低落；氣氛沉悶極了。製片人說，中國軍隊一路挺進，到達雅魯藏布江畔就會停下來；他們只想鞏固他們在西藏的統治權。他的口氣還算平和，態度顯得相當冷靜。沒有人質疑他的看法：印度面對這場危機，只能消極地因應。大夥兒忽然改變話題，討論起佛家所說的「業」（karma）和人類生存的意義；我還沒弄清楚到底是怎麼回事，話題又轉回到邊界局勢上。印度政府倉卒應變的窘態，被狠狠嘲弄一番。大夥兒沒有責怪任何人，也沒有提出任何因應方案，只是把當前局勢的荒謬性，指出來而已。接下來呢？「有一個事實很多人都不知道，」醫生說，「那就是，在

---

2 費爾汀（Fielding）是《印度之旅》中的一個人物。

3 廓爾喀（Gurkha）是居住在尼泊爾的一支民族，以勇猛著稱。英軍和印度部隊中都有廓爾喀傭兵。

霍亂流行的當兒，注射霍亂預防針是很危險的。」這個醫學上的類比，我們一聽就懂：面對入侵者，印度毫無準備，現在才開始準備不但愚蠢、而且危險。大夥兒都接受這個看法。製片人重複他的預測：中國軍隊推進到雅魯藏布江，就會停下來。

有人提起聖雄甘地。話鋒一轉，醫生卻談起他對超自然現象的研究心得；他聲稱——彷彿準備展開一場辯論似的——「偉大的治療家通常會使用自身的力量，挽救自己的生命。」於是，大夥兒興致勃勃地談論起神蹟來。我聽到他們說，西藏人今天受苦受難，因為他們遺忘了他們的咒語（mantras），否則，只消念一念咒，保證中國軍隊馬上就會撤出西藏，落荒而逃。我仔細觀察大夥兒臉上的表情。看起來，他們是很認真的。但他們真的相信他們講的這一套嗎？說不定，他們的談話只是一種中古世紀式的清談——南印度婆羅門階級的餐前閒聊。主人終於宣布開飯了。大夥兒終於達成一個結論：印度人也遺忘了他們的咒語；如今面對大舉入侵的敵軍，只好坐以待斃。於是，邊界危機就在這場清談中，消弭於無形。我們心平氣和、若無其事地走進餐廳，坐下來吃晚飯，談一談別的事情。

生活依舊

印度人的日子還要過下去。

徵婚啟事：一位月入兩百盧比的年輕大學生，徵求一位具有特魯古族血統、出身婆羅門階級、非高西格族、年紀在二十二歲以下的新娘。

旅館門外路邊草地上，一群婦人和水牛成天在垃圾堆中鑽進鑽出，搜尋旅館拋棄的剩飯剩菜和用來包裝食物的香蕉葉。一條褐色小狗兒奄奄一息，躺在垃圾堆旁。就像一個待決的死囚，牠被拘禁在這個小小的空間內，等待死神的降臨。一天早晨，牠靜靜趴在地上，看起來好像已經死了。一隻烏鴉飛臨；小狗忽然舉起尾巴，然後又垂下來。

容貌秀麗、氣質高雅的巴聚莎・納特雅姆舞者[4]，一流大學畢業，出身貴族家庭，心胸開闊，性情溫柔，皮膚白皙，身材高䠷，具有現代淑女氣質，年二十一歲，願意嫁給工廠老闆、商業鉅子、家道殷實的地主、醫生、工程師或高級企業主管。種姓階級、宗教信仰、國籍不拘。

從新德里傳來的前線消息，並沒有任何改變，但印度教的狄帕瓦里節（Deepavali）即將來臨了，成群乞丐從四面八方湧進馬德拉斯市山岳路。乍看之下，這個男孩可一點都不像乞丐。他長得挺俊俏，一身咖啡色皮膚十分柔嫩細緻。他腰間繫著一條紅短褲，肩膀上披著一塊白布巾。一看見我走出郵局，他就迎上來，朝我笑了笑，伸出左手，掀開肩上的白布巾，露出他那隻畸形的、模樣十分醜怪嚇人的右臂。他這隻手怎麼看都不像人的胳臂：它的形狀像極了女人的乳房，

4 巴聚莎・納特雅姆（Bharatha Natyam）是印度南部一種傳統舞蹈，以往表演者都是神廟專屬的舞孃。

唯一不同的是，豎立在末端的並不是一粒乳頭，而是一根細小的手指頭上的一小片指甲。

民眾的信仰

除了祕書和那個頭上頂著一束髮髻的警衛，總共有八個人參加在「三重神智學會」（Triplicane Theosophical Society）舉行的演講會。今天的講題是「我們的宗師安妮・畢桑特」[5]。主講人是一位中年加拿大婦女。她說，她來自溫哥華，但這一點都不奇怪，因為根據安妮・畢桑特的說法，古早古早以前，溫哥華曾經是神祕學研究重鎮。安妮・畢桑特的愛爾蘭血統，使她具有異於常人的通靈能力——這點無庸置疑——而她的個性則是由她的前生經歷所決定的。尤其值得一提的是，安妮・畢桑特是一位偉大的導師；每一位神智學家，都必須立志成為一位導師，讓她的訊息繼續傳播人間，讓她的著作繼續流通在世界各地。「神智學會」目前遭遇的困境是民眾的冷漠（針對這個問題，學會祕書剛才已經談得很多）。很多人心中肯定有一個疑問：如果安妮・畢桑特今世今生又跟我們在一起，為什麼她一直沒在「神智學會」露面呢？這個問題不合邏輯。為什麼安妮・畢桑特非在「學會」露面不可呢？她為「學會」所做的工作，在前生前世已經完成了呀；如今，她肯定是以另一個名字，在另一個領域從事同樣重要的工作。聽眾中的兩位男士開始打瞌睡。

潘迪雪里[6]位於馬德拉斯南方一百哩處。城中的「奧洛賓度精舍」[7]四面圍繞著潔白的高牆，顯得十分清幽、寧謐。一九五〇年，奧洛賓度臨終時，曾警告印度總理尼赫魯，「黃種人」

必將擴張勢力，試圖染指印度；他預測中國人一定會征服西藏，做為進軍印度的跳板。這項預言記錄在奧洛賓度精舍的一本刊物中，白紙黑字，做為歷史的見證。最近幾天，這本刊物一再被翻閱；接待員引導我參觀精舍時，隨手一翻，就翻到了記錄奧洛賓度預言的那一頁。

大師的打坐壇十分高聳，布滿鮮花，坐落在精舍中的一方陰涼的庭院裡，現在已經成為信徒們集體打坐、參禪的地方。「聖母」（The Mother）還活著，但很少露面。只有在重要的週年紀念日，諸如奧洛賓度的誕辰和聖母抵達印度的日子，聖母才會「現身」（dershan）。我對奧洛賓度的生平事蹟略知一二：他年輕時被英國警察追捕，逃到當時是法國屬地的潘迪雪里，定居在那兒，從此不再搞政治。他在潘迪雪里建立一座靜修精舍，廣收徒眾，變成一位德高望重的聖人。至於那位「聖母」，我幾乎一無所知，只曉得她來自法國，是奧洛賓度生前的夥伴，在精舍中享有特殊的地位。我花三個半盧比，在精舍附設的書店買了一本《史里．奧洛賓度論聖母書信集》（*Letters of Sri Aurobindo on the Mother*）。

問：我認為，做為一個「個體」，她一身具現全部「神力」；她把「神恩」導引到物質的層

5 Annie Besant，一八四七～一九三三，擁有愛爾蘭血統的英國神智學家。神智學（theosophy）是西方一種神祕主義哲學。它認為，人類可以藉由精神上的自我發展，洞察神性的本質。近代的神智學納入甚多佛教和印度教的教義。

6 Pondicherry，原本是法國在印度的一個殖民地，位於印度半島東南海岸，現已歸還印度。

7 奧洛賓度是一位在英國受教育的印度玄學家。有關他的生平事蹟，請參閱本書第八章。「奧洛賓度精舍」（Aurobindo Ashram）是他在潘迪雪里建立的一座靜修中心。

面，讓整個物質世界有機會改變和轉型。請問，我的看法正確嗎？

答：正確。她一身具現神力，是為了讓世俗意識產生蛻變，以便吸納上天賜予的超心靈力量。之後，在超心靈力量的主導下，世俗意識將會進一步轉變，但整個意識仍不會超心靈化——首先，地球上將出現一個新種族，代表「超心靈」，而人類則代表「心靈」。

布烈松（Henri Cartier Bresson）拍攝的「聖母」照片，也陳列在精舍書店中，讓遊客選購。照片中的人物是一位年齡不詳的法國婦人：一張瘦骨嶙嶙、有稜有角的臉龐，笑嘻嘻，綻露出兩排巨大的、稍微凸出的牙齒，但她的臉頰卻顯得相當豐滿、露出兩隻陰暗深沉的眼睛，跟她那一臉燦爛的笑容很不搭調。她把圍巾束起來，用繩子或別針繫在腦勺後，兩端垂落在脖子兩旁。

問：為什麼「聖母」要穿戴這麼華麗的服飾呢？

答：你贊同「神性」是象徵貧窮和醜惡的觀念嗎？

奧洛賓度和「聖母」身上都散發出「神光」。奧洛賓度的光是淡藍色的；據說，死後好幾天，他身上依舊散發出燦亮的光芒。「聖母」的光則是白色的，有時會轉變成金黃。

我們以一種特殊的方式和意義描述聖母或我本人的光時，我們探索的是一種特殊的、玄祕的現象——從「超心靈」發射出來的某種光芒。聖母身上散發的是「白光」；它能夠淨化心靈，啟迪心智，把「真理」的精髓和力量導引到物質世界，使它產生蛻變……

聖母當然不會刻意向人們展示她身上散發的光；人們自動自發、接二連三跑來觀看——據我所知，精舍中已經有二、三十個人看過聖母身上的光。它顯然是一種徵象，顯示高層力量（我們不妨稱之為「超心靈力量」）已經開始影響物質世界。

精舍的組織和運作也是由「聖母」一手主導的。奧洛賓度答覆信徒的質問時，偶爾顯得很不耐煩。由此可見，精舍成立初期，內部曾經出現一些紛爭。

精舍的組織和運作，以往曾經出現一些問題，造成人力的浪費。這種現象之所以發生，主要原因是，員工們一意孤行，想怎麼做就怎麼做，完全不尊重聖母的意願。經過一番整頓後，這種情況已經有所改善。

你們以為，聖母臉上沒有笑容，是因為她對員工們的工作感到不滿或不贊同。這樣的想法是不對的。通常，那只是顯示聖母正在全神貫注思索某一個問題。這個問題，是向你的靈魂提出的。

那時，聖母並不知道你跟T談過話。你以為那就是她對你感到不滿的原由。這是毫無根據的臆測。你覺得聖母的笑容神祕兮兮的。這也只是你個人的想像——聖母說，她的笑容可是最真誠、最和善的。

你千萬莫以為，因為你的法文太糟，聖母才不願改正它；真正的原因是，我擔心她太過勞累，不讓她接下額外的工作。現在她已經夠忙的了，每天晚上都得查核一大堆帳本、批閱一大疊報告、回覆一大堆來函，根本沒有時間好好睡一覺。事情總是做不完。如果她答應每一個剛開始使用法文寫信的人，幫他們修改他們寫的東西，那麼，每天晚上她就得多花一、兩個小時在工作上。這一來，她就得一直工作到早晨九點鐘，小睡片刻，十點半才下樓來。因此，我才勸她不要幫你們改法文。

對聖母的誹謗和一切不潔的念頭，都會傷害她的身心，因為她已經把精舍的人，全都接納進她的心靈意識裡；她不願把這些不潔的東西送回給他們，以免傷害到他們的身心。

今天，儘管「聖母」已經退隱了，但在精舍的日常運作中，我們還是可以察覺到她的影響力。布告欄上張貼著告示，提醒居住在精舍內的信徒，切莫跟來自馬德拉斯的人接觸，因為那座城市發生了霍亂；另一張告示則警告閒雜人等，莫聚集在精舍門口喧譁。這些布告都是聖母簽名的——一個龍飛鳳舞、氣象萬千的「M」字。靜修精舍只是「奧洛賓度學會」轄下的一個機構。它所在的潘迪雪里城，如今已經完全融入南印度社會中；連當年風靡一時的法語，也早已消失無蹤。但奧洛賓度學會轄下的那一幢幢櫛比鱗次、維修得十分良好的建築物，依舊充滿法國情調

——乍看之下會誤以為，潘迪雪里是坐落在熱帶海岸的一個法國小鎮。面對門外那一片白花花閃爍在海浪上的陽光，圍牆上的窗戶全都關得緊緊的，而這些圍牆全都漆上代表「奧洛賓度學會」的顏色。

如今在潘迪雪里，唯一欣欣向榮的組織和機構似乎就是奧洛賓度學會。在城外，它擁有好幾座莊園；在城內，它開設工廠、圖書館和印刷廠。這是一個自給自足的組織，在全體成員通力合作下運作得非常有效率。日愈增加的成員，都是從世界各國和印度各地招募來的，因為據說「聖母」生平最討厭三樣東西：政治、菸草和性愛。跟隨父母親住進精舍的兒童，在成長的過程中必須學會一技之長，以便將來謀生。這些兒童中的「班長」穿著特殊的制服——那種非常短的、充滿法國風味的短褲。工作跟打坐參禪一樣重要；在精舍中，體力活動是日常生活的部分。（後來，在馬德拉斯，有一個英國人告訴我：有一天，他在潘迪雪里遇到一群身上穿著奇裝異服、腳下踩著溜冰鞋、年紀相當老邁的歐洲人；一時好奇，他就一路尾隨他們，結果發現他們走進精修精舍的大門。這個故事可能是捏造出來的，因為在精舍中，我只看見過一個歐洲人。他打赤腳，一身粉紅色皮膚非常醒目；他身上纏著一條腰布，外加一件印度式外褂。他那一頭雪白的長髮和滿臉鬍鬚，乍看之下，跟已逝的大師奧洛賓度頗有幾分神似。）就這樣，奧洛賓度學會從世界各地招募會員，避免了近親交配、同種繁殖的問題，而會員們也都擁有一技之長，齊心協力，使他們的組織越來越興旺。

譬如說，現任祕書長原本在孟買經商，後來退隱到精舍中，改名為「納華賈達」（Navajata）——意即「新生兒」。如今，他的外表看起來依舊像個生意人。他手裡拎著公事包，行色匆匆，一副大忙人的模樣。但他告訴我，他一輩子從沒這麼快樂過。

「現在我得走了。」他說，「我得上樓去探望聖母她老人家。」

「您能不能告訴我，關於中國軍旅入侵的事，聖母有什麼開示？」

「一九六二年是個壞年頭。」他匆匆背誦聖母的開示，「一九六三年也肯定是個壞年頭。一九六四年，情況會開始好轉。一九六七年，印度會打贏這場戰爭，取得最後的勝利。現在我真的該走啦。」

鄰居的小伙子

一連好幾個禮拜，我常常看到這個年輕人。我原以為他是出身法國或義大利的見習企業幹部。這個身材高瘦的小伙子戴著墨鏡、拎著公事包，走起路來步伐歪歪斜斜，顯得有點輕浮。他那張臉龐總是流露出自信滿滿、堅毅果決的神情，但讓我感到納悶的是，這個人怎麼會有那麼多空閒的時間，四處晃蕩呢？別人在上班，他卻站在公車站牌下，好像在等巴士。下午，我總會在博物館內碰到他；晚上到表演場所看印度傳統舞蹈時，我也會跟他不期而遇。三不五時，我們兩人就在街上擦肩而過。一天早晨，在旅館頂樓走廊，我們迎面相逢，彼此都嚇了一大跳。一個謎團終於解開：這個小伙子竟然是我的鄰居——他的房間就在我隔壁。

這個人讓我感到惶惑不安，但我也給他造成一些困擾，而我卻不曉得。在馬德拉斯，一般人都不喜歡邀請外人到家中做客；不管地位有多崇高，他們寧可紆尊降貴，親自登門拜訪你。這一來，我就得成天待在旅館房間，接待房客；「僕歐」進進出出，給新到的訪客端送咖啡。我猜，就是因為我房裡常常傳出一群人喝咖啡聊天、談笑風生的聲音，住在隔壁的這個小伙子才會精神崩潰。一天早晨，我們同時走出房間，正眼也不看對方一眼，各自把房門鎖上。我們同時轉身；剎那間，兩個人站在走廊上面對面碰上了。僵持了一會，突然，有如連珠砲一般，他嘴裡冒出一長串美國話，滔滔不絕；我根本沒有插嘴的餘地。

「你好嗎？你在這裡待了多久啦？我的情況糟透了，我在這兒待了六個月，體重減輕了十六磅。當初，我內心聽到東方的召喚，哈哈，於是我就千里迢迢跑到印度來，學習印度古代哲學和文化。我到處亂轉，就像一隻沒頭蒼蠅。你覺得這家旅館怎樣？住在這兒，讓我感到心裡發毛。」他聳聳肩膀。「印度的食物讓我受不了。」他撇撇嘴，伸出手掌拍拍他臉上戴著的墨鏡。「我的眼睛都快瞎掉了。印度人很詭異。他們排斥外人。請你幫個忙。你的房間一天到晚都有人進進出出，熱鬧得什麼似的。你認識住在這兒的英國人，把我的情況告訴他們吧，把我介紹給他們吧，他們也許會接納我。你一定要幫我這個忙。」

我答應試試看。

我把這個美國小伙子的情況告訴一位朋友。他說：「唔，我幫不上這個忙。經驗告訴我，當一個人在內心深處聽到東方的召喚，千里迢迢跑來印度時，你最好敬而遠之，千萬別招惹這種人。」

我沒再試。此後，我就盡量避免跟這個美國小伙子見面。幸好我沒再遇到他。這一陣子，一連串水災，加上部隊的移防，造成馬德拉斯和加爾各答之間的鐵路交通全面停擺。經過一番搶修，如今火車又恢復行駛了。

加爾各答

婦女專車——斗大的黃色標誌，赫然展現在一些車廂上；更多的車廂身上用粉筆寫著——運兵專車。乍然看到這一車一車士兵朝向北方移動，穿越貧瘠、破落的印度田野，前往烽火連天的邊界，我一時不敢相信自己的眼睛。這些相貌俊秀、談吐斯文、身穿草綠軍裝的士兵，在他們那嘴唇上蓄著八字鬍、手裡揮舞著短杖的長官帶領下，出現在火車站。剎那間，原本亂糟糟、鬧哄哄的月台一下子安靜了下來，變得井然有序。我猜，這些小伙子心裡一定很懷念他們那髒亂不堪的家鄉。

一位身材矮小、圓胖的少校跟我坐在同一個包廂。上車前，他跟送行的妻子和女兒肩並肩，靜靜坐在馬德拉斯中央車站月台上，誰也沒吭聲；上車後，他就一直靜靜坐著，手裡握住一只香檳酒瓶，裡頭裝著開水。火車開行了好一會兒，他才打破沉默跟我攀談。一開口，他就問我一個一般印度人最喜歡問陌生人的問題：您是打哪兒來的？從事什麼工作？士兵們也變得活潑起來。途中，火車在蔗田旁邊停下。一個士兵跳下車廂，拔出小刀砍甘蔗。弟兄們紛紛跟進。霎時間，整座蔗田到處都是揮刀砍甘蔗的士兵。農夫氣咻咻跑出來。士兵們掏出鈔票，塞到農夫手裡。農夫眉開眼笑。火車開行時，他還笑嘻嘻向我們揮手道別呢。

晌午時分，火車的影子拖得長長的，跟隨我們一路奔馳。日落、黃昏、黑夜——火車穿過一間又一間燈光朦朧的車站。這是一趟典型的印度鐵路之旅。以往，一路所見的景物對我來說毫無意義，而今，在敵人威脅下，卻突然變得值得珍惜、愛護。冬天早晨，火車迎著和煦的陽光，駛向我嚮往已久的孟加拉平原時，我對印度和她的百姓的感覺改變了——變得充滿柔情、充滿關愛。以往，我總是帶著不屑的眼光看待這個國家。車廂中有一群孟加拉乘客。我看到一位男士脖子上環繞著一條長長的羊毛圍巾，上身穿著一件褐色的蘇格蘭粗呢夾克，腰間繫著一條孟加拉式纏腰布。這一身裝扮顯得非常優雅、自然，跟他那端正的五官和輕鬆自在的姿態配合在一起，相得益彰。髒亂、腐朽、視人命如草芥的印度，竟也能產生出那麼多相貌堂堂、溫文儒雅的人物。印度製造出太多人口，結果棄絕了生命的價值和尊嚴；然而，它卻允許一部分人成長、茁壯，成為一個頂天立地的大丈夫。沒有一個國家的人民比這些印度人更有教養、更有個性、更有自信心。你若想了解印度人，就必須把他們當作「人」來看待，把每一場邂逅看成一樁有趣的冒險和奇遇。我不想看到印度淪陷，我會受不了。

就在這種心情中，我漫步行走在加爾各答街頭。這座城市，是尼赫魯心目中的「夢魘」；是美國某一家雜誌評選的「全世界最悲慘的城市」；是某一位美國作家筆下的「瘟疫怪獸」；是最讓世界衛生組織頭痛的「亞洲霍亂最後根據地」。這座城市當初興建時，只計畫容納兩百萬人口，而今，在它的人行道上和貧民窟中，卻住著六百萬人。

「老鼠！」豪拉車站（Howrah）餐廳的服務生伸出胳臂，興沖沖地指點給我看，「瞧！一隻老鼠。」這隻渾身毛髮脫光的粉紅色小動物，慢吞吞，穿過鋪著磁磚的地板，爬上一根水管；餐廳中坐著的那個阿薩姆軍人和他的妻子，只顧低頭吮吸盤中的米飯和咖哩魚，連眼皮也懶得抬起來一下。這幅景象確實令人怵目驚心，但我心裡早有準備。真正讓我驚訝的，卻是豪拉橋（Howrah Bridge）對岸那座紅磚砌成的市鎮。如果你能夠忽視那滿街的攤販、人力車和那一群群身白衣、行色匆匆的印度人，你肯定會誤以為，此刻你正置身在英國的伯明罕市；然後，薄暮時分走進市中心，你會以為你闖進了倫敦城——瞧，那座煙霧瀰漫、草木蔥籠的梅丹公園（Maiden），可不就是海德公園的翻版？霧中漫街霓虹迷濛閃爍、酒吧和咖啡館四處林立的周林希區（Chownringhee），可不就像倫敦牛津街、公園巷（Rark Lane）和灣水路（Bayswater Road）的綜合體？不遠處的胡格里河（Hooghly），可不就是一條更加寬闊、更加渾濁的泰晤士河？聚光燈照射下，前任印度陸軍總司令身穿黑西裝，挺直著腰桿子，佇立一座高台上，帶著美國桑德赫斯特軍校（Sandhurst）口音，操著印度斯坦語，向一小群懶洋洋的聽眾發表演說。講題是如何因應中國的侵略。一輛輛有如戰艦一般渾身漆成灰色的加爾各答電車，慢吞吞，以每小時不到十哩的速度，行駛在大街小巷中；電車出入口，擠滿身穿白衣的印度男人。在印度旅行的這段日子，頭一次，我發現自己置身在一座大城市中。這是一座看起來挺眼熟的大都會：街道的名稱幾乎全都是英國式的，諸如艾爾金（Elgin）、林賽（Lindsay）和亞倫比（Allenby），和街上熙往攘來的印度人，顯得格格不入。驅車出城，進入郊區，在茫茫煙霧中看見一根根煙囪矗立在棕櫚樹叢間，這種格格不入的感覺，越發加深了。

市場傳言，加爾各答這座印度大城市，就是中國總理周恩來答應送給中國人民的耶誕禮物。據說，印度的馬瓦爾商人[8]已經向有關單位查詢，在中國統治下的印度經商前景如何；同一個消息來源指出，印度南部的馬德拉斯人，儘管一直反對將印地語頒定為印度國語，現在卻已經開始學習中文。士氣低落，人心惶惶。面對勢如破竹的中國軍隊，阿薩姆省的行政系統一夕之間全面崩潰，官員和老百姓紛紛逃亡。但加爾各答面對的不僅僅是中國的威脅。即使中國軍隊不入侵，這座城市也已經死定了。

當年的印巴分治，使加爾各答喪失了大半的腹地，而成群難民的湧入，更加重了它的負擔。連大自然都跟這座城市作對：流經市區的胡格里河開始淤塞。但加爾各答的死亡不僅是形體的，也是心靈的。這座霓虹閃爍、髒亂不堪、人口過剩、黑金充斥、奄奄一息的大都會，一肩承擔起印度近代史的悲劇和英國殖民統治的失敗。在這兒，人們對印度和英國的接觸一度充滿期望。在這兒，印度文藝復興運動轟烈烈展開；印度改革運動領導人，有很多出身孟加拉省。然而，也就是在這座城市，英國人和印度人反目成仇。當初人們期望的文化交流並未實現；印度人元氣大傷。一度，在思想觀念和改革熱忱上，孟加拉領導印度全國各邦；而今，只不過四十年後，連印度人一聽到加爾各答這個名字，都會不寒而慄，因為今天它代表的是貧民窟、霍亂和腐敗。加爾各答人的美學意識和藝術創造力並未消退——坊間販售的每一件孟加拉紀念品和市場上展示的每一種出自難民之手、備受剝削的「手工藝」，都具有一種高雅的、迷人的藝術品味——然而，讓人感到悲哀的是，這樣的藝術才華只會更加凸顯出這座城市的衰微、墮落。今天的加爾各答，再也看不到傑出的領導人物；除了電影導演薩雅吉・雷（Satyajit Ray）和攝影家賈納（Janah），這座城市再也不曾產生過偉大的藝術家。加爾各答人不再從事文化探索和藝術實驗——如今，全印

8 馬瓦爾（Marwar）原為印度西北部之一邦，小名久德浦（Jodhpur），現已併入拉賈斯坦邦。

度的知識分子都紛紛從這場「印度大實驗」中撤退。建立加爾各答城的英國人，早已經捲鋪蓋走路，但他們的影響力依舊殘留在這座印度城市：英國人開設的公司行號遍布城中的周林希區，生意好得不得了。而對城裡的印度人來說（這些是已經夭折的印度復興運動的產物，其中有很多如今坐在冷氣大樓裡辦公），印度的「獨立」只給他們帶來一個好處：從此他們就能夠像英國人那樣撤退出印度。這幫人撤退後，剩下來的印度——讓我們那麼惦念、那麼關懷的印度，究竟會變成怎樣的一個國家呢？難道它只是一個名詞、一個觀念嗎？

戰爭戲劇化結束

從火車上眺望，新興的鋼鐵城杜加浦（Durgapur）看起來就像一個綿延不絕、燈光閃爍的圖案。我走到車廂走道上，觀看這一城燈火，直到燈光一盞一盞消失在我眼前。多麼微小的一個希望，多麼容易破滅啊！邦迪拉（Bomdi-la）今晚淪陷了。整個阿薩姆平原暴露在中國軍隊的砲火下。尼赫魯總理向全國人民發表演說，試圖鼓舞民心士氣，但他那套說詞聽起來，卻像是哀悼國家的淪亡。成群西藏難民在聖城貝那拉斯火車站下車。他們那一張張寬闊的、紅潤的臉龐綻露出迷惘的笑容。沒有人聽得懂他們講的語言。他們只管呆呆地站在行李旁，茫然不知所措。這些西藏人披頭散髮，身上穿著臃腫的、髒兮兮的茶褐色衣裳，頭戴氈帽，足登皮靴，模樣一看就知道是外鄉人。旅館空蕩蕩；國內航線的班機全都取消了。身穿黑西裝的年輕經理和身穿僕歐制服的侍應生，無所事事，三三兩兩站在走廊上，悶聲不響。不知怎的，我心中忽然興起一個念頭：我何不趁這個機會狠狠跟他們殺價，花點小錢，在這家豪華旅館住幾天。於是我走上旅館門前的台階，開始討價還價、錙銖必較。我對經理說：「房租包括早晨的咖啡哦！」經理無可奈何地說：「好，好，包括早晨的咖啡。」

旅館坐落在貝那拉斯城的軍營區，周遭杳無人蹤，宛如一座死城——住在這兒，你會產生一個錯覺：你是一個遊民，擅自闖入別人的房子賴著不走。但在市區，你卻嗅不到一絲戰火氣息。河邊石階上堆積著一疊疊木柴。一具具穿著華麗壽衣的屍體，躺在撒滿鮮花、布滿垃圾的河岸，卑微地等待火葬。偶爾從柴堆冒出的火焰，閃爍在恆河反射出的強烈陽光中，搖曳不定。家屬們圍聚在火堆旁，談笑風生。河邊那一排排用巨大的字體鐫刻著各種名號的陡峭石階，擠滿遊客，熱鬧得就像假日的海灘。虔誠的印度教徒三五成群，或佇立水中，或躺在遮陽傘下，或圍聚在一位師尊身邊，聆聽他老人家的開示。年輕人站在一旁舒展四肢，自顧自做健身操。高聳的白色河堤後面，迂迴曲折的巷衖中，小販們穿梭在陰暗但幽雅的（可惜地上四處散布著一堆堆牛糞）石造樓房之間，販賣貝那拉斯城的名產：玩具、絲織品和銅器。寺廟中身兼祭司和嚮導兩職的小伙子，穿扮得整整齊齊、一身光鮮；他們一面嚼檳榔、一面口出穢言，詛咒拒絕捐獻香火錢的觀光客。

我到一間尼泊爾廟宇參觀。根據《穆萊旅遊手冊》的說法，這座寺廟「被色情雕刻品弄得面目全非。這些玩意並不值得觀賞；你可別受到接待員的誘惑」。接待員是一個小伙子，肩膀上披著一頭長長的女用假髮。我央求他帶我去參觀這些雕像。「瞧，這是一個男人和一個女人。」他淡淡地說，「瞧，這是另一個男人。這傢伙是個急性子，因為他老是催促那對男女：『快啊，快啊！』」嚮導總愛捏造這類故事，講給遊客聽。我可不喜歡這樣的評註。色情藝術提供給人們的愉悅是非常短暫、非常虛幻的。我後悔沒遵循《穆萊旅遊手冊》的指示。

吃午飯時，我請那位憂心忡忡的年輕經理打開收音機，讓我聽聽新聞。前線傳來的依舊是壞消息。旅館經理站在我身旁，背著手，低頭瞅著收音機——即使心情不好，他依舊不忘禮節。突然，我聽見播報員提到「中國邊防部隊」，心中一動。

「經理先生，我們現在收聽的是北京電台的廣播！」

「這是『全印電台』呀！我常收聽它的廣播。」

「只有中國電台和巴基斯坦電台的新聞，才會提到中國邊防部隊。」

「可是，這是英語新聞啊。你聽，他的口音……奇怪，這個廣播聽起來很清晰。」

他說的沒錯。播報員的聲音聽起來既清晰、又響亮。我們試圖轉到新德里電台，但聽到的卻是嘎嘎聲和電波干擾。接著，我們聽到一個十分微弱、飄飄忽忽的聲音。

第二天，戰爭結束了。中國宣布停火，保證撤軍。有如變魔術一般，剎那間，旅館又住滿了客人。

緊急狀態持續

戰爭結束了，但「緊急狀態」依舊維持著。身為地方行政長官，這位高幹必須繼續巡視他的轄區，一方面鼓舞民心士氣，一方面為國防基金募款。我跟他見面時，他剛結束一段巡視行程，收到地方人士致贈的一本相簿，裡面張貼的幾乎全都是他接見地方士紳或接受他們歡迎的照片。這會兒，我跟他手下幾位幹部坐在他那輛旅行車後座，翻看這些照片。車子行駛在一條典型的印度公路上：兩條泥巴路夾著一條鋪著碎石的狹窄車道。泥巴路上的土壤早已經被牛車輪碾磨成細細的、厚厚的灰塵。這是典型的印度塵土：它不但損毀路樹，也糟蹋了公路兩旁一百碼內的田野，行政長官的座車開抵每一座塵土飛揚的車站時，我們面對的總是千篇一律的歡迎儀式：接待委員會、花環、健美操表演、粗糙簡陋的地方產品展示會。

這位行政長官對肥皂和鞋子情有獨鍾。每一站，我們都會看到滿臉鬍鬚的穆斯林鞋匠站在一排鞋子後面，恭候長官駕臨；本地的肥皂製造商，則站在他們那一堆笨重的、奇形怪狀的肥皂旁邊，等待長官檢閱。一天黃昏，在晚宴上，身穿深色西裝的長官向大夥兒解釋，他為什麼會對肥皂和鞋子那麼感興趣。一談起這件事，他的聲音就變得非常溫柔。他說，他有個女兒在英國念書，經由電視或其他教育傳播媒體的報導，她的同學們得知，印度這個國家所有城市，老百姓都不穿鞋子、不洗澡，也都不住在房屋裡。「爹地，這是真的嗎？」這個哀傷的小女孩質問她父親。從此，這位行政長官轄區內的所有工匠，都必須製造鞋子和肥皂。接受歡迎時，長官一時興起，往往會從團團包圍他的地方縉紳中掙脫出來，跑到馬路對面，跟列隊歡迎他的窮人家小孩打招呼。有時他會行使行政長官的特權，拿起歡迎會上展示的肥皂，分送給孩子們。隨行的攝影記者紛紛舉起照相機。爭相獵取鏡頭——看來，沒多久又可以貼滿一本照相簿，呈送給長官了。

這是一趟旋風式的訪問。讓我感到詫異的是，這麼遼闊、貧瘠的地區竟然能夠動員那麼多人力、物力，組織這麼盛大的歡迎會；更讓我感佩的是，居住在漫天塵土飛揚、物資極端匱乏環境中的人們，竟然能發揮藝術才華，創造出各種精美的手工藝品。我很想多留一會兒，感受一下希望的氣氛，但我們的行程實在太過倉促。要參觀的展覽會實在太多了。我坐在旅行車後座，因此每到一站，我都得最後下車；通常，我還來不及觀賞琳瑯滿目的展覽品，長官和他的幕僚就已經回到車旁，等我上車，然後他們才一個接一個，魚貫鑽進車廂中。

我們在歡迎會上停留的時間比較長。一群身材孱弱、四肢細瘦的小男生穿著白短褲和背心，聚集在大太陽下，為長官和貴賓表演體操。歡迎會上豎立著一座座牌樓，上面用印地語寫著「歡迎」二字。長官接受地方人士奉獻的花環。在印度，通常一位政治人物接過花環後，會立刻將它從脖子上拿下來，交給隨從——接受屬下禮敬，卻又立刻顯露出輕蔑的態度，是印度官場的典型作風。但這位行政長官並沒這麼做。他只顧低著頭，讓歡迎他的地方士紳把一個又一個花環戴在他脖子上，直到那一簇簇金盞花碰觸到他的耳朵；從背後看，此時他的模樣像極了一尊裝扮奇特的神像：一隻手拈著雪茄，另一隻手拿著英國式遮陽帽。他的隨從就站在旁邊，手裡捧著長官的雪茄盒；他那一身裝束看起來活像蒙兀兒皇朝的大臣。英國人這一招很厲害：他們把在他們之前統治印度的蒙兀兒人，貶為隨從和跟班。

一群農民聚集在裝飾華麗的帳棚中，排排坐在草蓆上。官員們則坐在一排椅子上，前面擺著一張桌子。一聽見長官點到自己的名字，農民就站起身來，走到長官面前，深深一鞠躬，雙手奉上鈔票，捐獻國防基金。（一位官員告訴我，隨著國防基金不斷累積，國民的儲蓄日愈減少。）好幾位婦女羞答答走到長官面前，脫下身上戴著的首飾，雙手奉上。偶爾沒有人回應長官點到的名字。這時，坐在草蓆上的農民就會七嘴八舌向長官報告：他家裡有人死啦。一張張鈔票隨隨便便堆疊在奉獻盤上，搖搖欲墜。官員們似乎不把這筆錢看在眼裡。

長官開始訓話。他說，緊急狀態還沒有結束，因為中國軍隊仍然駐留在印度的神聖領土。長久以來，印度人民在某些政治人物誤導下，沉溺在非暴力主義的理想中。如今，國難當前，印度人民必須振作起來。為了喚醒民眾，首先，長官訴諸農民的愛國情操，接著，他向在座的民眾分析中國對印度造成的威脅。他聲稱，以印度的任何一套標準來衡量，中國人都是「不潔」的民族。他們吃牛肉（這是對在座的印度教徒說的）；他們吃豬肉（這是對聽眾中的回教徒說的）；他們吃狗肉（這是對全體印度民眾說的）。中國人什麼都吃：貓肉、老鼠肉、蛇肉──全都被他們吃進肚子裡。農民們只管靜靜坐在地上聆聽，臉上木無表情；直到長官打出手裡的最後一張王牌，召喚印度教的「毀滅女神」[9]，農民們才振奮起來。

長官身邊有一位「啦啦隊隊長」。他是一位身材高瘦的老漢，身上穿著老舊的雙排釦灰色西裝，鼻梁上架著一副眼鏡，手裡拿著一頂看起來跟長官的帽子一模一樣的遮陽帽，嘴裡咂巴咂巴不停地嚼著檳榔。他的嘴巴很大，沾滿檳榔汁，兩片嘴唇紅涎涎的好像在滴血。他只管靜靜坐著，面無表情，彷彿在腦子裡演算數學題目。這會兒他忽然伸出手，扶扶眼鏡，慢條斯理走到麥克風前，望著大夥兒，好一會兒沒開腔。突然，石破天驚，他張開他那張血盆大口，露出一嘴爛牙和檳榔渣，扯起嗓門尖叫一聲：「聖母卡里呀──」

「萬歲！」眼睛一亮，大夥兒紛紛扯起嗓門回應。剎那間，一朵朵笑靨綻開在農民們臉龐

9 卡里（Kali），大地之母，濕婆神之妻。

上。「聖母卡里萬歲！」

「你們說什麼？」啦啦隊隊長說，「我沒聽見哦。」這是他最得意的一句台詞，每次聚會都會用到。「我們再試一次，這回你們要喊大聲一點，讓我聽到哦！聖母卡里呀——」

「萬歲！萬歲！萬萬歲！」

一次、兩次、三次，群眾們呼喚印度教毀滅女神的名號，情緒越來越高昂。啦啦隊隊長驟然轉身，走回到他的座位旁，一屁股坐下來，把手裡握著的那頂遮陽帽擱在膝頭上，睜著眼睛直視前方，咂巴咂巴，自顧自又咀嚼起檳榔來，重新在腦子裡演算剛才那道數學題目。

有時聽眾太少，只有小貓兩三隻，長官就會板起臉孔，拂袖而去。這時官員和警察就會全體出動，急急慌慌，四處拉人。於是農民們被迫放下手上的活兒，離開田地和農舍；孩子們被驅趕出學校來，在老師押送下，前去聆聽長官訓話。晚上舉行的音樂會卻不愁找不到觀眾。本地的知名歌手嚼著檳鄉，輪著上台，演唱他們自己創作的歌曲，控訴中國軍隊的暴行；他們手裡握著的麥克風，全都用白布包紮起來，以免沾到歌星嘴裡噴吐出的檳榔渣。畫家們透過一幅幅素描畫，呼籲民眾努力儲蓄、提高生產、踴躍捐輸。偶爾有一位野心勃勃的劇作家，把他特地為這場戰爭創作的劇本搬上舞台，以彰顯印度人民奮勇抗敵、為國犧牲的精神，但這位劇作家跟村民們一樣，並不知道中國人到底長成什麼樣子。

搭乘火車或開著汽車行駛在塵土飛揚的公路上，這時從車窗望出去，你會覺得，印度需要的只是同情和憐憫。這是一種廉價情感。也許印度人的看法是正確的：我那種悲憫——非常勉強、非常造作的一種情感，使我扭曲了人性。它使人們疏離；它讓我在這些單純而樸實地展示人性的音樂會上，感受到心靈的震撼。憤怒、憐憫和輕蔑，本質上是相同的一種情感；它並沒有價值，因為它不能持久。你若想了解印度，就必須先接受它。

我跟隨長官，來到了一個表面上看起來跟周遭村鎮沒什麼兩樣、但卻以出產軍人著稱的地區。他們的尚武精神，究竟是什麼因素造成的呢？是古代的某種血統融合，在種姓階級制度的保障下一直延續到今天？是拉茲普特人[10]獨有的一種堅毅、頑強的血緣？我們不得而知。印度充滿這類謎團。帳棚中擠滿前來聆聽長官演講的民眾。好些人穿上軍服、掛上勳章。啦啦隊隊長把這些老兵集合在一起，請他們坐在帳棚邊緣一條板凳上。長官訓話時，有一、兩位老兵卻站起身來，自顧自在馬路上踱步。這之前，長官面對的聽眾都是那些被迫放下手邊的工作、滿心怨氣前來聽訓的農民。但這裡的民眾完全不同；一開始他們就專心聽講。老兵們凝起眼睛，直視長官，臉上的表情隨著長官的語氣而變化不停。長官說，中國人吃豬肉；老兵們的眉頭一個個皺了起來。長官說，中國人吃狗肉；老兵們的眉頭皺得更深了。長官說，中國人吃老鼠肉；老兵們昂起頭顱，眼珠一顆顆凸出來，彷彿遭受電殛似的。

長官還沒講完話，聽眾中忽然跑出一個男子。他走到長官面前，撲通一聲跪下來，淚流滿面。

群眾鬆了一口氣，臉上綻現出笑容。

「起來，起來！」長官說，「你有什麼話要告訴我嗎？儘管說吧！」

10 拉茲普特人（Rajput），印度北部剎帝利族（Kshatriya）之一員，屬於種姓制度中的武士階級。

「您要我到前線打仗，我也願意打仗。可是，家裡沒飯吃，我怎麼打仗呢？我家的田地都失去了，我怎麼打仗呢？」

群眾抿著嘴，吃吃笑起來。

「你失去了你的田地？」

「是，在土地重畫中全都失去了。」

長官回頭跟啦啦隊隊長咬耳朵講幾句話。

「好的田地，他們全都分配給別人。」陳情的男子哀哀哭泣起來，「壞的田地，他們全都分配給我。」

老兵們捧腹大笑。

「我會調查這件事。」長官說。

群眾一哄而散。陳情的男子消失在人堆中；嘲笑聲漸漸平息下來。我們轉往村長家，參加這位沉默寡言的村長為長官舉行的茶會。

那天晚上還有另一場音樂會，主辦者是當地的一位教師。晚會即將結束時，他走到台上向大夥兒宣布：他最近寫了一首新詩，如果長官不嫌棄，他願意朗誦給大家聽。長官拔出嘴裡咬著的雪茄，點點頭。一鞠躬後，老師比手畫腳、滔滔不絕開始朗誦他的作品。那一行行押韻的印地語詩句宛如一串串活蹦亂跳的音符，琤琤琮琮，不斷從老師嘴裡流淌翻滾出來。驀地，老師扯起嗓門大放悲聲，把他的朗誦帶到了高潮。他呼籲印度人民齊心協力，在人間創造一塊神聖的淨土——

……薩蒂雅．阿辛姆薩。[11]

老師一鞠躬，佇立台上，等待聽眾的掌聲。

「薩蒂雅．阿辛姆薩！」長官坐在台下怒吼一聲。他那高舉在空中準備使勁拍打的雙手，忽然僵住了。「你瘋了嗎？崇尚真理、揚棄暴力——什麼話嘛！中國人馬上就要跑過來強姦你的妻子了。這種時候，你還跟他們講真理和非暴力嗎？這一整個下午我苦口婆心，鼓舞民心士氣，難道你們都沒聽進耳朵嗎？老師啊，你好糊塗！」

詩人佇立台上，弓著腰，縮起脖子。台前的帷幕咻地降落下來，覆蓋在他頭頂上。

可憐的詩人！他苦心孤詣設計、安排今晚的節目。晚會上表演的那些控訴中國侵略、歌頌偉大祖國的短劇和歌謠，全都是出自他的手筆；然而，一輪到他自己上台，親自朗誦他的傑作，他卻開始胡說八道起來，彷彿鬼迷心竅一般。這些年來，他經常在公開場合朗誦詩篇，歌頌真理和非暴力主義，備受官員們的讚許。享盡民眾的掌聲。積習難改，如今在長官面前他又重彈老調，因而遭受公開羞辱，也是自作自受。

幾個星期後，尼赫魯總理駕臨印度北部的勒克瑙市。他站在停機坪上，一逕鞠躬哈腰，從省政府四十六名廳度局長手中，接過四十六個花環。這是我從勒克瑙市一位行政官員口中聽來的故

---

11 satya ahimsa，印地語，意為「崇尚真理，揚棄暴力」。

事，姑妄言之，姑妄聽之。印度行政體系奉中央政府指示，在勒克瑙市認真舉行民防演習：實施燈火管制、發布空襲警報、挖掘戰壕。他們原以為，尼赫魯總理看了一定會非常高興。不料，他老人家一看卻發起脾氣來，他說，挖掘那麼多戰壕，簡直是庸人自擾嘛！

「緊急狀態」可說已經結束了。

第十一章 還鄉記

緊急狀態結束了。我那為期一年的印度之旅也即將告終。短暫的冬季很快就消失；這會兒坐在屋外曬太陽，不再是一種享受——漫天塵土飛揚，直到雨季來臨才會平息下來。但我還得去探訪一個地方；對這趟旅程，我早已喪失了興趣。印度的魔力在我身上施展不開來。在我心目中，印度依舊是我小時候想像的那個國家——一個「幽黯國度」。就像喜馬拉雅山的隘口，我一穿過去，它就立刻關閉起來，又變成一個陰森神祕的國度；它似乎永遠存留在我小時候想像的「永恆」中。而這個永恆，我一輩子都無法穿透，儘管這一年來我的足跡踏遍了印度的土地。

代母尋親

在這一年中，我並沒學會接受印度的現實。我體認到的是，在印度我是一個異鄉人、一個在殖民地長大的印裔千里達人，沒有過去，沒有祖先。但為了履行我對家母的承諾，我必須前往北方邦東部一個城鎮走一趟——這是一個貧窮、落後的小鎮，方圓數里內連一座古蹟都沒有，唯一可以向外人誇耀的是，據說佛祖曾經居住在這兒。我在鎮上逗留了幾天，終日在街頭晃蕩或待在旅館裡讀小說。想起對母親的承諾，我終於開車上路，沿著那條擠滿農夫（他們根本不把汽車看在眼裡）的鄉間公路，前往我母親娘家的村莊。六十多年前，我外祖父以契約勞工的身分，從這個村子出發，前往千里達。

開車穿越印度西部和中部地區，你會感到奇怪。居住在這兒的數以百萬計的印度人，到底怎麼過活：一路上，難得看到幾座聚落和村莊，放眼望去，盡是一片荒涼、貧瘠的褐色土地。如今，行駛在這條鄉間公路上，你的感受卻完全不同。展現在你眼前的是一片平坦而遼闊的田野。頂頭是一片湛藍、高聳的天空；蒼穹下的大地萬物顯得格外渺小。每隔一段路程，一座村莊就會豁然出現在你眼前——低矮的房舍，四處瀰漫的灰塵，彷彿跟周遭的土地融合成一體。馬路兩旁捲起一團團塵土；每一團塵土中，我們都可以看到一個正在幹活的農夫。偌大的一片土地，四處都有人在走動、幹活，展現出無比旺盛的生機。

在三岔路口，我們遇到一個自願充當嚮導的陌生人；我們讓他上車，在他指引下，把車子開上一道堤防。塵土飛揚的堤岸上矗立著一排高聳的老樹。當年，我外祖父離開家鄉、遠渡重洋時，肯定就是沿著這座堤岸行走到村口。我忍不住多看它幾眼。對我們來說，這塊土地早已不存在了，而今它卻驟然展現在我們眼前，而且顯得那麼的平凡、熟悉。我不想多看，因為我擔心看到的東西會讓我傷心、難過，而此刻我身邊還坐著幾個人。不是這家！不是這家！一路上嚮導只管指指點點、叫嚷不停。這傢伙感到非常興奮，因為他做夢也沒想到，今天他會坐上一輛吉普車，陪同一個千里歸來的遊子尋親。一座又一座村莊消失在車子捲起的煙塵中。忽然，嚮導眼睛一亮，伸出胳臂朝向右邊指了指：瞧，那就是杜比家族（the Dubes）居住的村莊。

村子坐落在堤岸後面，遠遠看起來還挺幽雅的，比我想像中美好多了。附近一座遼闊的芒果園，給整個村莊平添幾分寧謐、有如田園詩般的氣息；兩座白色的尖塔矗立在蓊鬱蒼翠的木葉間，顯得十分皎潔、清淨。從小，我就常聽家人談起這兩座浮屠，如今乍然看見它們出現在眼前，心裡當然很高興。定居千里達後，我外祖父試圖重建他留在印度的家庭。他幫老家的親人贖回他們的田地，此外還捐出一筆錢，在家鄉興建一座寺廟。結果，寺廟沒蓋成，只建造了三座神龕。在千里達，我們總以為家鄉的人又窮又懶、一無是處。如今從公路上眺望過去，那兩座尖塔卻讓我覺得非常親切、非常安慰！

我們跳下吉普車，踩著鬆脆的泥土鑽進芒果園中。高聳的、枝葉亭亭的芒果樹下有一口人工池塘，周遭的土地上，斑斑駁駁，散布著從枝葉間曬落下來的陽光。一個男孩走出來。他那細瘦的身子赤條條，只繫著一塊腰布和一條聖帶[1]。他滿臉孤疑，只管打量我——我們這一行人聲勢浩大，乍看就像官府派來的一群公差，難怪這個小孩會感到畏懼。陪同我前來尋親的那位印度行政官員，向男孩說明我的身分；男孩又驚又喜，本想上前擁抱我，但轉念一想卻又跪了下來，伸手摸摸我的腳。我趕忙抽身，掙脫他的手。男孩引領我們走進村子，邊走邊向我解釋我們之間的

1 聖帶（sacred thread）是印度教最上層的三個階級的男子身上繫著的、象徵重生的帶子。

親戚關係。好複雜哦！這男孩對我外祖父一生的經歷，簡直瞭如指掌。這座村子至今還流傳他老人家的事蹟：當年他遠渡重洋，到異鄉打拚，賺了很多很多錢。

一年前，我可能會被我現在看到的景象嚇呆。但在印度旅行了一年，我的心態和眼光都改變了。和印度其他村莊比較，這座村子看起來相當富庶，甚至還挺幽雅迷人的。房子大多是磚造的，有些坐落在台階上，有些門口裝著兩扇精工雕刻的木門，屋頂上鑽著瓦片。村中的巷衖全都鋪上柏油，顯得十分乾淨。我們看到一個用混凝土打造的槽子，那是餵養牛隻的地方。「這是一座婆羅門村莊！」隨行的官員忍不住讚嘆起來。村裡的婦人全都沒戴面紗，露出一張張秀麗的臉龐；她們身上穿著白色的紗麗裝，顯得十分素淨。我們走過時，這些婦女並不迴避，只管大大方方瞅著我們。在她們臉上的五官中，我看到了我母親和姐妹們的影子。「婆羅門階級的子女，果然很大方哦！」隨行的官員又低聲讚嘆起來。

這個村子住著杜比和堤瓦利（Tiwaris）兩個家族，全都屬於婆羅門階級，全都有某種程度的親戚關係。我們看到一個男子站在屋外沖澡。他身上赤條條，只繫著一塊腰布和一條聖帶，手裡拿著一只黃銅盆子，舀著水，一瓢一瓢只管往自己身上澆潑。瞧，他的姿勢多優雅，他的身體多苗條、細緻！在人口稠密、貧窮髒亂的印度，這種令人眼睛一亮的人體美，究竟是怎樣保存下來的呢？這些人屬於婆羅門階級；他們只需花點小錢，就可以租到肥美的田地。根據《印度政府公報》（*Gazetteer*）的報導，這個地區「充斥著婆羅門」：他們的人數，占印度教人口的百分之十二到十五。也許，這就是為什麼，儘管這個村子的居民彼此之間都有親戚關係，但他們並沒住在一起，過著公社般的生活。我們離開村中的磚瓦房子，繼續往前走，在一間小茅屋門前停下腳步。我好生失望！原來，這兒就是我外祖父所屬的那一支杜比家族的現任族長拉馬昌德拉（Ramachandra）居住的地方。

他出門去了。一路跟隨我們的成群大人和小孩，紛紛扯起嗓門叫嚷起來：哦，他怎麼偏偏挑選今天出門呢？沒關係，我們帶客人去參觀神龕好了。瞧，這些神龕保管得多好啊；瞧，您外祖父的名諱就雕刻在神龕上呢。大夥兒七手八腳，打開祠堂的鐵柵門，讓我進去瞻仰龕子裡的神像。這幾位神祇剛洗過身子，換上光鮮的衣裳，身上塗抹著新鮮的檀香膏；今天早晨供奉在祂們座前的鮮花，到現在還沒凋謝呢。剎那間，我的時空意識變得模糊、混淆起來——這一刻展現在我眼前的，竟然是與我外祖母在祈禱室中供奉的神像一模一樣的神祇。

忽然，我聽到一位老婦人的哭叫聲。

「誰的兒子？哪一家的？」

愣了好一會兒，我才發覺她講的是英文。

「茱蘇德拉（Jussodra）來了！」大夥兒紛紛往兩旁退開，讓出一條通路給老太太。她蹲在地上，一步一步往前挪移，邊走邊哭，不停地用英文和印地語尖叫。她那張蒼白的臉龐滿布皺紋，看起來就像一塊曬乾的泥巴；她那兩隻灰色的眼睛迷迷濛濛。

「茱蘇德拉會跟你講你外公的事。」大夥兒說。

這位老太太去過千里達，認識我外祖父。大夥兒引導我們兩人，從祠堂走進茅屋裡，讓我坐在繩床上鋪著的一張毯子上，而茱蘇德拉就蹲在我腳邊，在隨行的印度行政官員翻譯下，一面哭泣，一面講述我外祖父的家世和生平事蹟。這三十六年來，茱蘇德拉一直住在這座村莊；在她宣揚下，我外祖父的事蹟漸漸變成一則充滿傳奇色彩的印度童話，四處傳誦。這個故事村民們聽多了，早已瞭如指掌，但這會兒大家都靜靜團聚在我們身旁，一臉肅穆，豎起耳朵，專心聆聽老太太的講述。

茱蘇德拉說，年輕時，我外公離開村子，前往聖城貝那拉斯求學。自古以來，婆羅門的子弟都得走這條路。但我外公是個窮學生，家裡沒錢；那陣子年頭不好，五穀歉收，甚至還發生過一場饑荒。一天，我外公遇到一個人，他告訴我外公，地球的另一端有個國家叫做「千里達」。這座島嶼上有一群印度勞工，島上的土地又很便宜，而且他們願意負擔應徵者的旅費。把這個訊息透露給我外公的人，可不是胡扯的；他是一位招募員——村民們管這種人叫「卡爺」（arkatia）——負責徵召勞工到千里達幹活。年頭好的時候，村民們也許會朝他身上扔石頭，把他趕出村子，但這陣子大家都挨餓，對他說的那一套才開始感興趣。於是，我外公簽下契約，到千里達工作五年。他們沒讓他當教師，卻叫他到糖廠工作。老闆提供膳宿，此外每天給他十二個安那，相當於十四便士。這是滿高的薪水。即使今天在我們印度老家，一般勞工的薪水也沒那麼高，甚至比政府在災區以工代賑所付的薪資還高出兩倍呢！每天晚上下班後，外公就以梵文學者的身分從事教學工作，賺取外快。出身聖城貝那拉斯的梵文學者，在千里達並不多見，因此我外公很受歡迎，連糖廠的英國老闆也敬他三分。一天，老闆對他說：「你是印度教的一位師尊。能不能請你幫我一個忙，我很想有一個兒子。」我外公說：「沒問題，我幫您想個辦法，讓您的夫人生個兒子。」果然，沒多久老闆娘就產下一個麟兒。這位英國老闆高興極了，指著蔗田就對我外公說：「瞧，那兒有三十畝地，上面栽種的甘蔗全都是你的。」外祖父僱來一群工人，把甘蔗全都砍了，以兩千盧比的價錢賣掉，然後辭掉工作，自己開店做生意。

好運接二連三降臨。一位在千里達定居多年的富商，有一天忽然登門拜訪我外公，對他說：「我觀察你已經好一陣子啦。我看得出來，你是一個很上進的年輕人，將來肯定會出人頭地。我有個女兒。如果你不嫌棄，我想把她嫁給你做妻子。我願意拿出三畝土地當作嫁妝。」外公興趣缺缺。這個富商又說：「我再送你一輛單座雙輪馬車。你把馬車出租，可以多賺點錢。」於是，我外公成親啦。婚後他的事業蒸蒸日上，生意越做越大。他蓋了兩間房子。沒多久，他就帶著一大筆錢回到家鄉，幫助親人贖回二十五畝田地，然後又回到千里達。但他老人家是個天生的浪子，他打算再回印度老家走一趟。「趕快回來哦！」家人叮嚀他。（這句話，茱蘇德拉是用英文說的；提到那輛單座雙輪馬車，她也用英文buggy）。但我外公從此再也沒回到千里達。從加爾各答搭乘火車返鄉的路途上，他老人家病倒了。他寫信給家人，「太陽下山了。」

故事講完了，茱蘇德拉忍不住掩面哭泣起來。大夥兒只管靜靜坐著，一動不動。

「我應該怎麼做？」我問隨行的官員，「這位老太太年紀一大把了。我想給她一點錢，但我不曉得這樣做會不會冒犯她？」

「她高興都還來不及呢！」官員回答，「給她一點錢，請她替你安排一場『誦經法會』（kattha）。」

我遵照官員的指示做。

接著，他們拿出照片讓我觀賞。這一幀幀照片。在我眼中就跟祠堂裡的神一般古老、一樣被人遺忘。翻著，看著，我的時空意識又漸漸變得混淆起來——置身在一個幅員遼闊、讓我覺得徬徨無依、非常容易迷失的國家中，驟然間，我看到了一張在千里達拍攝的老照片：上面戳印著的照相館名稱和地址，依舊那麼的明亮、清晰；相形之下，照片中的那個深褐色人物卻已經褪色了，變成模模糊糊的一團。在我那被喚醒的記憶中，這個人物早已經退隱、消失了。他屬於一個想像的世界；他從來就不曾屬於印度的、現實的世界。

這次，我是硬著頭皮，心不甘情不願地前來這座村子尋親的。我沒抱著很大的期望；我心裡還真有點害怕呢。我也知道，我這種態度實在要不得。

有個人想見我。她是族長拉馬昌德拉的妻子。此刻她正待在內室，等我去見她。一位身穿白衣的婦人跪伏在我面前，伸出雙手，攫住我那兩隻穿著德國名牌皮鞋的腳，哀哀哭泣起來。好一會兒她只管哭泣，抓住我的腳不肯放手。

「我現在該怎麼辦呢？」我問隨行的官員。

「別理她。待會兒，有人會走進來告訴她，這可不是接待親戚應有的禮貌哦！她應該下廚，給遠道來訪的親戚準備一些吃的東西。這是咱們這兒的習俗。」

果然不出官員所料。

食物端上來了。儘管鄉親們熱忱款待、盛情可感，但在英國殖民地出生、長大的我，卻依舊小心翼翼跟這幫人周旋，不敢魯莽行事。否則，一時衝動，我準會把口袋裡的錢全都掏出來，塞進茱蘇德拉老太太那雙皺巴巴的、枯瘦的手裡。這會兒，面對鄉親們端上來的餐點，我想起了那位地方行政官員的告誡，「煮熟的食物，你可以嘗一嘗，但千萬不要喝他們的水。」長官是印度人。於是我說：「謝了，今天我身體不舒服，我不能吃東西。」

「喝點水吧！」拉馬昌德拉太太說，「喝水總可以吧。」

隨行的官員對我說：「你看到那片田地嗎？上面栽種著豌豆苗。你就請他們摘一些豌豆讓你吃吧。」

我們每個人都吃了幾顆豌豆。我答應再回來探望鄉親們。村子裡的男人和小孩陪伴我們。一路走到吉普車旁。沿著來時路，驅車回到城裡，我心中的恐懼全都消失了。

族長拉馬昌德拉

那天晚上我在城中的旅館寫信。今天的行程太奇妙、太不可思議了。它扭曲了時間；我沉湎在回想中，不時驚醒過來，茫茫然回到現實：此刻深更半夜，我正坐在一座城鎮中的一家旅館裡。盤旋在我腦海中的，盡是我在那座印度村莊看到的神像和照片；老太太口中說出的零零碎碎的千里達英語，好久好久，只管縈繞在我的心頭。寫完信，我的情緒依舊十分亢奮。寫信的過程中，我釋放出來的並不是個別的、孤立的回憶，而是一整個被遺忘已久的心情和感覺。我終於上床睡覺。忽然，我聽到一首歌謠——一支二重奏。最初，它彷彿從我的記憶深處傳出來，回應我此刻的心情。但我並不是在做夢；這會兒我心中一片清明。那首歌謠是真實的。

妳將永恆的意義賦予我的愛情，
妳喚醒我那顆沉睡的心。

美人，妳是我的愛、我的寶石。[2]

破曉了。歌聲從對街的一間店舖中傳過來。那是一九三〇年代末期流行的一支曲子。好多年前我就沒再聽到這首歌了；直到這一刻之前，我早已把它遺忘。我甚至弄不清楚歌詞的意思——我一直不明白，這首歌究竟想傳達什麼訊息。對我來說，它呈現的只是一種純粹的心情。在這似醒非醒、如夢如幻的一刻，它把我帶回到另一個世界的另一個早晨。那天，在市場上遊逛，我看到了我外祖母家中的簧風琴（其中一台早已破損不堪）、鑼鼓、印刷子模和黃銅器皿——全都是屬於一個已經消失的時代的東西。我又感覺到時間融解了、消散了。我的肉身和形體飄在大街上，心中感到十分驚惶，卻也覺得無比興奮。

我走進一家理髮店，打算把鬍子刮一刮，但卻發現這家理髮店並不供應熱水。我那滿腔熱忱登時化為烏有。霎時間，我又變成了一個急躁的旅客。太陽高掛天頂，驅散了早晨的寒氣。

我回到旅館，發現一個乞丐守候在我房門前。

「你找我有什麼事嗎？」我操著蹩腳的印地語問他。

他抬起頭來望了我一眼，他那顆頭顱剃得光溜溜，只在頭頂上留著一撮毛髮；他那張臉龐瘦骨嶙嶙，宛如一顆骷髏頭；他那雙眼睛炯炯發光，彷彿閃爍著兩團鬼火。剎那間，我的急躁轉變成了驚惶。我還以為我撞見了《卡拉馬助夫兄弟們》（*Karamazov*）的修道僧（這陣子，我正在閱讀杜斯妥也夫斯基的這部小說）。

「我是拉馬昌德拉．杜比。」他開腔了，「昨天您到我們村子裡，我碰巧不在家。」

我心目中的杜比家族族長，可不是這麼一個骨瘦如柴、滿臉諂笑的人物。他臉龐上硬擠出的笑容，使他的表情看起來更加陰森可怖。一團白色、黏糊糊的唾沫凝聚在他的嘴角，看起來挺噁心。

印度行政體系的一群見習幹部正巧住在旅館裡，其中三位跑過來，自願充當翻譯。

「我找你找了一整天了！」拉馬昌德拉說。

「請你們告訴他，我感謝他的關心，但他實在不必老遠跑來找我。」我對三位實習幹部說，「昨天在村子裡，我已經告訴鄉親們，改天我會再回去探望他們。請你們問問他，他是怎麼找到我的。我沒留下住址呀。」

他走了好幾哩路，才搭上火車到城裡，然後走到行政大樓附近，向人們打聽那位昨天帶著一個千里達人下鄉的官員。

見習幹部替我翻譯的當兒，拉馬昌德拉臉上一逕掛著笑容。現在我才看清楚，他那張臉孔根本不是修道僧的臉孔，而是一個營養不良、面黃肌瘦的人特有的臉孔。他的眼睛炯炯發光，因為他罹患某種疾病。他的身體十分削瘦，簡直就像一根竹竿。他背著一只笨重的白色麻袋，跑來找我。這會兒，他喘著氣把麻袋從背上卸下來，放到桌子上。

---

2 原文為印地語：
Tumhin ne mujhko prem sikhaya,
Soté hué hirdaya ko jagaya.
Tumhin ho roop singar balam.

「這是你外公田裡栽種的稻米。」拉馬昌德拉說，「我也給你帶來了一些你外公祠堂裡的祭品。」

「我該怎麼辦呢？」我問那三位見習幹部，「我可不想背著三十磅米回千里達哦。」

「他不是要你收下這一大包米。你只要拿出幾粒就行了。不過，祭品你可得收下哦。」

我撿起幾粒品質低劣的稻米，然後拿起祭品——一顆顆灰色的、看起來髒兮兮的蔗糖——放在桌子上。

「我找你找了一整天了！」拉馬昌德拉說。

「我知道啊。」

「我走路，然後搭火車，然後在城裡走來走去，四處打聽你的下落。」

「麻煩你了，不好意思。」

「我想見見你。我想邀請你到舍下吃一頓便飯。」

「過幾天，我就會回村子裡呀。」

「我找你找了一整天了。」

「我知道。」

「我想邀請你到舍下坐一坐。我有事要跟你談。」

「過幾天，我回村子裡時，我們可以談呀。」

「那時我們一定要見面哦！我想跟你談一談，我有重要的事情要跟你商量。」

「到時候我們再談吧。」

「好。現在我要告辭了，我找你找了一整天啦！我有要緊的事跟你談。我想邀請你到舍下坐一坐。」

「我受不了啦！」我對那三位印度行政體系見習幹部說，「叫他走吧！謝謝他來看我，然後叫他走。」

其中一位見習幹部把我的意思轉達給拉馬昌德拉，口氣婉轉，禮數周到。

「現在我得告辭啦！」拉馬昌德拉回答。「我得趁著天還沒黑，趕回村子裡。」

「趁著天還亮著，趕快回去吧。」

「可是，在村子裡我怎麼跟你談話呢？」

「我會帶一個人來，幫我翻譯。」

「我想邀請你到舍下坐一坐。我找你找了一整天了。村子裡人那麼多，我怎麼跟你談話呢？」

「在村子裡，你為什麼不能跟我談話呢？」我回頭對三位見習幹部說，「拜託，把他弄出去吧。」

三個小伙子合力把拉馬昌德拉推送到房門口。

「我給你帶來你外公田裡的米。」

「謝謝！天快黑啦。」

「下回你來我們村子，一定要跟我談談哦。」

「好，我一定會跟你談談。」

房門終於關上了。三位見習幹部也走了。我在床上躺下來，讓天花板上那台電風扇吹拂我的身子。然後我走進浴室，沖個澡。我正在用毛巾擦拭身體，忽然聽見裝著鐵柵的窗扉上響起「刮——刮——刮」的聲音。

又是拉馬昌德拉！他站在窗外走廊上，臉上硬生生擠出笑容來。我不必找人幫我翻譯；我知道這傢伙要說什麼。

「我不能在村子裡跟你談。那兒人太多。」

「我們在村子裡談吧！」我用英文說，「現在趕快回家去！你今天跑了那麼多路，也累啦。」我比手畫腳，好不容易才把拉馬昌德拉打發走，然後匆匆拉下窗簾。

再次回鄉

過了好幾天，我才下定決心，再回到村子裡走一趟。一開始就不對勁。倉促間找不到交通工具，一直拖到下午三、四點鐘才啟程。車子慢吞吞行駛在鄉間公路上。在三岔路口的那座村莊，今天是市集的日子，十分熱鬧，只見成群牛車挨擠在馬路上，一會兒行駛在左邊車道，一會兒轉到右邊，毫無章法。路面上捲起一篷篷塵土，覆蓋在來往的人車身上。公路兩旁漫天塵沙飛揚，把沿途的村莊、田野和樹木全都遮蔽了。交通壅塞，成群牛車糾結成一團。車夫只管呆呆坐在車上，模樣看起來跟拉車的那隻閹公牛一樣斯文、沉靜。

三岔路口更是亂成一團。空氣中沙塵瀰漫；它灑落在我的頭髮上、黏貼著我的襯衫、鑽進我的指甲縫中。我只想嘔吐。我們的車子被困在車陣中，好半天動彈不得。突然，司機不見了——

這傢伙竟然把汽車鑰匙也帶走。我們可不想鑽出車子，在漫天塵土中摸索著四處尋找他，只好耐著性子待在吉普車上，偶爾按按喇叭。過了半個鐘頭，司機回來了。他的眉毛、鬍子和油亮的頭髮黃澄澄的沾滿塵沙，但他臉上的笑容卻非常燦爛；這傢伙神通廣大，不知從哪兒買到了一些蔬菜。向晚時分，我們才抵達村口的那座堤防。太陽下山了，把漫天塵沙轉變成一球一球金黃色的晚霞，而我們就在這一片霞彩中，走進村莊，每個人頭頂上都彷彿戴著一個光環。如今，在我眼中，這塊土地不再陰森可怖。我覺得我已經熟悉了它。但我心中還存在著一份焦慮：拉馬昌德拉正在村子裡等著我。

他果然等著我。這會兒，他身上沒披著那件我在旅館看見過的斗篷，只在腰間繫一塊腰布和一條聖帶。我瞅了他那瘦巴巴、彷彿隨時都會折斷的身子一眼，忍不住打個寒噤。一看見我，他就擺出一副欣喜若狂、畢恭畢敬的姿態：他那顆剃得光溜溜、亮晶晶的頭顱猛然向後一仰，兩隻眼睛睜得圓滾滾，緊閉的嘴唇迸濺出唾沫來，一雙細瘦的胳臂高高舉向天空。我們見過一次面；這會兒，他把我當成專程到他家做客的貴賓。裝模作樣表演了好一會兒，他才放鬆下來。

「他說，上帝差遣你來見他。」隨時的印度行政官員替我翻譯。

「是嗎？咱們等著瞧吧！」

在官員翻譯下，我這句話變成了一句非常客氣的問候。

「請你到他舍下吃點東西，好嗎？」

「不好。」

「至少賞個臉，喝杯水吧。」

「我不渴。」

「你拒絕他的款待，因為你嫌他家裡窮。」

「他要這麼想，我也沒辦法。」

「至少吃一口飯，意思意思。」

「告訴他，天黑了。告訴他，你得趕回城裡去，調查那樁盜用『國防基金』的案子。你在車上跟我提到這個案子，不是嗎？」

「他說，上帝今天差遣你來見他。」

「我沒工夫跟他瞎掰。你問他，他到底要跟我談什麼事情？」

「他說，如果你不到他舍下吃飯，他就不告訴你。」

「不說就拉倒。」

「他說，他想私下跟你談一談。」

他帶領我們穿過他家的茅屋，走進一座小小的、鋪著石板的院子裡。他的妻子——前幾天抱著我腳上那雙德國名牌鞋子哀泣的女人——此時蹲在一個角落，臉上蒙著面紗，假裝在擦洗一些黃銅器皿。

拉馬昌德拉只管背著手，在院子裡來來回回踱步，好半天才冒出一句話：想吃點東西嗎？我沒回答。擔任通譯的官員自作主張，胡謅幾句，替我回答拉馬昌德拉。

拉馬昌德拉說，我來的正是時候；這陣子他剛好碰到一些困難，也許我可以幫他的忙。他正考慮對某人提出一項小小的訴訟，只是他剛打完一樁官司，花費了兩百盧比，現在手頭很緊。

「這一來，問題不就解決了？手頭沒有錢，就不要打那場新官司呀。」

「怎麼可以不打呢？這樁官司跟你有關係啊。」

「我？」

「這樁官司牽涉到你外祖父的田產。咋天他不是背著一包米，跑到城裡送給你嗎？那些米就是那塊地生產的。所以他說，上帝今天差遣你到這兒來。你外祖父的田地如今只剩下十九畝了，如果他不打這場官司，這十九畝地恐怕也保不住。田地若是丟了，誰還肯來看顧你外祖父的祠堂呢？」

我勸告拉馬昌德拉，忘記官司和祠堂，好好耕種那十九畝地吧。這是一塊很大的田地哦——我自己連半畝地都沒有。政府會幫助他開發這塊土地。他一個勁點頭：我知道，我知道！但他年紀大了，身體不行了。他轉過身子，驕傲地向我們展示他那細長的、骨瘦如柴的背脊。這些年來，他過著苦修禁欲的生活，每天花費四個小時照料我外祖父的祠堂。現在他又得打這場官司。況且，十九畝地能種出多少米呢？

我們的談話繞著這十九畝地轉來轉去。擔任通譯的官員也幫不上忙；他只能把我那尖銳、不耐煩的口氣轉變成比較委婉、比較溫文有禮的應答。斷然拒絕並不管用；拉馬昌德拉就像牛皮糖一樣死纏著我。看來，我不能再待下去了。於是我霍地站起身來，走出拉馬昌德拉的茅屋，身後跟隨著一大群村民和小孩。大夥兒浩浩蕩蕩，一路把我送到村口的芒果園。

拉馬昌德拉笑容滿面地陪伴我走到村口，殷殷話別；直到最後一刻，他也不忘向村民們炫耀他跟我之間的交情。一位身材比較結實、相貌比較俊雅、舉止比較高貴的男士（這個人顯然是拉馬昌德拉的死對頭）走上前來，把一封信遞到我手中，然後告退；我看了看那封信函，發現信封上的墨水還未乾。一個男孩奔跑過來，在吉普車旁停下腳步，一面把襯衫下襬塞進褲腰，一面問我們，能不能讓他搭便車到城裡去。就在我跟拉馬昌德拉討論土地官司的時候，這個男孩匆匆忙忙洗個澡，換上乾淨的衣裳，背起他那個小包袱，頂著一頭濕漉漉的頭髮，跑來找我們。我這次造訪，把這座寧靜的婆羅門村莊弄得鬧哄哄的。鄉親們對我冀望太高，都想請我幫點什麼忙。我實在受不了，只想盡早抽身。

「我們該不該讓他搭便車？」隨行的官員向男孩點點頭，轉身問我。

「不，讓這個小潑皮走路吧。」

我們驅車離去。我沒向鄉親們揮手道別。吉普車的前燈發射出兩道燦亮的光芒，穿透那飛揚了一整天、現在總算逐漸平息下來的塵沙。我們的車子駛過去時，路面上的塵土又再翻滾起來，漫天飄蕩，淹沒了村中疏疏落落的燈光。

我的印度之旅就這樣匆匆的、草草的結束了，留下的只是一份悵惘和自責。我開始奔逃，離開這個國家。

尾聲　奔逃

為期一年的旅程結束了。晚餐前，我開始打包行李，然後吃晚餐。十點整，我趕到航空公司辦事處。裡頭那座裝飾用的小噴泉悄靜無聲、死氣沉沉；形狀像翅膀的櫃檯空蕩蕩，看不見一個人影；鋪著天藍磁磚的噴水池早已乾涸，濕答答散布著垃圾；昏暗的燈光下，四處堆放著花稍的雜誌；一群旁遮普移民坐在角落裡，滿臉愁容，只管呆呆守望著他們那紮成一綑一綑、堆放在磅秤旁的行李。十一點整，我趕到機場，準備搭乘午夜起飛的班機，但卻一直等到凌晨三點多鐘；在等待的過程中，我得不時體驗印度公廁特有的恐怖。這一整天，我就在焦慮、惱怒和恍恍惚惚的心情中度過去了。好不容易終於捱到破曉時分。時間卻彷彿變得更加漫長、更加難挨了。我時而清醒、時而昏睡。幾分鐘之前的行動驟然間變得模糊、孤立起來；回想時，你會感到一種莫名的迷惘。你人還在機場，卻已經感覺到印度開始從眼前消退、隱沒。在等待飛機的幾個小時中，印度的現實被掃除掉了；到後來，阻隔在你和印度之間的並不僅僅是空間和時間而已。

在機艙中，一片片紙屑忽然飄落在我膝頭上。一頭金黃的長髮絲和兩顆碧藍的大眼瞳，驟然出現在我前面的座椅上；啪噠，啪噠，幾隻細小的腳兒不停地蹬踢著我的後腰。「小鬼頭，不要胡鬧！」坐在我身旁的那位繫著安全帶、沉醉在夢鄉中的中年美國男士，突然睜開眼睛，扯起嗓門吆喝一聲。「他們從什麼地方弄來這群孩子？幹嘛要帶孩子出門旅行呢？我怎麼那麼倒楣，每次在飛機上睡覺，就會被一群小孩吵醒！我有一位朋友，他每次看見飛機上的小孩調皮搗蛋，就會對他說：『孩子，你到外面去玩好嗎？』喂，坐在前面的小女孩，妳幹嘛不帶著妳那一疊五顏六色的彩紙，到外面去玩呢？」前面那兩隻藍眼睛和一頭金髮絲，倏地，沉落進深藍色的座椅裡。「坐在我後面的那個小孩，早晚會被我揍一頓！這小王八蛋一直在踢我的腎臟。先生！夫人！請你們管教一下你們的孩子，好不好？它……吵到了我的太太。」這會兒，他太太正安詳地躺在他身旁：一個中年美國女人，裙襬翻捲起來，露出兩隻穿著縐巴巴、鬆垮垮玻璃絲襪的膝蓋。一朵笑靨綻開在她臉龐上，她睡得很甜。

我可睡不著。轟隆轟隆引擎咆哮聲中，我只覺得整個人恍恍惚惚、似醒非醒。三不五時，我就站起身來，到廁所走一趟，把航空公司為男賓準備的古龍水塗抹在身上，提提神。坐在後座的一群旁遮普人，全都睜著眼睛，身上散發出濃郁的體味；其中一、兩個躺在藍色地毯上，好像生病了。機艙內燈光朦朧，長夜漫漫。我們彷彿在跟時間賽跑，追逐那一步步向後退卻的早晨。但曙光還是來臨了。破曉時分，我們抵達貝魯特；經過一趟陰森可怖、如夢似幻的旅程，感覺上我們彷彿進入了一個清新的、燦亮的世界。剛下過一場雨。停機坪亮晶晶閃爍著水珠，顯得十分沁涼。機場外矗立著一幢幢高樓，一看就知道是一座大城市。城中充滿完整的、真正的男人，就像此刻我們在機場上看到的工人：他們穿著機場工作服，把活動扶梯推送到機艙門口，或搭乘電動貨車，把行李從貨艙中卸下來。這些男人是幹苦工的，但走起路來卻趾高氣揚、自信滿滿，一副男子漢大丈夫的神態。印度屬於黑夜——一個已經死亡的世界、一段漫長的旅程。

羅馬，機場，早晨依舊。一架架波音和卡拉維爾飛機（Caravelles）橫七豎八地停泊在機坪上，乍看就像一堆玩具。機場大樓內，一位身穿制服的女郎行走在中央大廳中，來來回回只管踱步。她頭上戴著一頂騎師帽。腳上穿著一雙長統馬靴——這應該是新近才流行的裝扮吧！她那張臉龐濃妝豔抹，四處招引男人的目光。我怎麼對別人解釋、我怎麼向自己承認，我對這個虛幻謬誤的新世界——離開印度後，我驟然投入的一個世界——感到無比的厭煩呢？這個世界的生命證實了另一個世界的死亡；然而，另一個世界的死亡卻也凸顯出這個世界的虛假。

那天晌午，我來到了馬德里——在我心目中，這是全世界最優雅的一座城市。我打算在這兒待兩、三天。十年前，我曾在馬德里求學。現在路過這兒，何不趁著這個機會重溫舊夢呢？如今我只是一個觀光客，自由自在，身上有點錢。然而，這時的我剛經歷過一樁重大的經驗——我的印度之旅才剛剛在二十四小時前結束。我不該從事這趟旅程；它把我的人生切割成兩半。「到了歐洲，記得馬上給我寫封信哦！」一位印度朋友叮嚀我，「趁著記憶猶新，把你對印度的印象告訴我吧。」在這封信中我到底寫些什麼，如今我早就忘掉了，只記得當時我的情緒非常激動，寫起信來，語無倫次東拉西扯；然而，就像我以印度為題材寫的其他文章，它並不能驅除我內心中的夢魘。

在德里的最後一個星期，有一天，我和朋友到布店逛逛。如今抵達馬德里，我在行囊中找到了一個印著印地語字母的褐色包裹，裡頭裝著一截布料，長度跟我的夾克剛好相同。這份禮物是我在印度結交、只相聚了短短幾天的一位建築師送的。相識後兩、三天，他就向我表明他對我的情誼，而我也適度回報。這就是印度人可愛的地方；在印度旅行，你常會遭逢這樣的情緣。這位建築師開車送我到機場，乍聽班機延誤的消息，我當場大發脾氣，他卻不動聲色，只管在旁哄慰我。我們一塊喝咖啡，等待班機起飛。分手時，他把包裹塞進我手中。「答應我，到了歐洲，你就立刻把這塊布縫在夾克上。」

我照他的話做了。一年的印度之旅，紛紛擾擾，在我心中留下一大堆亂七八糟的印象，但我最記得的，卻是一位萍水相逢的朋友送的一塊印度布料。

幾天後，我回到了倫敦。走在熟悉的街道上，看到廣告和櫥窗展示的家庭用品——英國文化似乎特別強調家庭的重要——經過那一幢幢瑟縮在隆冬中的花園住宅，窺望屋子裡的一個個溫暖小窩，在這座我曾經生活、工作多年的城市中，我卻感到無比的空虛，彷彿在肉體上我整個人都迷失了。就在這樣的心情中，我做了一個夢：

一塊橢圓形的新布料硬梆梆地放置在我眼前。我知道，只要我能依照某一種特定的尺寸，在這塊布料的某一個特定部位，剪下小小的、橢圓形的一塊布，那麼，這一匹布就會開始伸展，一路綿延到整個桌面、整間房子，乃至於整個物質世界，直到這整套戲法被人拆穿。我一邊玩味著這句話，一邊把布匹攤開來，凝神觀看，試圖找出隱藏在裡頭的線索，但我曉得，儘管我知道線索確實存在、儘管我渴望把它找出來，這一輩子我都不會找到。

印度教徒說，世界是一個幻象。我們常常把「絕望」兩字掛在嘴邊，但真正的絕望隱藏在內心深處，只能以意會，不可以言傳。直到返回倫敦，身為一個無家可歸的異鄉人，我才猛然醒悟，過去一年中，我的心靈是多麼的接近消極的、崇尚虛無的印度傳統文化；它已經變成了我的思維和情感的基石。儘管有了這麼一份覺悟，一旦回到西方世界——回到那個只把「虛幻」看成抽象觀念、而不把它當作一種蝕骨銘心的感受的西方文化中，我就發覺，印度精神悄悄地從我身邊溜走了。在我的感覺中，它就像一個我永遠無法完整表達、從此再也捕捉不回來的真理。

一九六二年二月～一九六四年二月

國家圖書館出版品預行編目資料

幽黯國度：記憶與現實交錯的印度之旅／V. S. 奈波爾（V. S. Naipaul）著；李永平譯. -- 三版. -- 臺北市：馬可孛羅文化出版：家庭傳媒城邦分公司發行，2013.09
面；　公分. --（當代名家旅行文學；121）（印度三部曲；1）
譯自：An area of darkness
ISBN 978-986-6319-88-4（平裝）
1. 遊記　2. 風俗　3. 印度
737.19　　102016795

當代名家旅行文學

MM1121

幽黯國度：記憶與現實交錯的印度之旅

An Area of Darkness

作　　者❖ V. S. 奈波爾（V. S. Naipaul）
譯　　者❖李永平
封面設計❖井十二設計研究室
總 策 劃❖詹宏志
總 編 輯❖郭寶秀
責任編輯❖黃美娟
校　　稿❖林俶萍

發 行 人❖涂玉雲
出　　版❖馬可孛羅文化
104台北市中山區民生東路二段141號5樓
電話：(886)2-25007696
發　　行❖英屬蓋曼群島商家庭傳媒股份有限公司城邦分公司
104台北市中山區民生東路二段141號2樓
客服服務專線：(886)2-25007718；25007719
24小時傳真專線：(886)2-25001990；25001991
服務時間：週一至週五 9:00～12:00；13:00～17:00
讀者服務信箱：service@readingclub.com.tw
劃撥帳號：19863813　戶名：書虫股份有限公司
香港發行所❖城邦（香港）出版集團有限公司
香港灣仔駱克道193號東超商業中心1樓
電話：（852）25086231　傳真：（852）25789337
E-mail：hkcite@biznetvigator.com
馬新發行所❖城邦（馬新）出版集團 Cite (M) Sdn Bhd
41, Jalan Radin Anum, Bandar Baru Sri Petaling,
57000 Kuala Lumpur, Malaysia.
電話：（603）90578822　傳真：（603）90576622
E-mail: cite@cite.com.my
輸出印刷❖中原造像股份有限公司
三版二刷❖2016年8月
定　　價❖380元

ISBN：978-986-6319-88-4（平裝）
城邦讀書花園
www.cite.com.tw